TÚ

PUEDES

TENER

RIQUEZAS

LA LEY DEL
POTENCIAL SUPERIOR

ROBERT COLLIER

Grupo Editorial Tomo, S.A. de C.V.
Nicolás San Juan 1043
03100, México, D.F.

1a. edición, octubre 2013.

Riches Within Your Reach
Copyright © 1947 por Robert Collier Publications, Inc.
www.robertcollierpublications.com

© 2013, Grupo Editorial Tomo, S.A. de C.V.
Nicolás San Juan 1043, Col. Del Valle
03100 México, D.F.
Tels. 5575-6615, 5575-8701 y 5575-0186
Fax. 5575-6695
www.grupotomo.com.mx
ISBN-13: 978-607-415-548-8
Miembro de la Cámara Nacional
de la Industria Editorial No. 2961

Traducción: Alma A. García
Diseño de portada: Karla Silva
Foto de portada: Sashkin/Shutterstock.com
Formación tipográfica: Francisco Miguel M.
Corrector de primeras pruebas: Josué Ávila
Corrector de segundas pruebas: David Cortés
Supervisor de producción: Leonardo Figueroa

Impreso en México - *Printed in Mexico*

CONTENIDO

EL SECRETO DEL PODER

LA LEY DEL POTENCIAL SUPERIOR

PRÓLOGO

¿Por qué la mayoría de los grandes personajes que ha tenido el mundo, la mayoría de los hombres con un éxito inusitado, comenzaron la vida con una desventaja?

Demóstenes, el más grande orador que el mundo antiguo produjo, ¡tartamudeaba! La primera vez que intentó dar un discurso en público, se burlaron de él. Julio César tenía epilepsia. Napoleón nació en una familia humilde, y era tan pobre que con grandes dificultades obtuvo un nombramiento en la Academia Militar. Lejos de ser un genio, ocupó el lugar número cuarenta y seis en su generación en la Academia Militar, y sólo había sesenta y cinco. Su corta estatura y su pobreza extrema lo desanimaron a tal grado que en las primeras cartas que escribió a sus amigos, a menudo hacía referencia a pensamientos de suicidio.

Benjamín Franklin, Abraham Lincoln, Andrew Jackson y varios presidentes de los Estados Unidos vivieron su infancia en los hogares más pobres y humildes, con muy poca educación y sin ventajas. Alexander Turney Stewart, quien inició lo que hoy se conoce como la tienda John Wanamaker Store, llegó a Nueva York con tan sólo 1 dólar y 50 centavos en el bolsillo, y sin un lugar donde pudiera tener siquiera la esperanza de obtener más hasta que se lo ganara. Tomás Alva Edison vendía periódicos en los trenes. Andrew Carnegie comenzó trabajando por $4 al mes. John D. Rockefeller ganaba aproximadamente $6 a la semana.

Reza Khan, quien llegó a ser Sha de Persia, comenzó como un soldado ordinario en el ejército persa. Mustafá Kemal, gobernante de Turquía, era un oficial desconocido en el ejército turco. Ebert, primer presidente de Alemania después de la Primera

Guerra Mundial, era un fabricante de monturas. Muchos de los presidentes norteamericanos nacieron en cabañas de madera, sin dinero, sin educación.

Sandow, el hombre más fuerte de su época, comenzó su vida siendo un debilucho. Annette Kellerman era coja y enfermiza; sin embargo, fue campeona de clavados y se convirtió una de las mujeres mejor formadas del mundo. George Jowett era cojo y enclenque hasta que cumplió once años. Un niño más grande que él lo molestaba y lo golpeaba hasta que despertó un sentimiento de resentimiento tal en el joven Jowett que decidió trabajar y ejercitarse hasta que pudiera pagar con la misma moneda a aquél bravucón. En dos años pudo vencerlo. En diez, ¡era el hombre más fuerte del mundo!

¿Por qué las personas con ese tipo de desventajas pueden aventajar a quienes fueron favorecidos por la Naturaleza? ¿Por qué las personas bien educadas, bien instruidas, con riquezas y amigos influyentes que los ayudan, son a menudo hechos a un lado para dar paso a algún "don nadie" de cuya familia nadie ha oído hablar, pero cuya capacidad y fortaleza los hacen por fuerza tomar en cuenta?

¿Por qué? Porque a los hombres con ventajas tempranas se les enseña a *recurrir a las cosas materiales para tener éxito,* a las riquezas o a los amigos, o a las influencias o a su propia formación o capacidades. Y cuando éstas les fallan, no saben a dónde ir.

Pero cuando un hombre no tiene una habilidad o destreza especial, o riquezas, o influencias, tiene que buscar algo distinto para obtener el éxito, algo más allá de los medios materiales. Así pues, recurre al Dios que está en él, a su célula en la mente divina, y a esa célula le exige que le proporcione fama, fortuna, poder o posición. Es más, si continúa exigiéndolo con fe persistente, ¡LO OBTIENE!

En toda adversidad yace la semilla de un beneficio equivalente. En cada fracaso hay una lección que te muestra cómo lograr la victoria la próxima vez. El punto de quiebre en la vida de la mayoría de los individuos exitosos ha llegado en algún momento de crisis, cuando todo se veía oscuro, cuando parecía que no había salida alguna. Ahí fue cuando recurrieron a su yo interno, cuando abandonaron la esperanza en los medios materiales y buscaron a Dios en ellos para que les ayudara. Ahí fue cuando pudieron quitar todo obstáculo y convertirlo en un trampolín hacia el éxito.

> ¿No es extraño que las princesas y los reyes,
> y los payasos saltando en las pistas de aserrín,
> y tú y yo que somos como todos los seres,
> seamos arquitectos y debamos construir?
>
> A todos nos es dada una bolsa de herramientas,
> un libro de reglas y abundante material,
> y mientras vuela la vida cada uno intenta
> o construir escollos o peldaños que escalar.

Tú eres uno con el gran "YO SOY" del Universo. Tú eres parte de Dios. Mientras no te des cuenta de esto "y del poder que esto te otorga" jamás conocerás a Dios. Formamos parte de un todo extraordinario, cuyo cuerpo es la Naturaleza, y cuya alma es Dios. Dios se ha encarnado en el hombre. Busca expresarse. Dale un trabajo que hacer a través de ti; dale la oportunidad de expresarse de algún modo útil, y no hay nada que esté fuera del alcance de tus poderes, ni nada que no puedas hacer o lograr.

No importa tu edad, ni tus circunstancias actuales o tu posición. Si buscas ayuda fuera de tu yo meramente físico, si pones a trabajar a Dios en ti en alguna actividad que valga la pena llevar a cabo, y CREES en Él, puedes vencer toda pobreza, toda desventaja, toda circunstancia adversa. Depender de tus capacidades o de tus riquezas personales o de tus amigos es como los paganos de la Biblia, de quienes el profeta del Señor se mofó. "Ustedes tienen un Dios al que deben cargar", les dijo. "¡Nosotros tenemos un Dios que nos carga!".

El Dios de las capacidades personales o las riquezas materiales o de los amigos es un Dios que continuamente tienes que cargar. Tíralo, e inmediatamente perderás todo. Pero hay un Dios en ti que te llevará cargando, y, al hacerlo, te proporcionará toda buena cosa que este mundo pueda darte. El propósito de este libro consiste en familiarizarte con este Dios *en ti, El Dios que sólo los pocos afortunados conocen.*

Como el poeta expresó muy acertadamente:

El Destino habita dentro de tu Ser;
deja que esta gran verdad deseche el temor,
el prejuicio y la duda, porque tú eres grande,
grande con la Divinidad. Naciste para ser
de todo tu entorno el amo y señor;
ama en gran medida, no odies, expande
tu gozo; que todas tus metas estén
en plena armonía con el Bien Universal.
Escucha el silencio, pues sus bellas voces
proclaman: tuya es la alegría, la felicidad,
si sólo la pides; ahora que conoces
del espíritu las leyes, las cosas del mundo te obedecerán.

Algunos podrían pensar que se trata simplemente del sueño de un poeta, pero el Dr. J. B. Rhine de la Duke University viene a probarnos que también se trata de un hecho científico.

En su nuevo libro *The Reach of the Mind* (*El alcance de la mente*), el Dr. Rhine señala que en el pasado, la ciencia parecía tener el concepto de que el hombre era completamente material. Había descubierto cómo las glándulas regulan la personalidad a través de sus secreciones químicas; había mostrado que la mente del niño madura sólo en la medida que el cerebro se desarrolla; que ciertas funciones mentales están ligadas con áreas específicas del cerebro, y que si una de estas áreas se dañaba, la función mental correspondiente se perdía.

Así pues, la ciencia creía que había explicado todos los procesos del pensamiento y la acción, y que podía mostrar el fundamento material de cada uno.

Pero ahora el Dr. Rhine y otros investigadores han comprobado que el conocimiento puede adquirirse *¡sin el uso de los sentidos!*

Y no sólo eso, sino que también han comprobado ¡que los poderes de la mente no están limitados por el espacio ni por el tiempo! Quizás el más grande descubrimiento que han hecho es que la mente puede influir en la materia *sin necesidad de tener medios físicos*.

Por supuesto, esto se ha logrado, desde tiempos inmemoriales, a través de la oración pero esos resultados siempre han sido considerados sobrenaturales. El Dr. Rhine y otros investigadores muestran que cualquier persona normal tiene el poder de influir en los objetos y los acontecimientos.

Citando *El alcance de la mente*: "Como resultado de miles de pruebas experimentales, descubrimos que es un hecho que la mente posee una fuerza que puede actuar sobre la materia Por tanto, debe existir una energía susceptible de ser convertida en acción física, *una energía mental*".

El elemento más importante para el uso exitoso de esta energía mental parece ser el interés o deseo intenso. Entre más entusiasmada está una persona, entre más esté deseosa de tener resultados, más puede influir en esos resultados.

El Dr. Rhine demostró a través de muchos experimentos que cuando el individuo interesado se distrae, cuando carece de la capacidad de concentrar su atención, su energía mental no tiene prácticamente ningún poder sobre los objetos externos. Es sólo en la medida en la que entrega toda su atención al objeto que tiene en mente y concentra toda su energía en él, que obtiene resultados exitosos.

Los experimentos del Dr. Rhine comprueban de forma científica lo que siempre hemos creído: que existe un poder por encima del poder meramente físico de la mente o del cuerpo, que, por medio de la concentración intensa o el deseo intenso, podemos ligar con ese Poder, y que, una vez que lo hacemos, nada es imposible para nosotros.

En pocas palabras, esto significa que el hombre no está a merced del azar o el destino, y que puede controlar su propio destino. La ciencia, por fin, ha comprobado lo que la religión ha enseñado desde el principio: que Dios dio al hombre *dominio* y que sólo tiene que entender y utilizar este dominio para convertirse en el maestro de su destino, en el capitán de su alma.

> Cuerpo, mente y Espíritu se combinan
> para formar la criatura humana y Divina.
> De esta gran Trinidad no niegues ninguna parte.
> Afirma, afirma el grande y eterno YO.
> Afirma el cuerpo, hermoso y pleno,
> la expresión terrenal del alma inmortal.
> Afirma la mente, la mensajera del tiempo,
> para mantenerla unida a la Fuente del Poder.
> Afirma el Espíritu, el YO eterno.
> De esta gran Trinidad, no niegues ninguna parte.
>
> —Ella Wheeler Wilcox

EL DIOS EN TI

I

EL DIOS QUE HABITA EN TI

La Declaración de Independencia de los Estados Unidos comienza con el preámbulo de que todos los hombres nacen libres e iguales.

Sin embargo, ¿cuántos lo creen? ¿Cómo puede decirse que un niño que nace en un hogar de Park Avenue "con doctores, enfermeras y servidumbre que se ocupa hasta de su más mínimo deseo, con tutores y colegios donde educarse, con riquezas e influencias para apoyarlo en su carrera" es igual al niño que vive en el *ghetto* y tiene dificultad para obtener suficiente aire para respirar, sin mencionar que no tiene nada que comer y cuyas horas de vigilia están tan ocupadas en la lucha por existir que no tiene tiempo de adquirir mucha educación?

> Sin embargo, en lo que se refiere al aspecto más importante, nacieron iguales, pues tienen igual acceso al Dios que habita en ellos, la misma oportunidad de brindar a Dios un medio para expresarse. Y más aún, el Dios que está en uno es tan poderoso como el Dios que está en el otro, pues ambos forman parte de ese Dios todopoderoso que gobierna el mundo.

Efectivamente, cada uno de nosotros es una célula individual en la gran mente del universo: la mente divina. Podemos recurrir a la mente del universo exactamente de la misma manera que cualquier célula de nuestro cuerpo recurre a nuestro cerebro para cualquier cosa que necesite fuera de su entorno inmediato.

Todos los hombres nacen libres e iguales, tal y como todas las células de tu cuerpo son iguales entre sí. Aparentemente algunas de estas células tienen una ubicación más afortunada que otras al estar localizadas en partes adiposas del cuerpo donde se encuentran tan rodeadas de nutrientes que parecen tener garantizado todo lo que pueden necesitar para su vida natural.

Otras pueden hallarse en partes muy trabajadas donde continuamente tienen que hacer uso de la linfa que las rodea, y, a través de ella, del torrente sanguíneo y el corazón, y donde parecería que no podrían tener la certeza de recibir sustento de un día para el otro. Otras más pueden encontrarse en partes poco utilizadas y aparentemente olvidadas donde parecería se les ha abandonado para secarse y pasar hambre, como en el cuero cabelludo cuando el cabello se cae y el tejido graso del cuero cabelludo se seca, dejando que las células que ahí se encuentran se marchiten y mueran.

Sin embargo, a pesar de sus claras diferencias en cuanto a su entorno y oportunidad, todas estas células son iguales; todas pueden hacer uso de cada elemento del cuerpo para obtener el sustento que necesitan.

Con el fin de comprender este proceso, tomemos una sola célula nerviosa de nuestro cerebro y veamos cómo funciona.

Observa el diagrama de una célula nerviosa típica en cualquier trabajo médico, y ¿qué es lo que encuentras? De un costado de la célula sale una larga fibra que se conecta con alguna parte de la piel, o con algún grupo de células, como un músculo. Esta fibra forma parte de la célula nerviosa. Es la línea telefónica que transporta órdenes o estímulos desde la célula hasta el músculo que controla, o desde el nervio sensorial en la piel hasta la célula en el cerebro. Los pensamientos, las emociones y los deseos envían impulsos a los nervios que controlan los músculos involucrados, y brindan el estímulo que pone en acción a estos músculos, transformando así la energía nerviosa en energía muscular.

Así pues, si tienes un deseo que requiere la acción de un sólo músculo, ¿qué ocurre? Tu deseo adquiere la forma de un impulso que va a la célula nerviosa que controla ese músculo; la orden viaja a lo largo de la fibra celular hasta el músculo, el cual actúa rápidamente de acuerdo con el estímulo recibido. Y tu deseo se satisface.

Sin embargo, supongamos que tu deseo requiere la acción de más de un músculo. Supongamos que necesita el poder unificado de todos los músculos del cuerpo. Hasta ahora sólo hemos utilizado la larga fibra nerviosa o línea telefónica que conecta a la célula nerviosa con el músculo que controla. Sin embargo, en el otro extremo de cada célula nerviosa, existen fibras cortas que aparentemente terminan en el espacio. Siempre que los nervios están descansando, estas fibras flotan en el espacio.

Pero cuando despiertas a las células nerviosas, cuando les encomiendas un trabajo mayor a lo que los músculos que están bajo su control pueden manejar, entonces estas fibras cortas entran en acción. Se estimulan a sí mismas para algún propósito. Echan mano de las células nerviosas cercanas a ellas. Las despiertan y las estimulan a su vez para que despierten a las que se encuentran en el otro extremo de ellas hasta que, si es necesario, cada célula del cerebro se mueva y cada músculo del cuerpo trabaje para llevar a cabo la labor que le has encomendado.

Eso es lo que ocurre en *tu* cuerpo incluso si una sola célula de tu cerebro desea algo con la suficiente fuerza, con la suficiente persistencia como para aferrarse a su propósito hasta obtener lo que desea. Y eso es lo que ocurre en el cuerpo de Dios cuando aplicas la misma persistencia a tus deseos.

Mira, tú eres una célula en el cuerpo divino del Universo, tal y como cada célula que hay en ti forma parte de tu cuerpo. Cuando trabajas con tus manos, con tus pies, con tus músculos, estás utilizando sólo los músculos que están conectados inmediatamente con tus células cerebrales. Cuando trabajas con el dinero que tienes, con las riquezas, con los amigos o con la influencia que controlas, sólo estás utilizando los medios conectados inmediatamente con tu célula cerebral en la mente de Dios.

Y eso es una parte infinitesimalmente pequeña de los medios y recursos que están a las órdenes de la Gran Mente Divina.

Es como si trataras de hacer todo el trabajo que tu cuerpo tiene que llevar a cabo hoy utilizando sólo el músculo más pequeño de tu dedo meñique; sin embargo, si despertaras a las células nerviosas cercanas, podrías también hacer uso del poder de la mente en su totalidad, o del cuerpo en tu totalidad, si eso fuera necesario. ¡Es como si una de tus células nerviosas asumiera el trabajo de todo el cuerpo, e intentara hacerlo con el único músculo que tiene bajo sus órdenes!

Si una pequeña célula nerviosa de los miles de millones que hay en tu cerebro emprendiera semejante trabajo monumental, lo considerarías una tontería. Sabrías que sería en vano que ninguna célula, y que ningún músculo, podría llevar a cabo todo ese trabajo. Sin embargo, tú, como una célula individual en la mente de Dios, a menudo has intentado emprender trabajos igualmente imposibles, ¡cuando todo lo que tenías que hacer para lograr todo lo que deseabas era mover a la acción a las células que te rodeaban!

¿Cómo puedes hacerlo? De la misma forma que cualquier célula lo hace en tu cerebro. *¡Reza!* En otras palabras, ten un deseo urgente e insistente. El primer principio del éxito es el DESEO, saber lo que quieres. El deseo equivale a plantar tu semilla. Necesitas cultivarla, por supuesto, pero el primer paso importante consiste en PLANTAR. El deseo mueve a las células nerviosas de tu cerebro para que utilicen los músculos que se encuentran bajo su control de modo que lleven a cabo el trabajo que se requiere de ellas. El deseo pondrá a vibrar a tus células nerviosas en la mente divina, utilizando el músculo que está bajo sus órdenes y moviendo a la acción a todas las células nerviosas que la rodean hasta que ellas también trabajen contigo para manifestar aquello que deseas.

Esa es la razón por la que se dijo en los Vedas hace miles de años que si dos personas unieran sus fuerzas físicas ¡conquistarían al mundo! Esa es la razón por la que Jesús nos dijo: "Si dos de ustedes se pusieran de acuerdo en la tierra acerca de cualquier cosa que pidieren, les será hecho por mi Padre que está en los cielos, porque donde están dos o tres congregados en mi nombre, allí estoy yo en medio de ellos".

Cuando dos o más células nerviosas se unen para llevar a cabo una acción determinada, obtienen esa acción, ¡aun si para producirla tienen que recurrir a cada célula del cuerpo para recibir ayuda!

Esto no significa que todo sea imposible para una sola célula o para una sola persona; simplemente que cuando dos o más se unen para un propósito común, los resultados son mucho más fáciles. Pero no existe ninguna cosa buena que un hombre pida, creyendo, que no pueda obtener.

En el primer capítulo del Génesis está escrito que Dios dio al hombre el dominio sobre la tierra. Y es cierto. Es tan cierto como que cualquier célula nerviosa de tu cuerpo tiene dominio sobre tu cuerpo. Si lo dudas, deja que un nervio se irrite lo suficiente y observa cuán rápidamente pone a todos los nervios de tu cuerpo a trabajar para deshacerse de esa irritación.

Una sola célula nerviosa de tu cuerpo, con un propósito fuertemente sostenido, puede poner en acción a todas las células de tu cuerpo para lograr dicho propósito. Una célula nerviosa en el cuerpo de Dios (en otras palabras, un hombre o una mujer) con un propósito fuertemente sostenido puede mover a la acción a todas las células del Universo, ¡si eso fuera necesario para el logro de tal propósito!

¿Tiene esto algún significado para ti? ¿Significa algo saber que las palabras de los profetas y los visionarios son ciertas, que se puede confiar en las Escrituras, que en verdad existe un poder en el Universo que responde a la necesidad del hombre o la mujer más humilde con la misma rapidez que a las órdenes de los más encumbrados?

¡El mundo es tuyo! No importa si eres príncipe o mendigo, de sangre azul o roja, de piel blanca, negra, amarilla o morena. El cuerpo divino del Universo no hace más distinción entre las células que la que tú haces para responder a los impulsos de las células nerviosas de tu propio cuerpo.

Rico o pobre, da igual. Ya sea que se encuentre en lo más alto o en lo más bajo, una célula puede causarte tantos problemas, o darte tantas satisfacciones, como otra. Y lo mismo ocurre con el cuerpo divino del Universo. Todos los hombres son creados libres e iguales. Todos siguen siendo células nerviosas libres e iguales en la mente divina del Universo.

La única diferencia radica en nuestra comprensión del poder que tenemos. ¿Qué tanto entendimiento tienes? ¿Y qué vas a hacer para aumentarlo? "Busca primeramente el reino de Dios y su justicia [entendimiento] y todo lo demás te será dado por añadidura". Es más fácil creerlo ahora, ¿no es cierto? Con el entendimiento correcto podrías gobernar al mundo. ¿Puedes pensar en alguna otra cosa más importante que adquirir entendimiento?

¿Qué fue lo que transformó al quejumbroso y desalentado joven Bonaparte, quien vivía en una miseria absoluta y era bastante ordinario, en el genio militar más grande de su época, "el Hombre del Destino", y amo de la mayor parte de Europa?

El talismán de Napoleón, el talismán de todo hombre grande y exitoso, el único talismán que moverá al cuerpo entero del Universo a la acción, es el mismo talismán que fue necesario para poner a todo el cuerpo físico al servicio de una sola célula nerviosa: ¡un propósito tan fuertemente sostenido que la vida, o la muerte, o cualquier otra cosa parece tener consecuencias menores junto a él! Un propósito, y la determinación persistente de mantenerse firme en él hasta que se logre.

El amor es algunas veces ese talismán: el amor que va y se atreve a todo y hace todo por el ser al que ama. La codicia algunas veces hace que cobre vida ese talismán, de ahí muchas de las grandes fortunas de la actualidad. El deseo de tener poder es un potente talismán que ha motivado a los hombres desde el inicio de los tiempos. Aún mayor es el fervor de alguien que desea transformar al mundo. Ese talismán ha hecho que los hombres superen incendios e inundaciones, y pasen por encima de todo peligro y de todo obstáculo. Mira cómo Mahoma, un camellero humilde, se convirtió en el gobernante y profeta de millones de personas.

La fe en los amuletos, la creencia en la suerte, la confianza absoluta en el liderazgo de otra persona, todos esos son talismanes de mayor o menor poder.

¡Pero el más grande de todos es la creencia en el Dios que habita en ti! Creer en su poder para atraer hacia sí mismo cada elemento que necesita para expresarse. Creer en un PROPÓSITO definido que vino aquí a cumplir, ¡y que sólo puede cumplirse a través de ti!

¿Tienes esa clase de fe? Si no es así, ¡adquiérela! Pues sin esa clase de fe la vida carece de propósito y significado. Es más, ¡mientras no te aferres a ese talismán la vida jamás te brindará nada de valor!

¿Qué fue lo que hizo que el presidente Grant convenciera a sus más brillantes oponentes? ¡El propósito serio, tenaz y persistente de llegar a una resolución aunque eso le llevara el verano entero! ¿Qué es lo que ha hecho que Inglaterra salga victoriosa en tantas batallas, a pesar de su liderazgo incompetente y sus costosas equivocaciones? Esa misma determinación férrea, que no se rinde a pesar de todos los reveses y desalientos, hasta que gana la batalla. ¿Qué fue lo que hizo que el juez injusto se abrumara en la parábola que Jesús contó?

> Jesús les contó una parábola para enseñarles que debían orar siempre, sin desanimarse. Les dijo: "Había en un pueblo un juez que ni temía a Dios ni respetaba a los hombres. En el mismo pueblo había también una viuda que tenía un pleito y que fue al juez a pedirle justicia contra su adversario.
>
> "Durante mucho tiempo el juez no quiso atenderla, pero después pensó: aunque ni temo a Dios ni respeto a los hombres, sin embargo, como esta viuda no deja de molestarme, la voy a defender, para que no siga viniendo y acabe con mi paciencia.
>
> Y el Señor añadió: "Esto es lo que dijo el juez malo. Pues bien, ¿acaso Dios no defenderá también a sus escogidos, que claman a él día y noche? ¿Los hará esperar? Les digo que los defenderá sin demora. Pero cuando el Hijo del hombre venga, ¿encontrará todavía fe en la tierra?".

Si el nervio que está en una muela se la pasa gritando que una caries en esa muela necesita atención, ¿acaso no dejarás todo finalmente y saldrás a buscar a un dentista que pueda satisfacer las necesidades de ese nervio? Y si algún otro nervio ora continuamente para tener atención, ¿acaso no harías lo mismo con él?

Pues bien, tú eres un nervio en el cuerpo de Dios. Si tienes una necesidad urgente y te mantienes rezando e insistiendo y exigiendo el remedio, ¿acaso no crees que lo obtendrás con la misma certeza?

Un propósito definido, mantenido frente a cualquier desánimo o fracaso, a pesar de todos los obstáculos y toda oposición, tendrá la victoria sin importar cuáles sean las probabilidades. Es esa sola célula nerviosa que trabaja en contra de la indiferencia, la inercia o incluso la oposición activa por parte de todo el grupo. Si la célula se desanima fácilmente, fracasará. Si está dispuesta a esperar indefinidamente, tendrá que esperar. Pero si sigue agitando a las células que están junto a ella y las estimula para que muevan a las más lejanas, eventualmente todo el sistema nervioso entrará en acción y producirá el resultado que esa sola célula desea, aun si sólo consiste en deshacerse del dolor constante.

Has visto a jóvenes decididos a ir a la universidad. Quizá habrás considerado que son unos insensatos, debido a todos los obstáculos con que se enfrentan. Sin embargo, cuando han persistido, has sido testigo de cómo a menudo esos obstáculos han ido desapareciendo uno tras otro mágicamente, hasta que actualmente se encuentran con el fruto de sus deseos. Un propósito firmemente sostenido, en el cual se persiste y se cree, tiene la victoria tan asegurada al final, como que el sol saldrá mañana por la mañana. La oración constante es para el cuerpo de Dios lo que un nervio punzante es para ti. Aférrate a ella, insiste en ella y ten por seguro que será escuchada. Pero recuerda:

"El que duda es como una ola del mar, que el viento lleva de un lado a otro. Quien es así, no crea que va a recibir nada del Señor".

Todos nacen libres e iguales. Quizá no todos comiencen con la misma cantidad de riqueza u oportunidades inmediatamente a su alcance, pero todos pueden ir a la Fuente de donde éstas brotan y obtener tanto de ella como les sea necesario para satisfacer sus deseos.

Estamos rodeados de riquezas. Tenemos a nuestra disposición riquezas ilimitadas, pero es necesario que aprendamos a atraerlas hacia nosotros.

Hace algunos años, en Kimberley, Sudáfrica, un pobre granjero bóer trató de sacar provecho económico del suelo rocoso. Sus hijos algunas veces tomaban trozos de cristal de apariencia sucia y los utilizaban como canicas que lanzaban a algunas ovejas que pasaban por donde ellos se encontraban. Después de varios años de esfuerzo infructuoso, el granjero abandonó sus intentos por ganarse la vida explotando este suelo rocoso, y se mudó a un lugar más fértil. Hoy en día, la granja que intentó trabajar con tanto esmero es la sede de las Minas de Diamante Kimberley, uno de los lugares con mayor riqueza en el mundo. Los trozos de cristal sucio que sus hijos lanzaban a las ovejas resultaron ser ¡diamantes en bruto!

La mayoría de nosotros somos como ese pobre granjero bóer. Luchamos y nos esforzamos, y con frecuencia nos rendimos, debido a que ignoramos nuestros poderes, ignoramos las buenas cosas que nos rodean. Permanecemos en la pobreza hasta que viene alguien y nos muestra que estuvimos parados todo el tiempo sobre una mina de diamantes.

Russell Conwell cuenta la historia de un campesino de Pennsylvania cuyo hermano se fue a Canadá y se convirtió en perforador de pozos petroleros. Animado por los relatos de riqueza repentina por parte del hermano, el campesino vendió sus tierras y se fue a Canadá a hacer fortuna. El nuevo propietario, al examinar la finca, descubrió que, en el lugar donde el ganado iba a beber y que procedía de un pequeño riachuelo, se había colocado una tabla a lo ancho del riachuelo para contener una pesada capa de suciedad que las lluvias habían deslavado desde el terreno que se encontraba más arriba.

Examinó la capa de suciedad, y pensó que olía a petróleo. Así que llamó a algunos expertos para que fueran y analizaran el suelo. Resultó ser uno de los yacimientos de petróleo más ricos del estado de Pennsylvania.

¿Qué riquezas estás pasando por alto? ¿Qué oportunidades? "La oportunidad", dice un famoso escritor, "es como el oxígeno. Es tan abundante que no podemos respirarla toda". Lo único que se necesita es una mente receptiva, la disposición de intentarlo y la persistencia para llevar a cabo las cosas.

Hay algo que TÚ puedes hacer mejor que cualquier otra persona. Existe un ámbito de acción en el que puedes sobresalir si tan sólo lo encuentras y ocupas todo tu tiempo y esfuerzo en aprender a desempeñarlo con verdadera excelencia.

No te preocupes si parece algo sencillo que cualquiera podría llevar a cabo. Hace un tiempo, en una revista se publicó la historia de un inmigrante polaco que prácticamente no sabía nada de inglés, que no tenía profesión ni entrenamiento alguno y tenía que tomar cualquier tipo de trabajo que se le ofreciera. Resulta que consiguió un trabajo en un vivero, donde excavaba para sacar tierra para las flores. Lo hacía tan bien que pronto comenzó a ayudar en la plantación de muchas de las variedades más comunes de flores.

Entre ellas estaban las peonias. Le encantaban esas grandes peonias, y les prodigaba tantos cuidados y atenciones que crecieron muy bien y más hermosas que nunca. Pronto sus peonias comenzaron a llamar la atención, creció la demanda, hasta que tuvo que duplicar y luego cuadruplicar el espacio dedicado a ellas. Actualmente es propietario del 50% de ese vivero.

Dos artistas abrieron un estudio y llevaban a cabo cualquier clase de trabajo que les solicitaban. Uno observó que cuando hacía caricaturas para las personas los resultados eran tan efectivos que regresaban por más. Así que abrió un estudio especial de dibujo de caricaturas. Hoy en día sus ganancias están en el rango de los $25 000 dólares mientras su compañero artista sigue haciendo de todo un poco.

Una vendedora de mostrador tenía un don especial para atender a los clientes quejosos. Le gustaba enderezar los enredos que otros habían provocado y lo hacía tan bien que pronto atrajo la atención de sus empleadores. Hoy en día es la jefa del departamento de quejas.

Está también el operador telefónico de voz agradable, la recepcionista con la alegre sonrisa, el vendedor con el carácter convincente, la secretaria con la habilidad de ahorrar tiempo en la agenda del jefe, el baterista de actitud jovial. Cada uno de nosotros tiene algo. Descubre qué es lo que puedes hacer mejor, cultívalo y puedes ser el hombre o la mujer más grande en esa área en el mundo.

El éxito está donde tú estás y dentro de ti. No trates de imitar lo que alguien más está haciendo. Desarrolla lo que TÚ tienes. Hay algo en ti que te permitirá llegar a la cima en algún terreno. Pon los reflectores en tus propias características, en tus propias capacidades. Descubre lo que puedes hacer mejor, lo que le gusta más a la gente de ti. Luego, cultívalo.

Cuando la gran Veta de Comstock fue descubierta se obtuvo una gran fortuna de ella. Luego el mineral se extinguió. Los propietarios inmediatamente se rindieron y la vendieron a un nuevo grupo. Estos hombres gastaron varios cientos de miles de dólares en un intento infructuoso por ubicar la rica veta, y ellos también estuvieron a punto de rendirse, pero alguien pensó en probar una perforación a un costado de una de las entradas y golpeó una masa casi sólida de oro tan rica que casi se obtuvieron de ella $300 000 000 dólares.

En los primeros días de la colonización de los Estados Unidos, los recién llegados pudieron comprar por muy poco dinero las fincas de los pobladores originales debido a que estos últimos no habían podido encontrar agua. Habían cavado pozos, pero no habían logrado llegar a las corrientes subterráneas. A menudo, sin embargo, escarbando unos cuantos centímetros más, los recién llegados encontraban agua en abundancia. Los primeros pobladores se habían dado por vencidos cuando el éxito estaba casi en sus manos. El más grande éxito viene por lo regular cuando vamos un paso más allá del punto en el que el fracaso nos ha vencido. "Aquel que pierde riquezas, pierde mucho", dice un antiguo proverbio. "Aquel que pierde a un amigo, pierde más. Pero aquél que pierde el valor, lo pierde todo".

Hay tres cosas que los educadores tratan de inculcar en los niños:

> Primero: conocimiento
> Segundo: juicio
> Tercero: persistencia.

Y la más importante de todas es la persistencia. Muchos hombres han tenido éxito sin tener educación. Muchos incluso sin tener buen juicio, pero ninguno ha llegado a ninguna parte que valga la pena sin la persistencia, sin un deseo poderoso, sin ese deseo interno que lo impulsa a vencer los obstáculos, a vencer el desánimo, y así alcanzar la meta de los deseos de su corazón.

"Nada en el mundo puede ocupar el lugar de la persistencia", dijo Calvin Coolidge. "El talento no lo hará; nada es más común que una persona fracasada con talento. La genialidad tampoco lo hará; los genios no reconocidos son casi una regla. La educación no lo hará; el mundo está lleno de personas negligentes con educación. Sólo la persistencia y la determinación son omnipotentes. La frase 'Sigue adelante' ha resuelto y siempre resolverá los problemas de la raza humana".

Russell Conwell, el famoso educador y conferencista que fundó la Universidad de Temple, reunió hace algunos años las estadísticas de las personas que tienen éxito, y sus cifras mostraron que de 4043 multimillonarios en este país en aquel momento, sólo 69 habían cursado la preparatoria. Carecían de dinero, carecían de entrenamiento, pero tenían el DESEO de llegar a alguna parte, la *persistencia* de seguir intentándolo ¡y alcanzaron el éxito!

Compáralo con las cifras que Conwell obtuvo con respecto a los hijos de los hombres ricos. ¡Sólo 1 de cada 17 murió siendo rico! Al carecer de incentivos, al no tener en su interior la necesidad de salir adelante, no sólo fracasaron en dejar una huella, sino que perdieron lo que tenían.

El primer fundamento del éxito es un sentido de carencia, una necesidad, un *deseo* de algo que no has obtenido. Es la impotencia del paralítico o del inválido lo que le hace anhelar la fuerza, lo que le da la persistencia necesaria para trabajar por ella hasta que la obtiene. Es la pobreza y la miseria de su existencia lo que hace que los niños del ghetto anhelen la riqueza, y les da la persistencia y la determinación de trabajar en lo que sea hasta obtenerla.

Necesitas ese mismo deseo imperioso, esa misma determinación y persistencia si quieres obtener lo que quieres de la vida. Necesitas darte cuenta de que sea lo que sea que desees de la vida, está ahí para ti. Necesitas saber que eres una célula en la mente de Dios y que a través de esta mente divina puedes poner al Universo entero a trabajar, si fuera necesario, para manifestar el logro de tu deseo.

Pero no desperdicies ese vasto poder en pequeñeces. No seas como el leñador de la fábula que, habiendo trabajado durante mucho tiempo y muy duro para invocar al hada de los deseos y habiendo llevado a cabo la tarea que ella le impuso, se le dijo que podía tener como recompensa tres cosas que él deseara. Como tenía mucha hambre, se apresuró a pedir una buena comida. Habiéndosela comido, se dio cuenta que el viento estaba soplando y hacía mucho frío, así que pidió un abrigo caliente. Con el estómago lleno y un abrigo caliente que lo cubriera, le dio sueño, así que pidió una cómoda cama en la cual recostarse.

Y así, pudiendo pedir todo lo mejor del mundo, al día siguiente sólo tenía un abrigo caliente con el cual realizar sus labores. La mayoría de nosotros somos así. Ponemos a parir al monte, y sólo sale un ratón.* Nos esforzamos y nos tensamos, y

---

* *N. del T.* Se refiere a la fábula de Esopo. "El parto de los montes". Esta breve fábula relata cómo los montes muestran terribles signos de estar a punto de dar a luz, infundiendo pánico a quienes los escuchan. Sin embargo, después

hacemos uso de todos los poderes que nos han sido dados y al final logramos algo sin importancia que nos deja tal y como nos encontrábamos antes.

¡Exige mucho! Ponte una meta que valga la pena. Recuerda el viejo poema de Jessie B. Rittenhouse, tomado de "La puerta de los sueños" publicado por Houghton Mifflin Co., Boston.

> Negocié con la vida por una moneda,
> y la vida no me dio más;
> mas cuando vi lo poco que poseía
> por la tarde comencé a orar.

> La vida es un patrón justo;
> Pues lo que le pides, te lo da,
> Mas cuando has fijado ya la paga,
> El contrato debes respetar.

> Trabajé por un salario bajo,
> Y al final aprendí, consternado,
> que lo que le hubiera pedido a la vida,
> la vida me lo habría pagado.

No hagas ese tipo de tonterías. No negocies con la vida por una moneda. Pide algo para lo cual valga la pena que el Universo trabaje. Pídelo, exígelo, y luego aférrate a esa exigencia con persistencia y determinación hasta que la mente divina entera TENGA que moverse y darte lo que quieres.

El propósito de la Vida desde el principio mismo ha sido el dominio: dominio sobre cada circunstancia adversa. Y es a través de su parte de ese dominio, a través de su célula nerviosa en la mente de Dios, a través de su capacidad para obtener cualquier acción que exija persistentemente, que el hombre tiene el dominio sobre todas las cosas.

---

de señales tan asombrosas, los montes paren un pequeño ratón. La fábula se refiere por lo tanto a aquellos acontecimientos que se anuncian como algo mucho más grande o importante de lo que realmente terminan siendo.

Hay una Chispa de Divinidad en TI. ¿Qué vas a hacer para avivarla y convertirla en una llama? ¿Vas a darle la oportunidad de crecer, de expresarse, de convertirse en un fuego que todo lo consume? ¿Vas a darle un trabajo para que lo haga? ¿Estás haciendo que salga a buscar mundos más grandes para conquistar? ¿O estás dejando que se quede dormida, abandonada, o quizás que se extinga a través de la duda y el miedo?

Hagamos al hombre a nuestra imagen, conforme a nuestra semejanza; y ejerza dominio sobre los peces del mar, sobre las aves del cielo, sobre los ganados, sobre toda la tierra, y sobre todo reptil que se arrastra sobre la tierra.

¿Sabes cuál es el pecado imperdonable en toda la naturaleza? Lee los siguientes capítulos, ¡y lo verás!

Afirmación:

Cada mañana diré: Algo bueno viene en camino. Dios me envía su amor. Dios es la luz de mi vida, la Fuente de mi conocimiento e inspiración. Dios en mí, sabe. Él me provee de alimento para mis pensamientos, ideas para brindar un excelente servicio, percepción clara, Inteligencia Divina.

II

LA META DE LA VIDA

La mente es el poder maestro que moldea y crea, y el hombre es mente, y eternamente toma la herramienta del pensamiento, y, dando forma a lo que desea, produce miles de gozos y miles de males: piensa en secreto, y ocurre. Su medio ambiente no es más que el espejo en el que se refleja.

—James Allen

"En el principio Dios creó el cielo y la tierra. Y la tierra estaba desordenada y vacía; las tinieblas estaban sobre la faz del abismo. Y el espíritu de Dios se movía sobre la faz de las aguas. Y dijo Dios...".

En el principio estaba la mente, la energía, sin forma, sin dirección, algo muy parecido a la electricidad estática. Luego vino la palabra, la imagen mental, a dar dinamismo a todo ese poder, a darle estructura y dirección. ¿Qué importa la forma que adquirió al principio, siempre que tuviera una dirección definida? Se requería una Inteligencia que la moldeara. Esta es la primera gran verdad de las Escrituras. No que los cielos y la tierra hayan sido creados, o que se haya hecho la luz, ¡sino que cualquier forma presupone una inteligencia directora!

No puedes tener electricidad dinámica sin un generador, sin una inteligencia que la conciba y la dirija. Tampoco puedes tener una tierra o una flor sin una inteligencia que le dé forma a partir de la energía estática que la rodea.

En el principio, no sólo la tierra se encontraba desordenada y vacía: el universo entero se hallaba de la misma manera, tal y como se encuentran actualmente los interespacios del universo. Todo era estático: energía inestable. Pero "el Espíritu de Dios se movía sobre la faz de las aguas. Y dijo Dios, hágase la luz".

San Juan lo expresa así: "En el principio era la Palabra. Y la Palabra estaba con Dios. Y la Palabra era Dios". ¿Y qué es la "Palabra"? Como se ha mencionado anteriormente, una palabra no es un mero sonido que sale de los labios o un número determinado de letras escritas a mano. Una palabra es un concepto mental, una idea, una imagen.

¡En el principio era la imagen mental! Vuelve a leer ese primer capítulo del Génesis y verás que en todo lo que Dios creó, la "Palabra" vino primero, y luego la forma material. La "Palabra" tenía que venir primero: no puedes construir una casa si no tienes primero una imagen clara de la casa que vas a construir. No puedes hacer nada si no concibes primero una imagen mental de aquello que vas a crear. ¡Ni siquiera Dios pudo hacerlo!

Así pues, cuando Dios dijo: "Produzca la tierra hierba verde", Él tenía en mente una imagen mental clara de la apariencia de esa hierba verde. Como lo expresan las Escrituras: "El Señor Dios hizo la tierra y los cielos, y cada planta del campo *antes de que estuviera en la tierra, antes de que creciera*". Primero la "Palabra", la imagen mental, y, luego, la creación.

Se necesita una inteligencia para formar un concepto mental. Los animales no pueden hacerlo. Pueden recordar imágenes de cosas que han visto. No pueden concebir conceptos a partir de ideas puras. Así pues, como se afirmó arriba, la creación presupone una imagen mental, y una imagen mental implica que existe una inteligencia directora detrás de ella.

Esa es la primera conclusión que una lectura de las Escrituras nos impone. Y la segunda es que lo igual reproduce lo igual.

Repasa ese primer capítulo una vez más y descubrirás que en no menos de seis ocasiones distintas se repite la afirmación de que "todo se reproduce según su especie...". "Produzca la tierra hierba verde, hierba que dé semilla; árbol que dé fruto *según su especie,* cuya semilla esté en él. Produzca la tierra seres vivientes según su especie: bestias, serpientes y animales de la tierra según su especie".

Luego Dios hizo al hombre a su propia imagen, a su semejanza. ¡Date cuenta! Después de decirnos en repetidas ocasiones que todo se reproduce según su especie, las Escrituras continúan diciendo que Dios hizo al hombre *a su propia imagen.* Eso sólo puede significar una cosa: que el hombre, también, ¡es un Dios! En toda la naturaleza los híbridos son estériles. La nada no puede producir algo según su propia especie. Las distintas razas, las distintas cepas de las mismas especies, pueden cruzarse, pero todo debe ser de la misma especie.

Así pues, cuando Dios hizo al hombre a su propia imagen y le ordenó que fuera fructífero y se multiplicara, mostró que el hombre no era un híbrido, sino la verdadera descendencia de Dios. Y para probarlo, le dio dominio sobre "los peces del mar, las aves de los cielos y todas las bestias que se mueven sobre la tierra". Y ordenó al hombre que llenara la tierra y *la sometiera,* y que ejerciera potestad sobre ella.

Instrucciones sencillas, que fácilmente pueden llevarse a cabo —en parte— pero en cuanto a someter a la tierra y tener potestad sobre ella, la humanidad aún se encuentra en un nivel de principiante. Sin embargo, si el hombre es un Dios —*y lo es*— entonces *puede* hacerlo. Y vale la pena empeñar todo nuestro esfuerzo en aprender a hacer algo tan valioso como eso.

Así pues, si somos dioses y verdaderos hijos de Dios —como las Escrituras frecuentemente nos aseguran— debemos, por lo tanto, poseer todas las propiedades de Dios. Debemos ser creadores. Luego entonces, ¿por qué no creamos condiciones más felices? ¿Por qué no acabamos con la pobreza y con las enfermedades y con toda clase de infelicidad?

¿Por qué? Porque se requiere entendimiento y fe para utilizar nuestros poderes, y muy pocos tienen la paciencia de trabajar para obtenerlos. Los hombres estudian durante muchos años para ser doctores, abogados, ingenieros. Y comienzan a ejercer su profesión con miedo y temor, percatándose de que pasarán varios años antes de que hayan obtenido el suficiente conocimiento práctico adquirido a partir de la experiencia para ser verdaderamente competentes en su trabajo.

Sin embargo, leen un libro sobre psicología o sobre alguna de las ciencias mentales, y si no pueden poner los principios en práctica al día siguiente, se dan por vencidos, se enojan ¡y etiquetan dichos principios como meras tonterías!

De todas las áreas de estudio, ninguna ofrece tantas posibilidades como el estudio de los poderes internos del hombre. Ninguna ofrece tantas recompensas seguras al estudiante perseverante y sincero. No obstante, no hay un campo de estudio tan abandonado por el hombre promedio. Nueve de cada diez personas —sí, 99 de cada 100— simplemente van a la deriva por la vida. Aun teniendo en su interior generadores capaces de producir la suficiente fuerza para lograr cualquier propósito, no llegan a ninguna parte.

Por supuesto, utilizan sus generadores, pero ¿para qué? Para suspirar por algún ídolo cinematográfico —o para emocionarse por las proezas de algún mafioso notable— o para indignarse por el asalto realizado por un gran estafador. Emociones indirectas, todas ellas; sin embargo, como es mucho más fácil disfrutar nuestras emociones de manera indirecta, la mayor parte de las personas van por la vida experimentando muy pocas emociones de otro tipo.

Aceleran sus generadores, pero con ningún bien resultante para sí mismos. Sus experiencias son, todas, imágenes oníricas. Cuando se van del cine, cuando dejan de leer el periódico o un libro, ¡despiertan! Jamás hicieron el esfuerzo necesario para experimentar esas emociones en su propia vida.

Imaginemos que la envoltura de aire que rodea al planeta es un enorme acumulador de energía eléctrica. Cada pensamiento, cada deseo ferviente, cada emoción, contribuiría a la energía que se encuentra ahí almacenada. Cada vez que pones a trabajar tu generador —con sentimientos de amor u odio, con miedo o envidia, con esperanza o fe— añades energía a ese acumulador.

Pero para sacar la energía de este acumulador tienes que tener buenos conductores, buenos cables, los cables de un propósito definido, firmemente sostenido. Y para evitar que la energía se disipe es necesario el aislante de la fe.

No puedes obtener mucha corriente de un acumulador simplemente haciendo que los cables toquen sus terminales, dejando que se resbalen continuamente. Tienes que enrollarlos y afianzarlos alrededor de las terminales, asegurándolos firmemente con el desarmador para obtener una corriente constante.

Y no puedes utilizar cables desnudos, o la corriente se saldrá hacia el primer conductor que entre en contacto con ella. Los cables deben estar aislados de modo que la corriente vaya directamente al aparato que deseas que funcione.

Ocurre lo mismo con el acumulador de energía que te rodea. Puedes hacer uso de él a voluntad, puedes obtener destellos de energía de él con el toque de la oración ferviente o bajo la tensión de cualquier otra emoción alterada, pero si deseas un flujo continuo de poder primero debes tener un propósito firmemente sostenido, y luego el aislante de la fe serena. Si éste se encuentra presente no hay límite para el poder que puedes atraer, o para los propósitos a los que puedes aplicarlo.

Ahora bien, ¿cómo podría serte útil todo esto si no tienes trabajo, si tienes una esposa y unos hijos que están esperando algo para comer, si tienes una casa que están a punto de quitarte, y has estado rezando y probando todas las maneras que conoces para obtener el dinero necesario? ¿Cómo podrías utilizar la idea? ¿Qué necesitarías hacer?

¿Recuerdas cómo en la Biblia se dice que los apóstoles trabajaron toda la noche y no lograron pescar nada, y, sin embargo, cuando Jesús les ordenó que arrojaran sus redes en el lugar correcto, y lo hicieron, sus redes quedaron tan llenas que desbordaban?

Has estado rezando e intentándolo, y no has pescado nada. Ahora te toca a ti arrojar tus redes en el lugar correcto. Y arrojarlas ahí significa ignorar el mundo material que te rodea por un momento, ¡y pescar en el mundo de la energía!

Todo lo que te rodea es energía: energía no asignada que puede adoptar cualquier forma que tú desees. ¡Es la misma energía a partir de la cual Dios creó el mundo! Y tú eres un Dios, un creador, un verdadero hijo del Padre. Tú tienes el mismo poder que Él tiene para hacer de tu mundo lo que quieres que sea. Sólo se requiere el mismo método que Él utilizó.

Primero, la "Palabra", la imagen mental. ¿Qué es lo que quieres? ¿Posición, poder, amor, riquezas, éxito? Fabrica tu molde. Ni la mejor energía del mundo creará una forma utilizable a menos que tengas un molde en el cual verterla. Así pues, fabrica tu molde, tu imagen mental. Mírala claramente en tu imaginación. No permitas que sea el hogar de la posición o de las riquezas que pertenecen a alguien más. Utilízalas como modelo, por así decirlo, pero crea tus propias riquezas a partir del material virgen.

En segundo lugar, la energía. "El Espíritu de Dios se movía sobre la faz de las aguas". Arroja tu red, tu espíritu, alrededor de la suficiente energía sin asignar que te rodea y que necesitas para llenar tu molde. Luego aférrate a él con todas tus fuerzas. Es tuyo. Lo has reclamado, y nadie puede quitártelo a menos que lo sueltes y lo dejes ir. Aférrate a ese conocimiento con un propósito inquebrantable e inamovible, y no hay nada que no puedas obtener.

"Todo cuanto pidas en la oración, cree que ya lo has recibido, y lo tendrás". Sea lo que sea que desees, crea tu molde mental, luego arroja tu red alrededor de la energía necesaria para llenarlo, y espera hasta que esa energía se haya endurecido. Es tuya. La tienes. Sólo es necesario que creas, *que sepas que la tienes*, con el fin de dar a esa energía tiempo para que se endurezca y todos puedan verla.

Sin embargo, perder la fe es como quitar el molde mientras tu energía sigue siendo líquida. Se irá como mercurio en todas direcciones, y tendrás que volver a empezar, haciendo un nuevo molde, arrojando tu red alrededor de energía nueva, comenzando otra vez para darle tiempo de que se endurezca y se manifieste.

*

En todo hombre hay una Semilla de Vida, con poder infinito para atraer hacia sí misma cualquier cosa que conciba como necesaria para su expresión. No importa quién eres, no importa cuál es tu entorno o tu educación o tus ventajas, la semilla de la vida que está en ti tiene el mismo poder para el bien.

¿Qué es lo que hace que un pobre niño inmigrante como Edward Bok logre vencer todas las discapacidades de lenguaje y desventajas en cuanto a educación para convertirse en uno de los más grandes editores que el país haya conocido?

¿Cómo te explicas el hecho de que, como se mencionó anteriormente, de 4043 multimillonarios que había en este país antes de la Primera Guerra Mundial, todos menos 69 comenzaron siendo tan pobres que ni siquiera habían llegado a la preparatoria?

¿Acaso no es que entre más circunstancias conspiran para reprimirla, más fuerte es la necesidad de la Vida de expresarse en ti? ¿Que entre más carezca de canales a través de los cuales expandirse, más se siente inclinada a romper su caparazón y fluir en todas direcciones?

Es el viejo caso donde el río que está contenido por diques es el que genera la mayor energía. La mayoría de nosotros nos encontramos en una posición que facilita que tengamos algunas oportunidades de expresión. Y esa pequeña oportunidad sirve como una válvula de seguridad para una olla de presión: nos deja suficiente vapor como para hacer algo que valga la pena al tiempo que nos impide acumular suficiente energía como para romper el caparazón que nos rodea y deshacernos de todas las barreras que nos controlan.

Sin embargo, es sólo una columna de vapor incontenible lo que produce los grandes éxitos. Por eso, a menudo el punto de inflexión en nuestra carrera es cuando nos quitan el piso debajo de nuestros pies. Conozco a un hombre que, cinco años después de perder su trabajo, alcanzó su meta como jefe de una compañía rival y como la mayor autoridad en su producto en el país. ¿Crees que habría obtenido estas recompensas si hubiera continuado como vendedor para su compañía original?

¡Por supuesto que no! Se las estaba arreglando bastante bien. Tenía un hogar cómodo, una linda familia, un buen ingreso y condiciones de trabajo agradables. ¿Por qué habría de perturbarlas? La vieja fábula del perro con el hueso que ve su reflejo en el agua impide a muchas personas darse la oportunidad de tener mejores opciones cuando tienen una opción razonablemente buena a su alcance. Tiene miedo de abandonar lo real por una quimera.

No obstante, ir sobre seguro es probablemente lo más inseguro del mundo. No puedes quedarte estático. Debes avanzar o ver el mundo pasar junto a ti. Esto quedó bien ilustrado en las cifras calculadas por una de las grandes empresas de servicios económicos. De todas las personas que tienen dinero a los 35 años, el 87% lo pierde para cuando tienen 60.

¿Por qué? Porque las fortunas que poseen les quitan la necesidad de tener iniciativa. Su dinero les brinda medios fáciles de expresar la necesidad que existe en su interior, sin que hagan ningún tipo de esfuerzo. Les dan docenas de válvulas de seguridad a través de las cuales escapa continuamente su vapor.

El resultado es que no sólo no logran nada que valga la pena, sino que pronto disipan las fortunas que les fueron heredadas. Son como teteras, donde el deseo por la vida mantiene el agua en un punto de ebullición, pero la boca abierta deja que el vapor se escape tan pronto como se forma, hasta que al poco tiempo ya no queda nada de agua.

¿Por qué los hijos de las personas ricas pocas veces logran algo que valga la pena? Porque no tienen que hacerlo. Se les dan todo tipo de oportunidades de expresar el deseo que hay en ellos a través de canales placenteros, y a través de ellos disipan las energías que podrían llevarlos a cualquier altura. ¿El resultado? Jamás tienen una "columna de vapor" suficientemente fuerte para llevar a cabo ningún trabajo verdadero.

Sin embargo, nosotros, la gente común, tarde o temprano tenemos una crisis que afecta nuestros asuntos, y la manera como la enfrentamos determina nuestro éxito y felicidad futuras. Desde el principio de los tiempos, cada forma de vida ha sido emplazada para enfrentar ese tipo de crisis. Así pues, la meta de la vida siempre ha sido el DOMINIO, un medio para vencer todos los obstáculos, para obtener dominio sobre las circunstancias.

En la revista *Unity Semanal*, hace algunos años, se publicó la historia de una pareja que quería vender su casa y mudarse a otra ciudad, pero la así llamada "Depresión" estaba ocurriendo en ese momento, y había una oferta excesiva de casas. Los agentes de bienes raíces no tenían esperanzas, así que un amigo les preguntó: "¿Por qué no prueban orar?". "¿Qué podemos perder?", se preguntaban unos a otros. Así pues, se sentaron juntos y trataron de entender

1. Que sólo existe una mente, que ellos formaban parte de esa mente y que aquellas personas a las que debían vender también formaban parte de ella.
2. Que esta mente divina trabaja para el bien de todos, para su bien y para el bien de aquellos que estaban buscando precisamente una casa como la de ellos.
3. Que esta mente divina estaba dispuesta a ayudarlos, a ayudar a aquellos que buscaban esta casa, así es que todo lo que tenían que hacer era poner la casa en Sus manos y dejar el resultado del problema confiada y serenamente en Él.

En poco tiempo vendieron la casa a un buen precio en EFECTIVO. En otro número —*Unity*— contó sobre un distribuidor que había comprado varios pianos a crédito y había pedido prestado dinero al banco para pagarlos. Llegaron los tiempos difíciles y el banco le notificó que debía pagar su nota para una determinada fecha. Se fue a casa preocupado y abatido. Con la ayuda de su esposa, sin embargo, pudo deshacerse de la preocupación y entregársela al Dios que habita dentro de él para obtener el dinero necesario.

Esa tarde uno de los vendedores vino a él diciéndole que había un hombre que estaba maldiciendo y blasfemando sobre algo que le había comprado el día anterior. Fue con el hombre y lo encontró vociferando encolerizado por un artículo de bajo costo que había comprado para su hijo, en el cual se habían roto algunas de las cuerdas. El dueño de la tienda inmediatamente le dio un mejor artículo para reemplazar el anterior. Eso hizo que el cliente quejoso se tranquilizara y se disculpara tanto que sintió que debía comprar algo más para enmendar su conducta grosera. Resultó que estaba planeando comprar un piano fino para el cumpleaños de su hija, y el dinero que pagó por él fue más que suficiente para que el distribuidor pudiera pagar la nota al banco.

Desde el principio de los tiempos la meta de la vida ha sido precisamente el DOMINIO sobre circunstancias como éstas, y sólo a través de Dios en ti puedes obtenerlo. "Alma mía, espera sólo en Dios", ordenó el profeta de antaño, "pues de Él viene mi esperanza".

Sin embargo, no limites los canales a través de los cuales Su ayuda puede venir a ti. No insistas en que debe ser a través de una herencia de algún tío millonario, o de un aumento de sueldo o de ganar algún premio. Desarrolla cualquier canal que luzca prometedor, pero deja TODOS los canales abiertos. Y luego actúa *como si ya poseyeras aquello que deseas.*

No digas "Cuando pague esta cuenta —o cuando pase esta crisis— me sentiré muy aliviado". Más bien, di: "ESTOY aliviado, me siento tan contento y en paz ahora que esta carga ya no está sobre mis hombros".

¿Cómo vas a actuar cuando obtengas lo que deseas? Pues bien, actúa de esa manera ahora, piensa de esa manera, y antes de que te des cuenta, serás de esa manera. Recuerda los versos de Ella Wheeler Wilcox:

> El pensamiento es un imán, y el placer anhelado,
> el don, la ayuda o el objeto, es el acero:
> para que tú veas ese sueño realizado
> sentir debe tu alma que hecho está;
> ese es tu poder verdadero.

¿Cómo te comportarías si comprendieras plenamente que estás unido a Dios, si en verdad pudieras creer que Él está constantemente ofreciéndote vida, amor y todo don bueno que tu corazón pueda desear? Pues bien, ¡eso es exactamente lo que Él está haciendo!

Así pues, actúa como si ya tuvieras aquello que deseas. Visualízalo como tuyo. Ve la imagen claramente, con todo detalle, en tu imaginación. Luego DEJA QUE DIOS haga que se manifieste. Por supuesto, haz lo que puedas, con lo que tengas, donde te encuentres, pero depende de Dios, y DEJA que sus dones de bondad vengan a ti.

Observa el primer capítulo de las Escrituras. Cuando Dios quería luz, ¿acaso luchó e hizo grandes esfuerzos tratando de crear la luz? No, dijo: "Hágase la luz".

Cuando tengas un gran deseo de algo, en lugar de tratar de HACER que venga a ti, imagina que lo pides y luego PERMITES que venga. Imagina que simplemente te relajas, y *permites* que Dios trabaje través de ti en lugar de *hacer* que haga algo por ti. Imagina que te dices a ti mismo: "Voy a hacer lo que se me encomiende hacer. Voy a seguir cada pista lo mejor que pueda, pero en cuanto al resto, todo depende de Dios en mí. Dios en mí sabe cuál es mi trabajo correcto, donde está, y exactamente qué debo hacer para obtenerlo. Me entrego yo, junto con mis asuntos, amorosamente en Sus manos, con la seguridad de que aquello que sea para mi bien más elevado, Él me lo dará".

Emerson solía decir que cuando discernimos la Verdad, no hacemos más que permitir que haya un canal por el cual puedan pasar sus rayos. Ese mismo pensamiento se expresa a través de la ecuación: $C = V/R$: la corriente liberada en un punto determinado es igual al voltaje dividido por la resistencia. Cuando hay demasiada resistencia no se libera ninguna corriente, sin importar cuán disponible pueda estar.

Cuando nos preocupamos y estamos tensos y temerosos creamos una resistencia tan grande que a Dios se le dificulta pasar a través de nosotros. Tenemos que SOLTAR antes de que podamos convertirnos en buenos conductores. Igual que John

Burroughs, debemos poder decir: "En paz cruzo los brazos y espero, y no me preocupo por el viento o por la marea o por el océano. Ya no lucho contra el tiempo o contra el destino, pues ¡he aquí!, lo que me corresponde habrá de venir a mí".

Una de las oraciones de fe favoritas de *Unity* fue escrita por Hannah More Kohaus, y todos podríamos utilizarla cuando estamos preocupados o enfermos o en necesidad. Se dice que si te relajas y la repites lentamente en voz alta, te ayudará en cualquier crisis:

> Dios cubre todas mis necesidades;
> me provee diariamente de alimento,
> me saca a flote en las adversidades,
> va delante de mí en todo momento.
>
> Soy ahora sabio, veraz y honesto,
> Amoroso, bondadoso y paciente,
> y todo lo que soy y manifiesto,
> a través del Cristo en mí, con gozo muestro.
>
> Dios es salud, no puedo estar enfermo;
> Dios es mi fuerza activa e infalible;
> Dios es verdad, es el amor,
> es todo en mí: temor no tengo.

Una máxima de oro

Por este mundo pasaré sólo una vez.
Así pues, todo bien que pueda hacer
o lo amable que pueda ser
con otro ser humano
quiero serlo ahora.
No dejen que lo posponga o lo retrase
pues por este mundo no pasaré otra vez.

—Anónimo

Una persona sin aspiraciones

Había una vez un hombre con extraordinarios dones,
con un nombre honorable.
La vida vino a él con las manos llenas,
brindándole fama y fortuna;
pero él, con gran displicencia volvió la cabeza;
el premio le pareció poco atractivo,
y se contentó sólo con una pequeña parte.
Era una persona sin aspiraciones.

Cuando la oportunidad llamó a su puerta,
lo encontró completamente dormido;
larga y pacientemente lo esperó,
mas no despertaba.
Sus más valiosas oportunidades se desperdiciaron,
no se daba cuenta de la realidad;
vivía cada día en monótona rutina.
Era una persona sin aspiraciones.

Este hombre fue creado a la imagen de Dios,
con el poder de hacer y servir;
era fuerte de mente y cuerpo
pero carecía del mínimo valor;
se dejó llevar por el día a día,
sin ambición ni entusiasmo,
jugando un papel aburrido y mediocre.
Era una persona sin aspiraciones.

¿Qué lugar tienes tú en la gran maquinaria de la vida?
¿Estás usando tus dones correctamente?
¿Has llevado a cabo hoy algo verdaderamente bueno?
¿Puedes proclamar que has hecho tu máximo esfuerzo?
¿Se puede decir con seguridad que aceptaste el reto,
que tu vida ha sido realmente productiva?
¿O dirá el mundo, al correr el tiempo,
"Fue sólo una persona sin aspiraciones"?

—Anónimo

Se han generado muchas versiones sobre la verdadera descripción de Cristo. Entre las más auténticas está la siguiente, escrita por Publius Lentulus, presidente de Judea, dirigida a Tiberio César, y que apareció por primera vez en los escritos de San Anselmo de Canterbury en el siglo XI.

"Vivía en ese tiempo en Judea un hombre de virtud singular cuyo nombre era Jesucristo, a quien los bárbaros consideran un profeta, pero cuyos seguidores lo aman y lo adoran como el hijo del Dios inmortal. Él resucita a los muertos de las tumbas y sana toda clase de enfermedades con una palabra o con sólo tocarlos. Es un hombre alto, bien formado, y de un aspecto afable y honorable: su cabello es de un color que difícilmente puede ser igualado, que cae en rizos gráciles que ondean y se acomodan muy bien sobre sus hombros; está partido en la coronilla de su cabeza, cayendo como un río hacia el frente a la manera de los nazarenos; su frente alta, grande e imponente; sus mejillas sin manchas o arrugas, hermosas, de un rojo hermoso; su nariz y su boca formadas con exquisita simetría; su barba de un color apropiado a su cabello, que llega por debajo de su barbilla y se parte a la mitad como un diapasón; sus ojos brillantes, azules, limpios y serenos, de mirada inocente, digna, varonil y madura. Sin embargo, en ocasiones, justo antes de revelar sus poderes divinos, sus párpados se cierran suavemente en un silencio reverencial. Su cuerpo está proporcionado de una manera perfecta y cautivante; sus brazos y sus manos son exquisitos a la vista. Reprende con maestría, aconseja con dulzura, y todo su discurso, ya sea en palabras o en actos, es elocuente y profundo. Ningún hombre lo ha visto reír; sin embargo, sus modales son sumamente agradables, pero ha llorado frecuentemente en presencia de los hombres. Es mesurado, modesto y sabio. Un hombre que va acorde con su extraordinaria belleza y perfección divina, sobrepasando, en todo sentido, a los hijos de los hombres".

III

TUS DUENDES MENTALES

Los seres humanos, como la antigua Galia, pueden dividirse en tres porciones.

1. Aquellos que se encuentran todavía en un estado de conciencia, vida, actuación y pensamiento sencillo, como el de los animales. Se puede decir que los hombres y mujeres que se encuentran en esta categoría existen, y nada más.
2. Aquellos que se encuentran en un estado de autoconciencia. Estos conforman el gran conjunto de las razas superiores de la humanidad. Ellos razonan, estudian, trabajan, ríen, lloran y disfrutan, pero se ven forzados a depender de sus propios esfuerzos para obtener todas las buenas cosas de la vida y están sujetos a toda clase de circunstancias y condiciones que están más allá de su control. Se encuentran en un estado de lucha.
3. Aquellos que están entrando en o han alcanzado la conciencia intuitiva o superior, ese estado al que Jesús llamó el Reino de los Cielos dentro de nosotros.

Así como en los inicios de la raza humana surgió un Adán y una Eva con intelectos receptivos tan avanzados que inmediatamente desarrollaron ideas conceptuales (es decir, nombraron sus impresiones y tuvieron la capacidad de clasificarlas, compararlas y sacar conclusiones de ellas), así, en nuestros días, encontramos en muchas partes a quienes conforman la avanzada de la

Era de la Mente: hombres y mujeres tan adelantados al intelecto conceptual ordinario de su prójimo que superan por mucho la sencilla conciencia del animal.

Los animales sólo reconocen imágenes. Cada casa es para el animal una nueva casa, con sus propias asociaciones de comida o hambre, de amabilidad o golpes. Nunca generaliza ni saca conclusiones comparando una casa con otra. Posee una conciencia simple o receptiva.

Por su parte, el hombre toma el concepto o imagen que tiene de una casa, y la etiqueta. Le da el nombre de casa y luego la clasifica según su tipo. De esa manera, transforma una simple imagen y la convierte en una idea o concepto. Es como si viajara en tren y llevara la cuenta de cada casa que fuera pasando. Para el animal significaría llenar su mente con las imágenes de mil casas o más. Para un hombre, sería simplemente tomar nota en el pizarrón de su memoria: "100 casas, 25 de tipo colonial, 15 de estilo Tudor, etcétera".

Si su mente estuviera demasiado llena de imágenes no habría espacio para que continuara sacando conclusiones a partir de esas imágenes, así que el hombre clasifica dichas imágenes en conceptos o ideas, y así incrementa su capacidad mental millones de veces.

Sin embargo, ha llegado el momento en su desarrollo mental en el que su mente está tan llena de conceptos que debe encontrar un nuevo atajo. Unos cuantos han encontrado ya este atajo y han penetrado el plano más elevado de la conciencia: la conciencia intuitiva o conciencia del "cielo".

¿Qué es esta conciencia superior? Bucke la llama la Conciencia Cósmica, y la define como una conciencia del mundo que nos rodea, una conciencia que no tiene que detenerse y sumar cada concepto como si se tratara de una serie de cifras, pero que puede producir la respuesta inmediatamente, intuitivamente, como una "calculadora relámpago" puede resolver un problema de matemáticas sin pasar, aparentemente, por ninguna de las etapas intermedias de suma y resta, de razonamiento elaborado a partir de una premisa para llegar a una conclusión.

Como ves, tu yo consciente es simplemente la suma de imágenes, sensaciones y conceptos que se encuentran en tu cerebro. Sin embargo, por arriba y por abajo de esta mente que razona se encuentra tu mente intuitiva —tu alma— que es una célula en la gran súperalma del universo, Dios. Es el eslabón que te conecta con Dios. Es parte de él. Participa de todos sus atributos, de todo su poder, sabiduría y riquezas. Y, según lo necesite, puede hacer uso de todas ellas. ¿Cómo? De la misma manera que cualquier célula del cuerpo puede hacer uso de la vitalidad del cuerpo entero: creando la necesidad, utilizando lo que tiene.

No existe nada misterioso en la manera como la vida funciona. Todo es crecimiento lógico. En su mente, el niño pequeño primero registra impresiones, luego las reconoce y las etiqueta, y, finalmente, las clasifica y se basa en ellas para razonar ideas. Mediante el uso de impresiones e imágenes, el niño puede conocer el mundo que ve y siente. Por medio de conceptos puede construir en su imaginación el mundo que no ha visto ¿Eso es todo? ¿Ahí termina todo?

"¡No!", responde Bucke en *Conciencia cósmica*. "Así como la vida brotó en un mundo sin vida, así como la conciencia sencilla surgió de donde antes había vitalidad sin percepción; así como la autoconciencia voló sobre la tierra y los mares, así la raza humana da otros pasos y alcanza un nivel más elevado comparado con cualquier otro experimentado o incluso concebido.

"Que se entienda claramente que el nuevo paso no es simplemente una expansión de la autoconciencia, sino que difiere tanto de ella como de la conciencia sencilla, y se distingue de esta última, tanto, como de la mera vitalidad que no posee ningún tipo de conciencia.

¿Sin embargo, cómo habremos de reconocer esta nueva percepción? ¿Cómo nos damos cuenta que ha llegado? Las señales son evidentes en todo hombre y mujer de mentalidad elevada. Probablemente has visto a algunos contadores escribir una serie de cifras y darte el total sin sumarlas conscientemente. Puedes recordar momentos en los que has anticipado palabra por palabra lo que una persona ha estado a punto de decir, o has respondido el teléfono, y antes de que la persona hablara, ya sabías quién se encontraba al otro lado de la línea, o te has encontrado con un extraño y te has formado una "rápida impresión" sobre él, que después resultó ser extraordinariamente acertada. A esto le llamamos intuición. Es la primera etapa de la conciencia cósmica. Es un paso perfectamente lógico en el desarrollo del intelecto.

En el salto de la conciencia sencilla a la autoconciencia, el hombre combinó grupos de preceptos o imágenes en un solo concepto o idea, tal y como combinamos los tres números romanos III en un solo símbolo: el 3. Ya no era necesario que tuviera en mente cada árbol de un bosque en lo individual. Los agrupó bajo una sola categoría de árboles, y llamó a ese grupo, bosque.

Ahora, el ser humano está dando un paso más allá. En vez de tener que estudiar primero cada árbol en lo individual para aprender sobre las propiedades de ese bosque, está obteniendo dicho conocimiento a partir del alma que está en su interior, que forma parte de la gran súper alma del bosque y del universo, y por tanto, conoce todas las cosas. En otras palabras, lo está obteniendo de manera intuitiva.

Ese es el primer paso para alcanzar la conciencia celestial: cultivar tus intuiciones, alentarlas en todas las formas posibles. Tu alma es una célula en el gran cuerpo de Dios, así como cada célula de tu cuerpo forma parte de ti. Y como parte de la súperalma del universo, tiene acceso a todo el conocimiento del universo, pero necesita ejercitarse, necesita desarrollarse.

Cuando quieres desarrollar una célula o un conjunto de células de tu cuerpo, ¿qué es lo que haces? Las ejercitas, ¿no es así? Las utiliza al límite de sus capacidades. Y luego ¿qué ocurre? Se sienten débiles, exhaustas. Se adelgazan y se demacran. ¿Por qué? Porque has partido esas células, has usado la energía que se encontraba en ellas, y aún no han tenido tiempo de tomar más energía de la corriente sanguínea. Durante los primeros días o semanas en los que continúes con ese uso rudo, permanecen débiles y flojas. Una vez más, ¿por qué? Porque la cantidad de energía que tu "regulador" está acostumbrado a proporcionar a esas células no es suficiente para ese trabajo pesado. Sin embargo, si sigues perseverando, ¿qué es lo que ocurre? Esas células no sólo se endurecen hasta que están a la altura de cualquier reto que les presentes, sino que crecen en tamaño y fuerza. Han expresado una orden permanente al "regulador" de tener más energía vital, y, siempre que encuentren un curso para esa energía, seguirá viniendo a ellas.

Eso es lo primero que tienes que hacer para tener una mayor conciencia intuitiva: cultivar lo que tienes, utilizarlo en toda ocasión posible aunque al principio parezca que lo estiras más allá de su capacidad. Oye tu vocecita interna y *escúchala*. "Entonces tus oídos oirán detrás de ti la palabra que diga: este es el camino, anda por él, y no te desvías ni a la derecha ni a la izquierda".

¿De dónde viene la visión del artista, la inspiración del escritor, el descubrimiento del químico o del inventor, si no de esta conciencia intuitiva en funcionamiento? Pregunta a la mayoría de los grandes autores y te dirán que ellos no crean las tramas de sus obras. "Vienen" a ellos, eso es todo. "La clave para los métodos exitosos", dice Tomás Alva Edison, "viene de la nada. Algo verdaderamente nuevo, una idea general, una hermosa melodía, se toma del espacio; un hecho que resulta inexplicable".

Inexplicable, sí, desde el punto de vista del intelecto conceptual, pero bastante entendible desde el punto de vista intuitivo.

Basta de hablar del primer paso. Es un paso posible para cualquier hombre o mujer de intelecto elevado. Cuando se trata de un problema, una obra de arte, una historia, un nuevo descubrimiento, sólo se requiere llenar la mente con todos los conceptos disponibles relacionados con el resultado deseado, y luego entregárselo a Dios para que encuentre la respuesta.

El segundo paso consiste en el deseo firme de tener una conciencia superior. Suena bastante sencillo. A todo mundo le gustaría poder ser capaz de aprender sin tener que pasar por toda la labor de sumar precepto a precepto, crear un concepto a partir

·de ellos y luego encontrar las respuestas. Así pues, si todo lo que se necesita es el deseo firme, debería ser fácil.

Sin embargo, no lo es. Es el paso más difícil de todos. ¿Por qué? Porque ese deseo debe ser tu deseo dominante. No debe ser simplemente un medio para alcanzar el objetivo de obtener riquezas o alcanzar una posición elevada.

Todo mundo está de acuerdo con esto: esta conciencia celestial viene sólo como resultado de un extraordinario deseo de alcanzar la verdad espiritual, y de un hambre y una sed por las cosas del espíritu.

Quizás puedes comprenderlo mejor cuando recuerdas cómo muchas personas ordinarias han tenido una visión parcial de ello cuando han estado a punto de morir, o cuando salen de los efectos de la anestesia.

Entonces, ¿cuáles son las condiciones necesarias?

Primero, un entendimiento del poder que yace latente en ti; un entendimiento de que, independientemente de qué tanta o qué tan poca educación hayas recibido, en tu interior existe un poder (llámalo el subconsciente, o tu alma, o el genio de la lámpara, o como quieras) capaz de contactar a la inteligencia que dirige y anima el universo entero.

Segundo, el deseo firme de lograr el crecimiento espiritual. Para poseer este deseo el hombre no necesita ser un asceta, o abandonar a su familia o sus negocios. De hecho, debería ser mejor padre o mejor empresario por ello, pues hoy en día el empresario ya no engaña a su prójimo antes de que su prójimo pueda engañarlo a él. Está tratando de servir, y en la medida en la que logre brindar un mayor y mejor servicio que otros, alcanzará el éxito. ¿Puedes concebir alguna otra preparación más refinada para la conciencia celestial?

Tercero, la capacidad de relajarse completamente. Como lo expresó Boehme: "Abstenerse de pensar, desear e imaginar. El hecho de que tu 'autoconciencia' escuche, desee y vea, te impide ver y escuchar a Dios".

"Cuando aparece una nueva facultad en una raza", dice Bucke, "se descubrirá, en el inicio mismo, en un individuo de esa raza; después se hallará en unos cuantos individuos; después de un tiempo, en un porcentaje mayor de los miembros de la raza; todavía más tarde, en la mitad de sus miembros, y así, hasta que, después de miles de generaciones, aquél que no tenga dicha facultad será considerado una monstruosidad".

La conciencia celestial, o conciencia cósmica, como la llama Bucke, ha llegado al punto en el que se ha encontrado en muchos individuos. Cuando una facultad llega a ese punto, es susceptible de ser adquirida por todos los miembros de la clase superior de esa raza que han alcanzado la madurez plena.

Y nunca es demasiado tarde para desarrollar esta conciencia intuitiva, pues tu mente jamás envejece. En su libro, *La era de la virilidad mental*, el doctor Dorland señala que más de la mitad de los grandes logros de la humanidad fueron alcanzados por hombres de menos de 50 años, y que la mayoría de estos fueron hechos por hombres de más de 70 en comparación a los alcanzados por hombres de menos de 30.

En pruebas realizadas por el doctor Irving Lorge del Teachers College, Universidad de Columbia, se descubrió que aunque la velocidad de aprendizaje podía disminuir con los años, los poderes mentales no disminuyen. Cuando se eliminó el factor velocidad, las personas de 50 y 60 años dieron resultados más altos que aquellos que tenían alrededor de 25. El doctor Lorge resume sus pruebas en estas palabras:

"En lo que se refiere a la capacidad mental, no tiene por qué haber una 'edad para el retiro'. Es probable que entre más edad tenga una persona, más valiosa se vuelva. Posee el mismo poder mental que tenía cuando era joven, además de una riqueza en experiencia y conocimiento sobre su trabajo particular. Estas son cosas que ningún hombre, por brillante que sea, puede obtener".

Tú tienes una conciencia intuitiva, que se ha hecho evidente en diversas ocasiones como "presentimientos", y cosas por el estilo. Lo único que hace falta es desarrollarla. Robert Louis Stevenson señaló el camino cuando relató cómo se le ocurrió la trama del Dr. Jekyll y el Sr. Hyde.

"¡Mis duendes! ¡Que Dios los bendiga!", dijo Stevenson. "Ellos hacen la mitad de mi trabajo cuando estoy dormido, y cual si fueran humanos, hacen el resto cuando estoy plenamente despierto, y tontamente supongo que lo hago por mí mismo. He estado mucho tiempo deseando escribir un libro sobre la doble personalidad del hombre. Durante dos días me quebré la cabeza buscando una trama, y, a la segunda noche, soñé con la escena del Dr. Jekyll y el Sr. Hyde en la ventana; y una escena posteriormente se convirtió en dos, donde Hyde, al verse perseguido, tomó el polvo y se transformó en presencia de su perseguidor".

Has tenido experiencias similares. Has experimentado cómo, después de haber estudiado un problema desde todos los ángulos posibles, algunas veces te ha parecido más enmarañado que cuando comenzaste. Hazlo a un lado por un rato, "olvídalo", y cuando vuelvas a él, verás que tus pensamientos son más claros, que habrás comprendido la línea de razonamiento y que el problema se habrá resuelto. ¡Son tus pequeños "duendes mentales" los que habrán hecho el trabajo por ti!

Las ideas brillantes no se originan en tu propio cerebro. Gracias a una concentración intensa has establecido un circuito que pasa a través de tu subconsciente y entra en contacto con lo Universal, y es de ahí de donde procede la inspiración. Toda genialidad, todo progreso, surge de la misma fuente. Te corresponde a ti simplemente aprender a establecer este circuito a voluntad de modo que puedas utilizarlo cuando lo necesites. Puedes hacerlo.

"Existen muchas maneras de poner a trabajar a los duendes", dice Dumont en *The Master Mind* (La mente maestra). "Casi todo mundo ha tenido una experiencia, en mayor o menor medida, en este sentido, aunque con frecuencia se produce casi de manera inconsciente, y sin propósito o intención. Quizás la mejor manera de obtener los resultados deseados para la persona promedio —o, más bien, para la mayoría de las personas— consiste en tener una idea lo más clara posible de lo que realmente deseamos saber; una idea o imagen mental lo más clara posible de la pregunta que deseas responder. Luego, después de presentársela a tu mente —después de masticarla mentalmente, por así decirlo— y brindarle un alto grado de atención, puedes transferirla a tu mente subconsciente con la orden mental: *'Hazte cargo de esto por mí y ¡encuentra la respuesta!'*. Puedes dar esta orden en silencio o en voz alta; cualquiera de las dos formas funciona. Habla a tu mente subconsciente —o a sus pequeños obreros— tal y como lo harías con tus empleados: amable pero firmemente. Más adelante, a su debido tiempo, vendrá tu respuesta —la cual será proyectada a tu conciencia— quizá un minuto antes de que debas tomar una decisión al respecto o necesites la información. Puedes dar la orden a tus duendes de que se reporten a una determinada hora, tal y como lo harías cuando pides que te despierten a una hora específica por la mañana de modo que puedas tomar el primer tren, o que te recuerden el horario de una cita, si los tienes bien entrenados".

¿Alguna vez has leído la historia de Richard Harding Davis, "El hombre que no podía perder"? En este relato, el héroe tiene un gran interés por las carreras. Estudia los registros y las "tablas de tiempos" hasta que se aprende la historia de todos los caballos de arriba a abajo.

El día anterior a la gran carrera se encuentra descansando en un sillón, pensando en la carrera del siguiente día, y se duerme con ese pensamiento en mente. Naturalmente, su mente subconsciente lo retoma, y el resultado es que sueña el resultado exacto de la carrera.

Por supuesto, esa fue una simple historia, pero si las carreras se corrieran solamente tomando en consideración la velocidad y la fuerza de los caballos, sería completamente posible adivinar los resultados exactos de esa manera. Desafortunadamente, en todos los juegos de apuestas a menudo entran en acción otros factores.

Sin embargo, la idea detrás de la historia de Davis es totalmente acertada. La manera de contactar a tu mente subconsciente, la manera de obtener la ayuda de "El hombre en tu interior" para resolver cualquier problema es:

Primero, llena tu mente con toda clase de información relacionada con el problema que debes resolver.

Segundo, busca una silla o un sillón o una cama donde puedas recostarte cómodamente y donde puedas olvidarte de tu cuerpo por completo.

Tercero, deja que tu mente se concentre en el problema por unos instantes, sin preocupaciones, sin miedos, en paz, y luego entrégaselo al "Hombre en tu Interior". Dile: "Este es tu problema. Tú puedes hacer lo que sea. Sabes la respuesta a todo. ¡Resuelve esto por mí!". Y relájate por completo. Si puedes, duérmete. Al menos déjate caer en esos sueños donde estás mitad dormido, mitad despierto, que impiden que otros pensamientos se entrometan en tu conciencia. Haz lo mismo que Aladino: invoca a tu genio, dale órdenes, y luego olvídate del asunto sabiendo con toda seguridad que él se hará cargo por ti. Cuando despiertes, ¡tendrás la respuesta!

"El hombre más inteligente del mundo es el Hombre del Interior", dijo el Dr. Frank Crane. "Cuando me refiero al Hombre del Interior, hablo de ese Otro Hombre dentro de cada uno de nosotros que hace la mayor parte de las cosas que nosotros nos adjudicamos.

"Afirmo que es el hombre más inteligente de este mundo. Sé que es infinitamente más listo y capaz que yo o que cualquier otro hombre del que haya oído hablar. Cuando me hago una cortada es él el que manda llamar a los fagocitos para que vengan y eliminen a los microbios infecciosos que podrían entrar en la herida y hacer que la sangre se contamine. Es él quien coagula la sangre, detiene el sangrado y teje la nueva piel.

"Yo no podría hacerlo. Ni siquiera sé cómo lo hace. Lo hace incluso en los bebés que no tienen ni idea al respecto; de hecho, lo hace mejor para ellos que para mí.

"Cuando practico tocar el piano, simplemente transfiero de mi mente consciente a mi mente subconsciente el asunto de tocar el piano; en otras palabras, le entrego el asunto al Hombre del Interior.

"La mayor parte de nuestra felicidad, así como de nuestros conflictos y tristezas, procede de este Hombre del Interior. Si lo entrenamos en los caminos de la alegría, la adaptación y la decisión, irá delante de nosotros como un sirviente bien entrenado y hará por nosotros con gran facilidad la mayor parte de las tareas difíciles que debemos llevar a cabo".

Lee este último párrafo otra vez: "La mayor parte de nuestra felicidad, *así como de nuestros conflictos y tristezas*, procede de este Hombre del Interior".

¿Cómo podemos utilizarlo, entonces, para que sólo nos traiga las cosas buenas de la vida?

BENDICIÉNDOLO en lugar de vociferar en su contra y maldecirlo; CONFIANDO en lugar de tener miedo. Todo hombre es lo que es gracias a los pensamientos dominantes que permite ocupen su mente y, así, se los sugiere al Hombre del Interior.

Esos pensamientos, que están mezclados con algunas emociones, como enojo, miedo, preocupación o amor, magnetizan a ese Hombre del Interior y tienden a dirigirlo a las acciones que atraerán hacia ti pensamientos similares o relacionados, y sus reacciones lógicas. Todos los impulsos del pensamiento tienen tendencia a producir su equivalente físico, simplemente porque ponen al Hombre del Interior en ti a trabajar tratando de producir las manifestaciones físicas de tus imágenes de pensamiento. Jesús lo entendió cuando dijo: "Por sus frutos los conoceréis".

¿Cuál es, entonces, la respuesta?

1. Observa que tus pensamientos son los moldes en los cuales el Hombre del Interior en ti da forma a tus circunstancias, de modo que "Según piensa el hombre, así es él".
2. Recuerda que no hay nada en todo el Universo de Dios que debas temer, pues Dios es amor, y tú eres uno con Dios. Así pues, hazte amigo de tus problemas. No trates de alejarte de ellos. Acércate a ellos, ponlos al descubierto y te darás cuenta que no son obstáculos, sino trampolines hacia algo mejor.

3. Si tienes preocupaciones o miedos, detente. Pon todos tus asuntos en las manos de Dios en ti ¡y olvídate de ellos! Recuerda que con Dios todas las cosas son posibles, y que todas las cosas son posibles contigo cuando comprendes que eres uno con Él. Así pues, pon tus ojos en Dios y no en tus dificultades. Pon tu mirada en aquello que QUIERES, y no en lo que temes.

4. Olvida el pasado. Recuerda: "Hoy es el momento oportuno. Hoy es el día de la salvación". Mira hacia delante las grandes cosas que te esperan, y no los lamentos del pasado. Pon tus ojos en lo que deseas ver manifestado. Piensa en cada día como si, en sí mismo, fuera una vida completa y repite cada mañana: "Me despierto para hacer el trabajo que me corresponde".

5. Bendice todas las cosas, pues debajo de la fachada menos atractiva se encuentra la semilla del bien.

En *Unity Weekly* se cuenta la historia de un granjero que, cuando ara el campo, bendice cada semilla que siembra y visualiza la cosecha abundante que va a producir. Sus vecinos se sorprenden por el tamaño de sus cosechas.

En otro número de esta misma revista, cuentan sobre una huésped en un hotel del Oeste que quedó impresionada por el ambiente de alegría y paz que se percibía en la habitación que ocupaba. Vivir en ella parecía ser una fuente de inspiración. Se percibía tanta bondad en el cuarto, que pidió a la mujer que lo había ocupado antes que volviera a llenarlo con esa atmósfera tan sosegada. La mujer le dijo que no tenía que ver con el inquilino, sino con ella misma; lo que ella hacía era que cuando trabajaba en una habitación la bendecía, y cuando se iba, se paraba unos instantes en la entrada y afirmaba la paz y el descanso para la habitación y la bendecía para la persona que la ocuparía después de ella.

Arthur Guiterman escribió una bendición para las casas que muy bien podríamos utilizar nosotros también:

Bendice las cuatro esquinas de esta casa,
Y sé el umbral bendecido;

Y bendice el hogar y bendice la mesa
Y bendice cada lugar de descanso;
Y bendice la puerta que se abre de par en par
Para el extraño como el familiar
Y bendice cada ventanal
Que permite que penetre la luz de las estrellas;
Y bendice el techo y cada muro.
La paz de Dios, la paz del hombre,
La paz del amor, en todo.

Consagración

Desde Tu altar, mi divino Señor
    acepta mi regalo este día, por Jesús:
No tengo joyas para adornar Tu templo,
Ningún sacrificio digno que ofrecer,
Pero traigo aquí, dentro de mis manos temblorosas
Ésta mi voluntad —algo que parece pequeño
Y que sólo Tú, amado Señor, puedes entender
Cómo, cuando lo entrego a Ti, yo mismo a Ti me entrego.

Escondidas dentro de mí, Tu ojo avizor puede ver
Luchas de pasión, visiones de deleite,
Todo lo que amo, todo lo que soy o gustoso desearía ser-
Amores profundos, caras esperanzas e infinitos anhelos.
Yo he estado bañado en lágrimas y abatido por sollozos,
Atrapado en mis ansias, sin encontrar la belleza.
Ahora, ante tu altar, donde la mentira es derrotada,
La oración asciende, Oh, que se haga Tu voluntad.

Acéptala Oh, Padre, antes que me falte el valor,
Y funde mi voluntad con la Tuya de tal forma que aún
Si en un momento desesperado mis lamentos prevalecen
Y tú devuelves mi regalo, éste puede haber sido
Tan cambiado, tan purificado, tan bellamente engrandecido,
Tan unido a Ti, tan lleno de tu paz divina,

Que no reconozca ya mi voluntad, ni la sienta como propia,
Sino que al recuperarla, encuentre la tuya.

—(AUTOR DESCONOCIDO)

IV

LA SEMILLA DE VIDA

La ley fundamental del universo consiste en que toda forma de vida tiene *dentro de sí misma* la vitalidad suficiente como para atraer hacia ella todo elemento que necesita para crecer y dar fruto. Sin embargo, es sólo cuando se desprende de todo apoyo externo y depende completamente de la fuerza vital que la creó y depositó su chispa dentro de ella que puede atraer hacia sí los elementos que necesita para su completo crecimiento y fruición.

Tomemos como ejemplo las secuoyas gigantes de California. Por ninguna ley conocida por el hombre, estos árboles pueden atraer agua hacia su follaje ¡que se encuentra a cientos de metros del suelo! No obstante, la atraen: cientos de galones todos los días.

No lo hacen a través de la presión que viene desde abajo, desde las raíces. ¡Lo hacen a través de una fuerza de atracción desde arriba! En otras palabras, primero se establece la necesidad ¡y luego la necesidad misma brinda los medios o la "fuerza de atracción" para atraer hacia ella los elementos que debe tener para expresarse!

Encontrarás esa misma ley en toda la naturaleza. Primero la necesidad, y luego los medios. Utiliza lo que tienes para crear el vacío, y luego haz uso de los elementos necesarios para llenarlo. Extiende tu tallo, abre tus ramas, proporciona la "fuerza de atracción" y deja a tus raíces la búsqueda del nutrimento necesario. Si ya has llegado lo suficientemente arriba, si ya has hecho que tu imán sea lo suficientemente fuerte, puedes atraer hacia ti los elementos que necesitas, ¡sin importar si estos se encuentran en los confines de la tierra!

Dios formó una semilla de sí mismo en ti. Le dio el poder de atraer hacia ella todo lo que necesita para crecer, tal y como lo hizo con la semilla del árbol. Le dio el poder de atraer hacia sí todo lo que necesita para dar fruto, tal y como lo hizo con el árbol. Sin embargo, hizo aún más por ti. ¡Infundió en tu semilla de vida el poder para atraer hacia ella todo lo que necesita para su *expresión infinita*!

Como ves, la vida es inteligente. La vida es omnipotente, y está buscando expresarse siempre y en todas partes. Es más, jamás se satisface. Constantemente está buscando una expresión mayor y más plena. En el momento en el que un árbol deja de crecer, en ese momento la vida que hay en él comienza a buscar otros lugares donde encontrar medios para expresarse mejor. En el momento en el que deja de expresar más y más de la vida, en ese momento la vida comienza a buscar otras salidas mejores.

Lo único que puede restringir a la vida es el canal a través del cual trabaja. La única limitación que existe sobre ella es la limitación que tú le impones.

El secreto del éxito radica en esto: dentro de ti hay una semilla de Dios capaz de atraer hacia ella cualquier elemento que necesites y dar como fruto cualquier bien que desees. Sin embargo, como ocurre con todas las demás semillas, debe romper su cáscara antes de que la pepita que está en su interior pueda utilizar su poder de atracción. Y esa cáscara es más gruesa y más dura que la cáscara de cualquier semilla en la tierra. Sólo una cosa la rompe: *el calor del interior*; un deseo tan fuerte, una determinación tan intensa que haga que con gusto pongas todo lo que tienes en la balanza para obtener lo que deseas. No sólo tu trabajo, tu dinero y tu pensamiento, sino la disposición de depender completamente del resultado: actuar o morir. Igual que el Maestro cuando maldijo a la higuera por no dar fruto, estás dispuesto a exigir a la semilla de vida dentro de ti *que dé fruto o que muera*.

Ese es el secreto de todo gran éxito. Ese es el medio a través del cual la vida entera, desde el inicio de los tiempos, ha obtenido lo que necesita.

¿Qué fue lo que dio a ciertos animales caparazones que los protegen; a otros, gran velocidad; a otros, un aguijón, y a aquellos que los necesitaban, cuernos y garras? ¿Que dio a los fuertes y valientes los medios para destruir, y a los débiles y cobardes facilidad para esconderse o escapar? ¿Qué fue, si no la semilla de vida dentro de cada uno, dando a cada forma de vida los medios que dicha forma reclamaba para preservar su vida?

Desde la creación misma de la tierra, la vida ha estado amenazada por toda clase de peligros. Si no fuera más fuerte que cualquier otro poder en el universo —si en verdad no formara parte de Dios mismo— habría perecido hace miles de años. Pero Dios, quien nos la otorgó, la dotó con recursos ilimitados, con energía ilimitada. Ninguna otra fuerza puede vencerla. Ningún obstáculo puede detenerla.

¿Qué es lo que salva a los hombres que se encuentran en situaciones críticas desesperadas y que han agotado todo recurso humano y finalmente han recurrido a Dios en sus momentos de necesidad? ¿Qué, si no la llama inextinguible de Dios en ellos —la semilla de vida que Él ha brindado a cada uno— la cual tiene el poder de atraer hacia nosotros cualquier elemento que consideremos necesario para salvarnos de la extinción?

Se cuenta la historia de una niñita de cuatro años a quien se le había enseñado a creer en una deidad protectora. Un día, se perdió, y estuvo perdida durante varias horas. Su madre estaba al borde de la desesperación cuando, por fin, vio que su niña regresaba a casa. Estaba sola; sin embargo, parecía estar tomada de la mano de alguien, y sus labios se movían como si sostuviera una conversación animada. Su madre abrió la puerta frontal justo en el momento en el que la niña soltó la mano invisible, y le escuchó decir:

"Ya puedes irte, Dios. Aquí es donde vivo. ¡Y muchas gracias!".

Fue tan fácil como lo explicó a su madre. Había estado vagando hasta que se cansó y le dio hambre. Ahí fue cuando se dio cuenta que no sabía cómo regresar a su casa.

"Sabía que estaba perdida, mamá", dijo, "así que le pedí a Dios que me llevara de regreso a casa. Sabía que él conocía el camino. Luego comencé a caminar y Dios me mostró por dónde ir. Y aquí estoy".

"¿Por qué, entonces", preguntarán algunos, "el Dios que está en ti no se esfuerza por brindarte comida cuando estás hambriento, agua cuando tienes sed, ropa cuando tienes frío, dinero cuando tienes deudas?". ¿Por qué? Porque no pones toda tu dependencia en él para estas cosas. Recurres a tus manos, a tus amigos o a algún medio dentro de la esfera de influencia de quienes te rodean. Es sólo cuando pierdes las esperanzas en todos los medios ordinarios, *cuando la convences* de que debe ayudarte o, de otra forma, morirás, que la semilla de vida en ti se mueve para brindarte un nuevo recurso.

Por eso los medios psicológicos o metafísicos raras veces curan a un paciente que sigue poniendo una parte de su dependencia en los medicamentos o en los tratamientos. No es que el espíritu en ti sea un "Dios celoso". Es que se requiere una verdadera necesidad para moverlo a la acción. Siempre que muestres que sientes que hay una oportunidad de ser salvado a través de otro medio, la semilla de vida en ti no se moverá para ayudarte. Y siempre que ella vea que dependes de tus amigos o del mercado de valores o de algún otro método para satisfacer tu necesidad urgente de dinero, no se preocupará por ello.

Unity Weekly cuenta sobre una mujer sola que se encontraba en una gran ciudad, sin trabajo, ansiosa, desanimada y preocupada por su esposo, quien se encontraba buscando trabajo en otra ciudad.

Como no había nadie más a quien pudiera acudir para pedir ayuda, rezó hasta que pudo poner totalmente su fe en Dios, creer que Él la cuidaría y depender completamente de Él. Entonces pudo salir a las calles caminando con paso alegre, con un corazón lleno de confianza, y un rostro que irradiaba confianza en sí misma y en su capacidad de hacer las cosas. Tiró a la basura la sección de empleos del periódico, y, siguiendo sus impulsos, entró en un edificio de apariencia alegre ¡y encontró un trabajo deseable! Uno o dos días después, llegó a ella por correo un cheque inesperado y una carta con buenas noticias de su esposo.

Hay otro caso de un niño con dificultades de aprendizaje que estaba punto de ser expulsado de la escuela. Su madre le había enseñado a creer en Dios, así que se puso a repetir para sí mismo: "Dios me dirá qué hacer". Y así fue. Incluso unos cuantos años después se graduó como el mejor de su clase.

También había una mujer que se esperaba muriera de una enfermedad dolorosa y aparentemente incurable. Pidió que movieran su cama junto a una ventana, y mientras miraba el cielo estrellado durante las largas horas de la noche, pensaba en Dios, en su poder, en su bondad, en su amor por cada criatura, en las palabras de Jesús cuando decía que ni una sola hoja cae si no es por la voluntad de Dios. Y mientras meditaba en todo esto, llegó a ella la fe en la capacidad y la disposición de Dios de curarla. Al poco rato comenzó a fluir a su conciencia la convicción de que estaba curada y sorprendió a sus cuidadores poniéndose de pie y pidiendo algo para comer. Hoy está viva y se encuentra muy bien.

¿Cómo puedes poner en movimiento la fuerza ilimitada de Dios que está en tu interior? ¿Cómo puedes hacer uso de sus recursos infinitos para tus necesidades urgentes?

La fe absoluta, la dependencia absoluta: ésa es la única respuesta. No funcionarán las medidas a medias. Si quieres ayuda y has agotado todos los métodos que los médicos, cirujanos y practicantes pueden ofrecerte, y ahora quieres dirigirte a la Fuente para tener nueva vida, nueva salud y fortaleza, no puedes seguir probando medicinas y tratamientos y esperar que la semilla de vida se ponga en acción. Debes abandonar todo lo demás. Debes depender completamente del poder infinito de esa semilla de Dios en ti. Debes tener la actitud de los patriotas revolucionarios estadunidenses: "Hundirse o nadar, vivir o morir, sobrevivir o perecer, entrego mis manos y mi corazón a esta causa, ¡vivo por ella o muero con ella!".

Ten esa actitud mental, y será sencillo que tu semilla de vida se ponga en acción.

Repite para tus adentros: "Yo soy uno con la fuerza vital que gobierna el universo, el gran YO SOY del cual Jesús dijo: 'Antes de que Abraham fuera, YO SOY', YO SOY energía. YO SOY poder. Yo estoy lleno de vida omnipotente. La vitalidad de Dios traspasa cada fibra de mi ser. Yo estoy bien y estoy sano en cada parte de mi cuerpo. Estoy compuesto por miles de millones de células de vida inteligente, y esa inteligencia está guiándome hacia la salud, la felicidad y la prosperidad".

E. Stanley Jones, autor de *Chrit of the Indian Road*, nos dice cómo se vino completamente abajo debido al agotamiento nervioso y la fatiga mental producto de ocho años de trabajo como misionero en la India, justo cuando había aprendido las costumbres de las personas, y las condiciones parecían propicias para que realizara el mayor bien posible.

Estaba terriblemente deprimido y desilusionado, hasta que una noche, en medio de sus oraciones, pareció escuchar una voz que le decía: "¿Estás listo para el trabajo para el cual te he llamado?". "No, Señor", "respondió", "ya no puedo más. Ya no tengo más recursos". "Si me lo entregas", "le dijo la voz", "*y no te preocupas por ello*, yo me haré cargo". "Señor", "respondió con gusto", "¡trato hecho!".

Eso fue hace muchos años. Los doctores acababan de decirle que tendría que dejar la India y regresar a casa para descansar durante un par de años. En lugar de hacerlo, se lanzó con energía renovada a realizar su trabajo, y jamás tuvo mejor salud como la que desde entonces ha gozado. Parece haber entrado en contacto con una nueva fuente de vida para el cuerpo, la mente y el espíritu. *Sin embargo, ¡todo lo que tenía que hacer era tomarla!*

¿Acaso esto significa que no tienes que hacer ningún esfuerzo para ayudarte a ti mismo? ¡Para nada! Todo esto jamás ha estado destinado para el mundo de un hombre flojo. El propósito de la existencia es crecer, y la naturaleza entera está creciendo continuamente. Cuando algo deja de crecer, comienza a morir.

Se nos dieron manos con las cuales trabajar, un cerebro con el cual pensar. Se espera que los utilicemos.

Pues aunque no son las raíces las que envían la humedad a las copas de los grandes árboles, son las raíces las que se hunden en la tierra para que la humedad y el nutrimento comiencen a fluir. Se requiere una necesidad urgente para atraer hacia ti los recursos que se encuentran más allá del poder de tus manos, así como se requiere la evaporación de la humedad en las hojas para atraer el agua hacia las copas de los árboles más altos; no obstante, a menos que las manos o las raíces hagan su parte primero, esa necesidad jamás se verá satisfecha. El problema con la mayor parte de las personas es que van tan lejos como sus manos o sus capacidades inmediatas se los permiten, y ahí se quedan. Es como si un árbol enviara hacia arriba su tronco sólo hasta donde la presión de las raíces transportara el agua desde la tierra. Eso produciría un bosque de árboles raquíticos. De la misma forma, el hecho de que las personas dependan de sus manos produce masas que viven en pobreza y miseria.

Es sólo cuando multiplicas tus manos por miles, cuando concibes y comienzas nuevos proyectos imposibles de lograr por ti solo, que invocas el poder de la semilla de vida en tu interior para que atraiga hacia ti todos los elementos que necesitas para tu completo crecimiento y fruición.

Cuando George Mueller de Inglaterra puso en marcha su primer orfanatorio, no tenía dinero, ni respaldos, ni recursos materiales de los cuales depender. Él vio la necesidad, eso es todo, así que fue tan lejos como pudo para suplir esa necesidad. Y cada vez que se le agotaban los recursos, seguía adelante con confianza, ¡y la necesidad se satisfacía! En 15 años construyó cinco orfanatorios y gastó más de 5 millones de dólares, ¡todo sin un solo medio visible de apoyo!

Cuando Santa Teresa sugirió la construcción de un orfanatorio, se le preguntó qué tanto tenía para comenzar. Cuando se supo que su riqueza ascendía a tan sólo tres ducados, sus superiores se rieron ante la idea. "Es cierto —les respondió— que con sólo tres ducados no puedo hacer nada, ¡pero con Dios y tres ducados puedo hacer cualquier cosa!". Y lo probó construyendo el orfanatorio cuya labor la hizo famosa.

Puedes encontrar cientos de historias similares en los ámbitos de la filantropía y la religión. Y en el terreno de los negocios puedes encontrar muchos miles más. ¿Cuántas veces has leído sobre alguna gran institución erigida solamente sobre la base del trabajo arduo y la fe de su fundador? Henry Ford comenzó con muy poco. Stewart comenzó lo que ahora es la tienda John Wanamaker con un capital total de 1 dólar y 50 centavos.

Algunas veces, de hecho, parece un ser una ventaja no tener suficiente dinero cuando comienzas un nuevo proyecto, porque entonces no pones tu fe en el dinero, sino en las IDEAS. En otras palabras, buscas que la MENTE provea los medios.

Alguien lo expresó muy bien cuando dijo que debemos trabajar como si todo dependiera de nosotros, y al mismo tiempo, rezar como si todo dependiera de Dios.

¿Qué es lo que hace un oculista cuando acudes a él para que te haga unos lentes? ¿Acaso te pone cristales que te quiten toda la tensión y te permitan ver perfectamente? ¡No, no es así! Los mejores oculistas te recetan anteojos que se quedan un poco cortos de la fuerza necesaria para quitar toda la tensión de tus ojos. Te quitan la carga pesada, pero dejan tu vista un poco por debajo de la perfección de modo que tus ojos sigan trabajando hacia ese objetivo.

¿El resultado? Cuando regresas seis meses o un año después, tus ojos son más fuertes —puedes ponerte anteojos que hacen menos del trabajo que te corresponde— hasta que llega el momento en el que ya puedes dejar de usarlos.

¿Qué es lo que los líderes de negocios aconsejan hoy en día a los jóvenes? ¿Vivir dentro de su ingreso? ¡Ciertamente, no! ¡Endéudate! ¡Estírate! ¡Extiéndete! ¡Y luego arroja tus raíces a una mayor profundidad para llegar más alto!

Tienes derecho a tantas cosas buenas de la vida como Ford o Rockefeller o como cualquiera de los millonarios que están a tu alrededor. Pero no son ellos quienes tienen una deuda contigo. No es el mundo quien te debe un trabajo. Ellos y el mundo no te deben nada más que una paga honesta por el servicio exacto que les brindas.

Quien te debe todo lo bueno —riquezas, honor y felicidad— es el Dios que está en ti. ¡Recurre a él! ¡Despiértalo! No despotriques contra el mundo. Obtienes de él lo que inviertes en él, nada más. ¡Despierta al Dios que está dentro de ti! Exígele que te proporcione los elementos necesarios para tu riqueza o éxito. Exige, y haz que tu necesidad parezca tan urgente como debió ser la necesidad del crustáceo para desarrollar un caparazón, o del pájaro para desarrollar alas, o del oso para tener pelaje.

¡Exige y sabe que recibirás! Dios en ti es tan fuerte como lo fue en los animales primitivos de las épocas prehistóricas. Si pudo atraer de los elementos lo necesario para dar al elefante su trompa, al camello su joroba, al ave sus alas, y a cada criatura los medios que requería para poder sobrevivir, ¿acaso no crees que puede hacer lo mismo hoy para brindarte los elementos que consideras esenciales para tu bienestar?

La respuesta es que ya has manifestado tu "joroba", o tu "trompa" o cualquier cosa que sentías que debías tener; en pocas palabras, aquello que han hecho de ti tus pensamientos, tus miedos y tus creencias. *Tu condición actual refleja el resultado exitoso de tu pensamiento pasado.*

Por sorprendente que pueda parecer a muchas personas, estás viviendo en este momento en un mundo que tú mismo creaste. Sin embargo, no tienes que seguir viviendo ahí si no te gusta. Puedes construir un mundo nuevo exactamente de la misma forma que construiste el otro, sólo que sería bueno que lo construyeras sobre la base de un modelo distinto.

Es la doctrina de Einstein de la línea extendida, la cual debe regresar a su fuente. Un pensamiento de maldad o un acto de maldad sale y sigue su curso, pero el Legislador Eterno ha decretado que debe regresar a su creador. Un buen acto o un buen pensamiento está gobernado por el mismo principio. "Por sus frutos los conoceréis".

Así pues, no te quejes de tu suerte. No despotriques contra las dificultades y los obstáculos con los que te enfrentas. ¡Sonríeles! Trátalos como amigos. ¡Bendícelos, pues puedes hacer que te bendigan!

Como ves, el cielo no los ha enviado para castigarte. Tú mismo los pediste. Tú mismo los creaste, y son tus amigos, porque llaman tu atención hacia algún método equivocado que has estado utilizando. Todo lo que tienes que hacer es cambiar los métodos, y los resultados automáticamente cambiarán con ellos. Es como si estuvieras resolviendo algún problema de multiplicaciones y siguieras diciendo: 1x1=2. Eso desequilibraría completamente todo tu resultado, y seguiría equivocado hasta que aprendieras de tu error e hicieras que 1 x 1 fuera igual a 1.

No eres más grande que tu pensamiento más bajo,
ni más bajo que la cumbre de tu deseo.
La vida no ha creado maravillas
a las que la ambición no pueda aspirar.
¡Oh, hombre! No hay planeta ni sol ni estrella
que pueda detenerte,
si tan sólo sabes quién eres en realidad.

¿Cuál es, entonces, el método que debes usar para obtener lo que deseas de la vida?

Primero: El deseo. Decide qué es lo que quieres. Haz que sea algo que valga tanto la pena que todo lo demás parezca pequeño y sin importancia junto a él; algo tan urgente que puedas decir al Dios que vive en ti: "¡Dámelo o moriré!".

Segundo: Visualízate teniéndolo. Visualiza aquello que deseas. Visualízate con él. Trata de SENTIR que lo tienes, de sentir la alegría y la gratitud que sentirías por tenerlo. En sus *Memorias*, Burton Rascoe relata cómo vivió su vida sobre la base de un plan predeterminado, en el que todo se hizo realidad porque él lo pensó, lo deseó, y lo CREYÓ. A continuación te presento algunas líneas de su texto:

"Cuando tenía 15 años quería vivir en Chicago durante una temporada, y yo *sabía* que lo haría; deseaba estudiar en la Universidad de Chicago y *sabía* que lo haría; había un solo periódico en el mundo en el que deseaba ardientemente trabajar —el *Chicago Tribune*— y, con cinco años de antelación, *sabía* que algún día trabajaría ahí; cuando era reportero *sabía* que algún día sería el editor literario.

"Cuando fui editor literario del *Chicago Tribune sabía* que algún día viviría en Nueva York y sería editor literario del *New York Tribune*.

"En 1927 quería 50 000 dólares y *sabía* que los obtendría; en menos de un año tenía más de 100 000 dólares, casi sin ningún esfuerzo de mi parte".

Tercero: *Agradece por haberlo recibido*. Recuerda la exhortación del Maestro: "Todo cuanto pidas en la oración, cree que ya lo has recibido, y lo tendrás". No puedes creer que en realidad vas a recibir las cosas que pediste sin estar agradecido por ellas. Así pues da las gracias, las gracias sinceras, por haber recibido aquello por lo que has rezado, y trata de SENTIRTE agradecido. ¡Recuerda SONREÍR! Repite diariamente en voz alta el poema de Adelaide Proctor:

> Señor, te agradezco por haber hecho la tierra tan hermosa;
> tan llena de esplendor, alegría, luz, belleza;
> por toda la gloria que hay aquí, por la justicia y la nobleza.
>
> Te agradezco por crear alegría en abundancia;
> tantos pensamientos amables y actos de gentileza,
> que hasta en el lugar más oscuro de la tierra tu amor podemos
> encontrar.

Cuarto: *Actúa como si ya hubieras recibido* aquello que pediste. La fe sin obras está muerta. Haz algo físico todos los días como si ya tuvieras aquello por lo que rezaste. Si, por ejemplo, estás pidiendo dinero, DA un poco, aunque sólo sea un peso, simplemente para mostrar que ya no estás preocupado por el dinero. Si estás pidiendo amor, di una palabra amable a cada una de las personas con las que te encuentres. Si estás pidiendo salud, baila en tu habitación, canta, ríe, haz alguna de las cosas que harás cuando se haya manifestado plenamente la buena salud que tanto anhelas.

Quinto: *Muestra tu afecto* por aquello que pediste. Dale tu amor, como lo harías si tuvieras el objeto en tus manos. Sólo haciéndolo REAL para ti en tus pensamientos puedes materializarlo en tu vida.

Sabes bien que vamos en la dirección de nuestros pensamientos. Nos dirigimos hacia aquello que anhelamos *y esperamos*. Así pues, busca la clase de cosas que deseas ver. Búscalas en tu propia vida y en la vida de aquellos que te rodean. Búscalas, ¡y comienza a hacerlas! Recuerda los versos de Goethe:

¿Eres una persona formal? Aprovecha este instante;
Lo que puedas hacer, o soñar que puedes hacer, comiénzalo.
El arrojo posee ingenio, poder y magia.
Sólo involúcrate y, entonces, la mente se avivará;
Comienza, y entonces la obra se completará.

V

SEGÚN SU ESPECIE

¿Sabes cuál es la lección más importante de toda la Biblia? ¿Sabes qué principio fue considerado tan vital que se dice Dios lo utilizó en tres de los seis días de la creación, y se repite en no menos de seis ocasiones tan sólo en el primer capítulo del Génesis? Es este:

"¡Todo se reproduce según su especie!".

Repasa los milagros de multiplicación de la Biblia. ¿Qué es lo que encuentras? Cuando la viuda de Sarepta dio a Elías aceite y harina, ¿qué fue lo que obtuvo? MÁS ACEITE Y HARINA, ¿no es así? Ni oro, ni riquezas, sino UNA MULTIPLICACIÓN SEGÚN SU ESPECIE.

Cuando otra viuda pidió a Eliseo que salvará a sus hijos de la esclavitud, él le pregunto: "¿qué tienes en tu casa?". Y cuando ella le dijo "Nada, salvo un recipiente con aceite", fue el *aceite* lo que se multiplicó, ¿no es así?

Cuando la multitud carecía de pan y los apóstoles preguntaron a Jesús qué debían hacer, él no convirtió las piedras en pan, ni precipitó oro con el cual comprarlo. No, él preguntó: "¿Cuántas hogazas tienen?". Y cuando le respondieron que cinco, y dos peces, basó su multiplicación en *ellas*.

Verás, todo se reduce a los términos de la energía eléctrica, pues ¿qué es la energía sino poder, y qué son la personalidad, las habilidades, las capacidades, las riquezas sino distintas formas de poder? Si deseas multiplicar tu reserva de todas estas cosas, ¿qué debes hacer? Ponerlas a trabajar, ¿no es así? Ponlas a que produzcan intereses, como en la parábola de los talentos. La energía no se expande hasta que se libera. Ninguna semilla se multiplica hasta que se siembra. Ningún talento se incrementa hasta que se utiliza.

¿Quieres más poder, más riquezas, una mayor capacidad, un campo de utilidad más amplio? ¿Cómo vas a obtenerlos? ¡Sólo poniendo aquello que tienes a producir intereses!

Y la manera de hacerlo consiste no en trabajar por las riquezas como tales, ¡SINO TRABAJAR PARA MULTIPLICAR LA FORMA DE ENERGÍA QUE TIENES!

Ahora bien, ¿qué tienes tú en tu casa? ¿Qué semilla puedes plantar? ¿Qué servicio puedes brindar?

En *Weekly Unity* hace algunos años se publicó la historia de una madre que en el pasado había sido adinerada pero que había perdido todo y a la cual ahora se le estaba dificultando proporcionar alimento y ropa a sus niños pequeños. Se acercaba la Navidad, y se lamentaba con una amiga por el hecho de no poder comprar regalos a sus hijos, y mucho menos dar un obsequio a sus familiares y viejos amigos.

La amiga sonrió. "No es dinero lo que necesitas", le dijo. "¿Acaso el dinero puede comprar los regalos que viven en tu corazón? Si yo estuviera en tu lugar dejaría de quejarme y en lugar de eso buscaría la guía de mi Yo Interno".

La madre siguió el consejo, y una noche, cuando se iba a dormir después de haber rezado para obtener guía, vio un hermoso árbol, iluminando con velas, y debajo de cada una colgaba un pequeño sobre. Cuando se acercó a ver más de cerca notó que los nombres escritos en los sobres eran los de sus amigos y familiares a los que anhelaba regalar algo.

Abrió uno de los sobres y encontró una hoja de papel en blanco y pareció que escuchó una voz que decía: "Escribe, y deja que aquello que escribas de testimonio de mí. Mientras escribes da de tu corazón los tesoros que están guardados ahí en mi nombre. Yo cumpliré cada bendición de acuerdo con tu palabra".

La madre despertó, y yendo inmediatamente a su escritorio, comenzó a escribir sus bendiciones. Escribió palabras de vida y salud para una tía que había estado sufriendo de reumatismo durante varios meses; palabras de aliento para un tío que estaba pasando por momentos difíciles con su granja; palabras de guía para un joven primo que al parecer se estaba desviando un poco del camino. Inspirado por ese Yo Interno, escribió diez bendiciones esa noche.

Jamás había pensado que pudiera escribir, pero su corazón se emocionaba por la belleza de las palabras que venían a ella, y su poder y sencillez la elevaban. "Jamás vuelvas a decir que no tienes nada para dar", le dijo posteriormente uno de sus amigos. "Nunca había recibido tanto en toda mi vida". Y a lo largo de los años, las bendiciones que esta madre brindó han seguido dando fruto.

"Dame oro", rezó Levesco, "para que pueda ser útil, y no un inútil. Dame oro para que pueda saborear la alegría de hacer felices a otros. Dame oro para que pueda ver las bellezas de este mundo en momentos de esparcimiento. Dame oro para que los niños y yo podamos estar seguros en nuestra vejez".

Ciertamente una oración noble. Sin embargo, la oración por sí sola no es suficiente. Debes plantar la semilla antes de que puedas esperar cosechar. Debes dar antes de poder obtener.

Haz las cosas", dijo Emerson, "y tendrás el poder. Pero aquellos que no hacen las cosas, no tienen el poder. Todo tiene un precio, y si el precio no se paga, se obtiene algo más, pero no aquello. Y es imposible obtener nada sin pagar el precio.

"Por cualquier beneficio recibido se recauda un impuesto. En la naturaleza nada puede darse: todo se vende.

"Poder para aquel que ejerce poder".

Russell Conwell, el famoso conferencista que construyó el Templo Bautista en Filadelfia y fundó la Universidad del Temple, era al principio simplemente el pastor de un rebaño muy pobre. Su congregación estaba compuesta por trabajadores, y muchos de ellos pasaban por momentos difíciles. Por ello continuamente rezaba para la obtención de dinero.

Un domingo, se acordó que había una antigua costumbre judía que consistía en hacer primero un regalo como ofrenda, y luego orar por lo que se deseaba obtener. Así que anunció que al siguiente domingo invertiría su procedimiento usual. En lugar de ofrecer su oración primero, recogería primero la colecta, y quería que todos aquellos que tenían favores especiales que pedir a Dios dieran libremente una "ofrenda". Cito el resultado de la "Oración efectiva":

"Posteriormente se preguntó si alguna persona que hubiera hecho una ofrenda especial ese día particular no había recibido respuesta, y sin excepción, el grupo dio testimonio de la eficiencia de cada oración. El recuento de las maravillas que siguieron a esa ofrenda devota fue sumamente sorprendente. Las personas habían acatado las condiciones, y Dios había respondido claramente de acuerdo con su promesa. Ellos habían llevado los diezmos al templo y el Señor había vertido las bendiciones como un resultado infalible.

"Casos de recuperación repentina e instantánea de los enfermos fueron relatados por cientos. Un hombre pobre cuya hija padecía demencia oró por su recuperación. Esa tarde, cuando fue al hospital para enfermos mentales, la encontró en su sano juicio.

"Una mujer vendió todas sus joyas y llevó las ganancias como una ofrenda mientras rezaba para ser sanada de un reumatismo ciático. Se cayó regresando de la Iglesia, y cuando se levantó descubrió que su reumatismo había desaparecido".

"Un anciano implicado en un juicio por quiebra llevó todas las ganancias de la semana anterior y las depositó mientras rezaba para obtener un resultado justo. En menos de una semana, el juicio fue retirado".

"Una mujer con una hipoteca vencida de su casa decidió arriesgar todo en una sola oración, y dio todo lo que tenía al tiempo que rezaba. Cuando los plomeros fueron a reparar una fuga a la semana siguiente, descubrieron un panel flojo en el piso bajo el cual su padre había escondido todo su dinero. La suma era más que suficiente para pagar la hipoteca en su totalidad".

"Probablemente hubo unos 50 casos parecidos".

Tienes que sembrar antes de que puedas cosechar. Tienes que dar antes de que puedas obtener. Y cuando siembras, cuando das, debes dar libremente, sin condiciones. Como Jesús lo expresó: "Si el grano de trigo cae en la tierra y no muere, queda solo. Pero si muere, lleva mucho fruto".

Recordarás las antiguas bombas de mano que aún encuentras en muchas granjas. Para que comenzaran a funcionar, tenías que verter una cubeta de agua con el fin de crear un vacío y así poder sacar agua del pozo. El mismo principio se aplica cuando utilizas un sifón. Viertes agua para sacar el aire y crear un vacío. Una vez que el vacío se forma, el agua fluye, y puedes obtener cantidades ilimitadas sin tener que dar más. Pero no obtienes nada de la bomba o del sifón si primero no das algo.

Debes dar para obtener. Debes sembrar la semilla que tienes antes de que puedas recoger la cosecha. No puedes prestarlo solamente. Debes darlo, libre y plenamente. "Si el grano de trigo cae en la tierra y no muere, queda solo", dijo el Maestro. Si no das libre y plenamente tu semilla de riquezas, no obtienes nada de ella. "Pero si muere, lleva mucho fruto". Si muere para ti, si se va sin la esperanza de recuperarla, entonces puedes esperar que haya una cosecha.

"El que halle su vida, la perderá", dijo el Maestro en otra ocasión, "y el que pierda su vida por causa de mí, la hallará". Aquél que da todo lo que tiene al servicio de sus hermanos hallará que, al hacerlo, ha plantado semillas que producirán para él una cosecha de felicidad y abundancia.

Probablemente has leído la historia de Charles Page, según se relató en la *American Magazine* hace unos cuantos años. Page era entonces un agente petrolero millonario en Oklahoma, pero varios años antes tenía muy poco o casi nada, y su esposa estaba tan enferma que tenía miedo de perderla a ella también. Los cirujanos del hospital no albergaban ninguna esperanza, así que cuando todos los demás caminos parecían cerrados, Page acudió a Dios.

"Señor", expresó, "no me la quites. Simplemente no podría soportarlo".

Las palabras sonaron en sus oídos, y parecían vacías. Su oración parecía no obtener respuesta. ¿Por qué habría de interferir el Señor por él, si la única razón que era capaz de ofrecer era que no podría soportarlo? Muchos esposos tan devotos como él habían perdido a sus esposas. ¿Por qué el Señor habría de hacerle un favor especial?

De repente vino a él, cual ráfaga, el siguiente pensamiento. ¿Qué había hecho él para que en algún momento el Señor se saliera de su camino y lo ayudara? ¿Qué razón tenía para buscar una consideración especial procedente de lo alto? ¡Ninguna! Había sido un ciudadano decente pero no más que el promedio, y mientras se encontraba arrodillado no podía recordar ni una sola cosa que hubiera hecho que le diera derecho a pedir favores del Señor.

El pensamiento lo consternaba. ¿Qué probabilidades tenía? ¿Debía entonces perder a la persona que más quería en el mundo, simplemente porque no había hecho lo suficiente para ser digno de mantenerla? ¡No! ¡No! "En cuanto lo hicisteis a uno de estos mis hermanos más pequeños, me lo hicisteis a mí".

A la mañana siguiente una pobre viuda se hallaba sumamente contenta porque bajo su puerta encontró dinero suficiente para poder pasar el invierno.

Sin embargo, los partes médicos vespertinos en el hospital informaron que la esposa de Page no presentaba mejoría. Por un momento su fe se debilitó; luego, mientras reflexionaba sobre la razón de sus actos, le vino a la mente. ¿Por qué había ayudado a la viuda? No porque hubiera estado interesado en su bienestar, ni siquiera porque era lo correcto, sino porque estaba tratando de sobornar al Señor. Cuando lo pensó de esa manera, le pareció ridículo. Volvió a arrodillarse.

"No estoy haciéndote una oferta, Dios", prometió. "Lo estoy haciendo porque es lo correcto".

Esta vez le pareció que su mensaje había sido transmitido. Se sintió extrañamente alegre y aliviado. Su oración había pasado.

Ahora viene la parte extraordinaria de este incidente. Su esposa, para asombro de los cirujanos, mejoró, y en un tiempo comparativamente corto ¡ya estaba bien!

Desde ese día y hasta hoy Charles Page jamás ha fallado en su Convenio con Dios. Hubo momentos en que todo se veía oscuro. Pero su fe jamás se quebrantó. Sabía que si hacía su parte, podía contar con que Dios hiciera la suya.

Durante un largo tiempo dio el diezmo de todas sus ganancias. Luego lo incrementó a una cuarta parte. Después a la mitad, y finalmente, a todo, excepto lo que necesitaba para sus gastos personales y familiares. Literalmente ha dado millones.

"Pero no te quedes con la idea", advierte, "de que te estoy diciendo cómo ser rico. Es el dar, y no el recibir, lo que importa. En lo personal, creo que es ser fieles al diezmo, o dar una parte de tu ingreso a Dios. Pero debe ser un regalo, no una inversión. ¿Entiendes la diferencia? Si das tu diezmo con la actitud correcta obtendrás tu recompensa con toda seguridad; pero la recompensa puede no venir en la forma de dinero. A menudo es algo mucho mejor que el dinero".

"Lo que guardas para ti, lo pierdes", escribió Munthe. "Lo que regalas, lo mantienes para siempre". E Irene Stanley expresó un pensamiento muy parecido en su pequeño poema:

> Tienes que dejar el peldaño de abajo
> cuando llegues al peldaño de arriba;
> no hay otra forma de escalar;
> cada paso hacia arriba te acerca al resplandor
> y al calor gratificante del Sol del Amor.
> Si quieres triunfante a la cima llegar,
> tienes que dejar el peldaño de abajo
> cuando llegues al peldaño de arriba.

Mira, Dios se encarna a través de ti, pero no puede ser silenciado. Debe permitírsele expresarse. Inclúyelo en todo lo que hagas, ya sea hacia el fracaso o hacia el éxito. No puedes separarte de la fuerza creativa. Formas parte de la fuente de la provisión.

¿Qué debes hacer, entonces, para obtener riquezas y éxito? ¡DAR! Da libremente lo que tienes.

Den, y se les dará una medida buena, incluso apretada, remecida y desbordante. Porque con la misma medida con que ustedes midan, serán medidos. Lucas 6:38.

¿Requiere esto demasiada fe? No te sorprende el campesino que libremente lanza todas sus semillas a la tierra, sabiendo que jamás volverá a verlas, mas debe depender de su fruto para obtener su multiplicación. Muestra una fe perfecta. ¿Habrías tú de demostrar menos?

Recuerda la primera Ley de la Vida, aquella que fue considerada tan importante que se repitió seis veces en el primer capítulo del Génesis:

Todo se multiplica según su especie.

¿Esperas que esa ley cambie para ti? ¿Esperas cosechar sin sembrar? "Hay quienes reparten, y les es añadido más", dijo el más sabio de los sabios antiguos, el rey Salomón: "Y hay quienes retienen más de lo que es justo, *pero vienen a pobreza*".

"El alma generosa será próspera; y el que saciare, él también será saciado".

Como veras, la vida es lógica. La vida sigue leyes definidas y fundamentales. Una de estas leyes es que cosechas según siembras, que "Bendito sea quien ve a otros con bondad y comparte su pan con el indigente".

Todo el movimiento es cíclico. Circula al límite de sus posibilidades y luego regresa a su punto de origen. Así pues, cualquier acto desinteresado realizado para beneficio de otro equivale a dar una parte de ti mismo. Es una corriente de poder que fluye hacia afuera para completar su ciclo y regresa rebosante de energía.

Todo lo que obtenemos, lo pagamos: bueno o malo. La ganancia personal viene a través del servicio impersonal. La pérdida personal viene a través del egoísmo.

Como Emerson lo expresó: "la equidad perfecta ajusta su equilibrio en todos las áreas de la vida. Todo acto recibe su recompensa". Cualquier acto que llevamos a cabo que daña a otra persona, nos separa de Dios. Cualquier acto que llevamos a cabo que ayuda otra persona, nos acerca a Dios y al bien. Podríamos pensar que si una persona juega sucio a otra, esto queda como un secreto entre ellos, pero a través de esta trampa, ha roto la confianza de la otra persona en la fraternidad humana y ha dañado su idealismo ¿Acaso no es ese definitivamente un agravio que permanecerá entre él y Dios cuando aquél que engañó trate de obtener la ayuda de Dios para expandir las actividades de su propia vida?

Habría sido mejor que se dijera a sí mismo: "Dios me da todo mi dinero. Ciertamente me ha dado suficiente para todas las necesidades de mi negocio, o, si todavía no me lo da, está en camino. Si necesito más, me lo dará, así que ni siquiera puedo pensar en hacer 'dinero fácil' sacando ventaja de otros. Dios me da en abundancia, y voy a dirigir este negocio como si Él estuviera siempre aquí, a mi lado".

Uno con Dios es la mayoría. Tú siempre estás con Dios. Así pues, conviértelo en un socio activo en tu negocio. Acude a él cuando necesites algo; da el mismo servicio amoroso que sientes que él daría y luego deshazte de todas las preocupaciones y los miedos, y *pon tu negocio amorosamente en sus manos*. Cuando el futuro se vea oscuro, cuando te enfrentes con problemas, simplemente repite para ti mismo:

Dios ilumina mi sendero, ya no camino inseguro
ni tropiezo más con la desesperanza, pues procuro
no sembrar semillas de preocupación, de lucha o de temor;
siembro semillas de alegría y vida, siembro semillas de amor.
No me preocupa mi suerte, no la tengo que planear,
porque el Padre llena mi copa, sin que tenga que implorar.

¿Cuál es el pecado que no puede ser perdonado? Bloquear las fuentes de la provisión de Dios. Tratar de silenciar al Dios que está en ti, tratar de evitar que se exprese a sí mismo.

Cuando los gigantescos monstruos de la antigüedad dejaban de desarrollarse, y dependían de su tamaño, de su fuerza y su fiereza, perecían. Cuando los vastos imperios de China, Grecia,

Persia y Roma dejaron de expandirse y trataron simplemente de conservar lo que tenían, perecieron. Cuando los hombres acaudalados o los grandes negocios de hoy dejan de brindar servicio y simplemente se cuelgan de su fortuna, la pierden.

No puedes quedarte inmóvil. Debes avanzar, o morir.

Hay un Dios en ti que busca expresarse. No puedes mantenerlo silenciado. Debes darle canales a través de los cuales expresarse, o te desgarrará y saldrá de ti.

¿Qué pensarías de un hombre que ha pasado años desarrollando grandes músculos y luego tratara de mantenerlos tal cual sin usarlos, sin ejercitarlos? Pensarías que es un tonto, ¿no?, pues todo mundo sabe que la única forma de desarrollar músculos es utilizándolos, y la única manera de mantenerlos fuertes consiste en ejercitarlos continuamente.

Lo que no todo mundo parece saber es que la vida entera trabaja de la misma forma. No puedes aferrarte a lo bueno. Continuamente debes estar dando, y obteniendo, no puedes aferrarte a tu semilla. Debes sembrarla, y volver a cosechar. No puedes aferrarte a las riquezas. Debes utilizarlas y obtener otras riquezas a cambio.

El pecado imperdonable consiste en obstaculizar el progreso, en tratar de detener el ciclo de la vida.

Debes dar para obtener. Debes sembrar para cosechar. El siervo improductivo en la parábola de Jesús no fue el primero ni el único en ser arrojado a la oscuridad externa donde está el llanto y el rechinar de dientes por haber enterrado su talento. Aquellos que se volvieron regidores sobre muchas cosas fueron aquellos que utilizaron libremente lo que tenían, *¡que comenzaron a hacer que las riquezas fluyeran!*

Así pues, cuando se te entregue un "talento", no trates de ocultarlo o enterrarlo. No pongas un dique a los canales de la provisión con los pocos pesos (dólares) que tengas, impidiendo así que las riquezas ilimitadas de Dios fluyan hacia ti.

Enciende tu generador, que es el servicio que tienes para ofrecer a tu prójimo. Enciende tu vapor dándole todo el poder, toda la capacidad, toda la inteligencia que tienes. Luego inicia con tu fe el flujo de la riqueza vertiendo alegremente todo lo que tienes en los canales del servicio. Esto quiere decir comprar las cosas que son necesarias para tu desarrollo y el de tu familia. Pagar tus deudas justas, aunque te quedes sin un solo centavo en el bolsillo. No dependas de los pocos pesos que tengas en tus manos, sino del gran océano de provisión que se encuentra arriba y alrededor de ti. Utiliza los pocos pesos que tienes para crear el vacío que hará un agujero en el fondo del océano, e iniciará el flujo interminable de riquezas que se vierten en ti.

Recordarás que en una ocasión Jesús equiparó el poder de Dios a la levadura en el pan. Pones un poco de levadura en una gran bola de masa y afecta a la mezcla completa. La hace crecer. Aparentemente AUMENTA la cantidad de harina, leche, huevos y de los demás ingredientes: ciertamente hace que su volumen se incremente varias veces su tamaño original.

Esa levadura es el "Dios en ti" que pones en tus circunstancias, en tus asuntos. Ponlo en tus miedos y en tus preocupaciones, y los multiplicará hasta que prácticamente ya no puedas con ellos. Ponlo en tus gastos, y los hará aún mayores. Ponlo en el amor y en la vida y en el buen trabajo, y te las regresará incrementadas cien veces.

"Hagamos una sociedad de optimistas"
Escribe Elizabeth Swaller en "Hagámoslo"
Para impulsar al mundo de lado a lado.
¡Estamos ya cansados de pensar
Que todo en la Tierra está equivocado!

Estamos hartos de hablar de carencia
De temor, depresión y de tristeza…
Si tan sólo pensamos en cosas brillantes
Los buenos tiempos vendrán con presteza.

Es tiempo de enfrentar la situación cambiando
Y reuniendo las condiciones apropiadas;

Animándote, haré que prosperen las tuyas,
Y yo veré las mías con tu apoyo mejoradas.

Pon tu levadura en pensamientos optimistas, en palabras amables, en actos amorosos de servicio. Recuerda que siempre lo más difícil es el comienzo. Si quieres algo, reza por ello; luego COMIENZA a hacer, a ser, a dar, cualquier cosa que sea necesaria para que la levadura comience a actuar. Tú no tienes que hacer que la masa se expanda cuando pones la levadura en ella. La levadura se encarga de hacerlo. ¡Todo lo que tienes que hacer es dar a la levadura la oportunidad de hacer su trabajo!

Así pues, si quieres recibir algo bueno, muestra tu fe dando lo que tienes. Pon un poco de levadura en tus asuntos. No importa que tan pobres seas, que tantas deudas tengas, que tan débil o enfermo. Siempre puedes dar algo. Pero recuerda que todo se multiplica según su especie, así que da lo que quieras recibir. Siembra las semillas de la cosecha que deseas recoger, ya sea amor, energía, servicio o dinero.

Y ¡REZA! Casi 2000 años antes de Cristo, se dijo en los Vedas que si cientos de personas unieran sus fuerzas psíquicas, podrían conquistar al mundo. Luego vino Jesús y lo expresó de manera más definida: "Otra vez les digo, que si dos de ustedes se pusieran de acuerdo en la tierra acerca de cualquier cosa que pidieren, les será hecho por mi Padre que está en los cielos, porque donde están dos o tres congregados en mi nombre, aquí estoy yo en medio de ellos".

En uno de sus libros, Russell Conwell habla de un pequeño grupo de personas de su Iglesia cuyos integrantes estaban pasando por tantos apuros que decidieron reunirse para ver si, al unir sus plegarias, podían mejorar sus finanzas.

Así que se reunieron en la casa de uno de ellos, que resultó ser un encuadernador, y decidieron que cada semana el grupo entero uniría sus oraciones para resolver las dificultades de algún otro miembro.

El encuadernador fue el primer elegido. Debía mucho dinero, y no tenía forma de pagar sus deudas. Esa tarde, el grupo rezó para que pudiera recibir ayuda para cumplir con sus obligaciones. Se acordó entonces que todos los días, a medio día, hasta la siguiente reunión, cada miembro dejaría de hacer lo que estuviera haciendo, y pasaría un minuto o dos en oración silenciosa de modo que las necesidades del encuadernador se vieran satisfechas.

Las reuniones eran los martes por la tarde. Al día siguiente, después de la comida, como era su costumbre, el encuadernador iba a una editorial cercana para platicar con algunos amigos. Conoció ahí a un hombre de Washington, quien le comentó que "por primera vez en su vida había perdido el tren", y debía regresar a casa por un asunto urgente, sin haber podido cerrar un trato con un encuadernador de Nueva York.

El encuadernador insinuó que él también estaba en ese negocio, y que probablemente podría ayudarlo, pero el otro objetó que el tipo particular de trabajo que quería sólo podía hacerse en Nueva York. No obstante, a insistencia del encuadernador, explicó sus necesidades y convenciéndose de que podían cumplirse ahí de una manera igualmente satisfactoria y en términos más razonables que en Nueva York, no sólo adjudicó al encuadernador el contrato, ¡sino que le dio un adelanto suficiente para cubrir más que abundantemente sus dificultades!

El encuadernador fue inmediatamente con los otros miembros de su grupo y les contó sobre su buena fortuna. Su problema estaba tan resuelto que sentía que debía comenzar a trabajar inmediatamente por algún otro miembro, porque todos se encontraban realmente necesitados. Todos se sintieron tan alegres por el éxito obtenido al haber ayudado al encuadernador a resolver su problema, que escogieron como siguiente caso el más difícil de todos.

Se trataba de un joyero de edad tan avanzada y tan olvidadizo que su negocio se encontraba en una condición deplorable. La bancarrota parecía tan segura, que su hijo se había ido de la ciudad para evitar ser partícipe de la desgracia.

Dos o tres días después de que el grupo comenzó a trabajar en el problema del joyero, el hijo regresó a la ciudad por un día

para asistir a un funeral. En su camino de regreso del cemente-
rio, comenzó a conversar con otro de los dolientes, tiempo durante el cual este último mencionó que estaba buscando a un
experto en relojería para que supervisara una nueva fábrica que
estaba montando en otra ciudad.

El hijo le comentó que su padre era un maestro de ese arte,
pero que no era bueno para administrar. El resultado de todo
esto fue que el joyero solicitó el puesto y al mismo tiempo explicó sus dificultades financieras actuales. Al fabricante le gustó su
carta, analizaron juntos la situación, y terminó quedándose con
la relojería como tienda de saldos, pagando las antiguas deudas,
y entablando una relación de negocios con el joyero que hizo
que ambos prosperaran de manera sorprendente.

Una mujer anciana, propietaria de una pequeña tienda de
accesorios, fue la siguiente en la lista. Poco después de que el
grupo se unió en oración por ella, un incendio destrozó la tienda contigua a la suya. El propietario decidió construir algo más
grande que antes, y le ofreció no sólo un precio atractivo por la
tienda, sino un interés sobre su negocio, lo cual fue suficiente
como para vivir cómodamente el resto de sus días.

¡Todos los miembros de ese grupo se volvieron prósperos!

¿Tienes tú también un gran deseo de algo? ¡Entonces da y
reza! Crea una pequeña alcancía: una de papel será suficiente.
Todos los días pon algo en ella, aunque sea sólo unos cuantos
centavos. Da ese dinero a Dios. Dáselo cuando lo pongas en la
alcancía, pero déjalo ahí hasta que juntes un peso o más. Luego
utilízalo para cualquier buen propósito caritativo que se te presente.

No se lo des a un mendigo. Trata de utilizarlo donde haga
bien a quien lo reciba. Úsalo para ayudarlo a que se ayude a sí
mismo, por ejemplo, para comprarle algún libro que le muestre
cómo salir de sus dificultades.

Y al tiempo que das, ¡reza! Reza no sólo por ti, sino también
por otros.

Todas las mañanas, a las siete de la mañana, rezaremos por
la protección de nuestra propia familia y de todos los estudian-

tes de este curso que nos acompañen para "unir sus fuerzas psíquicas" y "ponerse de acuerdo acerca de lo que pidieren". La mejor oración que puedes hacer es repetir el Salmo 91.

Todos los días, a mediodía, rezaremos por la provisión abundante de todos aquellos lectores que se unan a nosotros en oración por el grupo entero. Para esta oración, coloca en tus manos cualquier cantidad de dinero que pretendas dar ese día para un buen propósito, o cualquier cheque o suma de dinero que pretendas utilizar para pagar cuentas, y repite con nosotros:

"Yo te bendigo sé tú una bendición. Que todos los que te toquen se enriquezcan. Doy gracias a Dios por ti, pero doy gracias aún más porque hay miles de millones como tú en el lugar del que provienes. Yo bendigo esta provisión infinita. Doy gracias a Dios por ella y expando mi conciencia para participar de ella. (Trata aquí de imaginar que una cascada de dinero fluye hacia ti y hacia todos los que están rezando contigo. Visualízate a ti y a todos nosotros atrayendo una gran red llena de dinero, como las redes que los apóstoles sacaron repletas de peces.) Yo libero esa provisión infinita a través de todos mis canales y los canales de todos los estudiantes de este curso, tal y como libremente libero el dinero que tengo en mis manos, dándolo donde hará el mayor bien. El Espíritu que multiplicó los panes y los peces para Jesús entra en este dinero, haciendo que crezca, se multiplique y dé fruto cientos de veces. Todos los canales de Dios están ahora abiertos y fluyendo para nosotros. Lo mejor de nosotros para el mundo; lo mejor del mundo para nosotros".

Luego PREPÁRATE para la prosperidad. Cuando los antiguos israelitas sufrían de sequía, y rogaban al profeta Eliseo que los ayudara, ¿qué fue lo primero que les dijo? Llenen el valle con zanjas: ¡prepárense para RECIBIR el agua que pidieron!

Como ves, las oraciones y las afirmaciones no tienen como propósito influir en Dios. Él ya ha hecho su parte. Todo el bien está siempre disponible para cada uno de nosotros. ¡Nuestras oraciones y afirmaciones tienen como propósito llevar nuestra mente al punto donde podemos ACEPTAR los regalos de Dios! No necesitamos trabajar sobre las condiciones; sólo necesitamos trabajar sobre nosotros mismos. *¡El único lugar en el que podemos curar nuestras carencias y nuestros problemas es en nuestra propia mente!* Cuando lo hayamos hecho ahí, descubriremos que están curados en todas las demás partes.

"Todo cuanto pidas en la oración", nos aseguró el Maestro, "cree que ya lo has recibido, y lo tendrás".

Esa es la base de toda oración exitosa, ya sea para la curación de nuestro cuerpo o para obtener beneficios materiales. Una vez que convences a tu Yo Superior, el Dios en ti, que TIENES aquello que deseas, *¡procederá inmediatamente a manifestarlo!*

Pero —quizá preguntes— ¿cómo puedo convencer a mi Yo Superior de que tengo riquezas o cualquier otra cosa buena, cuando mi sentido común me dice que tengo deudas hasta las orejas y acreedores que me persiguen día y noche?

No puedes, si sigues pensando y actuando sobre la base de DEUDAS. Pero existe un factor psicológico: el Yo Superior acepta como un hecho cualquier cosa que se le repite en tonos convincentes con la suficiente frecuencia. Y una vez que ha aceptado cualquier afirmación como un hecho, ¡procede a hacer todo lo posible para HACER QUE SUCEDA!

Ese es el propósito de las afirmaciones: hacer que el Dios en ti acepte como ciertas las condiciones que tú deseas, con el fin de que él luego proceda a manifestarlas. Es una especie de autosugestión. Te mantienes diciéndote a ti mismo que ERES rico, que TIENES aquello que deseas, hasta que la repetición constante es aceptada por tu Yo Superior y traducida en su equivalente físico.

¿Deudas? No te preocupes por ellas. Recuerda que la sombra del grano que crece mata a la mala hierba. Mantén tu mente enfocada en el bien que deseas y aniquilará al demonio de tu miedo, así como cuando enciendes una luz se disipa la oscuridad. Un campesino no tiene que usar la azada para quitar la maleza del trigo que está creciendo más de lo que tú tienes que barrer la oscuridad de una habitación. Tampoco tienes que preocuparte por tus deudas o por la escasez. Pon todos tus pensamientos y toda tu fe en las riquezas por las que estás rezando, y deja que ellas disipen las deudas.

Sin embargo, no te preocupes si no puedes reunir toda esa fe de la nada. La mayoría tenemos que ir construyéndola poco a poco. Comienza con la bien conocida afirmación de Coue: "Todos los días, en todos los sentidos, nos estamos volviendo más y más ricos". Utilízala para preparar a tu Yo Superior para las afirmaciones más intensas. Luego, cuando tu fe se haya fortalecido, ¡*reclama aquello que deseas!* ¡Afirma que ya lo tienes y, en la medida de lo posible, ACTÚA COMO SI YA LO TUVIERAS!

Escribe en tu corazón que cada día es el mejor día del año, que el AHORA es el momento apropiado, que el AHORA es el día de la salvación. Luego agradece a Dios por el bien por el que has estado rezando, cree que HAS recibido y da las gracias.

Recuerda esto: la voluntad de Dios siempre trabaja cuando no te resistes a ella. Así pues, reza, y luego PERMITE que todo lo bueno venga a ti. No luches contra las condiciones que te rodean. No trates de vencer los obstáculos que se cruzan en tu camino. BENDÍCELOS —comprende que Dios está en ellos— y que si se los PERMITES trabajarán CONTIGO para bien. Ten fe no sólo en Dios, sino en las personas y en las cosas. No esperes que ocurra un milagro. No esperes que un ángel del cielo venga y abra el camino. Date cuenta que Dios trabaja a través de las personas ordinarias y de las cosas ordinarias, y es a través de ellas que tu bien habrá de venir.

Así pues BENDÍCELAS. Sírvelas como lo harías con el Señor, haciendo todo aquello que se te encomiende como si fueras el más grande de todos los genios. Y a lo largo del día, cuando venga a ti ese pensamiento, mantente repitiendo: "Todos los días, en todos los sentidos, me estoy volviendo más y más rico", o cualquier cosa que desees.

Hay algo en rezar por otros que a menudo nos hace más bien que rezar por nosotros mismos. Como sabes, no puedes dar nada a otros si primero no lo posees tú. Cuando deseas mal para alguien más, atraes ese mal hacia ti primero y por lo regu-

lar participas de ese mal. Cuando llevas el bien a otro, lo atraes
hacia ti, y participas de él.

Recuerda la experiencia de Job. A pesar de sus lamentacio-
nes y sus oraciones, perdió todas sus riquezas, y sus aflicciones
permanecieron con él. Pero luego las desgracias cayeron sobre
sus amigos también, y sintiendo compasión por ellos, Job se olvidó de sus propios males y oró por sus amigos. Y está escrito
que: "quitó Jehová la aflicción de Job, *cuando él hubo orado por sus*
amigos; y aumentó al doble todas las cosas que habían sido de
Job".

> ¿Quién puede encender el fuego de la chimenea,
> y no calentar la piedra?
> ¿O quién puede alegrar el corazón de otro,
> y no el suyo propio?
> Yo calmé el llanto de un bebé hambriento,
> con bondad llené la copa de un extraño,
> y, levantando a otros,
> ¡descubrí que yo había sido levantado!

VI

CÓMO DESARROLLAR EL PODER
DE LA FE PARA TENER UNA VIDA EXITOSA

Sin duda, para ti la fe ha sido un término apropiadamente aplicado en sermones y libros teológicos, pero que tiene un lugar o un significado muy pequeño o nada práctico en el mundo de la acción y de los hechos, mundo en el que la mayoría de nosotros vivimos la mayor parte de nuestro tiempo, y donde, por lo general, llevamos a cabo nuestras acciones.

Te puedo asegurar que el poder de la fe es algo que guarda una relación muy íntima e importante con el poder personal en términos prácticos, y es algo que, "necesitas en tu asuntos".

El señor Leon Jolson, presidente de la enorme Necchi Sewing Machine Company, actualmente posee una fortuna de muchos millones de dólares. Hace unos cuantos años era un pobre inmigrante polaco que ni siquiera sabía hablar inglés. El periódico que relató su ascenso espectacular hacia el éxito, lo citó: "tenía una fe inamovible. Recé para tener guía a cada paso. Utilizaba la cabeza, pero también actuaba".

El concepto general acerca de la fe —la idea que tiene la mayoría de la gente sobre la fe— consiste en que se trata de un estado emocional independiente de la razón, si no es que, de hecho, contrario a ella. Sin embargo, creemos que el razonamiento más importante que hacemos de la vida diaria se basa en la fe. No sabemos con toda certeza que el sol saldrá mañana por la mañana: todo lo que sabemos es que a lo largo de la historia de la raza humana el sol siempre ha salido por la mañana, y "creemos" que continuará esa misma práctica al día siguiente, pero no "sabemos" con toda seguridad que así será. No podemos probarlo a través de argumentos —ni siquiera a través de las matemáticas— a menos que admitamos la existencia de la Ley Universal, o la ley de la Causación, a través de la cual "las mismas causas, bajo las mismas condiciones, producirán los mismos efectos".

Puedes objetar que todo esto es una tontería; sin embargo, es todo lo contrario: es la aplicación más estricta de las reglas y las leyes del pensamiento práctico. Por supuesto, dices que "sabemos" que el sol saldrá mañana por la mañana, e incluso podrías decir inmediatamente la hora en que saldrá. Ciertamente lo "sabemos", pero sólo lo sabemos por un acto de fe. Es más, esa fe es la creencia de que existe una ley universal —que "las cosas naturales actúan y se mueven conforme a la ley"— que "las mismas causas, bajo las mismas condiciones, producirán los mismos resultados".

En lo referente a los asuntos ordinarios de la vida y la acción actuamos conforme a la fe. Lo hacemos de una manera tan natural e instintiva, cotidiana y habitual, que no estamos conscientes de ello. Emprendes un vuelo en avión. Compras el boleto, con la fe de que el avión partirá del aeropuerto señalado en el boleto y aproximadamente a la hora indicada en el mismo. Tienes fe en que llegarás al destino prometido. No "sabes" estas cosas a partir de la experiencia real, pues no sabes lo que te espera en el futuro: lo das por sentado, asumes que es verdad, actúas conforme a la fe.

Ocupas tu asiento. No conoces al piloto ni al copiloto; jamás los has visto, ni siquiera sabes sus nombres. No sabes si son competentes, confiables o experimentados. Todo lo que sabes es que resulta razonable suponer que la compañía de aviación ha elegido a las personas correctas para llevar a cabo la tarea: actúas conforme a la fe, sobre la base de una fe racionalmente interpretada. Tienes fe en la compañía, en la gerencia, en el sistema de vuelos, en el equipo, etcétera, y pones en juego tu vida y la integridad de tu cuerpo con base en esa fe. Puedes decir que simplemente "asumes el riesgo" al respecto; pero aun así, manifiestas fe en ese "riesgo", o de otra manera no lo asumirías. No "asumirías el riesgo" de cruzarte en el camino de un tren expreso, o de saltar del Empire State, ¿o sí? Manifiestas fe en algo, aun si ese algo no es otra cosa que la Ley de los Promedios.

Metes tu dinero a un banco. Una vez más, manifiestas fe: una fe racionalmente interpretada. Vendes bienes a crédito a tus clientes: una vez más, fe. Tienes fe en tu tendero, en tu carnicero, en tu abogado, en tu médico, en tus empleados, en tu compañía de seguros. Es decir, fe de algún tipo o en algún grado. De otra manera no les conferirías nada en lo absoluto. Si "crees" que una persona es deshonesta, incompetente, o que está demente, no pones tu confianza en él o ella, ni le confías tus asuntos o intereses; tu fe está puesta en su "maldad" y no en su "rectitud", pero sigue siendo fe. Toda "creencia" que carece de un conocimiento seguro y verdadero, es una forma o una fase de la fe.

Tienes fe en que si saltas de un edificio alto hacia el vacío, caerás y te lastimarás; quizás morirás: esa es tu fe en la Ley de la Gravedad. Tienes una fe similar en otras leyes físicas: tienes la expectativa confiada de que si llevas a cabo ciertas acciones con respecto a ciertas leyes físicas te sobrevendrá algún mal. Tienes fe en que los venenos dañarán o destruirán tu cuerpo físico, y los evitas. Puedes objetar que "sabes" estas cosas, que no las "crees" meramente; pero no "sabes" nada directa e inmediatamente hasta que lo experimentas —y no puedes experimentarlo—, y no puedes experimentar un acontecimiento futuro antes de que llegue el momento. Todo lo que puedes hacer con respecto a cada experiencia futura es "creer" ciertas cosas relacionadas con ella, y esa "creencia" no es otra cosa sino fe, interpretada de una manera más o menos racional y correcta.

No "sabes" con certeza y seguridad, a través de la experiencia directa, o a través de la razón pura, nada acerca de lo que ocurrirá mañana, o de algún día de la próxima semana, o de un día determinado del año siguiente. Sin embargo, actúas como si poseyeras ese conocimiento. Pero ¿por qué? Simplemente debido a tu fe en la ley y el orden del universo, en la operación de la Ley de la Causación mediante la cual a toda causa sigue un efecto; o en la Ley de las Probabilidades, o en la Ley de los Promedios, o en alguna otra ley natural. Sin embargo, tu conocimiento acerca de esas leyes y tu creencia en esas leyes no son más que formas de tu fe, es decir, una expectativa confiada de que "las cosas resultarán de acuerdo con la regla seguida en acciones pasadas". No puedes alejarte de la fe que hay en tus pensamientos y creencias con respecto al presente y al futuro más de lo que puedes huir de tu sombra en un día soleado y brillante.

A partir de lo anterior, y de las reflexiones que surjan en tu mente gracias a que medites en ello, notarás que la fe tiene una posición y un lugar tan cierto e importante en la psicología del ser humano como lo tienen la razón y el intelecto.

Sin la expectativa confiada de la fe no se encendería la llama del deseo insistente, y no aplicaríamos el acero de la determinación persistente. A menos que la fe se exprese en la expectativa confiada de obtener o lograr aquello que se desea, será difícil que el deseo "desee lo suficiente", y a la voluntad le parecerá imposible "tener una determinación persistente para obtenerlo". El deseo y la voluntad dependen de la fe para obtener sus fuerzas inspiradoras; a través de esto último, las fuerzas vigorizantes del deseo y las fuerzas dinámicas de la voluntad se inspiran y se llenan de vida, y logran que se les infunda el aliento de vida.

Cómo se cura la enfermedad a través de la fe

Entre las muchas fases y formas de la aplicación y manifestación del principio mental del poder de la fe se encuentra la importante fase o forma conocida generalmente como "la cura por medio de la fe".

La cura por medio de la fe es un término aplicado a la práctica de sanar la enfermedad a través de apelar a la esperanza, la creencia o la expectativa del paciente, y sin el uso de medicamentos u otros medios materiales. Anteriormente, la cura por medio de la fe estaba limitada a métodos que requerían el ejercicio de la fe religiosa, como la "curación por medio de la oración" y la "sanación divina", pero ahora se ha utilizado en su sentido más amplio, e incluye las curas de la Ciencia Mental.

Ahora se acepta de manera general que las curas llevadas a cabo por los distintos practicantes de las numerosas escuelas y formas de cura por medio de la fe tienen como principio efectivo subyacente la condición mental o el estado de fe; este principio consiste en invocar el poder innato del organismo mental-físico para resistir y vencer las condiciones anormales que se manifiestan como enfermedad. Así pues, todas las curas producidas por las fuerzas mentales del individuo, bajo cualquier nombre o método, son, al final, curas por medio de la fe.

Se ha descubierto que este poder innato del organismo tan arraigado en la mente subconsciente responde fácilmente a las ideas aceptadas como ciertas por el individuo: en pocas palabras, a sus "creencias". Estas creencias son, al final de cuentas, formas de fe.

Desde el punto de vista psicológico, todas estas clases de curación por fe, así como todo tipo de sanación por fe, al igual que toda clase de cura mental, dependen de la sugestión. Propiamente, en la sanación por fe no sólo se utilizan poderosas sugestiones dirigidas, sino que favorecen la atmósfera religiosa y las autosugestiones del paciente, especialmente cuando las curas ocurren durante un periodo de renacimiento religioso o en otros momentos en los que encontramos grandes congregaciones y emociones intensas. La subjetividad de las grandes multitudes es marcadamente mayor a la de los individuos, y a esta mayor fe debe atribuírsele el gran éxito de los lugares de peregrinaje de moda.

Cuando analizamos el fenómeno atribuido a la sugestión, y si reducimos la idea de la sugestión a sus elementos esenciales, descubrimos que la sugestión estriba en (1) colocar una idea firme en la mente: grabarla en la mente, por así decirlo; (2) despertar la atención expectante de los resultados implicados o indicados en la idea sugerida; y (3) poner en marcha las actividades de la mente subconsciente dirigidas a producir el resultado imaginado por la atención expectante, la cual, a su vez, ha sido despertada a través de la idea sugerida. ¡Esa es, en resumen, la idea de la sugestión!

Ahora bien, se considera que todos los fenómenos de cura por medio de la fe, y también de la sugestión, dependen de la presencia y acción del elemento o principio del poder de la fe en la mente del individuo.

Mediante la aplicación del primero de los elementos arriba citados de este gran principio de tu ser, y de la naturaleza como un todo, puedes mantenerte saludable, fuerte, y en un estado de bienestar físico general deseable; o puedes manifestar a través de él un regreso gradual a la salud y el bienestar físico si es que los has perdido; una vez más, si permites que este principio se dirija de manera equivocada y anormal, puedes perder tu bienestar y tu salud física, y puedes comenzar a descender por el sendero de la enfermedad, cuyo fin es una muerte inoportuna. Tu condición física depende de manera muy importante del carácter y el tipo de ideas e ideales que permites sean plantados en tu mente y del grado de atención expectante, o fe, que permites infunda con energía a estas ideas e ideales.

En pocas palabras, el curso que has de seguir en este tema es el siguiente: (1) Fomenta ideas e ideales de salud, fortaleza y vitalidad —las ideas del bienestar físico— para que se alojen en tu mente, para que echen raíces y produzcan botones, flores y frutos; cultiva estas ideas e ideales e infúndeles vigor con una buena cantidad de atención expectante, de expectativa confiada y de fe en aquellas condiciones que deseas se manifiesten en ti; visualízate como deseas ser, y "espera confiadamente" que estas condiciones se manifiesten en ti a través de tu mente subconsciente; (2) jamás te permitas mantener ideas de condiciones anormales de enfermedad, y, por encima de todo, jamás te permitas cultivar el hábito mental de "esperar" que se manifieste ese tipo de condiciones en tu cuerpo; cultiva la actitud de la fe y la esperanza, y desecha la actitud del miedo; (3) si tu mente ha estado llena de estas ideas y expectación negativa, dañina y destructiva, y si tu cuerpo ha manifestado enfermedades en respuesta a ella, deberías proceder a "eliminar" esa maleza mental nociva a través de una cultivación deliberada, determinada y confiada de la clase correcta de ideas, ideales y estados de "expectación"; existe un axioma en la psicología avanzada que establece que "lo positivo tiende a inhibir y destruir lo negativo": la maleza que habita en el jardín mental puede ser "eliminada" a través de un cultivo cuidadoso y determinado de las plantas positivas de la fe, la esperanza, y la expectativa confiada de lo bueno y lo deseable.

El poder de la fe está presente y activo —es potente y poderoso— y es amigable contigo si reconoces su existencia y lo comprendes; está listo para servirte, y para servirte bien, siempre y cuando lo invoques de manera apropiada y le proporciones los canales pertinentes a través de los cuales fluya en sus esfuerzos por manifestarse. ¡Esta es la gran verdad detrás de la particular lección de la cura a través de la fe!

La poderosa mente subconsciente

El subconsciente —este gran campo o plano de la actividad mental— es el asiento de un poder mucho mayor y la fuente de corrientes mucho más extensas y profundas de fuerza mental que lo que la persona promedio alcanza a percibir. En este ámbito, o en ese plano, se llevan a cabo más del 75% de las actividades mentales del ser humano.

Nuestro mundo mental es mucho más extenso de lo que por lo regular pensamos que es; posee profundidades comparativamente inexploradas, e igualmente enormes alturas comparativamente inexploradas. Las áreas exploradas y diagramadas de nuestra mente consciente son secundarias y están subordinadas a las amplias áreas cuyos límites incluso las mentes más brillantes de nuestra raza apenas han sondeado; el extenso y desconocido territorio del país extraño sigue esperando las expediciones aventureras del futuro. Nuestra posición en relación con esta gran *Terra Incognita* de la mente es similar a la del antiguo mundo civilizado con respecto a la tierra como un todo; todavía estamos esperando que Colón explore el Continente Occidental de la mente, y a los Livingstons y Stanleys que habrán de proporcionarnos mapas del África mental más profunda.

Sin embargo, incluso las comparativamente pequeñas áreas exploradas del subconsciente nos han revelado una tierra maravillosa: una tierra repleta de la materia prima más rica, metales preciosos, fantásticas especies de animales y vida vegetal. Y nuestros atrevidos investigadores han descubierto medios para aplicar y utilizar algunos de los extraordinarios elementos que han sido descubiertos incluso en esas fronteras del nuevo mundo mental.

El subconsciente alberga convicciones y creencias arraigadas con respecto al éxito o fracaso general del individuo. La persona que constantemente ha impreso en su mente subconsciente que "tienen mala suerte" o que el "destino está en mi contra", ha creado un enorme poder dentro de sí mismo que actúa como un freno u obstáculo para su logro exitoso. Ha creado un enemigo en su interior que sirve para obstaculizarlo, y que lucha en contra de cualquier esfuerzo interno que se dirija hacia el éxito. Este enemigo oculto obstruye todos sus esfuerzos y paraliza sus actividades.

Por el contrario, la persona que cree que "la buena suerte viene en camino", y que las "cosas están trabajando a mi favor", no sólo libera todas sus energías latentes sino que, de hecho, estimula todos sus poderes, a lo largo de las líneas tanto subconscientes como conscientes.

Muchos hombres se han convencido tanto de su destino favorable que han vencido los obstáculos que podrían haber bloqueado el progreso de otro que albergara la convicción opuesta. De hecho, la mayoría de las personas que han utilizado sus fracasos como trampolines para éxitos subsecuentes han cobijado en su interior la convicción de que al final triunfarían, y que las desilusiones y los fracasos temporales no eran sino incidentes que formaban parte del juego.

Los hombres han creído en sus "astros" o en la presencia y el poder de algo fuera de sí mismos que ha operado a favor de su victoria final. Esto les ha proporcionado una voluntad indomable y un espíritu invencible. Si estos mismos hombres hubieran permitido que tomara posesión de su alma la convicción de que se encontraban operando influencias adversas y antagónicas, habrían caído durante la batalla, y se hubieran quedado tirados en el suelo. Sin embargo, en cualquiera de los dos casos, el verdadero "algo" que han creído es una cosa o entidad externa, ha sido, nada más ni nada menos, la influencia y el poder de su propio subconsciente, en un caso impulsándolos, y, en el otro, deteniéndolos.

El hombre que alberga en su subconsciente la creencia y la fe en su falta de éxito y en el fracaso inevitable de sus esfuerzos; el hombre cuya expectativa confiada está posada en la falta de éxito, en el fracaso y en la incapacidad, y cuya atención expectante se dirige a ese tipo de resultados y a los incidentes y circunstancias que llevan a ellos, es como un hombre en un río que nada contra la corriente. Se está oponiendo a la corriente poderosa, y cada uno de sus esfuerzos es contrarrestado y vencido por las fuerzas adversas de la corriente. De la misma forma, el hombre cuyo subconsciente está saturado con la convicción de la victoria última y el éxito final, cuya expectativa confiada se dirige hacia ese fin, y cuya atención expectante siempre está a la búsqueda de elementos que tiendan a manifestar sus creencias internas, es como el nadador que se mueve en dirección de la corriente. Ese tipo de ser humano no sólo no encuentra oposición por parte de las fuerzas de la corriente, sino que, por el contrario, tiene a esas fuerzas trabajando para ayudarle.

Puedes comprender la importancia de tener fe, expectativa confiada y una atención expectante del subconsciente dirigidas hacia tu éxito, logro y resultados exitosos —y la importancia de que estas poderosas fuerzas no operen en tu contra— cuando te pones a pensar que en uno de los casos tienes tres cuartas partes de tu equipo y de tu poder mental operando a tu favor, y en el otro caso, tienes esas tres cuartas partes operando en tu contra. Y esas tres cuartas partes, en ambos casos, no sólo trabajan activamente durante tus horas de vigilia, sino que también "trabajan mientras duermes". Perder la ayuda de esas tres cuartas partes sería un asunto grave, ¿no es así? Pero aún más grave es que esas tres cuartas partes estén trabajando en tu contra: ¡que estén del lado del enemigo! Esto es justo lo que ocurre cuando el subconsciente entra en acción bajo la influencia de una fe, una atención expectante y una expectativa confiada erróneamente dirigidas.

Trabaja con tu subconsciente. Entrénalo, edúcalo, reedúcalo, dirígelo, inclínalo, enséñalo, sugestiónalo en la dirección de la fe en el éxito y el poder y no en la dirección de la fe en el fracaso y la debilidad. Ponlo a que trabaje con la corriente a su favor. El subconsciente es muy propenso a la fe: vive en la fe, actúa sobre la base de la fe. Y después asegúrate de proporcionarle la clase correcta de fe, y evita, cual si fuera una peste, esa fe que se basa en el miedo y que se arraiga en el fracaso y la desesperación. Piensa con cuidado, ¡y actúa!

Cómo desarrollar entusiasmo por tu trabajo

La fe es el principio subyacente de esa cualidad notable de la mente humana conocida como entusiasmo. Es su esencia, su sustancia, su principio activo. Sin la fe no puede haber manifestación de entusiasmo. Sin la fe no pueden expresarse las actividades del entusiasmo. Si la fe no pueden exhibirse las energías del entusiasmo. Sin la fe, la cualidad del entusiasmo permanece dormida, latente y estática: se necesita la fe para despertarla, para ponerla en acción, y para hacer que se vuelva dinámica.

Es más, la fe requerida para la manifestación y expresión del entusiasmo debe ser una fe positiva —fe en el resultado exitoso de aquello que emprendas— una fe que muestra sus fases positivas: fe en el logro de aquello que es deseable y es considerado como bueno. Jamás podrás manifestar entusiasmo hacia aquello que confiadamente esperas será un fracaso, ni hacia aquello que sientes traerá resultados y efectos indeseables. La fe negativa no tiene poder para despertar el entusiasmo; es necesaria la presencia de la fe positiva para despertar esta maravillosa fuerza latente mental o espiritual.

El entusiasmo es una fuerza mental o espiritual que siempre ha sido respetada por la humanidad, a menudo mostrando un respeto mezclado con asombro. Para los antiguos, parecía ser un don especial de los dioses, y consideraban que infundía al individuo con atributos casi divinos de poder, y hacía que absorbiera una porción de la esencia de la naturaleza divina. Reconociendo el hecho de que los hombres, bajo la influencia del entusiasmo, a menudo llevan a cabo tareas casi sobrehumanas, los antiguos llegaron a creer que este poder y capacidad añadida surgía de la superposición de poder desde los planos del ser ubicados por encima del plano de existencia de la humanidad. De ahí que emplearan términos para definirlo que indicaban claramente que creían en su naturaleza trascendente.

El término "entusiasmo" se deriva directamente del antiguo término griego que significa "ser inspirado por los dioses". Los dos elementos que componen el término original son, respectivamente, un término que denota "inspiración", y otro que denota a "los dioses" o la "divinidad", y, combinados, los dos términos significan literalmente "inspirado por los dioses".

Habrás visto que cuando muestras un gran interés en un tema, objeto, estudio, actividad o causa, de manera que se despierta intensamente tu entusiasmo, viene a ti un grado y cantidad de energía y poder mental altamente incrementada e intensificada. En esos momentos tu mente parece trabajar con una rapidez como de relámpago, y con un maravilloso sentido de facilidad y eficiencia. Tus poderes mentales parecen cuadruplicarse; tu maquinaria mental parece tener un aceite milagroso vertido en el lugar apropiado, así que remueve toda fricción y permite que cada parte del mecanismo se mueva suave y fácilmente y con una velocidad asombrosa. En esos momentos te sientes, en verdad, "inspirado". Sientes que un nuevo mundo de éxito y realización podría abrirse delante de ti si pudieras hacer que esta condición mental fuera permanente.

Si miras a tu alrededor todo tu mundo de trabajo y esfuerzo práctico cotidiano, verás por qué los hombres de negocios y los hombres de éxito consideran como un factor importante de trabajo exitoso la cualidad mental conocida como "interés entusiasta" por parte de las personas que llevan a cabo dicho trabajo. Se ha descubierto que este "interés entusiasta" en el trabajo o tarea convoca todos los poderes mentales y físicos de quien lo realiza. No sólo invierte en su tarea cada gramo de su capacidad ordinaria, sino que también hace uso de la fuerza reservada oculta de su mente subconsciente y la combina con toda su energía ordinaria. Cuando se acerca al límite de la fatiga, su "interés entusiasta" lo mantiene en movimiento, y, en poco tiempo, "toma su segundo aire" y consigue un nuevo comienzo.

Pide a cualquier gerente de ventas exitoso una lista de las características esenciales de un vendedor exitoso, y en esa lista descubrirás que esta capacidad o hábito de tener un "interés entusiasta" ocupa un lugar prominente. Esto es no sólo debido al importantísimo efecto que ejerce sobre el trabajo del vendedor mismo, sino también porque "el entusiasmo es contagioso", y el interés vivaz y encendido del vendedor tiende a transmitirse a la mentalidad subconsciente de su cliente.

De igual forma, el entusiasmo del orador, del conferencista, del abogado defensor o del hombre de Estado llena de energía y acelera toda su naturaleza intelectual y emocional, haciendo que saque lo mejor de sí, lo cual, igualmente, se comunica a su audiencia a través de un "contagio mental". El hombre con el "alma encendida" tiende a encender las almas y los corazones de quienes lo rodean. El espíritu del líder, o del "jefe" entusiasta es "captado" por quienes están a su alrededor.

Claramente, el entusiasmo es una manifestación de la fase emocional de la mentalidad de una persona, y apela directa e inmediatamente a la naturaleza emocional de otras personas. De la misma manera, es, abiertamente, un producto de la mente subconsciente, y, en consecuencia, apela directa e inmediatamente a la mente subconsciente de otros. Su efecto se distingue por animar, llenar de energía, inspirar, "estimular". No sólo mueve los sentimientos y enciende la naturaleza espiritual sino que también estimula y vivifica las facultades intelectuales. Los "cables vivos" en el mundo de los hombres son las personas que poseen la cualidad del "interés entusiasta" altamente desarrollado y que se manifiesta habitualmente cuando la ocasión lo amerita. Cuando se usa en exceso, hace fracasar a su objeto: debe observarse el Justo Medio, pero si carece de él, el individuo es lo que se conoce en el idioma de los hombres prácticos, un "hombre muerto".

La persona de verdadero entusiasmo se caracteriza por una fe perdurable en su proposición o argumento; por su interés vivaz, por su avidez de presentarlo y trabajar hacia su concreción; por sus esfuerzos incansables e infatigables para llevarlo a cabo. Sin embargo, la fe es la base sobre la cual descansa todo lo demás; y si la fe no está presente, la estructura del entusiasmo se derrumba como un castillo de naipes.

Entre más fe tenga un hombre en aquello que hace, en aquello por lo cual trabaja, o en aquello que presenta a otras personas, mayor será la manifestación de sus propios poderes y capacidades, más eficiente será su desempeño en el trabajo, y más grande será su habilidad de influir en otras personas para hacer que vean las cosas a la luz de sus propias creencias e intereses. La fe despierta y sostiene el entusiasmo; la falta de fe y el escepticismo lo aniquila y lo inhibe; la falta de creencia lo mata. Es claro que el primer paso para cultivar y desarrollar el entusiasmo radica en crear fe en el tema u objeto hacia el cual deseas manifestar y expresar entusiasmo.

Si no tienes fe en el sujeto u objeto de tus actividades, entonces jamás podrás manifestar entusiasmo en relación con este tema o ese objeto.

La vida sin fe y sin entusiasmo es una muerte en vida: las personas que viven ese tipo de vida son simples cadáveres andantes. Si deseas ser un "cable vivo" en lugar de un "cable muerto", debes comenzar a despertar y desarrollar entusiasmo en tu corazón y en tu alma. Debes cultivar ese interés agudo y despierto, y esa fe viva y firme en lo que estás haciendo, y en las cosas a las cuales estás dedicando tu tiempo y tu trabajo. Debes "inhalar" mentalmente e inspirar ese Espíritu de Vida que los hombres durante muchos años han llamado "entusiasmo", y que es el hermano gemelo de la inspiración. Entonces conocerás la euforia de ese "fervor del alma encendido y que enciende", ese "celo ardiente y vivo": la marca del verdadero entusiasmo.

La llama del deseo es esencial para la fe

El deseo es el segundo factor del poder mental. No sólo debes "saber exactamente lo que quieres", y manifestarlo a través de la idealización; también debes "desearlo con la suficiente fuerza", y manifestarlo en un deseo insistente. El deseo es la llama y el fuego que crea el vapor de la voluntad. La voluntad jamás lleva a cabo una acción efectiva excepto cuando se le atrae a través de un deseo activo y suficientemente fuerte. El deseo moldea el "motivo" para la voluntad; la voluntad jamás se vuelve activa en ausencia de un "motivo". Cuando hablamos de que un hombre tiene una "voluntad férrea", a menudo lo que estamos diciendo en realidad es que tiene un deseo intenso: un deseo lo suficientemente fuerte como para que emplee cada gramo de poder y energía que hay en él hacia el logro del objeto de su deseo.

El deseo ejerce una enorme influencia sobre todas las facultades mentales, haciendo que expresen sus energías y poderes plenos y lleven a cabo su trabajo de manera eficiente. Estimula el intelecto, inspira las emociones y acelera la imaginación. Sin el impulso del deseo sólo se llevaría a acabo muy poco trabajo mental. La idea clave del deseo es "yo quiero"; y para satisfacer ese "yo quiero" la mente pone en marcha sus mejores energías. Sin el deseo pensarías muy poco, pues no tendrías motivo para hacerlo. Sin el deseo no llevarías a cabo nada, pues no habría una razón que te moviera a hacerlo. El deseo siempre es "quien mueve a la acción": a la acción mental así como a la física.

Es más, el grado y la intensidad de tu trabajo, mental y físico, está determinado por el grado de deseo que se manifiesta en ti con respecto al objeto o la meta de ese trabajo. Entre más desees algo, más trabajarás por ello, y más fácil te parecerá. La tarea que se lleva a cabo bajo la influencia y el incentivo del deseo intenso parecerá mucho más fácil que si se realiza sin dicha influencia e incentivo, e, infinitamente más fácil que si su meta u objeto fueran contrarios a tu deseo. No se necesita ningún argumento para demostrar estas realidades: son asuntos bien sabidos y probados por la experiencia de la vida diaria.

El grado de fuerza, energía, voluntad, determinación, persistencia y aplicación continua manifestadas por un individuo relacionadas con sus aspiraciones, ambiciones, metas, actos, acciones, y trabajo, queda determinado, principalmente, por el grado de deseo para el logro de dichos objetivos: su grado de "querer" y "desear" con respecto a ese objeto. Es tan cierto este principio que algunas personas que han estudiado sus efectos han anunciado este aforismo: "Puedes tener o ser cualquier cosa que desees, si tan sólo la deseas con la fuerza suficiente".

Sin la fe, es prácticamente imposible que manifiestes un deseo intenso, ardiente e insistente. Si estás lleno de dudas, desconfianza, falta de fe o falta de creencia en algo, o de escepticismo con respecto al logro exitoso de algo, no podrás despertar el grado apropiado de deseo hacia ese objeto o hacia su logro y realización. La falta de fe, o, aún más, la falta de creencia positiva, tiende a paralizar el poder del deseo; actúa como un freno o como un impedimento sobre su poder. La fe, por el contrario, libera los frenos del deseo, o enciende la totalidad de su fuego.

En resumen éste es el principio: la fe alienta y sostiene, promueve y mantiene el deseo en su grado más elevado de eficiencia; la duda, la falta de creencia, la desconfianza y la falta de fe retardan y restringen, inhiben y paralizan la manifestación eficiente del deseo.

El enorme poder de una voluntad férrea

La voluntad-acción es el tercer factor del poder mental. No sólo debes "saber claramente lo que quieres", y verlo en tu "imaginación" de una manera ideal; no sólo debes "desearlo con la fuerza suficiente", y despertar su poder a un grado de insistencia y exigencia que no aceptará una negativa o el fracaso, también debes invocar la aplicación persistente, determinada e indomable de la voluntad, la cual sujetará tus energías y poderes firme e implacablemente para la tarea de lograr y cumplir el objetivo. Debes "querer desear" y debes hacer que tu voluntad se desee a sí misma en el acto de desear.

La voluntad es, quizás, el más misterioso de todos los poderes mentales. Parece vivir en un plano mental por sí sola. Habita más cerca del "YO SOY YO" o Ego, que cualquier otra fase de la mente. Es el principal instrumento del "YO SOY YO": el instrumento que éste último emplea directa e inmediatamente. Su esencia es la determinación persistente, y su naturaleza es la acción. Siempre que actúas, empleas tu voluntad. La fuerza de voluntad es la fase o aspecto dinámico del poder mental. Todas las demás fuerzas mentales son más o menos estáticas; es sólo cuando la voluntad participa en el proceso que el poder mental manifiesta su fase o aspecto dinámico. Los hombres sabios han sostenido que "Toda la fuerza es, al final de cuentas, fuerza de voluntad"; y que "todas las actividades son, al final, formas o fases de la voluntad-acción". En el cosmos, así como en el individuo, la fuerza de voluntad es la fase esencial y básica del poder.

Como atraer a la persona que deseas

La ley de la atracción mental, o de la gravitación mental, actúa a lo largo de líneas muy similares a las de la gravedad física. Existe una "atracción" mutua y recíproca entre los pensamientos y las cosas, y entre los pensamientos y los pensamientos; sin embargo, los pensamientos, al final de cuentas, son cosas. Este principio se extiende incluso a los así llamados objetos inanimados: este misterio se explica bajo la ley ahora ya bien establecida de que en todo hay una mente, incluso en los objetos aparentemente inanimados del universo, y en los átomos y partículas de las cuales están compuestas las sustancias materiales.

No sólo atraes vibraciones de pensamiento, ondas de pensamiento, corrientes de pensamiento, atmósferas de pensamiento, etc., de un carácter armonioso, y hacia las cuales tus pensamientos tienen una afinidad natural; también atraes hacia ti (por el poder de la atracción del pensamiento) a otras personas cuyos pensamientos tienen afinidad y armonía con los tuyos. De la misma manera atraes hacia ti (y eres atraído hacia) otras personas cuyos intereses se desarrollan a lo largo de las mismas líneas generales que las tuyas.

Atraes hacia ti a las personas que puedan ser necesarias para llevar a cabo de manera exitosa los planes, propósitos, deseos y ambiciones que llenan tus pensamientos la mayor parte del tiempo; de igual forma, eres atraído hacia aquellas en cuyos planes y propósitos encajas y en los cuales juegas un papel importante. En pocas palabras, cada persona tiende a atraer hacia sí a esas otras personas a quienes necesita con el fin de materializar sus ideales y expresar sus deseos, siempre y cuando "los desee con la fuerza suficiente" y las otras personas se encuentren en una afinidad armoniosa con sus planes y propósitos.

Las personas que han dirigido su atención hacia las operaciones de la ley de la atracción mental, y han aprendido a aplicar los principios de su manifestación en sus propios asuntos, observan muchos ejemplos maravillosos de su poder en los acontecimientos de su vida diaria. Vienen a ellas, de una manera casi asombrosa, libros, periódicos, artículos de revistas que tratan sobre algún tema que sobresale en sus pensamientos. Llegan a nuestra vida las personas que encajan en el esquema general de nuestro plano de pensamiento. Los "sucesos" peculiares ocurren de la misma manera. Surgen cosas que "coinciden" con la idea general. Aparecen circunstancias inesperadas, las cuales, aunque a primera vista a menudo parecen obstructivas e indeseables, al final resulta que concuerdan perfectamente con el esquema general de las cosas. No te sorprenda que muchas personas que tengan estas experiencias al principio se sientan inclinadas a atribuírselas a alguna influencia sobrenatural o sobrehumana; sin embargo, están en plena concordancia con la ley natural, y forman parte de los poderes del hombre, cuando se las entiende correctamente.

Tus condiciones y tu medio ambiente, las circunstancias y sucesos que vienen a ti, son, en gran medida, resultado de la operación de la ley de la atracción mental; y son, en consecuencia, en su mayor parte, manifestaciones en forma objetiva y material de tus ideas, ideales e imágenes mentales, y la fuerza y la naturaleza de semejantes manifestaciones dependen, mayormente, del grado de fe y expectativa confiada que posees y expresas en tus pensamientos con respecto a estos temas y acontecimientos, o del grado de duda, falta de creencia, desconfianza y falta de fe, las fases negativas de la fe que sirven para desacelerar la acción del poder de la fe o quizás incluso para revertir su maquinaria.

Tú creas el medio ambiente, las condiciones, las circunstancias, los sucesos, la ayuda y los medios para alcanzar un fin a través del poder mental que opera a lo largo de las líneas de la ley de la atracción mental. La atracción mental, como todas las formas o fases del poder mental, consiste en la transformación del ideario subjetivo en una realidad objetiva: el pensamiento tiende a adquirir forma en la acción; la forma mental tiende a adoptar una materialidad y sustancia objetiva. El ideal queda representado por la imagen mental o forma ideal clara, fuerte y definida, que se manifiesta en la idealización. El deseo suministra la llama y el calor que generan el vapor de la voluntad necesario en el proceso creativo. Pero si no está presente la fe para crear la expectativa confiada, la idealización se debilita y se ve mermada, el deseo se muere, y la voluntad pierde su determinación. Entre menor sea la fe y la expectativa confiada, o entre mayor sea la duda, la falta de creencia, la desconfianza, la falta de fe y el escepticismo, más débil es la idealización, más débil es el deseo, y más débil es la fuerza de voluntad que se manifiesta.

Sin la fe no puede haber expectativa confiada; sin la fe, los fuegos del deseo desaparecen; sin la fe, deja de generarse el vapor de la voluntad; y, entonces, el logro se vuelve algo imposible. Cuando pienses en la ley de la atracción mental, piensa en la fe, pues la fe es su esencia, su inspiración.

Cree en ti mismo

Entre las muchas características y cualidades que producen el éxito del individuo no hay ninguna más fundamental, esencial y básica que la de la confianza en uno mismo y la dependencia de uno mismo: ambos términos no son sino expresiones de la idea de la fe en uno mismo. La persona que tiene fe en sí misma no sólo controla y dirige los maravillosos poderes de su mente subconsciente y el pleno poder de sus facultades e instrumentos mentales conscientes, sino que también tiende a inspirar un sentimiento similar en la mente y el corazón de aquellos otros individuos con quienes entra en contacto en el curso de su búsqueda de los objetos de sus acciones. Una percepción y un entendimiento intuitivo de nuestros propios poderes y energías, capacidad, eficiencia, posibilidades y habilidades, es un atributo esencial del individuo destinado al éxito.

Un estudio del mundo de los hombres pondrá al descubierto el hecho de que aquellos que finalmente tienen éxito, que finalmente "llegan", que "hacen las cosas", están marcados por una fe intuitiva en sí mismos, y por su expectativa confiada en su éxito final. Estos hombres y mujeres se elevan por encima de los incidentes del fracaso temporal; utilizan estos fracasos como puntos de partida hacia la victoria final. Son expresiones vivas del *Invicto* de Henley. Ellos, en verdad, ¡son los maestros de su destino, los capitanes de su alma! Esos hombres y mujeres jamás son derrotados de verdad; como pelotas de goma, tienen ese "rebote" que hace que se eleven triunfantes después de cada caída: entre más son "derribados", más alto se elevan en el rebote. Esas personas siempre son posibles vencedores —no, probables y seguros triunfadores— siempre y cuando mantengan esta fe intuitiva en el Ser, o confianza en sí mismos; es sólo cuando esta se pierde que en verdad son derrotados o destruidos.

Nos damos cuenta que los fracasados por lo regular son, o bien (1) aquellos que jamás han manifestado una fe en sí mismos o una confianza en sí mismos; o (2) aquellos que se han permitido perder estos mismos debido a los "golpes del azar".

Aquellos que jamás han sentido la emoción de la fe en sí mismos, o una confianza en sí mismos, pronto son etiquetados por sus compañeros como que carecen de los elementos del logro exitoso: el mundo pronto "los clasifica" y los coloca en el lugar al que corresponden. Su falta de fe en sí mismos y de confianza en sí mismos es percibida por aquellos con quienes entran en contacto; el mundo no les tiene fe y no tiene una expectativa confiada de su éxito.

El estudio de la historia de vida de los hombres y mujeres exitosos en todos los senderos de la vida ilustrará este principio para ti con tanta fuerza que, habiéndolo percibido, jamás volverás a dudar de su verdad absoluta. Prácticamente en todos los casos descubrirás que estos hombres y mujeres exitosos han sido derribados muchas veces en los primeros días de sus carreras, o incluso después. Pero el golpe, aunque quizás los aturdió durante un corto tiempo, jamás les ha robado la voluntad de tener éxito, de seguir en el juego. Siempre vuelven a ponerse de pie antes de que se les acabe la cuenta; y siempre, de manera firme y resuelta, se han enfrentado al destino. Aunque sus "cabezas sangraran, jamás bajaron la mirada", como expresa triunfante Henley. El destino no puede derrotar a un espíritu de esa calada; con el tiempo, el destino reconoce el hecho de que "aquí hay un hombre", y, como el destino es femenino, se enamora de él y le otorga sus favores.

Cuando hayas encontrado a tu Yo Verdadero —"Ese algo dentro de ti", este "YO SOY YO"— entonces habrás encontrado a ese Yo Real e Interno que ha constituido el sujeto y objeto de fe y expectativa confiada que ha inspirado, animado, entusiasmado y sostenido a los miles de hombres que han alcanzado las alturas del logro a través del sendero de los ideales definidos, el deseo insistente, la expectativa confiada, la determinación persistente y la compensación equilibrada. Es esta percepción y conciencia intuitiva del Yo Real lo que ha hecho que los hombres vivan el ideal del *Invicto* en el espíritu de ese glorioso poema de Henley. Sólo este entendimiento interno habría sido suficiente para llenar el alma del hombre con este espíritu indomable y esta voluntad invencible.

Invicto

Por W.E. Henley

Fuera de la noche que me viste,
negra como el abismo entre los polos,
agradezco a los dioses que aquí existen,
que mi alma es invencible, ante todo.

Preso en las garras de las circunstancias,
no me he estremecido, nunca me he quejado;
bajo los embates persisten mis ansias,
mi cabeza sangra, mas no he claudicado.

Tras el velo del temor y de la duda,
se vislumbran sólo el terror y la sombra,
mas al pasar los años que el tiempo acumula,
me hallarán incólume, intacta mi honra.

No importa cuán estrecha sea la puerta,
ni cuantos castigos la Vida me dicta,
soy el amo de mi Sino, estoy alerta;
YO SOY el Capitán de mi alma invicta.

Durante siglos, los sabios instructores de la raza humana han enseñado que esta fe en el Yo Real, en el "YO SOY YO", permitirá al individuo convertir en instrumentos de su éxito incluso aquellas circunstancias que, aparentemente, están destinadas a derrotar sus propósitos; y transmutar en agentes benéficos incluso las fuerzas adversas que lo asedian por todas partes. Han descubierto, y han transmitido a sus seguidores, el conocimiento de que semejante fe es un poder espiritual, una fuerza viva, que cuando se confía en ella y se le emplea correctamente, aniquila la oposición de las circunstancias externas, o las convierte en hacedoras del bien.

Tu Yo Verdadero es un rayo que procede del gran sol del Espíritu —una chispa de la gran llama del Espíritu— un punto focal de la expresión de ese YO o ESPÍRITU infinito.

La fe firme en tu Yo Verdadero y tu expectativa confiada con respecto a su manifestación y expresión en tu trabajo, tus actividades, tus planes, tus propósitos, sirve para poner en acción todo tu poder, energía y fuerza mental y espiritual. Despierta tus poderes intelectuales; emplea tus poderes emocionales de manera eficiente y bajo control pleno; pone en acción efectiva tu imaginación creativa; coloca los poderes de tu voluntad bajo tu maestría y dirección. Hace uso de tus facultades subconscientes para obtener inspiración y comunicaciones intuitivas; abre tu mente al influjo de la iluminación procedente de tus facultades y poderes espirituales supraconscientes. Pone en marcha la ley de la atracción mental bajo tu control y dirección directa, mediante la cual atraes hacia ti, o tú eres atraído hacia las circunstancias, eventos, condiciones, cosas y personas necesarias para la manifestación de tus ideales en la realidad objetiva. Es más, hace a un lado los obstáculos que han obstruido los canales de tu contacto con el ESPÍRITU y tu comunicación con él: con esa gran fuente de poder infinito que en esta enseñanza recibe el nombre de PODER.

Descubre tu Yo Verdadero, tu "YO SOY YO", y luego manifiesta tu fe plena en y hacia él; y cultiva tu plena expectativa confiada con respecto a los resultados benéficos de esa fe.

VII

EL INFINITO TE AMA

Conviértete en un alma invencible

Este es el mensaje de la verdad: Tú, tú mismo, en tu ser esencial y real, en tu naturaleza, eres un Espíritu, y no otra cosa; eres del ESPÍRITU y estás dentro de él; eres espiritual y no material. La materialidad es tu instrumento de expresión, aquello que fue creado para que lo utilices y te sirvas de él con el fin de expresar vida, conciencia y voluntad: es tu sirviente, no tu maestro. Tú la condicionas, la limitas y la formas, y no al revés, cuando reconoces y comprendes tu verdadera naturaleza, y despiertas a la percepción de la verdadera relación que guarda contigo y que tú guardas con ella. El mensaje del ESPÍRITU que recibe por parte de sus centros de expresión individuales acreditados, y transmitido a ti a través de ellos, es este:

"En el grado en el que percibas, reconozcas y comprendas tu identidad esencial conmigo, la Suprema Presencia-Poder, la Realidad Última, en ese grado podrás manifestar mi poder espiritual. Yo estoy arriba y por encima de ti, abajo y por debajo de ti; te rodeo por completo. También estoy dentro de ti, y tú estás en mí; de mí procedes y en mí vives, te mueves y existes. Búscame, buscando dentro de tu propio ser, y de la misma forma, buscándome en el Infinito, pues yo habito tanto dentro como fuera de tu ser. Cuando adoptes esta verdad y vivas conforme a ella, podrás manifestarla: sólo a través de ella encuentras la libertad y la invencibilidad, y habrás de encontrar, percibir, comprender y manifestar la verdadera y real Presencia y Poder".

Francis Thompson, en su poema místico titulado "El sabueso del cielo" describe con una enorme fuerza, y a menudo con una intensidad tremenda, la búsqueda de la realidad para el yo individual renuente. Muestra que la divinidad participa en una búsqueda incansable e implacable: una búsqueda, un seguimiento, un rastreo del alma individual renuente. Representa al espíritu separado como "un algo extraño, lastimoso y fútil" que huye de la divinidad que lo busca "todos los días y todas las noches". El espíritu individual, al no conocer su relación y su identidad con el Absoluto que lo está buscando, se aleja con pánico de su propio bien. Sin embargo, como dice Emerson: "No puedes escapar de tu propio Bien"; y así, el alma huidiza es finalmente capturada. No obstante, a través de la fe en el Infinito el alma individual vence el terror que tiene hacia el propio Infinito y, reconociéndolo como su Bien Supremo, da la vuelta y avanza hacia él. Tal es la concepción mística del efecto y la acción de la fe en el Infinito.

El poema completo, "El sabueso del cielo", abarca unas cinco páginas, pero a continuación te presento una versión condensada de estos hermosos y cautivantes versos de Francis Thompson. Si no estás siendo recíproco con el gran amor de Dios, puedes tener un sentimiento de contrición y tomar la decisión de hacerlo mejor. Si este sentimiento no viene a ti, debes tener un corazón de piedra.

EL SABUESO DEL CIELO

Por Francis Thompson

Hui de Él, todas las noches y todos los días;
me escondí de los años bajo el oscuro manto;
hui de Él hundiéndome en las intrincadas vías
de mi propia mente, y en la densa niebla de mi llanto.

Me escondí de Él detrás de una aparente carcajada;
vislumbré exitosas esperanzas con gran prisa,

pero caí en el insondable abismo de la nada,
bajo la tremenda oscuridad que atemoriza.
Y aquellos fuertes pasos me seguían, me seguían;
una persecución que suavemente se desliza
con gran firmeza, veloz y majestuosa y, en contraste,
oí resonar aquellos pasos y una Voz potente que decía:
"Todos te traicionan, igual que tú me traicionaste".

Le dije al alba "ven pronto" y al atardecer, "no tardes";
escóndeme bajo el cielo tranquilo y azulado,
no quiero que me encuentre mi tenaz enamorado.

Y así continuó la lenta y tenaz persecución,
con imperturbable paso y firme la intención;
pausadamente y con majestuosa insistencia,
y decía aquella Voz potente que no había callado:
"Nadie te dará albergue, porque no me has albergado".

En el temerario arrebato de mi juventud,
desperdicié las horas mejores con gran laxitud;
dejé ir mi vida causándole daños,
impávida, en medio del polvo que engendran los años.
Mi fortaleza yace, destrozada, en los escombros.
Se hicieron pedazos mis días, golpeando mis hombros.
¡Creador Infinito!
Su inconstante abundancia gastó mi arrogante lozanía,
ahora mi corazón es una fuente destruida.

Después de esta larga cacería
Oí un fuerte clamor que me envolvía;
era esa Voz que como un mar embravecido
sonaba con estruendo, en mis oídos:
"¡Qué poco digna de amor eres tú!
¿A quién hallarás para amar, innoble, di,
si no es a Mí, solamente a Mí?
Todo lo que de ti alejé, escucha bien, lo tomé,

no por hacerte daño, ni por romper de mi Amor los lazos;
fue para que, con vehemencia, lo buscaras en mis brazos

"Todo lo que tu niño interno imagina que ha extraviado,
no te cause desconsuelo, que Yo en casa lo he guardado bien;
sólo ¡Levántate, toma mi mano y ven!

No me persiguen más sus pasos;
después de todo, es mi derrota,
¿No ha extendido Él sus manos,
acariciando a su devota?

"¡Ah, devotos débiles y ciegos,
YO SOY aquel a quien buscáis fervientemente;
no me busquéis jamás en vuestros egos,
en vosotros estoy, eternamente!

Prentice Mulford dijo: "El universo es gobernado por un poder supremo y una sabiduría suprema. La mente suprema no puede ser medida y abarca el espacio entero. La sabiduría, el poder y la inteligencia suprema se encuentran en todo lo que existe, desde el átomo, hasta el planeta. El poder supremo nos tiene a su cargo, igual que tiene a los soles y el sistema infinito de mundos en el espacio. A medida que reconozcamos más esta sabiduría sublime e inagotable, aprenderemos más y más a reclamarla, a atraerla hacia nosotros y, por tanto, a renovarnos cada vez más y más. Esto se traduce en una salud cada vez mejor, un mayor poder de disfrutar todo lo que existe, una transición gradual hacia un estado superior del ser, y el desarrollo de poderes que en este momento no comprendemos que nos pertenecen. Reclamemos diariamente la fe, pues la fe es el poder de creer y el poder de ver que todas las cosas forman parte del espíritu infinito de Dios, que todas las cosas tienen al bien o a Dios en ellas, y que todas las cosas, cuando las reconocemos como partes de Dios, deben trabajar para nuestro bien".
En resumen:

1. Existe un elemento subyacente mayor. Algo que es bené-
   volo y tiene buena disposición hacia ti, y que trata de ayudarte y asistirte cuandoquiera y dondequiera que puede
   hacerlo.
2. La fe y la expectativa confiada con respecto al poder benéfico de ese algo tiende a abrir los canales de su influencia
   en tu vida; mientras que la duda, el escepticismo, la desconfianza y el miedo tienden a obstruir el canal de su influencia en tu vida, y a despojarla del poder de ayudarte.
3. Al final, en gran medida, tú determinas tu propia vida
   por medio de la calidad de tu pensamiento; a través de la
   naturaleza y el carácter de tus pensamientos moldeas el
   patrón o modelo que determina o modifica los esfuerzos
   de ese Algo para ayudarte, ya sea dirigidos a producir resultados deseables o a manifestar resultados indeseables
   debido a que has bloqueado las fuentes de tu bien.

En las Escrituras, en el libro de los Salmos, puedes encontrar
varias de las grandes obras maestras de las enseñanzas esotéricas
relacionadas con el poder de la fe: a través de ellas se muestra la
esencia de la doctrina secreta concerniente a la fe en el infinito.
Destacan entre ellas el Salmo 23 y el Salmo 91, respectivamente.
Tan importantes son estos dos grandes poemas esotéricos —tan
llenos de información práctica y útil— que considero aconsejable reproducirlos aquí de modo que puedas beneficiarte de su
virtud y su poder en esta etapa particular de instrucción. Así
pues, los encontrarás en estas páginas.

El salmo de la fe
Salmo 23

Yahvé es mi pastor, nada me falta. En lugares de delicados pastos me
hace reposar; junto a aguas de reposo me conduce. Conforta mi alma.
Me guía por sendas de justicia por amor de su nombre. Aunque ande
en valle de sombra de muerte, no temeré mal alguno, porque tú estarás conmigo; tu vara y tu cayado me infunden aliento. Aderezas mesa

delante de mí en presencia de mis angustiadores; unges mi cabeza con aceite; mi copa está rebosando. Ciertamente, el bien y la misericordia me seguirán todos los días de mi vida, y en la casa de Yahvé moraré por largos días.

El salmo de la seguridad
Salmo 91

El que habita al abrigo del Altísimo morará bajo la sombra del Omnipotente. Diré yo a Yahvé: "Esperanza mía y castillo mío; mi Dios, en quien confiaré". Él te librará del lazo del cazador, de la peste destructora. Con sus plumas te cubrirá y debajo de sus alas estarás seguro; escudo y protección es su verdad. No temerás al terror nocturno ni a la saeta que vuele de día, ni a la pestilencia que ande en la oscuridad, ni a mortandad que en medio del día destruya. Caerán a tu lado mil y diez mil a tu diestra; mas a ti no llegarán. Ciertamente con tus ojos mirarás y verás la recompensa de los impíos. Porque has puesto a Yahvé, que es mi esperanza, al Altísimo por tu habitación, no te sobrevendrá mal ni plaga tocará tu morada, pues a sus ángeles mandará cerca de ti, que te guarden en todos tus caminos. En las manos te llevarán para que tu pie no tropiece en piedra. Sobre el león y la víbora pisarás; herirás al cachorro del león y al dragón. "Por cuanto en mí ha puesto su amor, yo también lo libraré; lo pondré en alto, por cuanto ha conocido mi nombre. Me invocará y yo le responderé; con él estaré yo en la angustia; lo libraré y lo glorificaré. Lo saciaré de larga vida y le mostraré mi salvación".

Guíame bondadosa luz

Los maestros y estudiantes de las enseñanzas internas, de la sabiduría antigua, de la doctrina secreta, también están conscientes del significado espiritual esotérico de los versos del bien conocido himno "Guíame bondadosa luz", escrito por Newman en un periodo de tensión espiritual. Pocas personas que leen o cantan este himno comprenden su espíritu y significado esotérico: sólo "aquellos que saben" perciben y reconocen aquello que mora bajo la superficie de esas maravillosas palabras y versos.

El canto del poder de la fe
(*Guíame bondadosa luz*)

Guíame bondadosa luz, entre las tinieblas que me rodean. Guíame. La noche es oscura, y estoy lejos de mi hogar. Guíame. Guarda mis pasos; no pido ver confines ni horizontes; un solo paso me basta. Guíame.

* * * * *

Lleva contigo siempre el espíritu del antiguo aforismo del sabio, que es: "La fe es la magia blanca del poder".

LA PALABRA MÁGICA

VIII

LA LEY DEL INCREMENTO

Yo soy éxito, aunque tenga hambre, frío, o me falte abrigo;
Voy errante por un tiempo, sonrío y digo:
"Esto es pasajero. Mañana estaré
feliz; pues la buena fortuna está en camino.
Dios es mi Padre; su riqueza es infinita.
Su riqueza es mía: oro, salud y felicidad.

—Ella Wheeler Wilcox

En un panfleto escrito por Don Blanding, cuenta que, durante los difíciles años de la Gran Depresión, se encontró "quebrado" financiera, mental y físicamente. Sufría de insomnio y de un letargo físico que casi lo llevó a la parálisis. Lo peor de todo, tenía un grave ataque de "autocompasión", y sentía que esa autocompasión estaba plenamente justificada.

Se encontraba viviendo (de fiado) en una pequeña colonia de artistas tratando de reconstruir su vida arruinada y su cuerpo achacoso. Entre quienes vivían en esa colonia se encontraba Mike, un chico hawaiano. Mike parecía estar siempre alegre. Mike parecía siempre próspero. Y, naturalmente, Blanding se preguntaba por qué, pues cuando conoció a Mike, tiempo atrás, había sido bendecido con pocos bienes de este mundo.

Así pues, un día preguntó a Mike qué hada madrina había agitado su varita sobre él y había convertido todo lo que tocaba en oro.

Como respuesta, Mike señaló una serie de letras que había pegado sobre la cabecera de su cama: "S-T-D-L-G-P-L-A-Q-E-M".

Blanding las leyó, pero no pudo encontrarles sentido. "¿Qué son, el 'ábrete sésamo' de la cueva del tesoro?".

"Han sido el "ábrete sésamo" para mí", Mike le dijo, y procedió a explicarle cómo le habían ayudado. Parece que también Mike había tenido altibajos, pero en el curso de uno de sus "bajos", se había encontrado con un maestro que le mostró el poder de la ALABANZA y la GRATITUD.

"Existe una ley inherente a la mente", dice Charles Fillmore, "que afirma que INCREMENTAMOS cualquier cosa que ALABAMOS. Toda la creación responde a la alabanza, y se alegra. Los entrenadores de animales domestican y recompensan a sus mascotas con pequeños manjares para que lleven a cabo actos de obediencia; los niños se ponen muy contentos cuando son elogiados. Incluso la vegetación crece mejor para quienes la aman. Podemos elogiar nuestra propia capacidad, y las células cerebrales mismas expandirán e incrementarán su capacidad e inteligencia cuando pronunciemos palabras de aliento y apreciación hacia ellas".

Dios te dio dominio sobre la tierra. Todo está a tu servicio, pero recuerda que se dice en las Escrituras que Dios llevó a Adán toda bestia y ave para que viera qué nombre habría de ponerles. En ese sentido eres como Adán, pues puedes dar a todo y a todos aquellos con los que entres en contacto el nombre que tú quieras. Puedes llamarlos buenos o malos. Y según los llames, así serán: buenos o malos siervos. Puedes alabarlos o maldecirlos, y según lo hagas, así serán para ti.

Existe una ley infalible del incremento: "*Cualquier cosa que sea alabada y bendecida, ¡SE MULTIPLICA!*". Cuenta tus bendiciones y se incrementarán. Si tienes necesidad de dinero, comienza en este momento a alabar cada pequeña moneda que venga a ti, bendiciéndola como un símbolo de la abundancia y el amor de Dios. Saluda a la divinidad que ella representa. Bendícelo a Él y dale el nombre de Provisión infinita y abundante. Te sorprenderá cuán rápidamente esa pequeña moneda se multiplicará en muchas monedas. Incluye a Dios en tus negocios. Bendice tu tienda, bendice a todos los que trabajan para ti, a cada cliente que entra. Comprende que representan a la divinidad llamada abundancia, así que bendícelos como tales.

Si estás trabajando para alguien más y quieres un mejor empleo o una mejor paga, comienza BENDICIENDO *lo que tienes* y estando AGRADECIDO por ello. Bendice el trabajo que estás realizando, da las gracias por cada oportunidad que te da de adquirir una mayor destreza o habilidad de servir a otros. Bendice el dinero que ganas, sin importar cuán poco sea. Está tan agradecido con Dios por él, que puedas dar una pequeña "ofrenda de agradecimiento" a alguien que se esté más necesitado que tú.

Supongamos que tu jefe no aprecia tu trabajo y es severo. Igualmente, bendícelo. Muestra gratitud por la oportunidad de SERVIR lealmente, sin importar lo pequeña que pueda parecer la recompensa inmediata. Da lo mejor de ti, dalo con gusto, con alegría, con gratitud, y quedarás sorprendido por cuán rápidamente vendrá a ti el INCREMENTO, no necesariamente de tu jefe inmediato, sino del Mayor Jefe de todos.

Recuerdo haber leído una carta de una mujer que vivía en un cinturón de sequía en la cual decía que ella, a diferencia de la mayoría de sus vecinos, tenía una provisión abundante de agua y excelentes cosechas. "Cuando mi esposo ara el campo", escribe, "pido a Dios que bendiga cada surco. Cada semilla que entra en la sembradora se bendice, y se tiene el entendimiento de que producirá abundantemente de acuerdo con su ley justa. Nuestros vecinos se maravillan por la abundancia de heno que cortamos este año. Se vendió el heno antes de que abandonáramos el tercer esqueje.

"Todos los días, en silencio, pongo el rancho 'amorosamente en las manos del Padre'. Pido a Dios que bendiga a todos aquellos que entren en contacto con el rancho".

Pocos se percatan del poder de la alabanza y la bendición. Podríamos decir que la alabanza es el gran liberador. Recordarás la historia de Pablo y Silas. Fueron encarcelados y encadenados, pero no desesperaron. Se alegraban y cantaban himnos de alabanza, y, he aquí, los muros mismos fueron derrumbados y ellos fueron liberados.

La alabanza siempre magnifica. Cuando alabamos a Dios y luego miramos a nuestro alrededor y alabamos su presencia invisible en todo lo que vemos, descubrimos que el bien es tan magnificado que mucho de lo que ordinariamente no podemos ver, se vuelve evidente. Si repasamos todos los actos de Jesucristo así como sus enseñanzas encontramos el elemento vivo de la alabanza. Cuando miró las cinco piezas de pan y los dos pequeños peces y se dio que tenía una multitud a la cual alimentar, el primer pensamiento que tuvo fue un pensamiento de alabanza. "Y, mirando al cielo, bendijo".

Regresa al Antiguo Testamento y observa con cuánta frecuencia se te exhorta a que "alabes al Señor y estés agradecido, para que entonces la tierra produzca su incremento". Probablemente ninguna vida relatada en las Escrituras estuvo más asediada con pruebas y peligros que la del rey David. ¿Y cuál fue su reflexión? ¿Qué le permitió superar todas las tribulaciones y alcanzar el poder y la riqueza? Simplemente lee los Salmos de David y lo verás.

> Yahvé reina; regocíjese la tierra;
> Alégrense las muchas costas.
> Bendice, alma mía, a Yahvé
> Y bendiga todo mi ser su santo nombre.
> Él es quien perdona todas tus iniquidades;
> El que sana todas tus dolencias.

"Si alguien te dijera cuál es el camino más corto y más seguro para alcanzar toda la felicidad y toda la perfección", escribió William Law, "debería decirte que adoptaras como regla agradecer y alabar a Dios por todo lo que te ocurre, pues ciertamente cualquier aparente calamidad que te ocurra, si agradeces y das alabanza a Dios por ella, la conviertes en una bendición. Si pudieras obrar milagros, no podrías hacer más por ti que a través de este espíritu agradecido; pues transforma todo lo que toca en felicidad".

¿Cómo puedes, entonces, aumentar tu provisión? ¿Cómo puedes obtener más riquezas y felicidad y todas las cosas buenas de la vida? De la misma forma que los Reyes Magos y los profetas de antaño. De la misma forma que Jesús alimentó en dos ocasiones a las multitudes. De la misma manera que llenó con peces las redes de los discípulos hasta rebosar, después de que habían trabajado toda la noche y no habían pescado nada.

¡EXPANDIENDO lo que tienes, y la forma de expandirlo es a través del amor, a través de la alabanza y la acción de gracias: a través del saludar a la divinidad que vive en lo que posees, y dándole el nombre de provisión infinita y abundante!

A lo largo de la Biblia se nos dice: "En toda ocasión presenta a Dios tus peticiones mediante la oración y la súplica, acompañadas de la acción de gracias". Una y otra vez se hace énfasis en la raíz de la inspiración y el éxito. *¡Regocíjate, alégrate, alaba y da las gracias!*

Y eso es lo que nuestro chico hawaiano había hecho. Ese era el secreto de su prosperidad y su éxito. El talismán que había pegado sobre su cama significaba: "Señor, Te Doy Las Gracias Por La Abundancia Que Es Mía". Cada vez que las miraba, repetía esas palabras de gratitud. El final feliz radica en el hecho de que estas palabras de alabanza y gratitud resultaron ser tan potentes como un talismán para Don Blanding como lo fueron para Mike, el chico hawaiano.

"El que ofrece sacrificios de acción de gracias, me glorifica", cantó el salmista. Y eso es tan cierto hoy como lo fue hace miles de años. La alabanza, la gratitud y el entendimiento, estos tres proporcionan la llave de oro para cualquier cosa buena que puedas desear en la vida.

En la revista *Piensa lo que deseas*, hace algunos años, H.W. Alexander contó cómo contribuye la alabanza. "La alabanza sincera es dinero en tu bolsillo", dijo. "Es un estímulo tanto espiritual como moral. Es un bálsamo tanto para quien da como para quien recibe. Rebota a ambos miles de veces. Sé de una compañía cuyas ventas durante la Depresión pasaron de 2 600 000 dólares al año a 8 000 000 dólares. La alabanza fue la inspiración.

En un Juzgado de lo Familiar, no hace mucho tiempo, quedó registrada la historia de un hombre que saltó de ser obrero a

presidir su propio negocio. Un amigo le preguntó por qué había abandonado a su compañera de casi toda la vida, aunque la dejó bien protegida económicamente hablando. Dijo: "Bueno, mi actual esposa aprecia mis capacidades, me dice cosas bue-
.nas, mientras mi novia de la niñez conoce mis debilidades y me habla de ellas. Me gusta ser apreciado". Su impuesto sobre la renta se calcula sobre la base de un salario de 100 000 dólares.

"Las pequeñas cosas cuentan. Tu secretaria se compró un vestido nuevo, un nuevo bolso, tiene un hermoso peinado: díselo. El empleado de correos encuentra tus cartas rápidamente: díselo. El policía en el crucero se asegura de que los chicos que van a la escuela pasen sanos y salvos de un lado al otro de la calle. Elógialo.

"Una de las personas más refinadas que han trabajado para mí es una mujer de edad avanzada. La había pasado mal en la vida, había recibido poca educación, se equivocaba al hablar, y venía por las mañanas a limpiar la casa. A menudo, cuando me iba por la mañana, me decía: 'Vaya, ¡qué bien se ve hoy! Tiene un gran trabajo, trabaja muy duro seguramente le irá bien'. Ella *pensaba* que yo era bueno, y cuando salía, yo *era* bueno. Los altos ejecutivos que lean esto saben muy bien lo mucho que recuerdan lo que el chofer, la persona que hace la limpieza en la casa, el jardinero —quien los elogia con palabras alegres, significa para ellos cuando se van a trabajar, cuando tienen una conferencia o cuando una cita con el director: resuena en su mente. Oh, sí, lo recuerdan.

"Y la madre que *piensa* que su hijo o hija lo hace bastante bien, le ayuda como nadie más puede hacerlo.

"Creo lo siguiente: que la alabanza, grande o pequeña, te gana amigos, gana respeto para tu persona, te brinda una ganancia monetaria, y ayuda al botones, al ama de casa, al empresario para que realice mejores y más grandes cosas. No te cuesta nada más que una sonrisa, pero que sea sincera.

"Para las esposas que lean esto: ustedes conocen bien a sus maridos. Él no puede engañarlas. Sin embargo, sean lo más honestas que puedan; elógienlos, envíenlos a trabajar con una sonrisa en el rostro, con elogios, y vestirán pieles: pruébenlo.

Lo igual atrae lo igual. Los elogios y la apreciación te devuelven mayores elogios y apreciación para ti. Si quieres salud, felicidad en tu vida, si estás buscando riquezas y éxito, sintoniza tus pensamientos con ello. BENDICE las circunstancias que te rodean. Bendice y alaba a quienes entran en contacto contigo. Bendice incluso las dificultades con la que te encuentras, pues al bendecirlas, puedes transformarlas de condiciones discordantes a condiciones favorables; puedes acelerar su frecuencia de actividad al punto en el que te otorguen un bien en lugar de un mal. Es sólo la falta de RESPUESTA al bien lo que produce las carencias en tu vida. El bien trabaja en el plano de la EXPANSIÓN. El bien gira alrededor de una tasa elevada de actividad. Puedes sintonizar tu actividad con esa misma tasa por medio de un estado mental expectante y confiado. Puedes elevar tus circunstancias y tu entorno a ese mismo nivel BENDICIÉNDOLAS, ALABANDO el bien en ellas, saludando la DIVINIDAD en ellas.

En las siguientes páginas te mostraremos cómo la práctica de bendecir y alabar todas las cosas ha producido un bien a todos aquellos que la han probado, y cómo puedes utilizar estos mismos métodos para atraer todo lo bueno que puedes desear.

En cualquier casa adonde entren, antes que nada digan: "¡Paz a esta casa!".

IX

EN EL PRINCIPIO

Porque la Vida es el espejo de reyes y esclavos,
somos y hacemos justo lo que vemos;
démosle al mundo lo mejor que tenemos,
y el mundo también nos devolverá lo mejor.

A menudo hablamos de la psicología y de la metafísica como si se tratara de ciencias nuevas, y pensamos que su estudio comenzó durante la última mitad del siglo pasado. Sin embargo, si te remites al primer libro de la Biblia encuentras más ejemplos profundos de psicología que en cualquier libro de texto actual.

Tomemos como ejemplo la historia de Jacob. Recordarás cómo Jacob accedió a servir a Labán siete años para obtener en matrimonio la mano de Raquel. Y cómo, a través de la astucia de su suegro, Jacob tuvo que servir un segundo periodo de siete años. Aún entonces, cuando Jacob podía haber regresado a su país, Labán le rogó que se quedara un poco más, y accedió a pagar a Jacob como salario "todas las ovejas manchadas y salpicadas de color, y todas las ovejas de color oscuro, y las manchadas y salpicadas de color entre las cabras".

Como Labán quitó primero del rebaño todas las ovejas de este tipo, las posibilidades de que Jacob se hiciera rico con la descendencia manchada de las ovejas de color uniforme, se veían lejanas en verdad.

Sin embargo, Jacob evidentemente conocía las Escrituras, y la idea que consideramos tan nueva, de que primero viene la

"palabra" (o la imagen mental), y luego la manifestación física, estaba en su mente incluso cuando hizo la negociación.
Pero, ¿qué fue lo que hizo?

Jacob tomó entonces varas verdes de álamo, avellano y castaño, y les quitó la corteza para que se viera lo blanco de las varas;
luego puso las varas sin corteza en los abrevaderos, donde las ovejas venían a beber agua, y éstas se apareaban delante de las varas cuando venían a beber.

Así las ovejas concebían delante de las varas, y parían borregos listados, pintados y salpicados de diversos colores.

Entonces Jacob apartaba los corderos, y todos los oscuros y listados del hato de Labán los ponía entre su propio rebaño; luego ponía aparte su hato, y no lo juntaba con las ovejas de Labán.

Y cada vez que las ovejas más fuertes estaban en celo, Jacob ponía las varas en los abrevaderos, delante de las ovejas, para que concibieran a la vista de las varas; pero cuando venían las ovejas más débiles, no las ponía.

Así, las más débiles eran para Labán, y las más fuertes para Jacob.

Fue así como este varón llegó a ser muy rico, y tuvo muchas ovejas, y siervas y siervos, además de camellos y asnos.

Has oído hablar del cucú inglés. Como es demasiado flojo para criar y alimentar a sus polluelos va a los nidos de otros pájaros cuando estos se ausentan para ir en busca de comida, observa las marcas en sus huevos, y luego regresa y *¡pone en su nido huevos con esas mismas marcas!*

Se dice que diversos santos de la Edad Media han tenido marcas en sus manos, en sus pies y en sus costados, similares a las del Salvador crucificado, adquiridas debido a una contemplación constante de Su imagen. Y hace poco leí un reporte donde se hablaba de que un niño adoptado había desarrollado rasgos similares en todos los sentidos a los del hijo natural de sus padres adoptivos, aunque el hijo había muerto unos meses antes de que el niño adoptado naciera. Los padres quedaron complacidos con que se trataba de un caso de reencarnación, pero a mí me pareció simplemente que las imágenes que había en la mente de la madre se materializaron en el niño adoptado.

Todo se remonta a esa primera línea del primer capítulo del Evangelio de San Juan: "En el principio era la Palabra". Y, ¿qué es una "palabra"? Una imagen mental, ¿no es así? Antes de que un arquitecto pueda construir una casa debe tener una imagen mental de lo que va a construir. Antes de que puedas lograr algo, debes tener una imagen mental clara de aquello que deseas hacer.

Consulta el relato escritural de la creación del mundo. ¿Cuál es el hecho que destaca de entre los demás?

¡EN TODO LO QUE DIOS CREÓ, LA "PALABRA" VINO PRIMERO, Y LUEGO LA FORMA MATERIAL!

Simplemente escucha: "Y dijo Dios, hágase la luz... y dijo luego Dios, haya firmamento... y dijo Dios, hagamos al hombre".

Primero la "palabra", luego la forma material. Los científicos nos dicen que las palabras denotan ideas, conceptos mentales; que puedes juzgar qué tanto ha avanzado una raza en la escala mental de acuerdo con el número de palabras que utiliza. Su vocabulario es la medida de sus ideas. Pocas palabras, pocas ideas, pocas imágenes mentales.

Por lo tanto, cuando Dios dijo: "Produzca la tierra hierba verde", tenía en mente una imagen mental clara de la apariencia de la hierba. En otras palabras, ya había formado el molde. Como dicen las Escrituras: "El SEÑOR DIOS hizo la tierra y los cielos, y toda planta del campo *antes de que estuviera en la tierra*, y toda hierba del campo *antes de que creciera*". Él formó la imagen mental, el molde. Sólo necesitaba recurrir a la energía que lo rodeaba para llenar el molde y darle forma material.

Y eso es todo lo que tú, también, necesitas hacer para dar a tu palabra el poder de la forma material: primero forma la imagen mental, el molde, y luego vierte en ella los elementos necesarios para hacer que esa imagen se manifieste de modo que todos la puedan ver.

¿Qué es lo que quieres primero? ¿Salud? ¿Felicidad? ¿Riquezas?

Para tener una salud perfecta, comienza despojando de vida toda imagen distorsionada de enfermedad e imperfección. Ordena a tus centros nerviosos que retiren su apoyo, y deja que tu imagen de enfermedad se colapse como la burbuja pinchada que es.

LUEGO IMAGINA EL MOLDE PERFECTO DEL ÓRGANO QUE HA ENFERMADO. Imagina su molde perfecto tan vívidamente que claramente puedas verlo en tu imaginación, y luego ordénale a Dios en ti que contacte con sus millones de manos todos los elementos que necesita para que esa imagen perfecta se manifieste.

Primero la palabra (la imagen mental), luego la creación. Pero la creación jamás se manifestará sin la fe. Así pues, cuando hayas hecho tu imagen, cuando hayas puesto a trabajar a Dios en ti para que vierta en ella los elementos que necesita para vivir, *"¡cree que recibirás!"*. Visualiza en tu mente a ese órgano perfecto funcionando como debe hacerlo, *¡y da gracias a Dios por ello!*

Lo mismo se aplica a las riquezas. Despoja de vida a toda imagen de deuda, de carencia, de obligaciones no satisfechas. El Dios en ti es un Dios de abundancia. No puede deber dinero. No puede estar limitado. No existen circunstancias lo suficientemente poderosas como para forzarlo a que viva en pobreza o carencia.

Sin embargo, recuerda: Él está dedicado enteramente a tu avance. Entonces, ¿cómo puedes tú estar maniatado por deudas o limitaciones de algún tipo?

¿Cómo? Porque tú has insistido en ello. En lugar de adorar a un Dios de abundancia, has venerado a un Dios de carencia. En lugar de salir y contactar lo que necesitas, has atado las manos de Dios en Ti y has intentado hacer su trabajo con los insignificantes poderes de tus manos materiales.

¡Libera al Dios que está en ti! Dale un trabajo y ponlo a trabajar. Crea tu imagen mental del gran negocio o de otro servicio que anheles, luego pon a trabajar al Dios en ti para que te traiga todos los elementos que necesitas para hacer real esa imagen. No esperes hasta recibirlo todo, sino que tan pronto como un elemento se manifieste, ¡úsalo!

Si sólo tienes 10 centavos, utilízalos para comenzar tu gran idea. Si sólo tienes la idea, COMIÉNZALA, aunque sólo puedas dar el primer paso. Recuerda, primero la palabra, y luego la creación y no puede haber creación sin fe.

Muestra tu fe utilizando cada elemento tan rápido como se manifieste, aunque no existan señales de que le siga ningún otro elemento, y antes de que te des cuenta, toda tu estructura estará completa.

¿Alguna vez has leído el relato de Genevieve Behrend acerca de cómo obtuvo 20 000 dólares cuando, desde todos los puntos de vista materiales, su oportunidad siquiera de ver esa cantidad de dinero era prácticamente nula?

"Todas las noches antes de irme a dormir", escribe en *Tu poder invisible*, "creaba una imagen mental de los 20 000 dólares deseados que parecían necesarios para ir a estudiar con Troward. Todas las noches, en mi habitación, contaba veinte billetes imaginarios de 1000 dólares, y luego, con el fin de imprimir de una manera más enfática en mi mente el hecho de que la finalidad de estos 20 000 era ir a Inglaterra y estudiar con Troward, escribí mi imagen, me vi a mi misma comprando mis boletos de barco, me visualizaba subiendo y bajando de la cubierta del barco que iba de Nueva York a Londres, y finalmente me vi siendo aceptada como alumna de Troward. Todas las mañanas y todas las tardes repetía este proceso, imprimiendo siempre más y más en mi mente la afirmación que habían memorizado de Troward: 'Mi mente es un centro de operaciones divinas'. Me di a la tarea de mantener esta afirmación en mi conciencia todo el tiempo, sin pensar cómo podría llegar a obtener el dinero. Probablemente la razón por la que no pensaba en los caminos a través de los cuales podría llegar a mí el dinero era porque no podía siquiera imaginar de donde podrían venir los 20 000 dólares. Así pues, simplemente sostuve con firmeza el pensamiento y dejé que el poder de la atracción encontrara su propio camino y sus propios medios".

"Un día, mientras caminaba por la calle y hacía ejercicios de respiración, vino a mí el siguiente pensamiento: 'Mi mente ciertamente es un centro de operaciones divinas. Si Dios está en todas partes, entonces Dios debe estar en mi mente también; y si quiero este dinero para estudiar con Troward de tal modo que pueda conocer la verdad de la vida, entonces, tanto el dinero como la verdad deben ser míos, aunque no pueda ver o sentir las manifestaciones físicas de ninguno de los dos. Aun así declaré' debo tenerlo.

"Mientras todas estas reflexiones pasaban por mi mente parecía surgir en mi interior el pensamiento: 'YO SOY toda la sustancia que existe'. Luego, desde otro canal en mi cerebro, pareció venir la respuesta: 'Por supuesto, eso es; todo debe tener su inicio en la mente. La idea debe contener dentro de sí misma la sustancia única y fundamental de la existencia, y esto significa dinero, así como todo lo demás'. Mi mente aceptó esta idea, e inmediatamente se liberó toda la tensión de mi mente y de mi cuerpo. Tuve una sensación de certeza absoluta de que estaba en contacto con todo el poder que la vida tiene para dar. Todos los pensamientos sobre el dinero, sobre mi maestro, o incluso sobre mi propia personalidad, se desvanecieron en la gran oleada de alegría que recorría todo mi ser. Seguí caminando con esta sensación de alegría que aumentaba y se expandía hasta que todo a mi alrededor parecía brillar con una luz resplandeciente. Todas las personas junto a las que pasaba parecían tan iluminadas como yo. Había desaparecido toda conciencia de personalidad, y en su lugar vino un enorme y casi abrumador sentido de alegría y satisfacción.

"Esa noche, cuando imaginé los 20 000 dólares, lo hice desde una posición completamente distinta. En ocasiones anteriores, mientras creaba mi imagen mental, había sentido que estaba despertando algo en mi interior. Esta vez ya no hubo una sensación de esfuerzo. Simplemente conté los 20 000 dólares. Luego, de una manera casi inesperada, procedente de una fuente de la que no tenía conciencia en ese momento, pareció abrirse un camino posible a través del cual el dinero podría llegar a mí.

"Tan pronto como apareció una circunstancia que indicaba la dirección a través de la cual podrían venir los 20 000 dólares, no sólo realicé un enorme esfuerzo por considerar tranquilamente la dirección indicada como el primer brote de la semilla que había sembrado en el absoluto, sino que hice todo lo que estuvo a mi alcance para seguir esa dirección, cumpliendo, así, mi parte. Conforme lo hacía, una circunstancia parecía naturalmente llevar a otra, hasta que, paso a paso, mis anhelados 20 000 dólares estaban asegurados.

El método para obtener la felicidad no es distinto. Tu Dios es un Dios de amor, y el amor verdadero no puede conocer la infelicidad, pues el amor obtiene su felicidad del hecho de dar.

Existen leyes relacionadas con casi cualquier actividad de la humanidad, pero ninguna que te impide que des tanto como tú lo desees. Una generosidad auténtica da como resultado recibir, con tanta seguridad como plantar da como resultado cosechar. Da sin pensar en la recompensa sino en el bien de aquel a quien estás ayudando, y el bien forzosamente fluirá de regreso a ti.

El amor engendra amor, así que despoja de vida cualquier pensamiento de enemistad, de venganza, y de infelicidad. En su lugar, imagínate brindando toda clase de felicidad a todos aquellos que quieras que te quieran. Imagínalo en tu mente, y luego pon a trabajar al Dios que está en ti para que te proporcione oportunidades de hacer felices a todos esos seres queridos. Y tan pronto como se presente la oportunidad, ¡*utilízala!* No importa cuán pequeña pueda ser la oportunidad, ¡*utilízala!* No importa si sólo se trata de la oportunidad de decir una palabra amable, dar una sonrisa agradable, o inspirar un pensamiento positivo, ¡*utilízala!*

Y cuando lo hagas, descubrirás que ha venido a ti, por duplicado, una gran felicidad.

Cada uno de nosotros es un sol en miniatura, y sus circunstancias y su entorno son su sistema solar. Si las deudas, las enfermedades y los problemas forman parte de tu sistema, ¿cuál es el remedio? *¡Deshacerte de ellos, por supuesto!* Si quieres nuevos planetas de riquezas, juventud y felicidad, ¿cómo puedes obtenerlos? De la misma manera que el sol lo hace, y sólo de esa manera: emitiéndolos.

Recuerda esto: nada puede entrar a tu sistema solar a menos que sea a través de ti, o a partir de ti. Si algo viene de fuera, no es tuyo y no tiene poder sobre ti a menos que tú lo adoptes mentalmente y lo aceptes como tuyo. Si no lo quieres, puedes rehusarte a aceptarlo, rehusarte a tomarlo, rehusarte a creer en su realidad; luego, en el lugar que parece ocupar, pon la condición perfecta que tú imagines.

Si falta algo en tu sistema solar, sólo tienes que "pronunciar la palabra": crear la imagen mental y luego aferrarte a esa imagen con fe serena hasta que Dios en ti la haya llenado con los elementos que la hacen visible para todos.

Es tu responsabilidad cuando te permites ser víctima de la impotencia personal o de situaciones externas indeseables. Como Emerson lo expresó: "Nada externo a ti tiene ningún poder sobre ti". Temes estas apariencias negativas simplemente porque CREES en ellas, cuando todo el tiempo sólo ha sido esa CREENCIA lo que les ha dado poder y autoridad.

Recuerda, tú eres el sol central de tu propio sistema solar. Tú tienes dominio sobre todo aquello que se encuentra dentro de ese sistema. Tú puedes decir qué va a entrar, y qué se va a quedar. Y tú posees un poder de atracción infinito para atraer hacia ti cualquier cosa de bien que puedas desear. Nada, excepto la falta de comprensión o la falta de fe en este poder de atracción, se interpone entre tú y tus deseos más añorados.

Sin embargo, una vez que emites el deseo, debes tener una fe perfecta en el resultado. No puedes lograr nada si expresas un deseo y luego te la pasas todo el tiempo con miedo y preocupándote de si no vas a encontrar el trabajo que buscas, o si no vas a tener el dinero a tiempo para pagar tus cuentas, o si alguna otra cosa mala puede ocurrirte para impedir que el bien venga a ti. La ley de la atracción no puede traerte tanto algo bueno y algo malo al mismo tiempo. Debe ser uno o lo otro, y depende de ti decidir cuál será.

"Después de que un objeto o propósito ha sido sostenido claramente en el pensamiento" dice Lilian Whiting, "su precipitación en su forma tangible y visible es meramente una cuestión de tiempo. Cristóbal Colón vio en una visión un sendero en aguas impenetrables alrededor del mundo. La visión siempre precede a la manifestación, y la determina".

¿Te atreverías a decir: "Todos los días, en todos los aspectos, me estoy volviendo más y más rico"? Si te atreves "y das seguimiento a esas palabras mediante una imagen mental de ti TENIENDO todas las riquezas que deseas", la sustancia espiritual hará que tu palabra se manifieste y te mostrará el camino hacia la riqueza.

Fuiste diseñado por el Padre para ser el maestro de tu destino y capitán de tu alma. Si no estás ejerciendo esa maestría, es porque estás renunciando a la tarea de llevarlo a cabo. En lugar de dominar tus pensamientos y tus imágenes mentales estás dejando que se postren delante de simples objetos.

Nada puede hacerte infeliz si ejerces tu poder divino de amor y bendiciones para lograr la felicidad. En esencia, todas las cosas son buenas, y esa esencia de bondad responderá a tu llamado de bendición, y su buena voluntad vendrá a encontrarse contigo.

> El mundo de lado a lado se expande,
> y no es tan grande como el corazón es grande;
> sobre el mundo el firmamento luce en calma,
> no es tan alto, no tan alto como el alma;
> puede el corazón mover el mar y la Tierra,
> alejarlos con la fuerza que él encierra,
> y puede el alma partir el mundo en dos,
> para que en medio brille el rostro de Dios.

X

CÓMO HACER UN MAPA DEL TESORO
PARA ATRAER LA PROVISIÓN

Tantas personas han alcanzado el éxito y la felicidad creando "mapas del tesoro" para visualizar más fácilmente aquello que desean, que la revista *Nautilus* recientemente lanzó un concurso para premiar a la persona que hiciera el mejor artículo que mostrara cómo un "mapa del tesoro" había ayudado a manifestar sus deseos más anhelados. Caroline J. Drake ganó el concurso.

"Yo había sido contadora", escribió, "en una gran tienda departamental durante siete años cuando la sobrina del gerente, cuyo esposo acababa de fallecer, fue puesta en mi lugar.

"Quedé pasmada. Mi esposo había muerto diez años antes, dejándome una casa modesta y un pequeño seguro, pero la enfermedad y las cuentas del hospital habían terminado tanto con la casa como con el dinero. Yo había sido el sustento de la familia durante ocho años y había mantenido a los tres niños en la escuela, pero no había podido ahorrar nada de dinero. Mi hijo más grande acababa de terminar la preparatoria pero no había podido encontrar nada para cooperar con los gastos.

"Día tras día busqué trabajos de todo tipo para poder pagar la renta y darnos algo de lo cual vivir. Yo tenía 35 años, era fuerte, capaz y tenía disposición; pero en ningún lado había lugar para mí. Por primera vez en mi vida tuve miedo al futuro. El pensamiento de que quizá tendríamos que vivir de la beneficencia me horrorizó.

"Así pues, pasaron tres meses. Tenía un retraso de dos meses de renta cuando el casero me dijo que tenía que irme de ahí. Le pedí que me diera unos cuantos días más para encontrar trabajo. Accedió.

"A la mañana siguiente volví a comenzar mis rondas. Cuando pasé junto a un puesto de periódicos me detuve y me puse a ver los diarios y las revistas. Debió haber sido la respuesta a mis muchas oraciones lo que me llevó a tomar un ejemplar de una revista que estaba justo frente a mí. La abrí al azar y miré el índice. Mi mente estaba tan confundida que apenas estaba consciente de las palabras que mis ojos veían.

"De repente, mi mirada se fijó en un título que trataba sobre el 'mapa del tesoro' para el éxito y la abundancia. Algo me impulsó a comprar un ejemplar de la revista, lo cual resultó ser el punto de inflexión en nuestra vida.

"En lugar de buscar trabajo, fui a casa. Todavía bajo la influencia de ese 'algo' (que en ese entonces no entendía) comencé a leer la revista. Aunque todo parecía extraño e irreal en ese momento, no dudé. Leí cada capítulo con impaciencia y en orden. Cuando llegue al artículo sobre los mapas del tesoro para atraer el éxito y la abundancia, la idea pareció atraparme. De pequeña siempre me había gustado jugar, y esta idea de hacer mapas del tesoro despertó ese antiguo deseo.

"Leí varios de los artículos. Luego, con un montón de periódicos que había acumulado, me puse a trabajar para hacer mi mapa del tesoro para atraer el éxito y la abundancia. ¡Venían tantas cosas a mi mente para ponerlas en ese mapa del tesoro! Primero, una casita pequeña a las afueras de la ciudad. Luego, una pequeña tienda de vestidos y sombreros que siempre había deseado. Luego por supuesto, un auto. Y en esa casita habría un piano para las niñas; un patio en la parte trasera donde podríamos trabajar entre las flores por la tarde o por la mañana. Mi entusiasmo creció a pasos agigantados. Recorté imágenes, palabras y oraciones de las revistas y los periódicos, todas ellas conectadas con la idea del éxito y la abundancia.

Cómo hice mi "mapa del tesoro"

"Después encontré una cartulina blanca y comencé a diseñar mi mapa. En el centro coloqué la imagen de una hermosa casita con amplios porches, con árboles y arbustos alrededor. En una esquina del mapa puse una imagen de un pequeño almacén y abajo escribí las palabras 'La Boutique de Betty'. Cerca de ella coloqué imágenes de algunos vestidos y sombreros de moda.

"Coloqué en distintas partes del mapa sentimientos y frases, todas ellas relacionados con la idea del éxito, la abundancia, la felicidad y la armonía.

"No sé cuánto tiempo trabajé en ese mapa del tesoro que habría de ser el medio para atraer a nuestras vidas las cosas que necesitábamos y deseábamos. Ya podía sentir que vivía en esa casita y trabajaba en esa pequeña tienda de ropa. Jamás me había sentido tan emocionada y fascinada con una idea como con ese mapa del tesoro y por lo que, tenía la seguridad, nos traería. Clavé el mapa en la pared de mi recámara, justo frente a mi cama, de modo que lo primero que viera en la mañana y lo último que viera en la noche fuera ese mapa del tesoro de mis deseos.

"Todas las noches y todas las mañanas repasaba cada detalle de ese mapa hasta que prácticamente pareció volverse parte de mi ser. Era tan claro que en cualquier momento del día podía recordarlo instantáneamente. Luego, en mi periodo de silencio, me veía a mí y a los niños recorriendo las habitaciones de la casa, riéndonos y platicando, acomodando los muebles y poniendo las cortinas. Imaginaba a mis hijas frente al piano cantando y jugando; veía a mi hijo sentado en la biblioteca rodeado de libros y papeles. Luego me imaginaba caminando por mi tienda, orgullosa y feliz; y la gente entraba y salía. Los veía comprando los hermosos vestidos y sombreros, pagándome por ellos y saliendo con una sonrisa.

"Durante todo este tiempo, estuve aprendiendo cada vez más sobre el poder de la mente para atraer hacia nosotros las cosas y condiciones similares a nuestros pensamientos. Entendí que este mapa del tesoro era el medio para imprimir en mi mente subconsciente el patrón a partir del cual construiría las condiciones de éxito y armonía en nuestra vida. Siempre, después de cada periodo de silencio, agradecía con gran amor a Dios que la abundancia, la armonía y el amor ya eran nuestros. Creía que *ya* había recibido; pues para mí, vivir mentalmente en la casita y trabajar en la tienda constituía el hecho real de que tomaría posesión de ellos en el mundo material al igual que lo había hecho en el mundo mental.

"Cuando los niños descubrieron lo que estaba haciendo, entraron en el espíritu del juego con gran emoción y cada uno pronto hizo su propio mapa del tesoro.

"No pasaron muchas semanas antes de que las cosas comenzaran a ocurrir. Un día, me encontré con un viejo amigo de mi marido y me dijo que él y su esposa se irían al Oeste por varios meses y me ofrecieron vivir en su casa, sin pagar alquiler, a cambio de que se las cuidara. Una semana después estábamos establecidos en esa casa, que era casi igual a la que yo había puesto en mi mapa del tesoro. Poco tiempo después a mi hijo le ofrecieron trabajo por las tardes y los sábados en un despacho de ingeniería, lo cual resultó ser el medio para que entrara a la Universidad ese otoño.

"Habíamos vivido en la casita por casi dos meses cuando vi un anuncio en el periódico local donde solicitaban una mujer que se hiciera cargo de una tienda de ropa para mujer. Respondí al anuncio y descubrí que la dueña tenía que abandonar la tienda durante varios meses, quizá de manera permanente, debido a su salud. Pronto se hicieron arreglos para que yo dirigiera el negocio y compartiera la mitad de los gastos y de las ganancias.

"A los seis meses de haber comenzado con nuestros mapas del tesoro para recibir abundancia, prácticamente habíamos obtenido todo lo que ese mapa pronosticaba. Cuando la propietaria de la casa regresó varios meses después, nos permitió comprarla y aún seguimos viviendo ahí.

"También el negocio es mío ahora. La mujer decidió no regresar, así que le compré el negocio, a través de pagos mensuales. El negocio es más grande y más próspero ahora, gracias al entendimiento del poder del pensamiento que obtuve a través de mis estudios y mi práctica.

En otro artículo de *Nautilus*, Helen M. Kitchel contó cómo utilizó un "mapa del tesoro" para vender su propiedad. Pegó una atractiva imagen de su casa en una hoja grande de papel, colocó una descripción de ella debajo y luego rodeó la imagen y la descripción con frases tales como "El amor, el imán divino, atrae todo lo bueno", y otros de naturaleza similar. Colgó su mapa donde pudiera verlo y estudiarlo varias veces al día, y repetía algunas de las afirmaciones o frases cuandoquiera que venía a ella el pensamiento de vender la casa.

También creó un pequeño buzón privado al que llamó "el buzón de Dios" y, cuando venía a ella algún pensamiento, escribía una carta a Dios donde le contaba sus necesidades y deseos, y la metía en el buzón. Luego cada mes repasaba las cartas, y daba gracias por aquello que ya había recibido respuesta.

Al cabo de un año vendió su casa, en los términos exactos que ella había establecido en una de sus "cartas a Dios", en las condiciones exactas y por el precio exacto que ella había pedido en esa carta.

Otro método consiste en "hablar con Dios". Ve a algún lugar donde puedas estar solo y donde nadie te moleste por un rato, y platica en voz alta con Dios exactamente como lo harías con un Padre amoroso y comprensivo. Cuéntale tus necesidades. Cuéntale tus ambiciones y deseos. Describe con detalle exactamente lo que quieres. Luego dale las gracias tal y como lo harías con un padre terrenal con quien tuvieras una práctica similar y que te hubiera prometido aquello que le pidieras. Te sorprenderá el resultado de esas pláticas sinceras.

"Así será mi palabra que sale de mi boca, no volverá a mí vacía sin haber realizado lo que deseo, y logrado el propósito para el cual la envié". Cualquier cosa que puedas visualizar "y en la cual puedas CREER" la puedes lograr. Cualquier cosa que puedas ver como tuya en tu imaginación, la puedes tener. "En el principio era la Palabra". En el principio está la imagen mental.

Corinne Updegraff Wells publicó un artículo en su pequeña revista, "A través de un cristal color de rosa", que ilustra el poder de visualizar tus ambiciones y deseos. "Hace muchos años", cuenta, "una joven que vivía en un edificio de departamentos en Nueva York trabajaba con una diseñadora de moda de la Quinta Avenida haciendo los mandados, combinando muestras y jalando los hilos hilvanados.

"A Annie le encantaba su trabajo. Procedente de un ambiente de pobreza, milagrosa y repentinamente se había convertido en habitante de un impresionante nuevo mundo de belleza, riqueza y moda. Era emocionante ver cómo llegaban bellas mujeres en carruajes, y cómo la élite social se pavoneaba delante de los enormes espejos de marco dorado de la dueña.

"La pequeña mandadera, con su almidonada tela de cuadros, pronto se llenó de deseo y quedó encendida por la ambición. Comenzó a imaginarse como jefa del establecimiento en lugar de como una de las empleadas más humildes. Cuandoquiera que pasaba frente a los espejos sonreía por el reflejo que veía de sí misma, de mayor edad y más hermosa, como una persona con encanto e importancia.

"Por supuesto, nadie sospechaba siquiera de la existencia secreta de esta persona inventada. Abrazando su precioso secreto, Annie sonreía confiadamente frente al deslumbrante reflejo que veía en el espejo y comenzó a jugar un juego emocionante: 'Voy a fingir que soy la dueña. Seré amable y tendré mi mejor apariencia y grandes modales y aprenderé algo nuevo cada día. Trabajaré tan arduamente y pondré tanto interés como si la tienda fuera verdadera mente mía'.

"Pronto las señoras comenzaron a murmurar a la dueña: '¡Annie es la chica más lista que has tenido!'. La dueña misma comenzó a sonreír y a decir: 'Annie, puedes doblar el vestido de la señora Vandergilt si lo haces con mucho cuidado', o 'Voy a permitirte entregar este vestido de novia', o, 'Querida, estás desarrollando un verdadero talento para el color y la línea', y, finalmente, 'voy a promoverte al taller'.

"Los años pasaron rápidamente. Cada día Annie se parecía más y más a la imagen que ella, en secreto, había visto de sí misma. Gradualmente, aquella chica que hacía los mandados se convirtió en Annette, una persona; luego en Annette, la asesora de moda; y, finalmente, en Madame Annette, una famosa diseñadora de ropa para una clientela rica y famosa.

"Las imágenes que mantenemos firmemente en nuestra mente a lo largo de los años no son ilusiones; son los patrones a través de los cuales podemos moldear nuestro destino.

Muchas veces actuamos sin saber
lo que nuestros actos nos acarrearán,
mas cada acción lleva en sí la semilla
que germina y que crea maravillas,
aunque la cosecha no podamos ver.
Como una tierna bellota que al caer
en los vastos y fértiles campos de Dios
se convierte en un gran árbol frondoso,
sin duda cualquier acto bondadoso
irá presto y raudo de la dicha en pos.

No se puede predecir lo que hará tu pensamiento,
si traerá odio o amor, cosas buenas, cosas malas;
son cosas los pensamientos y son muy amplias sus alas;
cruzan veloces el tiempo, como ráfagas de viento
y, aunque tú no lo quieras y aunque tú no lo creas,
regresarán tu mensaje, cual palomas mensajeras.
Cumplen los pensamientos con la Ley del Universo:
"Cada ser o cada cosa siempre atrae lo semejante".
Así pues, de lo que pienses, tú debes ser consciente,
pues no podrás ya quejarte si tu Destino es adverso,
pues sabes que a ti regresa, lo que salió de tu mente.

XI

¡QUE LLUEVA!

De una a dos pulgadas, y libre de granizo, de ser posible. Se necesita urgentemente para salvar las cosechas que quedan y llenar las reservas. Debe entregarse rápidamente si ha de hacer algún bien. Se pagará el precio más alto del mercado.

Puede entregarse en cualquier lugar; de preferencia, que sea lluvia general. Una lluvia abundante sería aceptada con gran gratitud, pero preferimos una verdadera lluvia a cántaros.

La presente oferta es realizada por las siguientes empresas para el bien general de la comunidad, y con la creencia general de que cualquier cosa que valga la pena, vale la pena pedirla.

BELLE FOURCHE, Dakota del Sur, necesitaba una sola cosa, LLUVIA, para salvar las cosechas que quedaban y llenar las reservas. "¿Por qué no la anunciamos?", pensó L.A. Gleyre, editor de THE NORTHWEST POST. Una idea novedosa "hacer un anuncio para el Señor" que jamás había sido probada con anterioridad, pero probar no haría daño a nadie. El resultado fue el anuncio reeditado al inicio de este capítulo.

"Propusimos a cada comerciante de la ciudad", dice el señor Gleyre, "que pagara 2.50 dólares por que estuviera su nombre en la parte inferior del anuncio, con la cláusula de que si no caía lluvia entre la fecha del anuncio y el siguiente martes a medianoche, el anuncio correría netamente por nuestra cuenta.

"La idea fue aceptada de inmediato probablemente habremos llenado una carretilla doble de dinero. Mientras pasaban los días, nuestra gente tenía algo nuevo en qué pensar: habían quitado su pensamiento de la escasez de lluvia e hicieron que su atención se centrara en si *The Northwest Post* tendría éxito o no con su anuncio. A la mayoría de nuestros clientes les agradó la idea. Algunos de hecho creyeron que teníamos información oculta por parte del departamento climatológico que hubiera impulsado nuestra oferta. Aunque no nos lo decían, otros, incluyendo uno o dos pastores, aprovecharon la oportunidad para decir que se trataba de algo sacrílego, etcétera.

"Durante la semana especificada, cayeron lluvias en algunas partes de nuestro territorio. Belle Fourche tuvo tres pequeñas lloviznas que no eran suficientes como para contarlas, pues habíamos acordado que debía llover a cántaros. Hacia el final de la semana la emoción se extendió y el interés siguió creciendo. Algunos de nuestros amigos más queridos apostaron a que ganaríamos. Otros abiertamente esperaban que lo hiciéramos, mientras todo mundo estaba de acuerdo en que sería tremendamente útil si de verdad ganábamos.

"*Ganamos*, pero perdimos. Justo seis horas después de la medianoche, en la mañana del miércoles, cayó una verdadera tromba. Fue exactamente lo que decía nuestro anuncio: una lluvia de antología y de enormes proporciones. Fue de 2 a 5 cm, y en un punto remoto ¡se reportaron 15 cm de lluvia!

"Sin embargo, no cobramos ni un centavo a los comerciantes. Perdimos por seis horas.

"Pienso que esto atrajo más atención que cualquier cosa que hubiéramos hecho en años. Hasta hoy todavía nos piden que hagamos anuncios cuando algo se necesita.

¿De dónde vino toda esa lluvia? ¿Acaso el anuncio la trajo? ¿Acaso la danza de la lluvia de los indios hopi la produjo? ¿Acaso la oración de Elías la trajo, como se cuenta en la Biblia?

¡Sí! Al menos eso creemos, y pensamos que podemos darte buenas razones para creerlo. ¡No sólo eso, sino que creemos que detrás de estas respuestas a la oración se encuentra la ley fundamental de la vida y la abundancia!

De todas las promesas de Jesús, existe una que nos ofrece que CUALQUIER COSA QUE PIDAMOS se nos dará. Que una afirmación positiva se basa en esta condición: "Si dos de ustedes se ponen de acuerdo en la tierra acerca de cualquier cosa que pidan, les será hecho por mi Padre que está en los cielos".

Y una vez más, dijo: "Porque donde están dos o tres congregados en mi nombre, ahí estoy yo en medio de ellos". ¿Por qué es esto? ¿Por qué es necesario que varios se unan para pedir algo con el fin de asegurar su obtención?

Hace muchos años, el profesor Henry de Princeton hizo un experimento con un imán cargado. Primero tomó un imán ordinario de gran tamaño, lo suspendió desde una viga y con él levantó algunos kilos de hierro.

Luego enrolló con cables el imán y lo cargó con la corriente procedente de una pequeña batería. En lugar de sólo unos cuantos kilos, ¡el imán altamente cargado levantó 1500 kilos!

Eso es lo que ocurre cuando una persona reza, creyendo, y otra añade sus oraciones y su fe. Efectivamente, la segunda persona está cargando el imán de la primera con su corriente, MULTIPLICANDO el poder de la oración del otro decenas de veces.

En la revista *Nautilus*, hace algunos meses, Elizabeth Gregg contó cómo cinco personas rezaron —se pusieron de acuerdo —y el problema personal más apremiante de cada una pronto se solucionó. Parece que el esposo de una señora A. había estado enfermo de una úlcera estomacal durante varios meses. Había rezado repetidamente, sin resultados, así es que un día reunió a cuatro de sus amigas quienes sabía se encontraban en una gran necesidad de ayuda en distintos aspectos, y las hizo que accedieran a reunirse en un determinado día cada semana para ver si, a través de la unión de sus oraciones en un acuerdo perfecto, podrían mejorar su condición.

Durante la primera reunión se decidió orar por la recuperación del esposo de la señora A., así que estas cinco mujeres, sentadas en silencio, visualizaron mentalmente al esposo fuerte y en buenas condiciones, yendo a su trabajo contento. Luego dieron las gracias porque su oración había sido respondida.

"Se acordó", continúa el artículo, "que todos los días a las 12 del día hasta la siguiente reunión cada una de las cinco mujeres dejaría de hacer cualquier cosa que estuvieron haciendo y pasaría cinco minutos en oración en silencio, acordando entre ellas que el esposo fuera liberado de la enfermedad.

"Tres días después de esa primera reunión, el hombre estaba completamente libre de dolor. Para finales de la semana, el esposo de la Sra. A. se encontraba en franca recuperación.

"Luego vino el problema de la señora B., una viuda cuya casa iba a venderse en seis semanas por no haber cumplido con sus pagos. Con firmeza y con fe las mujeres se concentraron a la hora especificada todos los días con el deseo de que se abrieran los caminos para que viniera a ella la provisión. Y, de acuerdo con la ley, el camino se abrió. Justo un día antes de que terminara la semana, una mujer adinerada en la ciudad llamó a la señora B., y le preguntó si podía hacerse cargo de sus hijos, de 8 y 10 años, durante algunas semanas mientras ella, la madre, estaba fuera. La cantidad que le ofreció cubriría los pagos atrasados de la casa y pagaría sus gastos diarios. Poco después de que la señora regresó, hizo arreglos para que la señora B. cuidara a una tía inválida, lo cual dio a la viuda un ingreso consistente y lucrativo. Luego vino el problema de la señora C., cuyo esposo había estado sin trabajo durante varios meses. Unos cuantos días después de que establecieron el acuerdo, el esposo recibió una carta de un primo que vivía a poca distancia que le ofrecía trabajo en su molino. Así pues, una vez más, la ley se cumplió.

"Luego, siguió el caso de la pequeña señorita D., quien durante años había permanecido alejada de su familia. Su caso se solucionó, pero pasaron varias semanas antes de que apareciera una señal externa del cumplimiento de la ley. Sin embargo, durante este tiempo y por primera vez desde el alejamiento de su familia, había amor en el corazón de la señorita D. Ella permitió que esta nueva sensación se expresara, y escribió a cada uno de los miembros de la familia pidiendo perdón por lo que ahora ella reconocía había sido intolerancia de su parte. Vinieron cartas de respuesta de su familia, cartas que también estaban llenas con el espíritu del amor. Así pues, por cuarta vez en el trabajo de estas mujeres, la ley funcionó sin falla.

"El último problema fue el de la señorita E., quien tenía una pequeña tienda de ropa pero cuyo negocio había caído casi en la ruina desde que una tienda más grande y más nueva al otro lado de la acera había abierto. La envidia y el odio habían llenado el corazón de la señorita E., de modo que se resistió a entablar cualquier tipo de amistad con la dueña de la nueva tienda. Luego, a partir de que comenzó a estudiar la verdad, aprendió que nadie debe competir con nadie; que hay abundancia plena para todos cuando aprendemos cómo reclamarla. Así pues, en lugar de envidiar, se unió con los otros para enviar amor y buena voluntad a su competidora, como ella la llamaba.

"Unas cuantas semanas después la dueña de la nueva tienda llamó a la señorita E. y le preguntó si podría hacerse cargo de la administración de su tienda durante seis meses mientras ella estaba en el Este arreglando algunos negocios. Le explicó que cuando regresara podría ser benéfico para ambas si se asociaban. Así se hizo posteriormente, y hoy en día la señorita E. es dueña del 50% de la increíble tienda de vestidos y sombrerería, y hay una armonía perfecta entre ella y la mujer que alguna vez odió.

Russell Conwell, autor de *Acres de diamantes*, cuenta decenas y decenas de este tipo de casos. Relata sobre una niña secuestrada que regresó sin daño alguno a través del poder de la oración conjunta, sobre un niño perdido que fue encontrado de la misma forma; sobre hombres y mujeres curados de enfermedades aparentemente incurables; sobre negocios que se habían salvado, posiciones que se habían alcanzado, sobre amores renovados y familias reunidas. No hay nada bueno que puedas pedir, creyendo, que no te sea dado.

"¿Qué quieres tener?", dice Dios. "Págalo y tómalo" y el pago consiste en cumplir con la ley del acuerdo; orar —si oras sólo "para que el bien que estás pidiendo para ti le sea dado también a las demás personas—, acordando lo que habréis de pedir si estás orando en un grupo".

¿Alguna vez has leído el diario de George Mueller donde se habla de los primeros días de su gran obra? Como probablemente sabes, George Mueller fue el hombre que creó un orfanatorio sin tener dinero en las manos, ni patrocinadores adinerados, ni prospectos: simplemente una confianza absoluta en Dios. Lee los siguientes extractos de su diario y ve cómo justificó esa confianza:

"Noviembre 18, 1830. Nuestro dinero se había reducido a más o menos 8 chelines. Mientras rezaba con mi esposa por la mañana, el Señor trajo a mi mente el estado en que se encontraba nuestra billetera, y me sentí animado a pedirle algo de dinero. Más o menos unas cuatro horas después, una de mis hermanas me dijo '¿Necesitas dinero?'. Le comenté: 'Dije a mis hermanos, querida hermana, cuando renuncié a mi salario, que en el futuro sólo le contaría al Señor sobre mis necesidades'. Ella contestó: 'Pero él fue quien me dijo que te diera algo de dinero'. Mi corazón se alegró al ver la lealtad del Señor, pero pensé que era mejor no contarle sobre nuestra circunstancias, no fuera que eso influyera en ella para darnos algo; y también tuve la seguridad de que, si esto venía del señor, ella no podría hacer otra cosa sino dar, por lo tanto cambié la conversación hacia otros temas, pero cuando me fui me dio dos guineas.

"7 de marzo. Nuevamente estuve tentado a dudar de la lealtad del Señor, y aunque no estaba abatido, no estaba confiando plenamente en Él. Fue una hora después cuando el Señor me dio una prueba más de su amor leal. Una mujer cristiana nos trajo cinco soberanos (antigua moneda del Reino Unido).

"16 de abril. Esta mañana descubrí que nuestro dinero se redujo a tres chelines; y repetí para mí mismo: debo ir y pedirle al Señor fervientemente provisiones frescas. Pero antes de que hubiera orado, de Exeter me enviaron dos libras, como una prueba de que el Señor escucha antes incluso de que lo llamemos.

"2 de octubre. Martes por la tarde. ¡Alabado sea el santo nombre de Dios! ¡Durante los últimos tres días el Señor nos ha socorrido abundantemente! Antier llegaron cinco libras para los huérfanos. ¡Qué generoso es el Señor! Siempre, antes de que hayamos tenido alguna necesidad, nos ha enviado ayuda. Ayer llegaron una libra y diez chelines más. De esta forma se costearon los gastos de ayer de la casa. El Señor me ayudó también ayer a pagar las diecinueve libras con diez chelines para la renta.

"Vi más claramente que nunca que el principal asunto que debo atender todos los días es que mi alma sea feliz en el Señor. Lo primero que debía preocuparme no era qué tanto podría servir al Señor o cómo podría glorificar al Señor, sino cómo podría llevar mi alma a un estado de felicidad, y cómo mi ser interno podía ser nutrido.

Repaso del año 1838

"En cuanto a mis provisiones temporales. Al Señor le ha placido darme durante el último año 350 libras, 4 chelines y 8 peniques. En ningún periodo de mi vida el Señor me ha provisto con tanta abundancia. En verdad, debo decir que lo mejor es buscar actuar de acuerdo con la mente del Señor con respecto a las cosas temporales. Debemos dar a conocer nuestras necesidades a Dios en la oración, pedir su ayuda y luego creer que Él nos dará lo que necesitamos. La oración por sí sola no es suficiente. Podemos orar mucho; sin embargo, si no *creemos* que Dios nos dará lo que necesitamos, no tenemos razón para esperar que recibiremos lo que hemos pedido".

"En el corazón del hombre, un clamor; en el corazón de Dios, la provisión". Pero, como dijo Mueller, la oración por sí sola no es suficiente. Si no CREEMOS que Dios nos dará lo que le pidamos, no tenemos razón para esperar que habremos de recibirlo.

¿Cómo podemos cultivar esa creencia? Jesús nos dio la clave. "En verdad les digo que si no se convierten y se hacen como niños, no entrarán en el reino de los cielos". Y luego, una vez más, "En verdad te digo que el que no nace de nuevo no puede ver el reino de Dios".

¿Cómo podemos convertirnos y hacernos como niños? ¿Cómo podemos nacer de nuevo? El primer paso esencial parece consistir en determinar qué característica debemos imitar de un niño. ¿Qué tienen en común todos los niños pequeños? La DEPENDENCIA, ¿no es así? Una dependencia absoluta de quienes les rodean, una fe absoluta en que ellos les proveerán sus necesidades. Y entre mayor sea la dependencia, mejor parecen ser cubiertas esas necesidades.

Tomemos al embrión en el vientre de la madre, por ejemplo. Al momento de la fecundación, tan sólo mide .004 centímetros. En nueve meses, multiplica su tamaño miles de millones de veces. Eso es lo que le ocurre durante su estado de dependencia total y absoluta. En los siguientes dieciocho a veintiún años, cuando depende más y más de sí mismo, sólo se multiplica dieciséis veces.

¿Significa eso que no deberíamos hacer ningún esfuerzo por nosotros mismos? ¡De ninguna manera! La orden que nos fue dada es: "¡Trabaja y ora!". Y primero se hace énfasis en el "trabajo". Pero significa que cuando hayamos hecho todo lo que está en nuestro poder podemos dejar confiada y serenamente al Señor todo lo que sea necesario para el logro de nuestro deseo.

Hace tres mil años había una pobre mujer cuyo esposo acababa de morir y la dejó con dos hijos pequeños y una pesada carga de deudas.

La cantidad no era elevada, como son las deudas actuales, pero cuando no tienes ni un solo centavo hasta una pequeña deuda parece tan grande como una montaña. Y la viuda no tenía absolutamente nada.

Así, según la costumbre de aquellos tiempos, su acreedor determinó vender a sus hijos como esclavos, pues incluso en esos tiempos semibárbaros, la propiedad era más valiosa que la vida. Jamás se había oído hablar del derecho de los seres humanos a la vida, la libertad y a la búsqueda de la felicidad. Así pues, ella, no teniendo a quién acudir, fue con el profeta Eliseo y le rogó que le ayudara.

¿Y qué supones que hizo Eliseo? ¿Hizo una colecta? ¿Recurrió al fondo para viudas y huérfanos? ¡Para nada! "¿Qué tienes en tu casa?", le preguntó.

Él creía en utilizar lo que tenía a la mano, creyendo que Dios siempre proporciona abundancia ilimitada si tan sólo tenemos el valor y la fe de utilizar lo que tenemos.

Así pues, simplemente preguntó qué tenía la viuda con lo cual pudiera comenzar y cuando la viuda le dijo "Nada, excepto una vasija de aceite", le ordenó que pidiera prestados recipientes de sus vecinos *y vertiera en ellos el aceite que tenía*. En otras palabras, *iba a iniciar el flujo*. Y está escrito que en tanto tuvo recipientes donde verterlo, *el aceite continuó fluyendo*.

Cuando los recipientes estuvieron todos llenos, Eliseo le ordenó que vendiera el aceite y pagara su deuda, y luego comenzara de cero con sus hijos a su lado.

¿Qué es lo que tienes TÚ en tu casa? Cuando los problemas te aquejan, ¿te quedas sentado y te lamentas de tu destino, esperando que algún amigo venga en tu ayuda, o tomas lo que tienes y te pones a trabajar utilizándolo?

Recordarás la historia del hombre que salió del hospital después de un accidente, completamente paralizado. De todo su cuerpo, sólo podía mover un dedo. En semejantes circunstancias, ¿no te habrías dado por vencido? Pero él no lo hizo. "Si sólo puedo mover un dedo", decidió, "¡lo utilizaré y haré más de lo que un dedo ha hecho antes!". Lo hizo, y ¡he aquí! En poco tiempo, los dedos contiguos a ese dedo que podía mover comenzaron a moverse también. Después de muchos meses, estaba utilizando todos los músculos de su cuerpo.

Conozco a un hombre que perdió en el negocio de la confección de ropa todo lo que tenía. De vivir en un departamento costoso, tuvo que mudarse con su familia a un cuarto paupérrimo en la ciudad, donde él y sus vecinos no sabían de dónde habría de salir la comida de un día para otro. Estaban abatidos, sí. Pero, ¿estaban desanimados? ¡No!

Fue con algunos de sus antiguos acreedores (los hizo que le confiaran unas cuantas corbatas tejidas que no pudieran vender en ninguna otra parte, encontró a un impresor que le diera crédito para unos cuantos cientos de sobres, membretes y estampillas) y envió esas corbatas a algunas personas cuyos datos tomó del directorio telefónico de empresas. En cuanto le pagaron las corbatas, compró más y las envió por correo. Él y su familia llevaban a cabo el trabajo de empacar, escribir las direcciones y pegar las estampillas en su pequeño apartamento. Antes de que ese tipo de venta pasara de moda, *él ya había hecho doscientos mil dólares*. Sin embargo, la mayoría de las personas en esas circunstancias se dan por vencidas. De acuerdo con Harrington Emerson, uno de los mayores errores de la vida consiste en subestimar el poder que tienes de desarrollar y lograr un objetivo. Ella Wheeler Wilcox dice:

> Algunos veleros navegan hacia el Este;
> otros han de navegar hacia el Oeste,
> todos impulsados por la misma brisa,
> Sólo de la forma en la que coloquen las velas
> depende el que lleguen a donde quieren llegar...
> ¡No depende de la brisa!

El éxito no es una cosa, ni un galardón que te espere en algún santuario lejano. El éxito consiste en hacer bien lo que estés haciendo *en este momento*. Es más una cuestión de actitud mental que de capacidad mental o física. Tienes todas las bases del éxito en este momento. Pero sólo si las USAS te harán exitoso.

"Todo eso está muy bien", quizás digas, "pero mira todas las desventajas que tengo. Ahí tienes a Jim Jones, cuyo padre le heredó un millón, y el mío sólo me dejó deudas que se suman a las mías".

¿Has leído alguna vez la comparación que hace Emerson entre Alaska y Suiza? Según él, Alaska es, en seis aspectos, mucho mejor que Suiza. Tiene enormes recursos de bosques vírgenes; Suiza prácticamente no tiene ninguno. Tiene grandes reservas de oro y plata y cobre, plomo, estaño carbón; Suiza no tiene prácticamente ninguna. Tiene pesca, la más grande del mundo. Suiza no la tiene.

En proporción a su territorio, tiene una mayor agricultura y posibilidades que Suiza: más de cien mil millas cuadradas propias para la agricultura. Tiene enormes costas; Suiza no tiene ninguna. Sin embargo, si Alaska tuviera el mismo número de personas por milla cuadrada que Suiza, tendría 120 000 000 habitantes.

Ahora bien, ¿qué es lo que Suiza ha comercializado? ¿Recursos naturales? ¡No! Los suizos son un pueblo que toman un trozo de madera que vale diez centavos y lo convierten en una pieza tallada que vale cientos de dólares.

Toman una tonelada de metal, acero, latón, etc., y lo conjuntan de tal modo que hacen que valga varios millones de dólares.

Toman hilos de algodón que compran de los Estados Unidos a veinte centavos la libra, y los convierten en encaje que vale un par de miles de dólares por libra.

Y gracias a que como nación han aprendido el arte de utilizar sus capacidades latentes, han prosperado abundantemente.

¿Cuál es la moraleja? Simplemente ésta: no es el dinero lo que cuenta. No son los recursos naturales. ¡Es la forma como *utilizas lo que tienes!* Puedes tener éxito con lo que tienes en este momento, si tan sólo aprendes a utilizarlo correctamente.

"No pidas un poder que se te ha negado. Pide que aquella capacidad que tienes se desarrolle en algo que valga la pena. *¿Qué tienes en tus manos?*".

Bruce Barton comenta: "Tenemos tendencia a pensar que si tuviéramos los recursos o las oportunidades de alguien más, podríamos hacer grandes cosas. La mayoría de los hombres de éxito no lo han alcanzado por tener algún talento nuevo o una oportunidad nueva que se les ha presentado. Ellos han desarrollado la oportunidad que tenían a la mano".

Los grandes éxitos no son más que un grupo de pequeños éxitos construidos uno sobre la base del otro, de una manera muy parecida a como el primer tren subterráneo de John Mac-Donald fue simplemente una larga línea de pequeños sótanos ¡unidos! Como expresa el profesor James:

"Así como nos convertimos en alcohólicos a través de muchas bebidas separadas, del mismo modo nos volvemos santos en el aspecto moral, y autoridades y expertos en las esferas práctica y científica, a través de actos y horas separadas de trabajo. Que nadie se sienta ansioso por el resultado de su trabajo o educación, independientemente de la línea que siga. Si se mantiene fielmente ocupado hora tras hora del día, puede dejar con toda seguridad que el resultado final se produzca por sí mismo. Con certidumbre perfecta puede contar con que una buena mañana despertará y se encontrará como uno de los individuos competentes de su generación, sea cual sea la actividad en la que haya destacado".

¿Qué hace a un gran músico? La práctica, practicar incesantemente hasta que tocar su instrumento se vuelva una parte inherente a él. ¿Qué hace a un gran artista, a un gran abogado, a un gran ingeniero, a un gran mecánico o a un gran carpintero? Un estudio y práctica perseverantes. Puedes tener una inclinación natural por un tema, así que su estudio es más fácil para ti que para otros, pero los individuos exitosos en la vida pocas veces han sido los hombres brillantes, las maravillas naturales, los "oradores por nacimiento" o los artistas talentosos. Las grandes personas de éxito han sido aquellos que pican piedra todos los días.

"Hace unos años", dijo el Dr. John M. Thomas, presidente de la Rutgers University, "Rutgers tenía un estudiante al que llamaban 'mugroso' algunos de sus compañeros de clase. Se trataba de S. Parker Gilbert, agente general de reparaciones bajo el plan Dawes. Quizás era un 'mugroso', pero a la edad de treinta y dos años ganaba 45 000 dólares al año. Y, de acuerdo con Owen D. Young, Presidente de la Junta Directiva de la General Electric Company, Gilbert ocupó durante varios años la posición política más importante del mundo".

Muchas personas que han dejado la universidad opinan que es una tontería estudiar. "Nadie llega a ningún lado estudiando", dicen. S. Parker Gilbert es uno de los miles de casos que prueban lo contrario.

El trabajo más importante en el mundo para ti es el que está por encima del que actualmente tienes. Y la manera de obtenerlo es estudiando, "picando piedra" hasta que puedas adquirir más conocimiento, más habilidades y poner más iniciativa en él que lo que puede hacer cualquier persona que te rodee. Sólo de esta forma puedes alcanzar el éxito.

¿Por qué tantas personas fracasan? Porque no lo intentan con la suficiente fuerza, ni trabajan con la suficiente persistencia. Las puertas de la oportunidad siempre han estado cerradas. Así ha sido desde el comienzo del mundo. La historia no nos muestra ninguna época en la que pudieras caminar por las calles y encontrar las puertas de la oportunidad abiertas de par en par invitándote a pasar por ellas. Las puertas que vale la pena cruzar por lo regular están cerradas, pero el individuo decidido y valiente toca esas puertas, y sigue tocando con insistencia hasta que se abren.

Recordarás la parábola del amigo insistente; también les dijo: "¿Quién de ustedes, que tenga un amigo, va a verlo a medianoche y le dice: 'Amigo, préstame tres panes, porque un amigo mío ha venido a visitarme, y no tengo nada que ofrecerle'?

"Aquél responderá desde adentro y le dirá: 'No me molestes. La puerta ya está cerrada, y mis niños están en la cama conmigo. No puedo levantarme para dártelos'".

"Yo les digo que, aunque no se levante a dárselos por ser su amigo, sí se levantará por su insistencia, y le dará todo lo que necesite. Así que pidan, y se les dará. Busquen, y encontrarán. Llamen, y se les abrirá.

¿Por qué tantos no reciben aquello que piden? Porque no son lo suficientemente insistentes. No convencen al Dios que está en ellos de que lo que piden en su oración es algo que DEBEN tener. Piden y tocan a la puerta una vez o dos, y como la puerta no se abre inmediatamente, se dan por vencidos, desesperados. Recuerda: "porque el que duda es como las olas del mar, que el viento agita y lleva de un lado a otro. Quien sea así, no piense que recibirá del Señor cosa alguna".

Si tienes fe en Dios o en el hombre,
Dilo; si no, vuelve a guardar en el cofre
Del silencio tus pensamientos hasta que la fe regrese
Y nadie llorará si tus labios están mudos.

—Ella Wheeler Wilcox

XII

CATALIZADORES DE PODER

No dudes, no temas, trabaja y espera;
tan cierto como que el amanecer vencerá a la oscuridad,
así el amor sobre el odio triunfará,
Y la primavera nuevamente a la alondra nos traerá.
—Douglas Malloch

Hace casi dos mil años antes de Cristo, en los Vedas (los textos sagrados de los hindúes) se dijo que si dos personas unían sus fuerzas psíquicas, conquistarían el mundo, aunque por sí solos no pudieran hacer nada.

Luego vino Jesús a decirnos de una manera más enfática que si dos de nosotros nos poníamos de acuerdo con respecto a cualquier cosa que pidiéramos, nos sería hecho.

Jesús jamás hizo una promesa tan segura con respecto a resultados certeros en lo referente a cuando rezamos solos. ¿Por qué habría de ser necesario que dos personas unieran sus deseos u oraciones para asegurar los resultados? Si sumas 2 + 2, sólo obtienes 4. Si añades tu poder muscular al mío, sólo podremos cargar dos veces lo que cada uno podría levantar por sí solo; sin embargo, si añades tus oraciones a las mías, no sólo obtienes el doble del poder, sino cientos y miles de veces más.

¿Por qué habría esto de ser así? Tenemos la palabra de muchos grandes psicólogos de que así es. El juez Troward de Inglaterra, quien era para el imperio británico lo que el profesor Wm. James era para los Estados Unidos, es una autoridad en la materia, igual que Brown Landone y una serie de psicólogos de menor nivel ¿cuál es la razón?

Quizás la respuesta radica en lo que los químicos llaman CATALIZADORES. En química existen ciertas sustancias, las cuales, cuando se agregan a otras, liberan muchos miles de veces el poder que ellas mismas contienen. Estos catalizadores, sin perder ni un ápice de su energía, multiplican la energía de otras sustancias miles de veces y, en ocasiones, ¡millones! Tal vez eso es lo que ocurre cuando dos o más personas se ponen de acuerdo con respecto a aquello por lo cual rezan. Tal vez uno de ellos es un CATALIZADOR que multiplica el poder del otro miles y miles de veces. Tan cierto es que, incluso Jesús, cuando quienes estaban junto a él no simpatizaban con él y no creían en él "como en la ocasión en la que visitó Nazaret" no llevaba a cabo obras prodigiosas. Probablemente esa es la razón por la cual cuando envió a sus discípulos a sanar a los enfermos, los envió "de dos en dos".

Sea como sea, una cosa es segura: si dos o más de ustedes se reúnen durante un minuto o dos todos los días y realmente están de acuerdo en lo que respecta a aquello que van a pedir y la forma en cómo lo van a pedir, obtendrán resultados sorprendentes. Toma en cuenta que no es suficiente el solo hecho de orar juntos por la misma cosa. Deben unir su pensamiento. Tú puedes pedirme que yo rece contigo para que puedas ser sanado de una úlcera estomacal, y cuando oramos, tú puedes estar imaginando los dolores y pensando en la úlcera y preocupándote por lo que te han estado provocando, mientras yo estoy imaginando el órgano perfecto que Dios te dio. Eso no es unir nuestras fuerzas. Eso es ponerlas en oposición. Ambos debemos pensar en la salud. Ambos debemos ver en nuestra imaginación aquello que DESEAMOS, no aquello que tememos o de lo que deseamos librarnos.

Lo mismo ocurre con las deudas. Puedes estar pensando en todo el dinero que debes, en la hipoteca que ya está por vencerse, en que hubo un recorte en tu salario que tuviste que aceptar, mientras yo estoy tratando de ayudarte pensando en la abundancia infinita que Dios te está enviando. Jamás vamos a lograr mucho de esa manera. AMBOS debemos pensar y visualizar RIQUEZAS, no deudas o carencia. Debemos recordar que las deudas u otras condiciones erróneas son meramente la FALTA de riquezas o de salud o de otra cosa buena, y que cuando producimos el bien, el mal desaparece con tanta naturalidad como la oscuridad desaparece cuando enciendes la luz. Así pues, en lo que debemos pensar y lo que debemos ver con nuestro ojo mental es la luz, es decir, las riquezas o la salud perfecta o el amor u otra cosa buena que deseemos.

Si dos pueden unirse y hacer eso, no hay nada bueno que puedan pedir, creyendo, que no se les otorgue. En el capítulo anterior citamos el artículo de Elizabeth Gregg en *Nautilus*, donde se relataba cómo cinco mujeres rezaron juntas, y cómo cada una de las oraciones fue respondida. Y en el capítulo cinco hablamos de un grupo similar en la iglesia de Russell Conwell que alcanzó resultados aún más maravillosos a través de la oración conjunta.

Tienes problemas demasiado grandes como para resolverlos tú solo. Y tienes amigos que tienen problemas que no pueden manejar solos. ¿Por qué no se reúnen y unen sus fuerzas? ¿Por qué no se reúnen durante 15 minutos una vez a la semana, hablan de sus dificultades, deciden cuál es el caso que parece más apremiante, y después, a una cierta hora del día, todos dejan lo que están haciendo y dedican un minuto o dos para unir su pensamiento y sus oraciones? PUEDEN hacerlo y quedarás sorprendido por el poder de sus oraciones conjuntas. No hay nada bueno que puedas pedir, creyendo, que no pueda y no vaya a ser hecho para ti.

> Ninguna estrella que hayamos visto se ha perdido.
> Siempre podemos ser lo que pudimos haber sido.

XIII

EL PRIMER MANDAMIENTO

Si con gusto puedes ver
cualquier cosa que alguien haga,
si lo aprecias, si lo amas,
él lo tiene que saber.
No dudes, sé diligente
para compartir su gozo
y alegrar su corazón;
no esperes a que en su frente,
haya lirios olorosos,
y el cura dé una oración.

Entonces no importará
cuánto solloces o grites,
porque él ya no te oirá,
pero para que esto evites,
no le niegues tu alabanza,
ni palabras de esperanza,
si aún hay tiempo, quizá,
pues yo te digo de cierto,
que un epitafio sentido,
no podrá leer un muerto.

"¿Qué debo hacer para salvarme?", preguntó el joven rico a Jesús hace 2000 años. Y en la actualidad, la mayor parte de nosotros preguntamos, en esencia, lo mismo: "¿Qué debo hacer para salvarme de la pobreza, la enfermedad y la infelicidad, en el presente, así como en el futuro?".

"¡Guarda los mandamientos!", fue la respuesta del maestro al joven rico. Y, más tarde, cuando se le preguntó "¿Cuál es el mandamiento más importante?", contestó a sus interlocutores: "Amarás al Señor tu Dios con todo tu corazón, con toda tu alma y con toda tu mente: este es el primer y gran mandamiento. Y el segundo es como el primero. Amarás a tu prójimo como a ti mismo. De estos dos mandamientos dependen la ley y los profetas".

Suena muy sencillo, pero ¿qué es "amar a Dios"? ¿Acaso es ir a la iglesia y ser un cristiano declarado? ¿O es simplemente ESTAR AGRADECIDO Y SER FELIZ?

Ir a la iglesia y ser un ejemplo para tu prójimo es excelente, pero ¿hay alguna forma mejor en la que puedas mostrar tu amor por Dios que siendo feliz? La felicidad implica alabanza, satisfacción con lo que Dios ha hecho, agradecimiento por sus buenos dones. Ser feliz significa que estás disfrutando la vida, apreciándola a plenitud, irradiando alegría a todo tu alrededor.

Y amar a tu prójimo es simplemente hacerlo feliz también, elogiándolo y bendiciéndolo y haciendo lo que puedas para ayudarlo.

¿Puedes pensar en algún mandamiento, en alguna ley, que contribuya tanto a la paz universal, al fin de la lucha entre la fuerza de trabajo y el capital, que estos dos?

1.   Está agradecido y sé feliz.
2.   Trata de hacer feliz a tu prójimo.

"De estos dos mandamientos dependen la ley y los profetas".

Alguien ha dicho sabiamente que el primer paso hacia la paz universal consiste en tener paz en nuestro propio corazón: desearle el bien a nuestro prójimo, bendecir y alabar incluso a aquellos que nos han tratado con desprecio. Evelyn Gage Browne expresó este pensamiento cuando escribió:

> Este viejo mundo necesita ternura,
> la palabra dulce, la mano que ayuda;

el amor sublime que a todos bendiga,
corazones amigos que entiendan la vida.

Se dice que en una ocasión una mujer fue con Krishna y le preguntó cómo encontrar el amor de Dios. "¿A quién amas más en la vida?", le preguntó. "Al hijo de mi hermano", respondió ella. "Ve y ámalo aún más", le aconsejó Krishna. Lo hizo, y ¡he aquí!, detrás del niño, vio la forma del niño Jesús.

Ese mismo pensamiento se expresa en la antigua leyenda que cuenta sobre un grupo de personas que salió a buscar al niño Dios. Eran grandes caballeros y damas, monjes, clérigos y toda clase de personas, y entre estas últimas se encontraba un amable zapatero anciano. Todo mundo se burlaba de la idea de que fuera a emprender el viaje cuando delante de él iban muchos de los grandes de la tierra. Pero después de que todos habían regresado desanimados, el pequeño zapatero encorvado entró caminando alegremente, acompañado por el niño Jesús mismo.

"¿Dónde lo encontraste?", le preguntaron. Y el niño Jesús respondió por él: "Me he escondido en las cosas comunes; ustedes no pudieron encontrarme porque no buscaron con los ojos del amor".

Se han escrito millones de libros acerca del amor, pero la mayoría de ellos ni siquiera conocen el significado de la palabra. Para ellos, el amor es pasión, autogratificación. El verdadero amor no es eso. El verdadero amor consiste en DAR. Sólo busca el bien del ser amado, y, sin embargo, cuando das amor libremente, ese amor regresa a ti, pues se parece a la energía en cuanto a que sólo se expande cuando es liberado. Es como una semilla, en cuanto a que se multiplica sólo cuando lo siembras. Como lo expresó Ella Wheeler Wilcox:

Da amor y amor a tu corazón vendrá,
una fuerza en tu más grande necesidad;
ten fe y una gran cantidad de corazones,
en tu palabra y en tus actos fe tendrán.

Carlyle definió la riqueza como el número de cosas que un hombre ama y bendice, *y por las cuales él es amado y bendecido*.

¿Quiénes son las criaturas más infelices de la tierra? No los pobres o los enfermos, sino aquellos que se guardan todo su amor para sí mismos. Pueden tener millones; pueden tener decenas de sirvientes que atiendan todos sus deseos, pero están aburridos a decir basta. Son miserables. ¿Por qué? Porque han dejado de dar, como lo expresan las palabras de un hermoso himno:

> Porque debemos compartir, y si no lo hacemos,
> las bendiciones del Cielo cesarán,
> y si dejamos de dar, no tendremos...
> la Ley del Amor se cumplirá.

La vida es expansión, mental y físicamente hablando. Cuando dejas de crecer, mueres. Eso es literalmente cierto en el caso de las células de tu cuerpo, y, figurativamente hablando, en el ámbito mental, pues cuando dejas de progresar mentalmente, prácticamente estás muerto.

Y así como la vida es acción, la felicidad es servicio, pues cuando ayudas y alabas a otras personas y las haces felices, obtienes felicidad para ti. En alguna ocasión Charles Kingsley dijo que conocemos nuestra relación con Dios sólo a través de nuestra relación con los demás. Nadie puede amar a Dios al tiempo que odia a su prójimo. Nadie puede amar a Dios mientras él mismo es infeliz o hace infeliz a otra persona deliberadamente.

Ser infeliz implica una crítica hacia Dios. Una persona infeliz no puede ser agradecida, no puede ser confiable, no puede estar en paz, y sin todo esto, ¿cómo puede amar a Dios?

Sin embargo, si vive sólo para sí mismo, está destinado a ser infeliz. "Pues quienquiera que salve su vida, la perderá", dijo el maestro. "Pero quienquiera que pierda su vida por mí, ese mismo se salvará". Aquel que se pierde en el servicio hacia los demás encontrará vida, amor y felicidad.

Longfellow habla de que lanzó una flecha al aire, y luego una canción, y aparentemente perdió ambas, pero después encontró la flecha en un roble, y la canción, de principio a fin, la encontró en el corazón de un amigo.*

"Ora bien," escribió Coleridge,
"quien ama al hombre, a las aves y a las bestias;
ora mejor quien mejor ama
a todas las cosas, grandes y pequeñas,
porque el Dios amado, quien nos ama,
a todos ellos creó y a todos ama".

Cuando Jane Addams se graduó de la Universidad, los doctores le dijeron que sólo tenía seis meses de vida. Si un doctor te dijera eso, ¿qué harías? La mayoría de nosotros simplemente esperaríamos y moriríamos, y sentiríamos mucha lástima por nosotros mismos al hacerlo.

Pero Jane Addams no hizo eso. "Si sólo tengo seis meses de vida", dijo, "utilizaré esos seis meses para llevar a cabo todas las cosas que más quiero hacer para beneficio para la humanidad" y se dedicó tanto a su trabajo que se olvidó de morir. Ocho años después del tiempo predicho para su muerte, fundó Hull House, la casa de acogida para inmigrantes de Chicago que es conocida en todo el mundo. No sólo eso, sino que su salud era igual o mejor que la de los doctores que habían presagiado su muerte.

Todo mundo ha oído hablar de Luther Burbank y del maravilloso éxito que tuvo en hacer crecer plantas. Podía tomar incluso un cactus espinoso y de sus retoños hacer crecer una planta sin espinas, de las cuales podía comer el ganado hasta en el suelo más seco.

¿Cómo pudo hacer esas maravillas con toda clase de plantas? ¡A través de la magia del amor! Él bendecía, alababa, cuidaba y amaba cada pequeña planta. Y la vida en ellas respondía

---

* N. de la T.: Se refiere al poema de Henry Wadsworth Longfellow, "The Arrow and the Song" ("La flecha y la canción").

dándole tantos resultados como ningún hombre antes habría soñado. Este es el mensaje que Luther Burbank envió a sus amigos en su último cumpleaños:

"En la medida en que tengas pensamientos de amor hacia todas las personas, hacia todos los animales e incluso hacia todas las plantas, las estrellas, los mares, los ríos y las montañas, en la medida en que seas útil y servicial para el mundo, en esa misma medida serás cada vez más feliz todos los días, y con la felicidad viene la salud y todo lo que deseas".

"Ama y serás amado", dijo Emerson. "El amor es matemáticamente justo, igual que las dos partes de una ecuación algebraica". El antiguo filósofo que dijo: "Obtén de la vida todo lo que desees, y *paga por ello*", afirmó una gran verdad. Obtienes según das. Es bueno que nos recordemos esto frecuentemente a nosotros mismos y lo repitamos una y otra vez cuando sintamos que las dificultades aparentes nos están inquietando: "Amo tanto que veo todo lo bueno y doy todo lo bueno, *y todo el bien regresa a mí*".

El deseo más universal es el deseo natural del hombre de ser feliz. Es el propósito de la existencia. Es el plan de Dios: hacer que el hombre se GANE la felicidad a través del esfuerzo y el servicio, a través de aumentar la felicidad de los demás.

¿Cómo es que un actor cinematográfico gana miles de veces más que un maestro, que un hombre de negocios promedio, o incluso que un clérigo? Porque hace felices a miles de personas más. Él les permite olvidarse de sus problemas, vivir sus ideales, sus sueños, a través de la representación que hace de ellos. Cuando el resto de nosotros encuentre alguna forma de hacer felices a tantas personas, compartiremos una recompensa equivalente.

Hace mucho tiempo, Emerson escribió: "Aquel que se dedica a funciones y necesidades de las cuales se puede prescindir, construye su casa fuera del camino. Pero aquél que se dedica a problemas que todo mundo tiene que venir a resolver, construye la casa sobre el camino, y todos deben venir a ella".

Simplemente pregúntate: "¿Qué tengo para DAR que contribuya a la felicidad de quienes me rodean?". Te sorprenderá cuantas formas pequeñas y sencillas de alegrar las vidas de otros se te presentarán, y cuán grande puede ser la recompensa que traigan estas formas, cuando se multiplican por cientos o miles.

Había un hombre en Washington que era demasiado pobre como para comprar juguetes a su hijo; sin embargo, quería, por encima de todo, hacer feliz a ese niño. Así es que con su navaja de bolsillo esculpió un carrito rudimentario a partir de trozos desechados de madera. Fue tal el éxito, no sólo con su propio hijo sino con todos los niños del vecindario, que lo llevó con un fabricante e hizo una fortuna con él.

Hace muchos años, en Inglaterra, un joven veterinario tenía a su madre confinada a una silla de ruedas. Para suavizar las sacudidas amarró una tira de hule alrededor de las ruedas de metal. Mediante una mejora constante, esas tiras de hule se convirtieron en la famosa llanta Dunlop, que ahora se vende por millones.

Encontramos cientos de historias similares. El único límite para tus oportunidades es el límite de la felicidad humana y ese límite todavía no se ha alcanzado.

"Mi esposo murió hace poco", escribe una pobre viuda atormentada, "dejando sus bienes tan comprometidos que todo parece indicar que vamos a perder todo. ¿Qué puedo hacer? Tengo dos niños pequeños a los cuales vestir, alimentar y educar, y jamás he ganado un peso en toda mi vida. Dime, ¿está mal que rece por la muerte, pues no sé qué más puedo hacer?".

¿Está mal rezar por la muerte? ¿*Tú* qué piensas? ¿Acaso orar por la muerte es una muestra de amor por Dios, de confianza en Él? ¿Qué hizo el antiguo profeta, en un caso similar? "Mi esposo está muerto", se lamentaba la viuda con Eliseo, "y nuestro acreedor vino a llevarse a mis hijos para hacerlos esclavos". ¿Acaso Eliseo exigió que Dios hiciera llover oro sobre ella? Por el contrario, le preguntó qué era lo que tenía en su casa, y con ello la ayudó a obtener su propia salvación.

Lee la historia de María Isabel, y encontrarás un paralelismo prácticamente exacto. Una viuda con tres hijos, sin dinero, y el acreedor, la "Pobreza" exigiendo a esos niños como esclavos. Pero la niña más grande se preguntó: "¿Qué tenemos en la casa?", y descubrió que tenían la capacidad de hacer felices a los demás a través de dulces deliciosos. Hoy en día la familia entera tiene prosperidad e independencia económica.

> ¿No tienes talento? No digas eso;
> al hermano más débil puedes levantar,
> renovado, bendecido e ileso,
> y, ayudado por tu fuerza, podrá caminar.
>
> ¿No tienes talento? Busca en tu interior
> palabras de bondad, ánimo, amor y alegría;
> dilas a aquel a quien sólo tú hablarle podrías,
> salva su espíritu del miedo y del dolor.
>
> Tienes un don especial que nadie tiene,
> porque es sólo tuyo, ¡Oh, escucha a tu corazón!
> Mucho bien quedaría por hacer, sin razón,
> si no cumples la misión que te concierne.
>
> Tú eres un canal de Dios, día con día;
> Él reconforta, habla y guía a través de ti.
> En esta senda bendita Él te necesita, justo a ti.
> ¿No tienes talento? ¡Eso es mentira!".
> —EVELYN GAGE BROWNE

Los antiguos griegos tenían una leyenda de que todas las cosas habían sido creadas por el amor. Todo mundo estaba feliz, porque el amor estaba en todas partes, y competían unos con otros para hacer felices a quienes los rodeaban.

Luego, una noche, mientras el amor dormía, entró el miedo, y con él vino la enfermedad, la carencia y toda la infelicidad pues donde el amor atrae, el miedo repele. Donde el amor da libremente, el miedo teme que no haya suficiente para todos, así que se aferra a todo lo que tiene.

¿Cuál fue el conocimiento del bien y el mal en contra del cual Dios advirtió a Adán en el jardín? ¿Acaso no fue el conocimiento de las cosas a *temer*?

En el segundo capítulo del Génesis se nos dice que Adán y Eva estaban desnudos y no se avergonzaban. ¿Por qué? Porque no conocían el mal; por lo tanto, no temían al mal, pero ellos comieron del Árbol del Conocimiento del Bien y el Mal. Aprendieron acerca del mal. Se ocultaron en el jardín por miedo al mal, e inmediatamente comenzaron a ocurrirles cosas malas, y, desde entonces, han seguido ocurriendo cosas malas a sus descendientes.

Todo era abundancia en el Jardín del Edén. La tierra daba frutos abundantemente. Luego el hombre aprendió a tener miedo. Y habiéndosele dado dominio sobre la tierra, este miedo reaccionó sobre la tierra. El hombre temía que le retuviera sus frutos. Temía que no hubiera suficiente para todos; temía a la víbora y al animal salvaje, quienes antes habían sido dóciles hacia su amor.

¿Cuál fue el resultado? En lugar de dar de su abundancia con agrado, el hombre tuvo que arrancar los frutos de la tierra. En lugar de los frutos y plantas exquisitas del Jardín, la tierra le dio el producto de sus miedos: espinas y cardos. En lugar de una amistad entre él y las bestias del bosque, se produjo el fruto natural del miedo: la sospecha y la enemistad.

Desde el momento en el que comió del Árbol del Conocimiento del Bien y el Mal, el hombre ha cosechado los frutos del miedo, y siempre que mantenga su creencia en el mal, seguirá cosechando los frutos del miedo.

Dios es amor. Y ¿cuál es la primera característica del amor? *Dar*. Dios está constantemente dándonos todo lo que nosotros estemos dispuestos a aceptar.

Pero, por desgracia, tristemente eso es muy poco, pues la primera característica del miedo consiste en cerrar toda abertura, ya sea para que algo entre o salga. El miedo repele. El miedo se aferra a lo que tiene, no sea que después no pueda obtener más. El miedo toma sólo lo que puede sostener en sus manos. No abrirá sus puertas ni dejará que el bien entre. Tiene mucho miedo del mal.

El resultado es que el bien viene a nosotros atravesando el miedo sólo después de grandes luchas y sufrimientos, aunque el bien ha estado todo el tiempo tratando de manifestarse. Es como una fortaleza construida sobre la cima más alta de una gran montaña. Tiene tanto miedo de que venga a ella el mal que se ha alejado al máximo del bien también.

El amor abre los pétalos de las flores y las hojas de todas las plantas hacia el sol, regalando libremente su fragancia y atrayendo de esta manera hacia sí todo elemento que necesita para su crecimiento y deleite.

El amor pregunta "¿qué tenemos en casa que haga felices a otras personas? Y de esa forma atrae hacia sí misma todo lo necesario para su propia felicidad.

¿Cuál es el primer y más grande mandamiento? Dar amor, hacer del mundo un lugar más feliz de como lo encontraste. Hazlo y no podrás evitar que la felicidad venga a ti también.

"A menudo me pregunto", dice Andrew Chapman, "por qué las personas no aprovechan más el maravilloso poder que existe en la amabilidad. Es la más grande palanca para mover el corazón de los hombres que el mundo ha conocido; más grande, por mucho, que cualquier cosa que la sola inventiva pueda concebir o insinuar. La amabilidad es el eje del éxito en la vida; es el principal factor para superar las fricciones y hacer que la maquinaria humana funcione sin problemas. Si un hombre es tu enemigo, no puedes desarmarlo de ninguna otra forma, ni con tanta seguridad, más que actuando hacia él de manera amable".

La dama o el tigre

Se dice que hace mucho tiempo vivía un rey cuyos métodos para administrar justicia eran extremadamente originales.

Construyó una enorme arena donde se sentaba él y todo su pueblo. Debajo de ella colocó dos puertas. Cuando un acusado era llevado delante de él, incriminado por cualquier delito, el rey le daba a escoger una puerta. Si el acusado elegía la puerta correcta, de ella salía una hermosa dama, quien de inmediato se casaba con él; sin embargo, si elegía la puerta equivocada, de ella salía un feroz y hambriento tigre, el cual inmediatamente lo hacía pedazos.

El rey tenía una hermosa hija, y en una ocasión un joven y apuesto cortesano se enamoró de ella y ella de él. Eso era un crimen grave, pues no estaba dentro de los planes del rey que su hija se casara con un plebeyo, sin importar cuán favorecido pudiera estar. Así es que el pobre pretendiente fue rápidamente encerrado en una celda y se le informó que a la mañana siguiente debía enfrentar un juicio en la arena como cualquier acusado común y corriente.

La princesa estaba deshecha. Oró, lloró, pero su padre permanecía firme. Cualquier plebeyo que se atreviera a levantar los ojos para mirarla merecía la muerte, y la tendría: la muerte, o un matrimonio con alguien de su propio nivel.

Al no poder convencer a su padre, la princesa probó suerte con los guardias; no obstante, ninguna cantidad de oro pudo persuadirlos para liberar a su amante. Sin embargo, se enteró de algo: se enteró de qué puerta saldría el tigre y de cuál, la dama. Es más, supo quién era la dama y lo peor fue ¡que se trataba de una mujer que ella había visto más de una vez coqueteando a su amante!

A la mañana siguiente la princesa se encontraba dividida entre el amor y los celos. No podía soportar que su amor fuera asesinado frente a sus propios ojos, y, no obstante, ¿acaso no sería mejor sufrir ese momento de agonía y poder recordarlo como alguien que sólo la amaba a ella, y no verlo día tras día en los brazos de otra, viendo el triunfo en los ojos de esa otra, y ver los ojos de su amante alejarse de ella y posarse en la belleza que estaba entre sus brazos?

Como en un sueño, ocupó su lugar en el estrado a la diestra de su padre. Como en un sueño, vio a su amante dar un paso al frente; él la buscó con la mirada esperando una señal, y vio que le indicaba que eligiera la puerta del lado derecho; luego se cubrió el rostro para ya no ver más.

¿Cuál había elegido, a la dama o al tigre? ¿Cuál elegirías tú en circunstancias semejantes? A juzgar por los diarios de nuestra época, muchos, aún en nuestra así llamada civilización, habrían elegido al tigre. ¿Por qué? Porque preferirían ver a su amante muerto que en los brazos de alguien más. Su idea del amor es la pasión, la autogratificación y si no pueden tener a ese ser amado para ellos, no quieren que nadie más lo tenga, sin importar cuánto pudiera sufrir la otra persona.

En algún momento y en alguna forma u otra, esa elección de la dama o el tigre se le presenta a la mayoría de las personas, y tu respuesta depende únicamente de qué clase de amor albergas. Si se trata de un amor real, no dudarás por un instante, pues el verdadero amor no es egoísta y está libre de todo miedo (y, en realidad, eso son los celos: ¡*miedo!*). El verdadero amor obtiene su felicidad del hecho de dar. Se agasaja en el objeto de sus afectos sin pensar en recibir algo a cambio. Y a través de su generosidad, recibe el verdadero amor.

Pues el amor es un imán. Igual que ocurre con el imán de hierro que produce electricidad, cuando el amor da, atrae hacia sí mismo lo que le corresponde. Y, una vez más, como el imán de hierro, cuando se le termina la fuerza, cuando todo el poder ha salido de él, ¡sólo tiene que frotarse contra otro imán más fuerte para ser renovado!

¿Qué es lo que hace que los hombres y las mujeres se enamoren? No es la belleza; eso atrae la atención. Sin embargo, el amor requiere más que belleza. El amor requiere personalidad, *encanto*, ¡MAGNETISMO!

Y, ¿qué es el magnetismo? ¿Qué, si no el poder que tú EMANAS? Es vitalidad, es un interés desbordante hacia las personas y hacia las cosas. ¡ES AMOR!

No puedes estar centrado en ti mismo y aun así emanar magnetismo. No puedes pensar únicamente en la gratificación de tus propios deseos y aun así esperar ganarte o mantener el amor de otra persona.

El amor produce una corriente de amor, y todos aquellos que entran en contacto con su aura se sienten atraídos hacia ella. El egoísmo, los celos, el odio, son como capas aislantes alrededor de un imán. No sólo impiden que el amor salga, sino que evitan que cualquier cosa entre. Una persona egoísta, una persona celosa, una persona enojada, no tiene magnetismo. Repele a todos aquellos con los que entra en contacto. Ha desactivado su propia corriente, y se ha aislado a sí misma de cualquier cosa procedente del exterior.

Recuerdo haber leído la historia de un hombre que enfrentaba una demanda grave. Tenía amargura y resentimiento, pues sentía que sus oponentes habían sido sumamente injustos; sin embargo, al parecer el pleito se estaba resolviendo en su contra.

Acudió con un maestro de las ciencias mentales y le expuso su caso. El maestro le dijo que jamás llegaría a ninguna parte con este caso hasta que se despojara de su resentimiento y de su odio. "Bendice a tus oponentes", le aconsejó. "Comprende que de alguna manera aún no evidente te están haciendo un favor. Repite para ti mismo, cuandoquiera que te asalten pensamientos de resentimiento: 'Vivo guiado por la ley del amor'. Y luego trata de actuar conforme a eso".

El hombre lo puso en práctica, y descubrió que no podía seguir diciendo y utilizando esta afirmación sin que eso influyera en todo lo que hacía. Se presentó una oportunidad verdaderamente inesperada de hacer un gran favor a sus oponentes. Con renuencia lo hizo, y, he aquí, eso abrió el camino para una solución justa: una solución que resultó ser, al final, mucho más benéfica para él que ganar el caso.

—No dudes, no temas, trabaja y espera; tan cierto como que el amanecer vencerá a la oscuridad, así el amor sobre el odio triunfará.— De este modo escribe Douglas Malloch, y en el número más reciente de la revista *Nautilus*, Sonia Shand cuenta sobre un "juego del amor" que apoya la misma idea.

Se basa, dice, en *La fierecilla domada* de Shakespeare. Como recordarás, en la obra, sin importar lo que Catalina hiciera o dijera, Petruchio actuaba como si ella estuviera accediendo a sus deseos, y entre más rebelde se volvía, más la elogiaba por su dulce sometimiento a todos sus deseos. Bueno, este juego es así de simple. No importa lo que ocurra durante el tiempo en que estés jugando tu juego de amor, sonríe y di que todo está bien y es maravilloso.

No importa si un cobrador temido viene a golpear a tu puerta, o si los hijos de tus vecinos arrancan tus flores favoritas, o si ocurre cualquiera de los cientos de cosas molestas que forman parte de tu existencia diaria, simplemente sonríe y da las gracias por ellas como si fueran grandes bendiciones en lugar de pruebas perturbadoras.

Expresa un sentimiento de amor hacia todas las cosas que te molestan como si fueran lo mejor que te hubiera sucedido en la vida. Te sorprenderán los resultados que obtendrás de este pequeño juego, porque en el amor, sin importar qué tan pequeños sea, existe un poder ilimitado para el bien y jamás se desperdicia.

Habrás escuchado el viejo adagio de que una respuesta amable transforma la ira. Este juego incorpora ese mismo principio, pero también muchas otras cosas. No resistirse es una cosa, pero en sí mismo es negativo. Agrégale tus alabanzas y bendiciones y la transformarás en una fuerza positiva para el bien.

Amar todas las cosas es nuestra herencia natural. Eso fue lo que hizo que Adán y Eva fueran tan felices en el Jardín del Edén. La serpiente del miedo se metió a sus corazones y los arrojó del Edén, pero todos podemos remontarlo si utilizamos el juego del amor.

Haz la prueba. Y mientras lo estás probando, asegúrate de alabarte *a ti mismo*. Visualízate como el individuo perfecto en el que siempre has esperado convertirte. Sé la persona encantadora, noble, agradable que es elevada por los poderes del amor a un nivel que está por encima de todas las cosas sórdidas, insignificantes, molestas y desagradables de la vida. Sé esa persona durante una hora todos los días, y te sorprenderá cuán rápidamente serás así todo el día.

Puedes utilizar este juego de amor en tu casa, en tu trabajo, en cualquier cosa que estés haciendo y donde quiera que estés realizando una actividad.

Si eres un hombre de negocios, abrumado tal vez por una pesada carga de deudas y obligaciones, bendice a tus acreedores con el pensamiento de la abundancia a medida que vas acumulando los medios para pagar tus obligaciones. Mantén la fe que tuvieron en ti incluyéndolos en tus oraciones de multiplicación. Comienza a liberarte inmediatamente haciendo todo lo que se encuentre a tu alcance con los medios que posees, y a medida que continúes haciéndolo en este mismo espíritu, el camino se abrirá para que hagas más, pues a través de los caminos del espíritu vendrán más medios a ti y todas tus obligaciones quedarán satisfechas.

Si eres un acreedor, ten cuidado con la clase de pensamientos que mantienes acerca de tu deudor. Evita el pensamiento de que no está dispuesto a pagarte o que no puede pagarte. Por un lado piensas que es deshonesto y, por el otro, que es un sujeto con carencias, y ambos pensamientos tienden a cerrar la puerta a la posibilidad de que te paguen pronto.

Declara la provisión abundante tanto para tus acreedores como para tus deudores, y así los ayudas a prosperar. Reza y trabaja para su bien así como para tu bien, pues tu bien es inseparable del suyo. Debes a tu deudor lo mismo que él te debe ti y tu deuda es una deuda de amor. Págale tu deuda y él te pagará la suya. Toma cualquier cosa en tu vida que parezca no estar yendo bien, y dedícale unos cuantos minutos al día para darle un "tratamiento". Recuerda primero que la armonía y el verdadero éxito son el propósito divino de tu vida, que no existen excepciones a esta ley, y que por tanto, esta dificultad en particular debe estar bajo esa ley. Siendo esto así, aquello que te preocupa no puede ser inarmónico o negativo, una vez que conoces la verdad al respecto. Sabe, por tanto, que la verdad es que, de una u otra forma, esta dificultad está trabajando para tu bien, y que debajo de su apariencia áspera y desagradable existe una semilla de bien perfecto para ti. Así pues, bendice el bien que hay en su interior.

¿Cómo hace la semilla del nogal negro para romper su dura cáscara y hacer brotar un tallito verde que posteriormente crece y se convierte en un enorme árbol? ¡A través de calor interno! Y así es como tienes que romper la cáscara de toda dificultad y prueba con la que te enfrentes: bendiciendo la semilla del bien que sabes que existe en el interior, alabándola y amándola hasta que se expanda y rompa la cáscara y brote como la planta aromática del bien para ti.

La alabanza, la bendición, la acción de gracias, EL AMOR, todo ello resolverá cualquier dificultad y domará a cualquier fierecilla de enfermedad o problema. Comienza todos los días diciendo: "Dios ha creado este día; me regocijaré y estaré contento. Doy gracias a Dios por la vida abundante; doy gracias a Dios por el amor que perdura. Doy gracias a Dios por la alegría; doy gracias a Dios por la salud vibrante; doy gracias a Dios por la provisión infinita. He despertado a un nuevo día. Me uno a las aves y a todas las cosas creadas en una alabanza gloriosa y en acción de gracias. Señor, te doy las gracias por la abundancia que es mía".

> Si he fallado tantas veces
> en mi gran misión de ser feliz,
> si en mi rostro no aparece
> de una leve sonrisa el matiz,
> si a mi corazón no mueven
> ni los cielos matinales,
> ni libros, ni mi alimento,
> ni la lluvia de Verano;
> si ya nada me conmueve,
> Señor,
> de Tu espada los metales
> me hieran sin miramiento,
> o me rescate Tu mano.
>
> —Robert Louis Stevenson

Ejercicio para el capítulo 13

Recuerda, en *La feria de las vanidades*, al propietario de una hermosa finca que siempre llevaba bellotas en el bolsillo, y que cuando recorría sus tierras, si llegaba a un lugar sin sembrar, hacía un pequeño hoyo con el pie y dejaba caer una bellota en él. "Una bellota no cuesta nada", le daba gusto decir, "pero puede convertirse en un enorme trozo de madera".

Lo mismo ocurre con las palabras de alabanza, de bendición. No cuestan nada, pero cuando son plantadas en los lugares baldíos de la conciencia humana, producen una enorme felicidad, como lo expresó Willa Hoey:

> Son las cosas pequeñas que hacemos y decimos
> las que mucho significan a lo largo del camino.
> Un acto bondadoso puede aligerar la carga
> de unos hombros fuertes, a los que el cansancio embarga;
> o una palabra gentil, como lluvia de Verano,
> puede calmar el corazón y el dolor de algún hermano,
> pues la alegría o tristeza que a veces ni sueñas,
> provienen de esas cosas, de las cosas pequeñas.

Escribe en tu corazón que cada día es el mejor día del año. No existe el mañana; no existe el ayer. Sólo existe el AHORA eterno. Así pues, saca el máximo provecho de tu felicidad ahora, mientras puedes.

Tú creas tu propio ambiente, así que sólo TÚ eres el responsable si alguna situación te parece infeliz. Así pues, sólo TU puedes rectificarla. Debes curarla en tu propio pensamiento antes de que pueda remediarse en alguna otra parte. "Nada es malo, pero el pensamiento lo convierte en malo".

En lugar de albergar pensamientos de infelicidad, de enfermedad, de pobreza y carencia, habla al Dios que está en ti sobre las cosas buenas que deseas. Comienza con lo que tienes, y sugiérele todos los días que te estás volviendo más fuerte, más saludable, más rico, más feliz. Habla con él como lo harías con un padre amoroso y millonario, describiéndole las mejoras que ves en tus asuntos, el cuerpo más estilizado que tienes en tu mente, el trabajo más importante que deberías estar haciendo, la casa más hermosa, las recompensas más abundantes. Platícaselas diez minutos todos los días cuando estés a solas con él. Te sorprenderá con cuánta rapidez te ayudará a llevar a cabo tus sugerencias.

No te preocupes por la manera en la que van a manifestarse las condiciones que deseas. Simplemente habla con él con confianza, con serenidad, con alegría, y luego déjale el resto a él. Y para tus oraciones, a continuación te muestro una afirmación que se utiliza en Unity y que ha resultado ser inusualmente efectiva:

"Padre mío, pongo toda mi dependencia en ti, que eres el dador de todo don bueno y perfecto. Tú que eres la fuente de mi ser, también eres la fuente de mi provisión. Todo lo que alguna vez necesitaré está en tu mente para mí, preparado para mí, desde el principio. La sustancia omnipresente, la vestimenta con la que arropas a tu universo, con la que se nutres a toda tu creación, también está destinada a ser mía para que pueda tenerla y utilizarla para satisfacer todos mis deseos y para la bendición de tus demás hijos. Yo me abro plenamente a través de mi fe en ti, a través de mi visión de tu abundancia, a través de mi expectativa de que se manifieste para mí. Abro mis manos, mi billetera, mi armario, mi negocio, mi cuenta bancaria, y tú, de tu reserva abundante, llenas hasta rebosar con tu propio bien omnipresente y en tu propia buena medida cada recipiente que te presento, medida buena, incluso apretada, remecida y desbordante. Te agradezco, Padre mío, porque a través del Cristo que está en mí puedo tocar tu sustancia omnipresente y todo mi mundo es revestido con tu opulencia. Te alabo y te doy las gracias porque en este momento y a lo largo de toda la eternidad yo soy uno contigo y, en esta unión, todo lo tuyo es mío y lo mío es tuyo, por siempre y para siempre".

A lo largo de este libro te proporcionaré una serie de afirmaciones para que las utilices en distintas condiciones. No trates de utilizarlas todas al mismo tiempo. Utiliza una hasta que te familiarices tanto con ella que la repitas de memoria. Luego cambia a otra. Todas son útiles. La simple afirmación "yo soy bueno", "yo soy fuerte", "yo soy capaz", es una afirmación edificante que tiende a hacer que tu subconsciente comience a tratar de manifestar esa condición en ti, tal y como las afirmaciones negativas como "soy pobre o estoy enfermo" tienden a hacer que esas condiciones se vuelvan realidad. Así pues, siempre trata de recordar ALABAR a Dios en todas las cosas y en todas las condiciones con las que te encuentres. Alábalo y busca a la divinidad en cada una de ellas.

TODAS NUESTRAS ORACIONES SON RESPONDIDAS

Bonnie Day

Todas nuestras oraciones son respondidas
y cada deseo que en nuestra mente forjamos
lleva su propia cosecha de la misma especie.
El que sueña con belleza, percibe encendidas
las alas de un ángel; si el saber anhelamos,
vendrá el maestro que de saber se precie;
mas los pensamientos oscuros traen espinas
que hieren el corazón y dañan la vida.

Mantente alerta, alma mía, no sea que la semilla,
soplada por el viento, caiga en el fértil suelo
de tu pensamiento y se aloje, con denuedo,
en la tapia del jardín y crezca la maleza nociva para ti.

Dan fruto las oraciones silenciosas;
atraen hechos amorosos los pensamientos de amor.
Nuestras oraciones, tibias o fervorosas,
son siempre contestadas según nuestro credo interior.

XIV

LAS TRES LEYES DE LA VIDA

Durante miles de años, los filósofos han sostenido discusiones acerca del problema de por qué tan a menudo hombres sin escrúpulos o sin conciencia tienen éxito, mientras los hombres buenos, con las mismas capacidades, fracasan. Algunos nos dicen que esto se debe a que las personas malas tienen sus disfrutes en este mundo y que van a sufrir por ello por toda la eternidad, mientras que nosotros recibiremos la recompensa de la felicidad y la abundancia después. Esto es un tanto insatisfactorio, especialmente cuando quienes están cerca de nosotros y a quienes amamos están sufriendo porque carecen de cosas que deberíamos poder proporcionarles. Sin embargo, para muchos, esto debe bastar.

¡Pero no para todos! Algunos han aprendido que existen leyes definidas que gobiernan el éxito, tan definidas y con resultados tan ciertos como las leyes de la física.

Estas leyes básicas gobiernan todo lo que haces. Rigen a toda la humanidad, le guste o no a la humanidad. Son distintas a las leyes hechas por los hombres en cuanto a que gobiernan a ricos y pobres por igual. No tienen deferencias ni hacia los ricos ni hacia los pobres, ni hacia los débiles ni hacia los poderosos, sólo hacia aquellos que tienen un corazón comprensivo. Fue con ellas en mente que el más sabio de todos los reyes de la antigüedad nos exhortó a buscar primero el entendimiento, y nos dijo que todo lo demás nos sería dado por añadidura. En resumen, esas leyes son:

1. *La Ley de los Promedios*, bajo la cual el hombre común no es mejor que los animales, y sus oportunidades de tener felicidad o éxito en la vida son de una entre cien.
2. *La Ley de la Tendencia*, que se inclina hacia el otorgamiento de vida. En la medida en la que un hombre se alíe con esta gran fuerza fundamental de la naturaleza, en esa medida mejora sus oportunidades de alcanzar el éxito.
3. *La Ley de la Atracción Capilar*, la cual da a todo núcleo el poder de atraer hacia sí mismo aquello que necesita para su crecimiento y realización. Es a través de esta tercera ley que el hombre puede elevarse por encima de la Ley de los Promedios. Es a través de su uso, junto con la Ley de la Tendencia, que puede alcanzar cualquier altura, lograr cualquier meta.

Bajo la Ley de los Promedios, el hombre común está sujeto a estados alternados de abundancia o hambruna, felicidad o miseria, tal y como lo están los animales. La naturaleza parece dilapidar irresponsablemente. Produce suficientes peces como para atascar el mar y luego deja que los muchos mueran para que los pocos puedan vivir. Proporciona vida con una mano pródiga, y luego parece despreocuparse por completo, dejando que las masas sufran o perezcan, siempre que los pocos sobrevivan.

Al hombre le ha dado riquezas inagotables, pero los pocos poseen la mayoría de ellas, mientras los muchos trabajan para servirlos.

Esa es la Ley de los Promedios en el reino animal. Esa es la Ley de los Promedios para el hombre de las masas; pero para el hombre, el individuo, reserva un destino diferente.

Siempre que elija ser gobernado por la Ley de los Promedios, el hombre deberá contentarse con su única oportunidad de entre cien de lograr la prosperidad y la felicidad. Pero deja que se separe de las masas y puede escoger su propio destino.

Y la manera de separarse de las masas no consiste en viajar a algún desierto o a alguna isla olvidada ni en enclaustrarse en una celda solitaria, sino en subirse a su carruaje y emprender el viaje hacia la estrella de algún propósito intenso, y así, salirse de la masa de la humanidad meramente animal, egoísta, centrada en sí misma, y aliarse con la gran ley fundamental del universo que lleva a toda la humanidad a la cúspide.

La palabra "hombre" significa administrador o distribuidor. El propósito del hombre aquí en la tierra consiste en utilizar y distribuir los buenos dones de Dios. En la medida en la que coopere con este propósito se estará aliando con las fuerzas que dan sustento a toda la naturaleza. En la medida en la que busque sólo sus fines egoístas, se estará oponiendo a ella. Jesús dijo: "He venido para que ellos tengan vida y la tengan en abundancia". Y él demostró su misión dando más vida a todos aquellos que la buscaban.

¿Y qué es la "vida"? La vida es energía. La vida es poder. La vida es abundancia. La vida es la fuerza creativa a partir de la cual el mundo y todo lo que hay en él fue creado en el principio y es creado en el presente.

Según yo lo veo, Dios es el principio de vida que permea y dirige el universo. Sus "hijos" son las mentes o seres espirituales individuales subconscientes que nos respaldan vertiendo vida en nosotros, guiando y gobernando (según nosotros se los permitamos) todas las funciones complicadas de nuestro cuerpo, todas nuestras circunstancias y condiciones externas.

Estos "hijos" son como los grandes genios, que poseen todas las riquezas, toda la felicidad, toda la sabiduría en su propio plano, pero que son forzados a reflejar esos regalos divinos en el plano material sólo en la medida en la que nosotros (sus espejos) podamos entenderlos y expresarlos.

Ellos vierten su energía de vida a través de nosotros en una corriente continua, como las placas de acero que son alimentadas en máquinas troqueladoras en una planta siderúrgica. Cuando entran, son vida potencial, poder potencial, riquezas potenciales; sin embargo, al igual que las placas de acero, cuando salen es sólo lo que hemos expresado a través de ellas lo que nuestra máquina estampadora (nuestras creencias más arraigadas) ha impreso sobre ellas.

Cualquier cosa que creamos de verdad, cualquier cosa que amemos y bendigamos y mantengamos constantemente en nuestro pensamiento como algo nuestro, se manifiesta en nuestra vida, en nuestro cuerpo, en nuestras circunstancias. Como la luz que brilla a través de un prisma, se descompone en los colores que lo conforman cuando pasa por nuestra mente consciente. Sin embargo, al igual que ocurre con el prisma, nuestra mente puede ser oscurecida por el miedo y la preocupación y apagar todos los colores alegres. Es una corriente perfecta de energía vital que comienza a pasar a través de nosotros, pero así como un troquel de mala calidad en una máquina estampadora puede cortar patrones toscos y desagradables en el mejor de los aceros, así como un prisma defectuoso puede convertir los rayos del sol en sombras, así tus creencias pueden transformar la energía vital perfecta en manifestaciones de enfermedad, pobreza y miseria. Dios no las impone sobre ti; eres tú quien lo hace.

El primer principio, entonces, consiste en cambiar el patrón: estar al pendiente de tus creencias como el director de la U.S. Mint vigila los moldes que fabrican las monedas que produce.

En lugar de imaginar las cosas que TEMES, estampando así su molde en la energía vital que pasa a través de ti, imagina las condiciones que DESEAS. "Todo cuanto pidas en la oración, cree que ya lo has recibido y lo tendrás".

¿Qué es lo que quieres? Reconoce que tu yo espiritual lo tiene. Como la flor perfecta en el pequeño capullo que aún no se ha abierto, está ahí, y sólo necesita la luz del sol de tu fe para abrirse.

Has visto a los árboles en el invierno, con todas sus ramas desnudas, sin una sola señal del hermoso follaje que pronto habrá de brotar de ellas. Sin embargo, las hojas ya están ahí, perfectamente formadas, esperando sólo los cálidos rayos del sol para salir. De la misma forma, las cosas que tú deseas ya están a tu alrededor, sin importar cuán desnudo pueda verse todo. Sólo necesitan el rayo del sol de tu fe para manifestarse.

Ese es el primer paso: ¡*tener fe*! Ese es el patrón que moldea todas tus circunstancias; *tus creencias*. Corrige ese patrón. Ahí están los hombres sin escrúpulos que se aprovechan de sus hermanos que tienen una menor comprensión. Lo sepan o no, han descubierto el hecho de que el primer elemento esencial del éxito material consiste en creer en sí mismos, creer que el mundo les pertenece, creer que el mundo les debe una forma de vida. Quizá no bendigan conscientemente las cosas que desean, pero las aman, las anhelan y las ponen por encima de todo lo demás, y como Dios es amor, algunas veces parece que sólo tenemos que amar algo con gran intensidad para obtenerlo.

En ese sentido, están en lo cierto. Su problema es que no se molestan en mirar a su alrededor para buscar fuentes correctas a partir de las cuales pueden atraer su provisión. Toman todo aquello que está suelto, y tarde o temprano entran en conflicto con la Ley de la Tendencia y terminan en la ruina.

Esta Ley de la Tendencia es nuestro siguiente paso, pues *requiere la cooperación* de las fuerzas creadoras de vida del universo: *nadar con la corriente.*

La Ley de la Tendencia se basa en el hecho de que la vida tiene como propósito el crecimiento. Las fuerzas de la naturaleza son fuerzas dadoras de vida. Sus tendencias fundamentales se inclinan hacia el progreso de la vida, hacia el bien del mundo. Los negocios y las personas cuyo trabajo está alineado con esa tendencia son catapultados por la gran marea del bien. Aquellos cuyo trabajo tiende a socavar el movimiento hacia delante de la vida, tarde o temprano son hechos a un lado y arrojados a las rocas.

Ella Wheeler Wilcox expresó este pensamiento de una forma muy bella cuando escribió:

El mundo tiene miles de credos y yo no tengo ninguno,
    ni una Iglesia en especial, aunque un millón de agujas
    disparadas apuntan hacia lo alto,
pero me mantengo en el regazo de la fe que me transporta
    a lo largo del camino como a través de un río,
y la lámpara de mi alma se mantiene encendida por el amor
    a la vida, al mundo y al Dador.

Puedo oírte decir: "Conozco a muchos hombres y mujeres valiosas cuyos esfuerzos siempre se dirigieron hacia el bien, y, sin embargo, son verdaderos fracasos". Es cierto, pero también conozco a muchos nadadores que no pueden mantenerse a flote a lo largo de treinta metros, aun cuando tengan la corriente más intensa detrás de ellos. La corriente es el segundo paso. El primer paso consiste en corregir tu patrón; en otras palabras, aprender a nadar. Y tener la corriente a tu favor no hace menos necesario ese primer paso.

Cree en ti mismo. Mírate como uno de los Señores del Universo. Reconoce que el universo te pertenece. CREE QUE TIENES las cosas que deseas. Ámalas. Bendícelas. Dale gracias a Dios por ellas, incluso antes de que se manifiesten. "Señor, te doy las gracias por la abundancia que es mía".

Ese es el primer elemento fundamental. El segundo consiste en UTILIZAR tus poderes para el bien: *ponerte del lado de las fuerzas dadoras de vida*.

"Suena bien", tal vez dirás, "pero me gustaría que me dijeras cómo voy a utilizar las riquezas para el bien ¡cuando mi principal razón para tomar este curso es aprender a OBTENER riquezas para mantener al lobo alejado del puerta!".

El primer elemento esencial en la creación de cualquier cosa —ya sea una casa o un automóvil o una fortuna— es la imagen mental. Antes de que Dios hiciera al hombre, lo "imaginó"; es decir, formó una imagen mental de él. Luego vertió su energía vital en esa imagen, y se convirtió en el hombre. Antes de que un arquitecto construya una casa, dibuja una imagen mental de esa casa, y la "imagina" en el papel. Luego aplica materiales y energía a esa imagen y se convierte en una casa. Antes de que puedas construir una fortuna debes formarla en tu imaginación. Debes "imaginarla" en el plano mental, y en esa imagen mental debes pensar que ya te pertenece. En otras palabras, "¡cree que ya la TIENES!". Una forma sencilla de hacerlo es mediante el "mapa del tesoro" descrito en el capítulo 10.

Uno de los datos sorprendentes de la ciencia moderna es que este universo no es un producto terminado. La creación continúa a nuestro alrededor: se están formando nuevos mundos, y la energía cósmica está tomando forma en millones de moldes diferentes.

Sin embargo, un hecho aún más sorprendente para la mayoría de nosotros es que NOSOTROS MISMOS SOMOS CREADORES y que podemos formar hoy el mundo que en lo personal estaremos viviendo mañana.

Las personas culpan a su entorno, a su educación, a sus oportunidades, a su suerte, por sus condiciones. Están equivocadas. Sólo hay una persona, y sólo una, a la cual responsabilizar: a sí mismos. Ellos son, en realidad, el resultado de sus pensamientos de ayer y de los muchos ayeres que les precedieron. Están formando hoy el molde de lo que serán en los años por venir.

El fracaso no existe. Seas pobre y enfermizo, o rico y fuerte, has tenido éxito en una cosa. Has comprimido la energía cósmica alrededor de ti en el molde que mantuviste delante del ojo mental de tu yo interno. Has catalogado a las fuerzas que trabajaron contigo como "buenas" o "malas", y según las has catalogado, así han sido para ti como sirvientes; buenas o malas.

Sin embargo, hay un final feliz. No necesitas dejar las cosas como están. Si no te gustan los resultados actuales puedes renombrar a esos sirvientes. Puedes bendecir y alabar el bien sin importar cuán pequeño pueda parecer, y a través de tu alabanza y tu bendición, puedes expandirlo miles de veces. Eso nos lleva al tercer paso: "La Ley de la Atracción Capilar".

Planta una semilla de maíz en el suelo, y atraerá hacia ella de la tierra, del agua, y del aire todo lo que necesita para crecer. Planta la semilla de un deseo en tu mente y formará un núcleo con el poder de atraer hacia sí todo lo que necesita para su realización. Sin embargo, así como la semilla de maíz necesita los rayos del Sol, el aire y el agua a partir de los cuales atraer las energías necesarias para producir la mazorca perfecta, así tu semilla del deseo necesita el rayo del Sol de una fe perfecta, el suelo fructífero de una fuerza de voluntad mantenida firmemente para ese único propósito.

Este es el Alfa y el Omega de todo logro: que toda semilla tiene en sí misma la planta perfecta; que todo deseo correcto tiene en sí mismo su realización perfecta, pues el deseo es la oportunidad que Dios tiene de tocar a tu puerta. La semilla debe ser plantada, debe tener nutrientes y luz del Sol. El deseo debe ser plantado decididamente, comenzando con el paso inicial para su logro; debe ser nutrido a través de una fuerza de voluntad que se aferra a su propósito y debe tener los cálidos rayos del Sol de la fe perfecta. Si estos están presentes, atraerá hacia sí mismo cualquier cosa que necesite para manifestarse.

Como verás, la Ley de la Atracción Capilar se basa en el principio del crecimiento a partir de la vitalidad inherente a la semilla o la idea misma. Es como una bola de nieve que comienza sólo con un puñado de nieve y que, sin embargo, cuando recoge todo aquello con lo que entra en contacto, ¡termina en una avalancha!

Primero la semilla, el deseo. Luego, plantar, el paso inicial necesario para comenzar su manifestación. Tercero, cultivar: trabajar continuamente hacia el fin deseado. No puedes simplemente desear que algo exista. Pero puedes utilizar la voluntad tal y como el capitán de un barco utiliza un timón: para sostener la herramienta de tu propósito hasta que llegas al destino deseado. Cuarto, los rayos del Sol —la FE— sin los cuales todo lo demás se convierte en nada. Sin los rayos del sol la semilla se pudre en la tierra y la planta se marchita en el tallo. Sin la fe tu deseo morirá sin haber nacido. Cree que recibirás. Ve el plan perfecto en la semilla. Ve la realización perfecta en el deseo.

El profesor Wm. James de Harvard, el más grande psicólogo que este país ha conocido, escribió: "Si tan sólo pones suficiente dedicación para obtener un resultado, casi con toda certeza lo lograrás. Si deseas ser rico, serás rico; si deseas tener educación, la tendrás; si deseas ser bueno, serás bueno, sólo que, entonces, debes desear en verdad estas cosas, y desearlas de forma exclusiva, y no desear al mismo tiempo y con la misma fuerza cientos de cosas incompatibles".

Sin embargo, cuida que tu deseo se incline a dar vida, a la manifestación del bien. No puedes obtener mucho de una bola de nieve si la empujas hacia la cima de la colina. Si lo haces, crecerá y será más grande que tú, se te saldrá de control, y te sumergirá en la catástrofe resultante. El fruto que produzcas participará de la misma naturaleza que la semilla que plantes. Si no hay amabilidad en la semilla, si no hay amor hacia sus semejantes, si no hay nada más que autogratificación, el fruto de tu árbol será de la misma clase. Será amargo para otros; y resultará amargo para ti en tu boca.

Ahora bien, ¿cómo se aplica esto a ti? Existen ciertas cosas que tú quieres de la vida: éxito, riqueza, fama, honor, amor, felicidad, salud, fuerza. Todos ellos son deseos valiosos. Es completamente posible que los logres todos. ¿Cómo vas a hacer para obtenerlos?

Tu trabajo aquí en la tierra consiste en distribuir ciertos dones dados por Dios —ciertos bienes, ciertos servicios, ciertas habilidades— con el fin de que el mundo pueda ser mejor por el hecho de que tú hayas estado en él.

En el antiguo Egipto se creía que a cada persona se le daba un "Ka" o un "Doble" al momento de nacer, que era su SER REAL. Tenía un poder infinito para hacer el bien. El cuerpo era únicamente su reflejo, visto a través del cristal de la mente consciente.

Lo mismo pasa contigo. Tu Yo Real es la imagen de Dios para ti: del Dios que está en ti. Él te dio potestad sobre toda la tierra. ¿Puedes imaginarlo, entonces, como alguien impotente bajo toda circunstancia, sumido en la pobreza, dudando con respecto al lugar de donde procederá su abundancia?

Sí crees en Dios, debes creer en su inteligencia. Y siendo Él inteligente, no creó nada sin un propósito. Todo encaja en su plan. Tú, por ejemplo: Él te creó con el propósito de llevar a cabo cierto trabajo. Y, siendo así, parecería bastante seguro que te haya dado todas las capacidades y todos los medios necesarios para llevar a cabo de manera perfecta ese trabajo, ¿no es así?

Sin embargo, ¿cómo puedes saber cuál es ese trabajo? Muy fácil: detente a analizar tus ambiciones y deseos. Ellos son tus indicadores subconscientes. No hablo, por supuesto, de los deseos meramente egoístas para la gratificación de alguna vanidad o pasión personal, sino de las ambiciones grandes y profundas que vienen a ti en momentos exaltados. Ellos son los indicadores de Dios en ti que te inspiran a EXPRESAR en el plano material el trabajo que Él ya está haciendo en el plano mental.

Digamos que tienes una idea que hará más fácil el trabajo del mundo, que hará la vida más fácil y más feliz para un gran número de sus habitantes. Das los pasos que te parecen apropiados para lograr esa idea. Sin embargo, llegas a un punto en el que la falta de dinero o la falta de conocimiento u otras circunstancias te dejan varado, aparentemente en la orilla de la cuerda. ¿Qué harás entonces?

¡REZAR! ¿Y cómo vas a rezar? Jesús nos dio la fórmula: "Todo cuanto pidas en la oración, cree que ya lo has recibido, y lo tendrás".

No obstante, ¿cómo puedes creer que tienes cuando te encuentras sin recursos y no existe una salida posible a la vista? ¿Cómo? Sabiendo que Dios en ti, tu SER REAL, ya tiene la respuesta en el plano de lo REAL. Visualizando el resultado final, imaginándolo en tu mente, y luego entregándoselo a Dios en ti para que te muestre el siguiente paso necesario para reflejar ese resultado en el plano material, con la confianza serena de que, ya que él ha encontrado la respuesta, su EXPRESIÓN, paso a paso, a través de ti, es sencilla.

Repite para ti "y reconoce" que eres rico, que eres exitoso, que estás bien, que eres feliz y que posees toda buena cosa que desees. Utiliza tu "Mapa del tesoro" para imaginar estas cosas, y luego cree que las TIENES.

No importa cuán limitada sea tu educación, no importa qué tan difíciles sean sus circunstancias, Dios en ti tiene el conocimiento, los medios y el poder de lograr cualquier cosa correcta que puedas desear. Dale un trabajo, y ¡está HECHO! ¡Lo TIENES! Sólo tienes que ver ese resultado final en tu mente —"CREE QUE LO RECIBIRÁS"— para así comenzar a reflejarlo en el plano material.

Ahí yace el núcleo de todo éxito, el núcleo que tiene tanta vida que atrae hacia sí mismo todo lo que necesita para su expresión plena: *la creencia de que TIENES*.

Es el secreto del poder, el talismán de Napoleón. Para adquirirlo se necesitan sólo tres cosas.

1. Reconoce que este mundo es un mundo de inteligencia. Nada existe por casualidad. Fuiste creado con un propósito, y te fueron dadas todas las habilidades y todos los medios necesarios para el logro de ese propósito. Así que jamás debes dudar sí serás lo suficientemente capaz, o lo suficientemente inteligente, o lo suficientemente rico para llevar a cabo las cosas que se requieren de ti. "El Padre sabe que tienes necesidad de estas cosas", así que haz aquello que se te ha encomendado con el conocimiento sereno de que tus necesidades serán satisfechas.

2. Reconoce que Dios en ti, que es tu Yo REAL, ya está haciendo el trabajo que se te encargó, así es que todo lo que tienes que hacer es VER ese resultado manifestado, y REFLEJARLO paso a paso en el plano material, a medida que el camino se vaya abriendo para ti. "Y tus oídos escucharon una palabra detrás de ti diciendo: este es el camino. Camina por él".

3. Ten una fe serena en la capacidad de tu Dios de expresar los resultados finales a través de ti. Cuando puedas VER ese resultado en tu mente como algo que ya se ha logrado, te darás cuenta que no necesitas temer o preocuparte o apresurarte y hacer las cosas sin pensar. Puedes ir avanzando tranquilamente y hacer aquello que se te indique que hagas. Cuando parezca que estás llegando a un callejón sin salida, puedes esperar pacientemente, dejando el problema a Dios en ti con el conocimiento confiado de que, en el momento correcto y de la forma correcta, te va a dar una "pista" mostrándote lo que debes hacer.

La ley fundamental del universo, como recordarás, es la Ley de la Atracción. Atraes hacia ti cualquier cosa que ames en verdad, que bendigas, y CREAS que es tuya.

Sabiendo que Dios en ti tiene el fruto de tu deseo —sabiendo que la hoja perfecta se encuentra en el tallo desnudo de tus circunstancias actuales— es más fácil verter esa vida, ese amor y esas bendiciones en esa hoja de modo que rompa sus limitaciones y florezca para que todos la vean.

Así pues, al igual que los antiguos egipcios, comulguemos con el Dios que está en nosotros día y noche, tanto como el reflejo que vemos en el espejo puede comulgar con nosotros:

> Mi realidad, te saludo; y te saludo a ti, el "yo" perfecto que Dios creó. Tú tienes un cuerpo perfecto, hecho a imagen y semejanza de Dios. Haz que ese cuerpo perfecto se manifieste en mí. Tú tienes riquezas infinitas, dominio sobre todas las cosas. Utiliza ese dominio, te pido, para poner al descubierto y manifestar en mi vida, en mi trabajo y en mi entorno el reflejo perfecto de [menciona cualquiera que sea tu deseo específico].

Luego VE, en tu mente, cómo Dios en ti hace aquello que deseas hacer, poniendo énfasis en los rasgos que deseas cultivar, mostrando las riquezas o posesiones que deseas tener. Sabe que Él las TIENE. Y tan pronto como puedas VERLAS a través del prisma de tu mente consciente, tan pronto como puedas *entender* que las posees, *¡tú también las reflejarás para que todo el mundo las vea!*

TUS ORACIONES SON RESPONDIDAS

Bonnie Day

Todas nuestras oraciones son respondidas
y cada deseo que en nuestra mente forjamos
lleva su propia cosecha de la misma especie.
El que sueña con belleza, percibe encendidas
las alas de un ángel; si el saber anhelamos,
vendrá el maestro que de saber se precie;
mas los pensamientos oscuros traen espinas
que hieren el corazón y dañan la vida.

Mantente alerta, alma mía,
no sea que la semilla,
soplada por el viento,
caiga en el fértil suelo
de tu pensamiento
y se aloje, con denuedo,
en la tapia del jardín
y crezca la maleza
nociva para ti.

Dan fruto las oraciones silenciosas;
atraen hechos amorosos
los pensamientos de amor.
Nuestras oraciones,
tibias o fervorosas,
son siempre contestadas
de acuerdo a nuestro credo interior.

XV

UNA ORACIÓN POR EL TRABAJO

Señor, dame trabajo. Todo el trabajo es Tuyo.
Permite que Tu obra, la haga yo mía.
Dame mi parte y deja que comparta, sin orgullo,
Tu alegría de hacer siempre más hermosa la vida.
Dame mi parte y con ella dame la voluntad
de hacer que mi vida complete Tu Plan.
Día tras día, Señor, ayúdame a ver
que mi más humilde tarea, por Ti la he de hacer.

—ESTHER ANN CLARK

Todo el día y todos los días, Dios en ti está repitiendo: "YO SOY". Sin embargo, Él permite que tú finalices la oración. Puedes agregar "pobre" o "rico", "triste" o "feliz", "enfermo" o "sano", según TÚ lo elijas. Dios sólo puede hacer por ti lo que tú le PERMITAS hacer A TRAVÉS de TI. Lo alabas y lo bendices sólo cuando ves lo bueno, lo verdadero y lo hermoso. Lo deshonras cuando te etiquetas como débil o enfermo o pobre.

Así pues ¡reclama el bien! Alaba a Dios por ese bien, agradécele y bendícelo por todos sus buenos dones.

Si no tienes trabajo en este momento, reconoce que el Espíritu del Señor está sobre ti, dirigiéndote hacia tu empleo correcto. El Espíritu de Dios va delante de ti para abrirte el camino y trabaja a través de ti para hacerte eficiente, exitoso, próspero y de verdadero valor para tu empleador y tus compañeros de trabajo.

Reconócelo, ¡y luego abre los canales! Da lo que tienes para servir a los demás. Comienza donde estás. El jardín del vecino siempre se ve más verde, pero la oportunidad está justo donde te encuentras. Aprovecha cada oportunidad de servir, aun si sólo se trata de lavar los platos o hacer el quehacer de la casa. Muéstrale a Dios que eres un canal para el bien EN ESTE MOMENTO. Entre más puedas probarlo, mayores serán tus oportunidades, y pronto esas oportunidades adquirirán la forma del trabajo correcto para ti.

Todas las noches y todas las mañanas y cuandoquiera que necesites un trabajo, repite la siguiente afirmación:

> Dios en mí sabe cuál es mi trabajo correcto, dónde está y qué debo hacer para obtenerlo. Pido que este conocimiento se despierte en mí como una revelación a mi mente consciente, de forma que yo sepa cuál es mi trabajo correcto, dónde se encuentra y qué debo hacer para obtenerlo.

Recuerda que entras en contacto con todo el Bien desde dentro, y no desde fuera. Todo mal, toda carencia, toda condición discordante, debe curarse primero en tu propio pensamiento. Es como la radio. Los programas de todo el mundo están en el aire a tu alrededor, pero debes sintonizarte con la frecuencia que deseas escuchar. Cuando enciendes la radio, el programa que escuchas puede ser un relato sórdido de un crimen o una desgracia, o puede ser simplemente ruido estático. Si es así, eso es todo lo que vas a obtener, a menos que gires el dial. Sin embargo, puedes escuchar el programa que deseas si pasas por alto los demás y continúas persistentemente hasta que encuentras aquél que deseas escuchar.

No obstante, debes afirmar y ACTUAR tu parte. Afirmar la prosperidad y luego actuar como pobre con la sustancia que tienes equivale a mostrar que no crees en tu propia afirmación y que no esperas nada de ella. No importa si tienes que obligarte a actuar. Actúa, e incrementa de esa forma tu fe.

Toda afirmación debe ir acompañada por alguna acción que exprese la fe que has recibido o que estás recibiendo, una acción como la que llevarías a cabo si el bien afirmado estuviera presente visible y tangiblemente.

Eso no significa que debes gastar montones de dinero sin ton ni son, o comprar muchas cosas como lo harías si tuvieras las riquezas que anhelas. Significa que debes tener la actitud mental de que ERES rico, que TIENES la clase correcta de trabajo, que tienes confianza, estás tranquilo y sin preocupaciones.

Puedes ayudar a otras personas a encontrar la posición que desean de la misma forma que puedes hacerlo para encontrarla para ti. Esta es una afirmación que puedes utilizar para otras personas:

Espíritu Infinito, abre el camino para que se manifieste el empleo correcto [o la casa, o la abundancia, o lo que necesite] para [insertar el nombre], el empleo para el cual está mejor capacitado, el empleo para el cual él o ella es necesario y que nadie más puede llevar a cabo. Dirígelo(a) hacia las personas correctas, hacia el lugar correcto donde pueda dar un buen servicio por una buena paga. Guíalo(a) para que haga los contactos apropiados. Lo(la) pongo en tus manos, sabiendo que todo está bien.

En un número reciente de la revista *Nautilus*, Dortch Campbell cuenta cómo rezó para tener una casa, y cómo encontró la que siempre había soñado.

"El secreto", dice, "radica en eso tan hermoso que llamamos amor. Recé para tener una casa. Todos los elementos de la respuesta que se manifestó estaban en concordancia con la justicia. La calidad del amor no se vio debilitada.

"En estos días no es fácil obtener una casa que puedas considerar tu hogar. Para mí fue muy difícil. Las condiciones habían sido adversas en el Valle del Mississippi durante prácticamente una década; el problema del algodón se había agudizado, y me habían quitado la casa en la que había vivido durante mucho tiempo. Estaba sin un hogar; no había ningún otro disponible, pues la gente no había estado construyendo casas en mi país.

"Tenía que construir mi propia casa para poder tener un techo para mí y para mis seres queridos, pero no había ninguna forma posible de construirla. No tenía suficiente dinero ni siquiera para comprar un terreno. No obstante, mi hogar se hizo realidad en respuesta a mis oraciones con la misma sencillez como se abre una rosa.

"Sentía que éramos demasiado egoístas en nuestras oraciones, así que oraba por otros cuando oraba por mí mismo. Pedí que el contratista que construyera mi casa fuera bendecido a través de mí. Recé para que hubiera una asociación armoniosa con él. Pedí que hubiera amor y amistad entre nosotros y entre todos aquellos que participaran en el proyecto. Recé para que él pudiera encontrar una forma de financiar mi casa y que yo, a mi vez, lo ayudara a tener éxito. Recé por otros con la misma seriedad con la que recé por mí mismo. Recé por los dueños de las tierras para que ellos, a través de mí, pudieran vender otros lotes.

"Recé de esta manera, enviándoles amor para que ellos, a su vez, pudieran amarme. En lo profundo de mí deseaba que todos nos beneficiáramos igualmente por la construcción de mi casa. Eso fue todo. No había ningún deseo de dominar de mi parte, ninguna intención de influenciarlos o controlarlos.

"Paso a paso, esa casa fue manifestándose. Obtuve el lote por una inversión muy pequeña; un lote que valía tres veces lo que yo pagué por él. El contratista mismo, de hecho, me dio el dinero que yo necesitaba. La casa fue mía de una forma tan suave que hasta yo, acostumbrado a la oración, quedé sorprendido. Cosas, como por ejemplo, la entrada para coche, las agregó sin costo adicional.

"Pero no sólo me ayudaron a mí, y para mí esa es la parte más hermosa de la respuesta a esa oración. Desde que la casa se construyó he tenido el privilegio de ayudar a aquellos que me ayudaron a obtener mi casa. Se han vendido más lotes, y se venderán más. El contratista ha cerrado distintos contratos como resultado de haber construido mi casa.

"Necesitamos no sólo ser oidores sino hacedores de la palabra. Encontramos la verdad tratando de vivirla. Como Dios es amor, puede ser que sólo tengamos que amar una cosa lo suficiente para obtenerla. ¿Acaso puede ser que la clave del éxito a través de la oración, perdida hace mucho tiempo, consista en sentir el poder del amor de Dios dentro de nosotros para que nos dé aquello que nuestro corazón desea?

> Si yo puedo hacer algún bien en este día,
> Si puedo servir a lo largo de mi vida,
> Si puedo dar con mi palabra alegría,
> Señor, muéstrame cómo.

> Si puedo corregir algún error humano,
> Si yo puedo dar fortaleza a algún hermano,
> Si puedo cantar y sonreír sin que sea en vano,
> Señor, muéstrame cómo.

> Si yo puedo una pesada carga aminorar,
> Si yo puedo a alguien en desgracia ayudar,
> Si yo puedo expandir más la felicidad,
> Señor, muéstrame cómo.

> Si yo puedo realizar un acto de bondad,
> Si puedo sembrar la semilla de un árbol frutal,
> Si puedo ayudar a alguien en necesidad,
> Señor, muéstrame cómo.

> Si yo puedo a un corazón hambriento alimentar,
> Si habiendo aprendido puedo volver a empezar,
> Si mi alma puedo yo con hechos más nobles llenar,
> Señor, muéstrame cómo.
> —GRENVILLE KLEISER

XVI

PRIMERAS CAUSAS

"¿Como puedo saber si estoy trabajando correctamente?", nos preguntan muchos estudiantes.

"¿Cómo puedo estar seguro que estoy siguiendo el camino correcto?". Esa es la pregunta que se encuentra en la mente de muchos hombres y mujeres cuando se enfrentan con un problema inusual.

En sus Conferencias de Edimburgo, el juez Troward dio una respuesta tan clara a esta pregunta que la cito a continuación:

> Si consideramos el logro de nuestro propósito como algo que depende de cualquier *circunstancia* pasada, presente o futura, no estamos haciendo uso de la Primera Causa. Hemos descendido al nivel de la Causalidad Secundaria, que es la región de las dudas, los miedos y las limitaciones.

¿Qué es la Primera Causa? El juez Troward también la definió. "Si llevas una vela encendida a una habitación, la habitación se ilumina; si retiras la vela, vuelve a oscurecerse nuevamente. Ahora bien, tanto la iluminación como la oscuridad son condiciones: una es positiva y es resultado de la presencia de la luz, y la otra es negativa, y es resultado de su ausencia. Con este sencillo ejemplo vemos que a toda condición positiva corresponde una condición negativa exactamente opuesta, y que esta correspondencia es resultado de relacionarse con la misma causa, una, de forma positiva y, la otra, de forma negativa; por consiguiente, podemos establecer la regla de que todas las condiciones positivas son resultado de la presencia activa de una cierta causa, y que todas las condiciones negativas son resultado de la ausencia de esa misma causa. *Una condición*, ya sea positiva o negativa, *jamás es una causa primaria*, y la causa primaria de cualquier serie jamás puede ser negativa, pues la negación es la condición que surge de la ausencia de la causalidad activa".

¿Cómo puedes estar seguro de que estás trabajando correctamente? Haciéndote una pregunta: "¿En qué estoy poniendo mi dependencia para obtener las riquezas, la salud, o el éxito que estoy buscando?". Si la respuesta es: "En mi capacidad, o en mi doctor, o en sus medicamentos, o en la ayuda de mis amigos", entonces puedes calcular tus oportunidades de éxito en no más de una en diez, pues estás trabajando con causas secundarias, y las causas secundarias nunca son confiables.

Sin embargo, si tu respuesta es: "Estoy poniendo todo lo que tengo en mi trabajo, pero estoy poniendo mi dependencia para el éxito, no en esos *medios*, sino en el poder inextinguible e irresistible de la Semilla de Vida que trabaja a través de mí", entonces puedes contar con que tus posibilidades de éxito son de nueve en diez.

Como ves, todo se remonta a la Ley Fundamental del Universo, que establece que todo núcleo, toda semilla, contiene en sí misma la vitalidad suficiente como para atraer hacia ella lo que necesita para su completo crecimiento y fruición.

Sin embargo, la semilla debe germinar, el núcleo debe comenzar a girar, antes de que ambos tengan el más mínimo poder de atracción. Mientras no lo hagan, son vida congelada, sin ningún poder de "atracción" hacia ellos que los distinga de cualquier otra materia inanimada que los rodee.

Supongamos que tienes unas ganas enormes de algo: más de lo que cualquier cosa en la vida pudiera ofrecerte en ese momento. El deseo por ese algo forma un núcleo, una semilla, y como pasa con cualquier otra semilla, tiene dentro de sí el poder de atraer hacia ella los elementos necesarios para su completo crecimiento y fruición. Sin embargo, mientras no hagas algo al respecto, se trata de un núcleo inanimado, una semilla que aún no ha sido plantada, un núcleo que no tiene poder de atracción porque nadie se ha tomado la molestia de ponerlo a girar.

¿Cómo puedes ponerlo a trabajar? Plantando tu semilla: en otras palabras, comenzando. ¿Qué es lo primero que harías si supieras que vas a obtener lo que deseas? ¿Cuál es el primer paso que darías para lograrlo? ¡DALO! Comienza con algo, sin importar cuán pequeño sea. El comienzo, como sabes, es la mitad del camino. Haz que el logro de tu deseo sea el *sine qua non** de tu existencia. Dedícale todo tu pensamiento, toda tu energía y todas tus riquezas para que se manifieste, dejando todas las demás consideraciones en segundo plano hasta que hayas obtenido lo que quieres.

Así es como se hacen las grandes fortunas. Así es como se llevan a cabo los milagros. Ésa es la única manera en la que puedes infundir vida al núcleo de tus deseos y comenzar a hacerlos que giren y atraigan hacia ti las cosas que necesitas para su manifestación.

No importan las condiciones ni los obstáculos. Renuncia a ellos, ignóralos, y reclama aquello que deseas, independientemente de las condiciones. Como la semilla en una tierra rocosa, puedes forzar a tu núcleo a trabajar más fuerte, a girar más rápido; sin embargo, dale la suficiente vitalidad ¡y atraerá lo que necesite desde los confines de la tierra!

Así pues, no trabajes en la pobreza. No trabajes en las deudas. Eso sólo te traerá más condiciones indeseables. Trabaja en tu idea, trabaja en tu núcleo —*cree que recibirás*— y rápidamente atraerás hacia ti todas las riquezas que necesitas para llenar los vacíos causados por la pobreza y las deudas.

Has visto tallitos de árboles que brotan en terrenos rocosos donde apenas si había suficiente nutrimento para mantener vivo un poquito de musgo. Y has visto que esos tallitos crecen y se conviertan en enormes árboles. ¿Cómo es que lo logran?

---

* Locución latina orginalmente utilizada como término legal para decir *condición sin la cual no.*

La semilla de un árbol es un núcleo. Plántala, y lo primero que hace después de que se calienta y germina es romper su cáscara y hacer brotar un tallito —hacia arriba— utilizando, para tal propósito, la energía latente en la semilla misma. En otras palabras, primero se estira para expresar la vida. Utiliza todo el poder que tiene para producir fruto. Cuando descubre que no tiene suficiente energía en sí misma para lograrlo, produce raíces para atraer los elementos necesarios de la tierra que la rodea.

Pero si resulta que cayó en un terreno rocoso, pronto se da cuenta que no hay suficiente tierra que le proporcione humedad o nutrientes. ¿Acaso pierde las esperanzas? ¡En lo absoluto! Mete sus raíces por cada pequeña fisura hasta que llega a donde hay humedad y nutrientes. De hecho puede partir enormes rocas en su búsqueda por obtener nutrientes. Se mete y atraviesa cualquier obstáculo, o lo rodea hasta que agota el último destello de vida en ella u obtiene lo que desea. Dondequiera que se encuentre, y esté lo que esté en medio, el tallito del árbol envía sus raíces buscando todos los elementos que necesita para su crecimiento y fruición.

Primero el tallo, y luego las raíces. Primero la necesidad, luego los medios para satisfacer esa necesidad. Primero el núcleo, y luego los elementos que necesita para crecer. La semilla es una causa primaria. Tanto la necesidad como el núcleo son causas primarias. Las condiciones son secundarias. Al tener el núcleo suficiente vida, atraerá hacia sí los medios necesarios para crecer, independientemente de las condiciones. La vida en la semilla es lo que cuenta, no el lugar en el que cae.

En toda la naturaleza encontrarás esa misma ley. Primero la necesidad y luego los medios. Utiliza lo que tienes para crear el vacío, y luego recurre a los elementos necesarios para llenarlo. Estira tu tallo, extiende tus ramas, proporciona la "fuerza de atracción" y puedes dejar a tus raíces la búsqueda del nutrimento necesario. Si ya has llegado lo suficientemente alto, si has hecho tu imán lo suficientemente fuerte, puedes atraer hacia ti los elementos que necesitas, ¡sin importar si se encuentran en los confines de la tierra!

Dios formó una semilla de vida, que eres tú. Le dio poder para atraer hacia sí todo lo que necesita para crecer, tal y como lo hizo con la semilla del árbol. Le dio poder para atraer hacia sí todo lo que necesita para la complacencia de sus DESEOS, tal y como lo hizo con el árbol. Pero hizo aún más por ti. Brindó a tu semilla de vida el poder de atraer hacia sí todo lo que necesita para su expresión infinita. Lo único que te pide es que tus deseos sean lo suficientemente fuertes, que tu fe en su poder de atracción sea lo suficientemente grande como para atraer hacia ti todo lo necesario para su goce.

Como ves, la vida es inteligente. La vida es poderosa. Y la vida siempre está buscando expresarse. Es más, jamás está satisfecha. En el momento en el que un árbol deja de crecer, en ese momento la vida que hay en él comienza a buscar en otras partes medios para expresarse de una mejor manera. En el momento en el que dejas de expresar más y más de la vida, en ese momento la vida comienza a buscar otras y mejores salidas.

Lo único que puede poner restricciones a la vida es el canal a través del cual trabaja. La única limitación que hay sobre ella es la limitación que tú le pongas.

En Japón, han tomado los tallos de los robles, y, enredando un cable alrededor de la raíz principal en el punto donde el tronco comienza, han atrofiado el crecimiento a tal grado que en lugar de tener enormes robles de veinte o treinta metros, estos tallos reproducen todas sus cualidades en árboles enanos ¡de treinta o cuarenta centímetros! Estos árboles atrofiados viven lo mismo que los árboles normales, pero sólo expresan una millonésima parte de la vida que un roble debería manifestar.

Nosotros lo vemos como algo anormal, y así es; sin embargo, actualmente se hace en todas partes. Los hombres amarran su mente subconsciente con cables de miedo y preocupación. Ponen grapas de limitaciones en sus canales de provisión. Y luego se preguntan por qué no pueden expresar más vida en su cuerpo, por qué no se manifiesta en su entorno más felicidad y comodidad.

Dios puso una semilla de sí mismo en ti. Esa semilla recibe el nombre de DESEO. Le dio poder infinito para atraer hacia sí todo lo que necesita para su expresión, pero te dio libre albedrío; en otras palabras, te dio la responsabilidad de dirigir esa expresión, de hacer el máximo uso de ella o poner grapas en ella, según tú lo quieras.

En ti yace la égida de un Napoleón, de un Lincoln, de un Edison: de lo que tú quieras. Todo lo que se requiere es mover a la acción esa semilla de Dios en ti, y brindarle canales para su expresión. Puedes ser lo que tú quieras ser, si lo deseas con la suficiente fuerza, si crees en ello con la suficiente firmeza como para que se convierta en tu deseo dominante.

¿Cómo es que Annette Kellerman, de ser una niña lisiada sin esperanzas se convirtió en una de las mujeres más atléticas del mundo? Moviendo a la acción la semilla de vida que estaba en sus extremidades, a través de su deseo intenso de tener fuerza y belleza, dándoles trabajo que hacer, ¡formas en las cuales expresar la vida! ¿Cómo es que George Jowett, de ser un niño discapacitado a los 11 años, se convirtió en el hombre más fuerte del mundo a los 21? Moviendo a la acción la semilla de vida en él a través de su DESEO predominante de ser fuerte: dando a sus músculos primero un poco de trabajo, y, luego, más y más.

¿Cómo es que Reza Khan, de ser un soldado de caballería ordinario en el ejército persa llegó a ser el gobernante de Persia? ¿Cómo fue que un niño aguador llegó al trono de Afganistán?

Todos ellos movieron a la acción la semilla de la vida en su interior a través del DESEO y de la fe. Todos ellos se estiraron y se extendieron, utilizando libremente todo el poder que tenían con la confianza serena de que había mucho más detrás. ¿Obstáculos? Sabían que los obstáculos eran meramente condiciones negativas que desaparecerían como desaparece la oscuridad cuando enciendes la luz. Era el premio lo que tenían en mente. ¡Y fue por el premio por el que se estiraron y reunieron ánimos!

Hace unos años, si alguien hubiera dicho a los vecinos de estos hombres que hoy serían gobernantes, se habrían burlado. "Simplemente observen su posición", habrían dicho. "Observen sus circunstancias, su entorno. Observen la condición del país. Tomen en consideración su falta de capacitación, de experiencia".

Condiciones, todas ellas. Causas secundarias. Y estos hombres tuvieron la visión de ver más allá de las condiciones, de regresar a la *causa primaria*, a la semilla de Dios en sí mismos. Abrieron nuevos canales para que se expresara. Estiraron sus tallos y extendieron sus ramas, y la semilla de la vida en ellos atrajo hacia sí misma todos los elementos necesarios para que dieran fruto.

En tu corazón hay una semilla: la semilla de Dios, la semilla de la vida. En ella se encuentra un cuerpo perfecto, tal y como en cada bellota hay un roble perfecto. No sólo eso, sino que en ella habita el poder de atraer hacia ti todos los elementos que necesitas para manifestar un cuerpo perfecto.

¿Qué te importa si las circunstancias han conspirado para que te enfermes, o para que tengas alguna discapacidad, o para que seas débil, feo o viejo? Si lo eres, es porque tú o quienes te rodean han puesto las grapas de tus miedos o de tus creencias equivocadas sobre la semilla de vida que hay en ti, y, ciertamente, tus órganos están atrofiados o están muriendo.

¿Cuál es el remedio? Muy sencillo. ¡Quita las grapas! ¿Ignorar tu dolencia? Es sólo una condición: una CARENCIA de vida. Luego pon en movimiento la semilla de vida en ti. Muévela y encomiéndale que atraiga hacia sí todos los elementos necesarios para completar la imagen perfecta de tu cuerpo que se encuentra en la semilla.

¿Es esto imposible? ¿Alguna vez has escuchado que algo sea imposible para Dios? Es una semilla de Dios la que está en ti, ¡y no hay NADA bueno que no pueda atraer hacia ti!

La ley es: usa lo que tienes, y te será dado más.
No permitas que pregunte qué tan difícil puede ser

el trabajo que en esta vida debo hacer.
Yo sólo debo preguntar:
¿Es ésta la tarea a realizar?

No me permitas preguntar si yo soy realmente fuerte,
o si es muy dura mi suerte.
Hoy yo sólo inquiero,
¿Es éste el sendero?
                              —CLAUDE WEIMER

"Todo árbol bueno da frutos buenos", dijo Jesús. "Pero el árbol malo da frutos malos. Todo árbol que no te da buen fruto es cortado y echado al fuego. Así pues, por sus frutos los conoceréis".

¿Qué quiso decir Jesús con "dar buen fruto"? ¿Acaso él no tenía en mente métodos para que se expresara la semilla de la vida en ti, para crear oportunidades para que se expandiera y tocara a todos aquellos con los que entrara en contacto, para hacer algo que hiciera que este mundo fuera un lugar mejor donde vivir?

¿Y cómo es que un árbol puede producir fruto? Primero produce una flor aromática, ¿no es así? Cuando la flor se seca, deja el pistilo, el cual gradualmente madura y se convierte en un fruto exquisito.

La flor es cualquier idea de servicio, cualquier medio para hacer que la vida sea más cómoda y agradable para aquellos con quienes vives o con quienes tratas. El pistilo es la acción de convertir esa flor en el comienzo del fruto dando el primer paso para iniciar el servicio, sin importar cuán pequeño pueda ser ese paso. El fruto exquisito es el servicio terminado.

"¡Muy bien!", puedo escuchar que dicen muchos. "Ya tengo la flor una flor con un delicioso aroma pero ningún medio para convertirlo en el pistilo o en el fruto".

¿Qué tiene la rama con lo cual comenzar su fruto? Suficientes nutrientes, para empezar, pero sólo eso. ¿Ves que la rama se preocupe por eso? ¡En lo absoluto! Utiliza con alegría todo lo que tiene, tranquila, sabiendo que proporcionar más es problema de la vid.

La rama sólo tiene que proporcionar *la necesidad*. Entre más encuentre un uso, más obtiene. Otra rama puede ser igualmente grande, pero si la primera da el doble de fruto, obtendrá el doble de nutrientes, pues la vid asigna sus fuerzas creadoras de vida, no según el tamaño, sino según la necesidad. ¿Acaso no fue Jesús quien dijo: "Yo soy la vid y vosotros las ramas."? ¿Acaso puedes recurrir a él para que te dé más de lo que te puede proporcionar?

Hay un proverbio en Oriente que señala que un camino de mil kilómetros comienza con un solo paso. Goethe expresó este pensamiento cuando escribió:

¡EMPIEZA lo que pienses o sueñes que puedes hacer!
La audacia posee ingenio, y magia y poder.
Sólo deséalo y tu mente, con fervor alimentada,
la obra que empezaste se te entregará terminada.

"Si permanecen en mí", prometió el Maestro, "y mis palabras permanecen en ustedes, pidan lo que quieran y les será hecho. En esto es glorificado mi Padre, en que den mucho fruto".

Si mueves a la acción a la semilla de la vida que está en ti a través de DESEOS intensos, y le proporcionas canales a través de los cuales se exprese dando el primer paso hacia el logro de esos deseos, puedes pedir cualquier elemento que necesites, y te será dado.

Pero si pierdes este día holgazaneando, será la misma historia mañana, y al siguiente día. Aquello que eres hoy es la manifestación de tus aspiraciones de ayer; aquello que seas mañana será el logro de la visión de hoy. No puedes quedarte inmóvil. Debes avanzar, o retroceder. El progreso eterno es la ley del ser. Si cumples su llamado, jamás dejarás de avanzar y avanzar hacia alturas cada vez mayores. Como Florence Taylor expresó tan acertadamente:

> El éxito es la suma de pequeños esfuerzos,
> que se repiten en secuencia día tras día,
> sin tener nunca pensamientos adversos,
> sin tener nunca un momento de duda.
> Cualquiera que sea tu más grande sueño,
> empieza ya a trabajar con empeño;
> a través de los esfuerzos continuos e incansables,
> más la Fe, hará tus anhelos realizables.

La salud, las riquezas, el amor, todos son *medios* para llegar a un fin, todas son condiciones. La semilla de la vida en ti es lo único que cuenta; eso, y los canales que le proporciones para que se exprese. Ahí yace tu CAUSA PRIMARIA; todo lo demás es secundario. Así pues, ignora todo lo demás, y sigue regresando a esa causa primaria.

¿Quieres amor? El mero deseo es una prueba de la disponibilidad del amor que deseas, pues alguien ha definido correctamente el deseo como "Dios que toca a tu puerta con su provisión infinita". Así pues, planta las semillas del amor mandándoselo a todos aquellos con quienes entres en contacto. Planta las semillas libremente, con serenidad, creyendo, y la cosecha es tan segura como cuando plantas semillas de trigo en un campo fértil.

Practica apreciar las cosas y a las personas. Llévalo a cabo a lo largo del día cuando quiera que ocurra algo que te agrade. Di en silencio, si no puedes hacerlo de forma audible: "Te aprecio". Y jamás pierdas la oportunidad de decir una palabra amable, un elogio, o expresar un agradecimiento a quienes te rodean. Como lo escribe Amy Bower:

> Nunca podemos saber
> hasta dónde han de llegar
> nuestras palabras amables.
> Nunca podemos saber
> qué tamaño han de alcanzar
> las sonrisas amigables.
> Valor, Fe y Amor humanos

son sus tesoros preciados.
Si logramos comprender
la grandeza de estos actos,
podremos verlos crecer,
envolver con calor al mundo,
a su origen regresar,
y en un éxtasis profundo,
bendecir a su dador,
y en un gran acto de amor,
darle el pan de la felicidad.

Una buena afirmación es: "Amo tanto que veo todo el bien y doy todo el bien, y todo el bien regresa a mí".

¿Deseas riquezas? La riqueza es mayormente una cuestión de conciencia. Muchas personas que desean dinero, y que están luchando por obtenerlo, tienden a alejarlo de ellas debido a que tienen tensión en su pensamiento y no entienden la "conciencia del dinero". Para poder manejar millones, debemos aprender a pensar en términos e ideas de millones. En una ocasión Harriman expresó esto de una forma muy elocuente cuando dijo: "Es igualmente fácil pensar y hablar en millones que en pocos pesos". Este mago de las finanzas, cuyas hazañas fueron consideradas por el público como muy cercanas a las de un prestidigitador, hizo de este adagio uno de sus principios cardinales de pensamiento y acción. Él "pensaba y hablaba en términos de millones", y su pensamiento tomó forma en la acción "sus estados mentales adoptaron una forma material" y sus ideales se convirtieron en realidad.

Existen muchas personas en este país —en todas las ciudades de este país— que tienen en su interior los poderes germinales, los cuales, si se les permite desarrollarse y crecer, harían que estos hombres fueran nuevos Harrimans, o nuevos Morgans o incluso nuevos Rockefellers. Sin embargo, prácticamente ninguna de estas personas llegará a esa etapa; de hecho, lo más probable es que evolucionen meramente en pequeños tenderos exitosos, en pequeños periodiqueros, o incluso en pequeños empleados de tiendas de dulces: exitosos en cada caso, pero siempre en una escala pequeña. Están contentos con pensar en unos cuantos pesos, incluso en unos cuantos centavos, en lugar de pensar en millones. Manifiestan realidades que se encuentran en proporción directa con sus ideales. Su pensamiento adopta la forma de acciones del mismo calibre. Sus estados mentales se reproducen en la forma material, pero tienen el mismo tamaño tanto en el patrón subjetivo como en la forma objetiva.

> Justo donde tú estás brilla y resplandece;
> Justo donde tú estás, es donde mejor estás,
> Sirve al Señor, perfecto corazón que se ennoblece,
> En ningún otro lado, sino donde tú estás.

Emerson solía decir que podrías viajar por todo el mundo buscando la belleza, pero a menos que la tuvieras dentro de ti, jamás la hallarías, y lo mismo ocurre con todas las cosas buenas de la vida. El primer paso para el éxito está justo donde te encuentras y en lo que estás haciendo. Hasta que hayas aprendido la lección que representa tu trabajo actual, hasta que hayas aprendido a hacerlo con alegría, con amor, como si fuera para el Señor, no habrás dado ese primer paso hacia la meta de tus ambiciones. En realidad no habrás comenzado.

La abundancia es una fuerza activa. Sólo llega a quienes están vivos, a quienes están proporcionando imanes tan poderosos y tan numerosos para obtenerla que pueden "atraerla" hacia sí independientemente de los obstáculos que puedan interponerse.

Sin embargo, supongamos que es salud lo que deseas. Supongamos que tienes alguna discapacidad, eres invidente, o estás atado a una cama. ¿Qué pasa, entonces?

Bueno, entonces tu remedio consiste en hacer estallar la vida congelada en tu órgano afligido, y verterla nuevamente en el molde perfecto.

Y la manera de hacerla estallar consiste en entregar todo lo que tienes de vida a ese solo deseo, trabajando con un SENTI-

MIENTO tan intenso que rompa su caparazón y atraiga hacia ella todos los elementos que necesita para su expresión perfecta.

No puedes hacerlo si chapoteas en el trabajo mental y al mismo tiempo dependes en parte de medicamentos, y en parte de otros medios. Debes SENTIR con tanta fuerza que tu salvación depende de la semilla de Dios en ti, debes CREER tan plenamente en su poder, que estés dispuesto a luchar o morir. Al igual que el presidente Grant, debes tener la firme determinación de "pelear, ¡aunque te lleve todo el verano!".

Pero no te llevará "todo el verano". Una vez que entiendas la esencia, descubrirás que es, por mucho, el método más rápido y más seguro que existe. A menudo, el alivio será inmediato.

Un escritor en *Unity* cuenta acerca de un amigo que sufría de una desarmonía física que amenazaba con convertirse en algo maligno, cuando de repente, vino a ella el siguiente pensamiento: "Si Dios no puede curarme, ¿qué puede hacer esto por mí?". "Esto" se refería a las medicinas que estaba tomando. Aplicó inmediatamente una sustancia de limpieza a la parte afectada, se deshizo de las medicinas y, a partir de ese momento, no tuvo problema alguno.

Recientemente, en *The Forum*, Winifred Rhoades contó sobre un suceso divertido en la India. Al parecer, un animal de carga se resbaló en un *ferry* en la India hace algunos años, y se desparramó un estuche de medicinas. Las medicinas de color fueron recogidas y regresadas a sus correspondientes botellas, pero en el caso de las píldoras blancas era imposible distinguir una de la otra. Sin embargo, un joven nativo las reunió y a pesar de la advertencia del doctor misionero sobre el peligro de utilizarlas sin saber para qué servían, rápidamente las convirtió en la base de una reputación extendida. Cuando apareció tiempo después el misionero en aquella región, el joven nativo lo saludó con alegría. "¡Toda mi prosperidad te la debo a ti!", exclamó. Parece que la botella que contenía las píldoras blancas que había tomado era la favorita en su tienda. Los pacientes venían de lejos y de cerca para comprarla. Y en respuesta a la pregunta del horrorizado doctor con respecto a cómo podía administrarlas si no sabía para qué servían, le dijo que se las había dado a los pacientes sólo cuando no sabía qué era lo que les ocurría.

El Dr. Richard C. Cabot de Harvard dijo en una reunión de colegas médicos: "El cuerpo tiene una enorme sabiduría y una enorme fuerza, misma que actúa en favor de la vida y no de la muerte. ¿Qué es esa fuerza? Es Dios, el poder sanador que proporciona el 90 por ciento de la recuperación". Y en otra ocasión, expresó: "Si la naturaleza, asistida por los estados de ánimo mentales y emocionales apropiados, es capaz de curar una úlcera en tres o cuatro semanas, ¿por qué no es posible que esa misma fuerza sane la misma úlcera en tres o cuatro minutos, cuando los procesos curativos han sido acelerados de manera anormal gracias a que el individuo ha experimentado un acontecimiento religioso (emocional) intenso?". En "Man, the Unknown", el Dr. Alexis Carrel platicó que, de hecho, había visto cómo un crecimiento canceroso en la mano de un hombre se había curado en unos cuantos minutos.

Como ves, debajo de toda su aparente dureza, la vida es, en realidad, una fuerza amable. La vida es amor. Es abundancia. Es salud. Posee en su interior todos los elementos que necesitamos para satisfacer cualquier deseo correcto. Así es que no es necesario acudir a tal o cual persona o a tal o cual medicamento, o a algún agente externo, para obtener las cosas que necesitas. ¡Recurre a la causa primaria! ¡Recurre a la vida! ¡Recurre a Dios!

"Hay un momento en la educación de todo hombre", dijo Emerson, "cuando llega a la convicción de que debe tomarse a sí mismo, para bien o para mal, como su propia ración; que aunque el universo entero esté lleno del bien, ni un solo grano de maíz puede venir a él sino a través de su trabajo en ese terreno que le fue dado para cultivarlo.

"El poder que reside en su interior es Nuevo en naturaleza, y nadie más que él sabe lo que puede hacer. *Tampoco lo sabe hasta que lo ha intentado.*

Estás enferma, —dijeron ellos— "pero no es verdad"
dijo la mujer sacudiendo la cabeza.

La Biblia dice: "Aquel que permanece en Dios
no dirá, estoy enfermo, dijo ella con certeza,
y se mantuvo en la verdad toda una noche sin estrellas,
hasta que la mañana probó que era verdad lo que decía ella.
" Estás cansada" —le dijeron. Pero ella sonrió.
"¿Cómo puedo estar cansada, —dijo—
cuando el único trabajo es trabajar para Dios,
y Él es mi vida y mi cobijo?".
Y ella tranquilamente siguió su atareado camino,
con una canción alegre en su corazón, y en su destino.

"Eres pobre" —le dijeron—, pero ella solamente pensó,
¡Qué poco saben ellos! Dios hace correr el día
cuando el mundo se despierta, para descubrir
que el amor es lo único que necesitaría;
y ella se mantenía firme, mientras su fortuna mayor era.
No dinero, sino amor. ¡Si tan sólo ellos supieran!

Porque el mundo no sabe de la paz que viene
hacia el alma que se une a Dios.
Serán sólo aquellos que se afanen
en seguir el sendero que el Maestro pisó,
los que puedan sentir la mano amorosa a través de la oscuridad,
y asiéndose a ella la Verdad entenderán.

¿Qué fue lo que hizo que Napoleón dominara la mayor parte de Europa? No fue su genialidad inherente. Tampoco su brillante intelecto. En su generación en la Academia Militar, fue el número 46 de la clase, ¡y sólo había 65!

Que el genio que hizo de Napoleón fue, en primer lugar, su DESEO intenso de tener poder, y, luego, ¡*su creencia colosal en su propio destino*! No mostraba miedo en la batalla, porque creía que no había una bala que pudiera matarlo. No dudaba cuando intentaba lo aparentemente imposible, porque creía que las estrellas mismas en su trayectoria se agacharían para quitar los obstáculos de su camino.

Como ves, el secreto del éxito consiste en lo siguiente: dentro de ti hay una semilla de vida capaz de atraer hacia ti cualquier elemento que necesites, para qué fructifique cualquier bien que desees. Sin embargo, como ocurre con todas las demás semillas, debe romper su cáscara antes de que el grano que está dentro utilice su poder de atracción. Y esa cáscara es más gruesa, más dura que la cáscara de cualquier semilla en la tierra. Sólo una cosa va a romperla: el calor que viene de DENTRO; un deseo tan fuerte, una determinación tan intensa, que con agrado hagas a un lado todo lo que tienes en la balanza para obtener lo que quieres. No solamente tu trabajo, tu dinero y tus pensamientos, sino la disposición de depender completamente del resultado: hacer o morir. Al igual que el Maestro cuando maldijo a la vid por no dar fruto, estás dispuesto a exigir a la semilla de vida en ti que *dé fruto o muera*.

Ese es el secreto de todo gran éxito. Ese es el medio a través del cual la vida entera, desde el inicio de los tiempos, ha obtenido lo que necesita.

¿Qué fue lo que dio a ciertos animales caparazones que los protegen, a otros, gran velocidad, a otros, un aguijón, y aquellos que los necesitaban, cuernos y garras? ¿Qué dio a los fuertes y valientes los medios para destruir, y a los débiles y cobardes facilidad para esconderse o escapar? ¿Qué fue, si no la semilla de vida en cada uno, dando a cada forma de vida los medios que esa forma anhelaba para preservar la vida?

En toda forma de vida, la semilla siempre ha respondido al llamado de esa vida: *"Dame tal o cual cosa o moriré"*.

Desde la creación misma de la tierra, la vida ha estado amenazada por toda clase de peligros. Si no fuera más fuerte que cualquier otro poder en el universo —si en verdad no formara parte de Dios mismo— habría perecido hace miles de años. Pero Dios, quien la otorga, la dotó con recursos limitados, con energía ilimitada. Ninguna otra fuerza puede vencerla. Ningún obstáculo puede detenerla.

¿Qué es lo que salva a los hombres en situaciones críticas desesperadas, cuando han agotado todo recurso humano y finalmente se han volcado a Dios en sus momentos de necesidad? ¿Qué, si no la llama inextinguible de Dios en nosotros —la semilla de vida que él nos ha dado a cada uno de nosotros— con el poder de atraer hacia nosotros cualquier elemento que consideremos necesario para salvarnos de la extinción?

¿Qué es lo que los líderes de negocios recomiendan a los jóvenes en la actualidad? ¿Que vivan dentro de su presupuesto? ¡Por supuesto que no! *¡Endéudate!* ¡Extiéndete! ¡Expándete! Luego entierra más tus raíces para estar a la altura.

Tienes derecho a tantas buenas cosas de la vida, como Ford, o Rockefeller o como Morgan, o como cualquiera de los visionarios que están a tu alrededor. Pero no son ellos quienes te deben a ti. No es el mundo quien te debe un trabajo. El mundo y ellos no te deben más que una paga honesta por el servicio exacto que les brindas.

Quien te debe todo el bien —riquezas, honor y felicidad— es el Dios que está en ti. ¡Recurre a él! ¡Muévelo! No despotriques en contra del mundo. Obtienes de él lo que inviertes en él, nada más. ¡Despierta al Dios que está dentro de ti! Exígele que te proporcione los elementos que necesitas para la riqueza o el éxito. Exige, y haz que tu necesidad parezca tan urgente como debió ser la necesidad del crustáceo para desarrollar un caparazón, o del pájaro para desarrollar alas, o del oso para tener pelaje.

¡Exige y SABE QUE RECIBIRÁS! La Semilla de la Vida en ti es tan fuerte como lo fue en aquellos animales primitivos de las épocas prehistóricas. Si pudo atraer de los elementos lo necesario para dar al elefante su trompa, al camello su joroba, al ave sus alas, a cada criatura los medios que requería para poder sobrevivir, ¿acaso no crees que puede hacer lo mismo hoy para brindarte los factores que consideras esenciales para tu bienestar?

Es cierto, estos factores son distintos de aquellos que se requerían en los tiempos primitivos, pero ¿acaso crees que eso le importa a la semilla de la vida? Todo en este mundo está compuesto de energía. ¿No crees que es igualmente fácil verter esa energía en un molde que en otro?

Muchos parecen pensar que las riquezas y el éxito son una cuestión de suerte. No se trata de suerte. Es una cuestión de EXIGIR MUCHO de la semilla de Dios que está dentro de ti, y luego insistir que esas exigencias sean satisfechas.

El problema con la mayor parte de las personas es que están buscando que alguna fuerza externa a ellos les traiga riquezas o felicidad. Las personas supersticiosas cargan una pata de conejo o un amuleto, creyendo que les traerá suerte. Las personas religiosas traen puestas medallas o imágenes o la reliquia de algún santo. Jamás se les ocurre que tienen los medios para ir directamente a Dios. Dios les parece demasiado impalpable, demasiado lejano, y demasiado misterioso. Su aparente aislamiento, el aparente desapego de su mundo cotidiano, lo hace parecer demasiado insustancial como para depender de él en un momento de verdadera necesidad. Quieren algo que puedan sentir, en lo cual puedan creer, y a quien le puedan hablar. Algo que tenga una sustancia parecida a la de ellos. De ahí que busquen figuras e imágenes y relicarios. De ahí, también, la necesidad de tener santos y sacerdotes: intercesores que estén más cerca del Gran Ser que los mortales ordinarios puedan esperar tocar.

Eres un Árbol de Vida. La semilla que está en ti es una semilla de Dios, que forma parte de Él tanto como la bellota forma parte del roble. Puede atraer hacia ti todos los elementos que necesitas para que tu árbol sea el más perfecto del jardín, el más fructífero.

Así pues, en lugar de depender de las estrellas, o de una pata de conejo, o de un amuleto, o incluso de los santos, pon tu fe en la semilla de Dios, que es la parte de ti que te infunde vida. No importa cuáles sean tus circunstancias, no importa qué obstáculos puedan conspirar contra ti para detenerte, recurre no solamente a los medios que tengas a la mano, o a las circunstancias u condiciones, sino a ese poder infalible de la semilla que está en tu interior para atraer hacia ti todos los elementos que crees que debes tener para sobrevivir.

Ésa es la manera de hacer que tu "estrella", tu "destino", trabaje para ti. Sólo que la "estrella", el "destino", está dentro de ti. Es la semilla de Dios, la semilla de vida que tu deseo, tu fe y tu necesidad han puesto en acción. Es más fuerte que cualquier circunstancia. Puede vencer todas las condiciones. Así que bendícela y bautízala, *¡y ponla en movimiento!*

Bendícela por la mañana y por la tarde, pero cuando surja una necesidad urgente: ¡EXIGE! Exige que se mueva. Exígele que atraiga hacia ti todos los elementos que necesitas. *Exígele —y entrega todo así como exiges todo—* y haz que haga de esto una cuestión de vida o muerte, de sobrevivencia o muerte.

Hay un punto en el árbol, debajo del cual la "fuerza de atracción" de las hojas tienen muy poco poder. Ese es el punto hacia el cual las raíces deben llevar el agua, o el árbol jamás florecerá ni dará fruto.

Hay un punto en tus circunstancias o en tu negocio en el cual no se siente la fuerza de atracción de tu semilla de vida. Ese es el punto hacia el cual tus esfuerzos deben llevar el futuro de tu trabajo, o tu deseo morirá sin haber nacido.

Así pues, cuando exijas, DA primero. Pon todo tu esfuerzo para alcanzar el punto en el que la semilla de vida se haga cargo del trabajo. Da todo lo que puedas al trabajo que estás llevando a cabo, y no te olvides de dar al Señor también.

Es esto lo que hace que sean tan exitosas las oraciones de aquellos que, al exigir riquezas, ponen todo lo que tienen en la balanza, y dependen únicamente de esa semilla de Dios en ellos para que supla sus necesidades. Cuando puedes hacer esto, creyendo, el mundo es tuyo.

Cuando vayan mal las cosas, como a veces suelen ir,
cuando ofrezca tu camino sólo cuestas que subir;
cuando tengas poco haber, pero mucho que pagar,
y precises sonreír, aun teniendo que llorar,
cuando ya el dolor te agobie y no puedas ya sufrir,
descansar acaso debes, pero nunca desistir.

Tras las sombras de la duda, ya plateadas, ya sombrías,
puede bien surgir el triunfo, no el fracaso que temías

y no es dable a tu ignorancia figurarse cuan cercano
puede estar el bien que anhelas y que juzgas tan lejano.
Lucha, pues, por más que en la brega tengas que sufrir.
Cuando todo esté peor, más debemos insistir.

Ejercicio para el capítulo 16

Por eso, todo cuanto quieran que los hombres les hagan, así también hagan ustedes con ellos, porque esta es la ley y los profetas.

Alguien en Omaha estudió esa Regla de Oro, y en ella descubrió la solución a muchos de los problemas de empleo en
Nebraska en la última gran depresión. Reunió a un número de
hombres y mujeres desempleados y los puso a hacer cosas para
ayudar a los demás.

Olvidándose de sus propios problemas, vieron a su alrededor buscando formas de ayudar a otras personas que eran más
infelices y más desafortunadas que ellos y organizaron la All
Omaha Self Help Society. Cultivan, hacen artesanías y enlata-
dos. Construyen casas, las reparan, cuidan jardines, hacen labores domésticas, cuidan niños, y llevan a cabo cualquier servicio
que se ofrezca y que sea de valor para la comunidad. Cuando
hay dinero disponible aceptan que se les pague por sus servicios
y eso lo transforman en trigo y harina, en combustible y en refu-
gios. Han mejorado su condición y la de quienes los rodean, sin
esperar que algún negocio los emplee o que alguna agencia del
gobierno les dé una ayuda. Y en muchas partes del país grupos
similares han hecho lo mismo.

En momentos de apuros, cuando parezca que ya no cuentas
con más recursos, si te detienes y piensas casi siempre descubrirás que tienes el inicio de la solución de tu problema en tu mente, o a la mano en alguna parte. Usa lo que tienes para empezar,
sin importar cuán pequeño parezca.

Alice Foote MacDougall inició un negocio que, antes de la depresión de los años treinta, estaba valuado en 5 millones de dólares. Sin embargo, comenzó con un pequeño puesto en Grand

Central Station donde vendía café. En un tempestuoso día de invierno, todos los que entraban parecían tener tanto frío y tanta hambre que encargó que de su casa le trajeran su máquina para hacer waffles y los ingredientes necesarios, y sirvió waffles gratis a todos los que llegaron a comprar café. Esos waffles gratis la hicieron famosa. Fueron el comienzo que le permitió construir una cadena de restaurantes y una fortuna de muy buen tamaño.

Hay innumerables historias de ese tipo que podríamos contar. Está la esposa del campesino pobre que dio algunas de las conservas de fresas que estaba preparando a un joven de preparatoria que se había detenido para comprar una bebida. Le parecieron tan buenas que preguntó si podría vender algunas a sus vecinos. Ahí comenzó un negocio rentable.

El famoso Jones Farm Sausage comenzó gracias a la buena fama que le hicieron sus vecinos y amigos que probaron sus deliciosas salchichas en la casa de Jones. Y muchos otros negocios exitosos han tenido un inicio igualmente pequeño.

Lo más importante es el inicio: ver una oportunidad de servir, y comenzar a ponerla en práctica, aunque al principio no sirvas más que a un solo cliente y lo hagas sin recibir ningún tipo de paga.

> En las cosas pequeñas de la vida, sé grande y resuelta,
> para mantener tus músculos entrenados y alerta.
> ¿Sabes tú cuando la Fe te tomará la medida?
> O cuándo ella te dirá,
> "Esto me parece digno, sé que por mí lo harás".

XVII

EL DESEO INTENSO ES ESENCIAL PARA EL ÉXITO

El poder del deseo es una de las muchas fases del poder personal, de ese poder personal que fluye hacia y a través del individuo desde la gran fuente de todo el poder para todas las cosas, que en esta instrucción recibe el nombre de PODER.

Tú no creas tu propio poder personal, aunque puedes modificarlo, adaptarlo, desarrollarlo y dirigirlo. El PODER, la fuente de todo el poder, siempre ha existido y siempre existirá. Generas poder personal cuando recurres a la gran Fuente de todo el poder, cuando abres tus canales naturales para que fluya por ellos, y le proporcionas el mecanismo físico y mental apropiado a través del cual se le permite expresarse y manifestarse de manera eficiente.

En una ocasión un escritor dijo: "Pocos oradores que simplemente intentan hacer que las personas piensen, tienen éxito. Las personas quieren que se les haga sentir. Las personas pagarán lo que sea para que se les haga sentir o reír, mientras que pagarán de mala gana unas cuantas monedas por recibir instrucción o una plática que los haga pensar. Las razones son palpables y sencillas: es el corazón contra la cabeza; el alma contra la lógica, y el alma está obligada a ganar todo el tiempo". El cardenal Newman dijo en una ocasión: "Se llega al corazón comúnmente no a través de la razón, sino a través de la imaginación, a través de impresiones directas, de descripciones. Las personas influyen en nosotros, las voces nos derriten, y los actos nos emocionan".

No hace falta más que recordar ejemplos de la gran influencia que ejercen sobre la mente del público las exhortaciones emocionales de afecto o disgusto, de prejuicios a favor o en contra, de deseos, ambiciones, aspiraciones, anhelos, y cosas que se "quieren" intensamente, todo lo cual es llevado a cabo por oradores, políticos, hombres de Estado, actores y predicadores con el fin de comprender el poderoso efecto sobre las emociones, los afectos, los deseos, los pensamientos, opiniones, creencias y convicciones de las personas.

Un escritor moderno dice: "Una gran parte de la vida consiste en promover las emociones y los deseos de los hombres para lograr que actúen". Otro dice: "El hombre exitoso es aquel que puede persuadir a la multitud de que posee algo que ella desea, o que la multitud quiere algo que él tiene". El vendedor exitoso, el publicista o cualquier otra persona que tiene productos para vender, pone en juego la fuerza del deseo en aquellos a quienes buscan interesar en sus proyectos. Apela al lado del "querer" o "querer hacer" algo en la mente de los hombres. Juega con las simpatías de las personas, con sus prejuicios, con sus esperanzas, con sus miedos, sus deseos y sus aberraciones.

Las personas "hacen cosas" y "actúan" debido a la fuerza de motivación de su naturaleza emocional, particularmente en la forma de afecto y deseo. Esta es la única razón que impulsa a los hombres e influye en ellos para que "hagan cosas". Si esa fuerza motriz estuviera ausente, no habría acción ni se llevarían a cabo las cosas; no habría ninguna razón ni ninguna causa para semejante acción en ese caso. Actuamos y hacemos solamente porque nos "gusta" y porque "queremos". Si estuviera ausente el elemento emocional, no existiría el elemento de la voluntad. Sin el deseo no tomaríamos decisiones, no elegiríamos, y no llevaríamos a cabo las cosas. Sin el "querer" y el "querer hacer", no habría la "voluntad de hacer", y no habría "acción". El deseo es la fuerza motriz de la acción; retira la fuerza motriz y no puede haber y no habrá ningún movimiento, actividad o voluntad. Sin la fuerza motriz del deseo, la maquinaria de la acción voluntaria deja de operar y viene una paralización total.

Un antiguo escritor, cuyas palabras han sido preservadas para nosotros aunque su nombre es desconocido para los escritores actuales, enuncia una verdad profunda en la siguiente declaración sorprendente:

"Todo lo que hacemos, bueno o malo, es impulsado por el deseo. Somos caritativos porque deseamos liberar nuestra tensión interna cuando vemos el sufrimiento; o porque somos impulsados por la compasión, que desea expresar su naturaleza; o a partir del deseo de ser respetado en este mundo, de asegurar un lugar cómodo en el siguiente. Una persona es amable porque desea ser amable, porque eso le da satisfacción y se siente contento por ser amable. Otra persona es desagradable porque así desea ser; porque eso le da satisfacción y se siente contento siendo así. Una persona cumple con sus deberes porque desea hacerlo; obtiene una satisfacción emocional superior y se siente contento por cumplir con sus deberes en comparación con cómo se sentiría si los abandonara debido a algún deseo opuesto. Otra persona cede ante el deseo de eludir sus deberes, pues tiene una mayor satisfacción si se abstiene de llevarlos a cabo, accediendo a realizar otras cosas contrarias que poseen un mayor valor emocional para ella.

"El hombre religioso es religioso en sus acciones porque sus deseos religiosos son más fuertes que sus deseos profanos: encuentra una mayor satisfacción en las acciones religiosas que si llevara a cabo acciones mundanas. El hombre moral es moral porque sus deseos morales son más fuertes que sus deseos inmorales: obtiene una mayor grado de satisfacción emocional cuando es moral que cuando es inmoral. Todo lo que hacemos es impulsado por el deseo, de algún modo o en alguna forma, superior o inferior. El hombre no puede carecer de deseo, y actúa de una forma u otra. El deseo es la fuerza motriz que está detrás de toda acción; es una ley natural de la vida. Todo, desde el átomo hasta la mónada, desde la mónada hasta el insecto, desde el insecto hasta el hombre, desde el hombre hasta la naturaleza, y, posiblemente, desde la naturaleza hasta Dios, todo, desde lo más bajo hasta lo más alto, todo lo que existe, actúa y lleva a cabo las cosas, manifiesta una acción y lleva a cabo un trabajo, gracias al poder y la fuerza del deseo. El deseo es el poder que infunde vida, la fuerza que dota de energía y la fuerza motriz que está dentro, debajo y detrás de todos los procesos, actividades y eventos naturales.

Existe una regla general con respecto al deseo que es importante que observes y recuerdes. La regla es la siguiente: *"El grado de fuerza, energía, voluntad, determinación, persistencia y aplicación continua que manifiesta un individuo en sus aspiraciones, ambiciones, metas, acciones, conductas y trabajo está determinado, primordialmente, por el deseo de 'querer' y 'querer hacer' con respecto a dicho objeto"*.

Este principio es tan cierto que algunos individuos que han estudiado sus efectos han proclamado el siguiente aforismo: *"Puedes tener o ser todo aquello que desees si tan sólo lo deseas con la suficiente fuerza"*. "Querer algo con la suficiente fuerza" equivale a "pagar el precio" para obtenerlo: el precio del sacrificio de los deseos inferiores; equivale a eliminar aquello que no es esencial y a concentrar el deseo en esa sola idea o cosa esencial, y aplicar la voluntad para su logro o realización.

Mucho de lo que hemos atribuido a la posesión y manifestación de una "voluntad férrea" en realidad se ha debido al elemento de la voluntad que recibe el nombre de conación; es decir, el deseo que tiende hacia la expresión en la acción voluntaria. El hombre que está lleno con un deseo ardiente, feroz, abrasador, y un anhelo y ansia hacia un cierto objeto, invocará la ayuda de los poderes latentes de su voluntad y de su intelecto; todos ellos, bajo la fuerza motriz y el estímulo del deseo manifestarán una actividad y energía inusuales hacia el logro del fin anhelado. Con razón el deseo ha sido llamado la llama que produce el calor que genera el vapor de la voluntad.

Muy pocas personas, comparativamente hablando, saben cómo desear con la suficiente intensidad y resistencia. Se conforman con tan sólo "anhelar" y "querer". No experimentan ese deseo insistente, que es uno de los elementos importantes de la Fórmula Maestra para el Logro. No saben qué se siente manifestar que ese deseo intenso, entusiasta, anhelante, insistente, demandante, voraz, que se compara con el deseo persistente, insistente, ardiente, apabullante del hombre que se está ahogando por una bocanada de aire; con el deseo de un hombre que ha naufragado o que está perdido en el desierto por un trago de agua; del hombre famélico por un trozo de carne y un pan; de la criatura salvaje en celo por su pareja, o de la madre por el bienestar de sus hijos. Sin embargo, a decir verdad, el deseo del éxito de los hombres que han logrado grandes cosas frecuentemente ha sido tan grande como los anteriores.

No necesariamente somos esclavos de nuestros deseos; podemos dominar los deseos inferiores o perjudiciales por medio de la voluntad, bajo el poder del "YO SOY YO"; el Yo Maestro. Podemos transmutar los deseos inferiores en deseos superiores; los deseos negativos en positivos; los deseos que causan daño en deseos que sean de utilidad. Podemos convertirnos en maestros del deseo, en lugar de ser dominados por él. Sin embargo, antes de que podamos hacerlo, para lograr y alcanzar esta meta, primero debemos desear hacerlo. Incluso podemos elevarnos a las alturas de la voluntad: el lugar donde el "YO SOY YO" puede decir, en verdad, "deseo desear" y "deseo tener la voluntad"; pero aun así debemos primero desear "desear desear" y "desear tener voluntad".

Aun en estas alturas sublimes de la Identidad descubrimos que el deseo es la fuerza motriz fundamental y elemental: esto es porque habita en el núcleo mismo de las cosas —en nuestro propio corazón— en el corazón de la vida. Ahí ensayamos y logramos los hechos y actos más elevados de la voluntad, simple y sencillamente porque sirven para "contentar nuestro espíritu", para darnos el grado más elevado de "satisfacción": para ratificar, satisfacer y dar expresión y manifestación a nuestro "querer" y "querer hacer" más elevado, más insistente, más persistente y más intenso.

XVIII

EL PODER MAGNÉTICO DEL DESEO

Los deseos más fuertes y persistentes del individuo tienden a atraer hacia él (o a hacer que él sea atraído hacia) aquello que está íntimamente relacionado con esos deseos o que guarda correlación con ellos. Es decir, los fuertes deseos insistentes de una persona tienden a atraer hacia ella aquellas cosas que están íntimamente relacionadas con esos deseos; y, al mismo tiempo, tienden a atraer a la persona hacia esas cosas relacionadas. El Deseo de Atracción del Deseo opera en dos formas generales; esto es: (1) atrayendo al individuo las cosas íntimamente relacionadas con sus deseos; y (2) atrayendo al individuo hacia esas cosas relacionadas.

En lo personal, muy probablemente has experimentado muchos casos en los que ha operado esta sutil ley de la naturaleza. Has estado sumamente interesado en algún tema en particular, y ha surgido activamente tu deseo de progresar aún más y de tener logros con respecto a dicho tema. Luego has observado la manera extraña y peculiar en la que personas y cosas relacionadas con este tema han llegado bajo tu observación y atención: algunas veces incluso han sido aparentemente impuestas sobre ti, independientemente de cualquier acción que tú hayas llevado a cabo. De la misma forma, te has sentido atraído a ir en ciertas direcciones en las que, sin saberlo, encontraste personas o cosas relacionadas con el tema de tu deseo, información con respecto al tema, condiciones en las cuales el tema estaba relacionado o se estaba manifestando. En pocas palabras, has descubierto que ocurrieron las cosas "como si" estuvieras, o bien atrayendo personas, cosas y circunstancias hacia ti, o tú estuvieras siendo atraído o "dirigido" hacia esas personas, cosas y circunstancias.

Bajo tales condiciones, descubrirás que surgen por todas partes ciertos eventos conectados y relacionados con el tema de tu deseo, libros que contienen información relacionada, personas que guardan alguna conexión, condiciones en las cuales el tema desempeña un papel importante. Descubrirás, por un lado, que pareces ser el centro de atracción de cosas, personas y circunstancias relacionadas con ese tema; y, por otro, que estás siendo atraído a ciertos centros de atracción relacionados con este tema. En pocas palabras, descubrirás que has puesto en movimiento ciertas fuerzas sutiles y principios que te han "correlacionado" con todo aquello que está relacionado con dicho tema.

Es más, descubrirás que si mantienes durante un tiempo considerable un interés y un deseo continuo y persistente en ese tema particular habrás establecido un vórtice de atracción para aquello que está relacionado con el tema. Habrás puesto en operación un remolino mental que incesantemente extiende su círculo de influencia, el cual atrae hacia sí mismo y hacia tu centro las cosas, personas y circunstancias relacionadas y correlacionadas. Esta es una de las razones por las cuales antes de que "las cosas se pongan en movimiento" en cualquier línea de interés particular y en cualquier deseo, las cosas tienden a "venir más fácilmente" para ti y hacia ti a medida que el tiempo va pasando. En esos casos, aquello que en las primeras etapas requería un enorme esfuerzo parece avanzar casi de forma automática en las últimas etapas. Estos son asuntos que han experimentado de manera común y casi universal aquellas personas que han participado activamente en una determinada línea de trabajo en la cual se ha despertado y mantenido un deseo insistente y un interés sostenido.

Así, como ves, el poder del deseo tiende no sólo a desarrollar dentro de ti las cualidades y poderes necesarios que te permiten manifestarte y expresarte a lo largo de las líneas de los deseos que mantengas persistentemente; también tiende a atraer hacia ti, y a que tú seas atraído hacia las cosas, personas, circunstancias y condiciones relacionadas o correlacionadas con el tema de dichos deseos. En otras palabras, el poder del deseo emplea todos los medios que tiene a su disposición para expresarse y manifestarse de manera más plena, y (a través de ti) lograr su objetivo y su meta: su grado más elevado posible de satisfacción y realización. Cuando hayas despertado plenamente el poder del deseo dentro de ti y hayas creado para él un centro de influencia focal fuerte y positivo, habrás puesto en operación poderosas fuerzas de la naturaleza que operan a lo largo de líneas subconscientes e invisibles de actividad. En relación con lo anterior, recuerda la siguiente máxima: *"Puedes tener cualquier cosa que desees, si tan sólo la deseas con la suficiente fuerza"*.

La fuerza de atracción del poder del deseo opera en muchas formas distintas. Además del "poder de atracción" que opera como "una especie de telepatía", del cual hemos hablado, también actúa de otras formas en los planos subconscientes de la mente con el fin de influir, guiar y dirigir a la persona hacia otras personas, cosas, condiciones y circunstancias relacionadas o correlacionadas con el deseo particular que es sostenido persistente e insistentemente por esa persona. Bajo su influencia, la mente subconsciente eleva a los niveles conscientes nuevas ideas, pensamientos, planes, los cuales, si se aplican, tenderán a "guiar" a la persona en dirección de aquellas cosas que le servirán para ayudarlo en la realización de aquellos deseos que alberga insistentemente.

De esta forma, la persona es guiada a las cosas relacionadas, así como de otras formas las cosas son guiadas hacia él. El poder del deseo empuja, pero, con toda certeza, también atrae: impulsa pero, ciertamente, atrae las cosas hacia ti. En algunos casos el proceso es completamente subconsciente, y la persona se sorprende cuando descubre que "por casualidad" se ha "topado" con cosas que le son útiles en lugares en los que jamás habría pensado las encontraría, y en lugares hacia los cuales aparentemente fue guiado por el azar. Sin embargo no hay ningún tipo de azar involucrado; sin duda, las personas son "dirigidas hacia" cosas y condiciones que le son útiles, pero es a través del poder del deseo que opera en la mente subconsciente y no a través de la casualidad.

Muchos hombres exitosos podrían relatar con cuánta frecuencia en sus respectivas carreras, en momentos críticos, han experimentado los sucesos más peculiares, aparentemente "por casualidad" o "por accidente", mismos que les sirvieron como medios para transformar la derrota en victoria. De esta forma adquirieron "por casualidad" algún tipo de información importante que les permitió encontrar el eslabón perdido en su cadena mental, que les dio una pista hacia aquello que previamente se les había escapado de la mente. O, quizás, inesperadamente "se encontraron" con la persona que posteriormente resultó ser la persona específica que por sí sola los ayudó de determinada manera. O, una vez más, tomaron al azar un periódico, una revista, un libro particular que, o bien les dio la información requerida, o donde se mencionaba algún otro libro o cosa que cubrió la necesidad.

Estas cosas suceden con tanta frecuencia, y de una manera tan sorprendente, que muchos hombres de experiencia activa han aprendido a esperarlas, a depender de ellas y a actuar conforme a ellas. Como no conocen las verdaderas causas subyacentes a los acontecimientos, a menudo se abstienen de mencionar sus experiencias a sus amigos por miedo a que se les tome como supersticiosos crédulos; pero si resulta que el tema sale a colación en una conversación confidencial entre personas de este tipo, se descubre que los ejemplos citados son muchos, y son tan sorprendentemente similares en cuanto a su naturaleza general que el pensador cuidadoso se ve obligado a concluir que existe algún principio fundamental involucrado en los acontecimientos, y que existe una secuencia lógica de causa y efecto.

Al no conocer la verdadera causa de estos acontecimientos, los hombres se inclinan a atribuírselos a la "suerte", al destino, al azar, o simplemente piensan que son "una de esas cosas que están más allá de toda explicación". Algunas personas que se han familiarizado con ellas han aprendido a reconocerlas rápidamente cuando las experimentan, a través de una "sensación" de que "aquí hay una de esas cosas". Aprenden a distinguir entre una noción general y vaga y una "impresión muy segura". En ocasiones, las personas piensan que esto es resultado de la ayuda de una Providencia benevolente que opera en su favor; otros sienten que tienen ayudantes "del otro lado"; y otros más sienten que hay "algo casi asombroso" en todo ello; sin embargo, siempre que perciben que opera en su favor, todos están dispuestos a sacar ventaja de la ayuda del Poder Desconocido.

Por supuesto, la mente subconsciente del individuo es el "ayudante", o "genio director" en semejantes casos, y los acontecimientos son meras fases del fenómeno general del subconsciente. Sin embargo, el poder del deseo es el principio involucrado que infunde vida. La mente subconsciente, al igual que la mente consciente, se llena de energía y se despierta a la actividad a través del impulso del poder del deseo. El poder del deseo emplea toda posible forma de energía, actividad y fuerza motriz que tenga bajo sus órdenes; y también pone en servicio toda clase de maquinaria e instrumentos mentales y físicos. El fuego del deseo enciende todas las facultades de la mente, en los planos consciente y subconsciente, y a todos los pone a trabajar a su favor. Sin el poder del deseo en alguna forma o en alguna fase, ninguna de estas facultades manifestaría actividad; donde ellas manifiestan actividad siempre se encuentra la presencia y el impulso del poder del deseo.

Algunas veces el poder del deseo actuará de maneras indirectamente extrañas con el fin de lograr sus resultados. A través de la percepción "subterránea" de las facultades conscientes, el poder del deseo aparentemente percibe que "el camino más largo es el camino más rápido a casa" y procede a hacer que el individuo busque ese "camino más largo" con el fin de alcanzar su deseo en el menor tiempo posible. En tales casos, con frecuencia actúa perturbando y cambiando los planes que nosotros cuidadosamente habíamos delineado; el resultado hace parecer que han venido a nosotros el fracaso y la derrota, en lugar de la victoria y el éxito. Algunas veces aleja a la persona de su medio ambiente y condiciones actuales comparativamente satis-factorias y luego lo lleva por caminos empedrados y difíciles; y, finalmente, cuando prácticamente ya ha perdido toda esperan-za de alcanzar el éxito, descubre que, literalmente, es lanzado sobre él.

Por supuesto, estos ejemplos no son invariables, pero ocu-rren con tanta frecuencia y con rasgos característicos tan mar-cados que debemos reconocerlos. A menudo ocurre que, como alguien que lo ha experimentado me ha dicho: "Parece co-mo si nos tomaran por la nuca, nos sacaran de nuestro ambiente y ocupación, nos arrojaran sobre un camino doloroso, y luego nos lanzaran por la fuerza, pero con amabilidad, al trono del éxito, o al menos al salón del trono con el trono completamente a la vista".

Sin embargo, al final, aquellos que han experimentado estas actividades enérgicas del poder del deseo que operan a través de la naturaleza subconsciente y en muchas otras formas, con-cuerdan universalmente con la siguiente afirmación: "El fin jus-tificó los medios; valió la pena el precio que pagué por ello". Se requiere una filosofía y una fe para sostenernos cuando estamos pasando por experiencias de este tipo, pero el conocimiento de la ley y el principio que está operando nos ayudará grandemen-te. El espíritu correcto que debemos mantener en esos casos se expresa en la frase: "Es una gran vida, si no flaqueas".

El poder del deseo emplea libremente las facultades sub-conscientes en su trabajo de realización a través de la atracción. Las emplea en el hombre tal y como las emplea en el caso de la paloma mensajera, de las aves que migran, de la abeja que está lejos de su panal: proporciona el "instinto de regreso a casa" para la persona que busca el éxito, igual que para el animal que busca refugio. Se dice que, al parecer, los animales que están separados de sus parejas son atraídos hacia ellas a lo largo de grandes distancias. Los animales perdidos encuentran su cami-no de regreso a casa aunque tengan que atravesar muchos ki-lómetros por tierras extrañas. Si una persona construye un "re-fugio" para aves, las aves pronto comenzarán a viajar hacia él, incluso aparecerán especies extrañas que vienen de lugares lejanos. Las aves acuáticas viajan inequívocamente hacia el agua; las raíces de los árboles manifiestan el mismo sentido de dirección hacia el agua y los suelos con nutrientes.

La ley de la Atracción del Deseo manifiesta su poder tanto para ricos como para pobres. El hombre está bajo la ley, e incluso puede hacer que la ley trabaje para él cuando comprende su naturaleza. El hombre puede emplear el poder del deseo tal y como ha empleado muchas otras grandes fuerzas de la naturaleza; puede emplearla y ponerla a trabajar para él. Una vez que lo pone a trabajar para él, este poder trabaja "sin descanso y sin prisa" hacia el fin que ha sido impreso sobre él: trabajará para él mientras está despierto y trabajando, y cuando está dormido y descansando de su trabajo consciente. El deseo es la "fuerza de fuerzas" porque es el núcleo más profundo de todas las demás formas de fuerza natural, física o mental. Toda la fuerza depende de la atracción o repulsión interna, y éstas no son sino la manifestación del poder del deseo, positivo o negativo.

XIX

LA FÓRMULA MAESTRA PARA
OBTENER LO QUE DESEAS

LA FÓRMULA MAESTRA DEL LOGRO, expresada en forma popular, es la siguiente:

"Puedes tener lo que quieras, siempre y cuando (1) sepas exactamente lo que quieres, (2) lo desees con la suficiente fuerza, (3) tengas una expectativa confiada de que vas a lograrlo, (4) determines persistentemente obtenerlo, y (5) estés dispuesto(a) a pagar el precio de su realización".

Ahora te pido que consideres tres de los cinco elementos arriba mencionados de la Fórmula Maestra para el Logro, esto es, el elemento de los ideales definidos, o "saber exactamente lo que quieres"; el elemento del deseo insistente, o "desearlo con la suficiente fuerza"; el elemento de la compensación equilibrada, o "estar dispuesto(a) a pagar el precio de su realización". Cada uno de estos tres elementos es sumamente importante y debe ser cuidadosamente examinado y considerado. Comencemos con el primer requisito, es decir, "saber exactamente lo que quieres".

Podrás pensar que cuando reflexionas en la pregunta "¿Qué es exactamente lo que quiero?" es una pregunta muy fácil de responder. Pero después de que comienzas a pensar en la pregunta a detalle, y con verdadera seriedad, descubrirás dos obstáculos problemáticos en tu camino hacia la respuesta correcta. Los dos obstáculos son: (1) la dificultad para establecer una idea clara y completa de tus deseos, aspiraciones, ambiciones y esperanzas; y (2) la dificultad para determinar qué deseos, aspiraciones, ambiciones y esperanzas conflictivas "quieres" más que las que se oponen a ellas.

Descubrirás que tienes un "descontento divino" de insatisfacción general hacia tu condición, circunstancias, posesiones y limitaciones actuales. Sentirás, quizás con intensidad, el "deseo puro" del poder del deseo elemental en tu interior, pero no habrás delineado claramente en tu mente la dirección particular en las que deseas que esa fuerza elemental proceda a manifestarse y expresarse.

A menudo sentirás que desearías estar en un lugar distinto a donde te encuentras en este momento; estar haciendo algo diferente a lo que estás haciendo ahora; poseer cosas distintas y mejores a las que ahora posees, o que tus limitaciones actuales fueran eliminadas, dándote así una expresión y manifestación más amplia y más plena del poder que sientes está en tu interior: experimentarás todos estos sentimientos generales, pero no podrás describir con claridad exactamente qué "otras cosas" quieres realmente que ocupen el lugar de aquellas que ahora posees.

Entonces, cuando intentes formar la imagen clara y la idea definida de lo que quieres, descubrirás que quieres *muchas* cosas, algunas de las cuales se oponen entre sí, y cada una de las cuales ofrece rasgos atractivos, y reclaman de manera activa tu favor y tu aceptación, haciendo que sea difícil elegir y tomar una decisión definida. Descubrirás que sufrirás de un pesar hacia la riqueza. Igual que el burro que fue colocado en un punto equidistante entre dos pacas de paja, y que se murió de hambre porque no pudo decidir cuál le gustaba más, puedes permanecer inactivo debido a fuertes deseos-motivos en conflicto.

Es debido a una o a ambas condiciones arriba mencionadas que las grandes masas de personas no hacen uso de la enorme necesidad elemental del poder del deseo. Está ahí, listo para ejercer su poder, pero ellos carecen de una dirección definida y del poder de decisión, y así permanecen, como vegetales o como los animales inferiores, contentos con permitir que la naturaleza trabaje a lo largo de las líneas instintivas de la autoprotección, la reproducción, etc., sin emplear la iniciativa o la autonomía.

Los pocos que rompen estas barreras y quienes emprenden el camino por sí mismos han sabido con toda claridad "exactamente lo que querían" y lo "han deseado con la suficiente fuerza", y han estado dispuestos a pagar el precio del logro. Para poner a trabajar las fuerzas del poder del deseo en una dirección específica, el individuo debe dejar en claro un camino ideal por el que puedan viajar esas fuerzas, así como despertar dichas fuerzas para hacer que viajen por ese camino.

Autoanálisis. Descubrirás que una aplicación científica del principio del autoanálisis, o la realización de un inventario mental, te ayudará, en el aspecto material, a vencer los dos grandes obstáculos en el Sendero del Logro, mismos que acabamos de mencionar. En este caso, el autoanálisis consiste en un estudio cuidadoso de los elementos de tu deseo, con el fin de que puedas descubrir qué elementos son los más fuertes y puedas entender claramente las características de estos elementos. Se te aconseja que "pienses con lápiz y papel" en este trabajo de autoanálisis, pues te ayudará enormemente a cristalizar tu pensamiento y, además, dará una forma definida y lógica a los resultados de tu trabajo. Las siguientes sugerencias y consejos te ayudarán en esta tarea.

Comienza preguntándote: *"¿Cuáles son mis deseos más fuertes?". ¿Qué es lo que "quiero" y "quiero hacer" por encima de todo? ¿Cuáles son mis deseos-valores más elevados?* Luego procede a "pensar con lápiz y papel", y así, a responder esta importante pregunta.

Toma tu lápiz y comienza a escribir tus "quiero" y "quiero hacer", según te vengan a la mente en respuesta a tu pregunta. Escribe cuidadosamente las cosas y objetos, las metas e ideales, las aspiraciones y ambiciones, las esperanzas y expectativas confiadas que se presenten para que las anotes en el curso de la realización de tu inventario mental. Anótalas todas, sin tomar en cuenta si esperas o no ser capaz de lograrlas u obtenerlas.

Escríbelas todas en la lista, sin importar cuán ridículas e inalcanzables puedan parecerte en ese momento. No permitas que te venza la magnificencia de las metas e ideales, aspiraciones y ambiciones que se presenten. El mero hecho de que existan en la naturaleza de tu deseo es, en cierta medida, la profecía de su cumplimiento. Como dijo en una ocasión Napoleón: "¡Nada es demasiado grande para un soldado de Francia!". ¡Tú eres ese soldado de Francia! No impongas limitaciones a la naturaleza de tu deseo de esta forma. Si un gran deseo está en tu interior, debe ser respetado, así que escríbelo en la lista.

A través de este proceso de autoanálisis traes a la superficie de tu conciencia los distintos sentimientos, deseos, anhelos y aspiraciones que han estado viviendo en tu mente subconsciente. Muchos de estos deseos profundos son como gigantes dormidos, y la exploración que hagas de tus regiones mentales subconscientes los despertarán y harán que se "se pongan en guardia", por así decirlo. Que no te atemoricen estos durmientes que han despertado. Nada de lo que ahí encuentres te es extraño. Aunque pueda parecerte necesario transmutarlos, o inhibirlos en favor de deseos más benéficos en una etapa posterior de tu trabajo, no les niegues un lugar en tu lista: escríbelos en el papel. La lista debe ser honesta; por tanto, sé honesto(a) contigo cuando lleves a cabo el análisis.

Al principio descubrirás que tu lista es un conglomerado desordenado de cosas que quieres y que quieres hacer, que aparentemente no tienen un orden muy lógico o que no guardan una relación sistemática. Sin embargo, no permitas que todo esto te perturbe; te irás haciendo cargo de ello conforme avances; se irán ordenando y acomodando casi de forma automática cuando llegue el momento apropiado. Lo más importante en esta etapa es poner todos tus deseos más fuertes en la lista. Asegúrate de vaciar tu mente subconsciente de esos deseos fuertes y saca de esa mina absolutamente todo lo que posea fuerza.

El siguiente paso consiste en eliminar fría y despiadadamente los deseos más débiles, con la idea y el propósito de que al final "sobrevivirá el más fuerte" de tu lista. Comienza repasando tu lista, excluyendo los más débiles y menos insistentes, los deseos meramente temporales y transitorios, y aquellos que claramente reconoces es probable que te traigan, si acaso, un poco de satisfacción permanente, felicidad continua y alegría duradera.

De esta manera crearás una nueva lista de los deseos más fuertes, y de aquellos que tengan un valor más permanente y satisfactorio. Así, cuando examines esta lista, descubrirás que algunos puntos sobresaldrán de otros debido a la fuerza comparativamente mayor y a un mayor grado de valor permanente. Haz una nueva lista de los candidatos exitosos, incluyendo sólo aquellos que poseen la mayor fuerza y valor para ti y quitando los demás de la lista. Luego continúa este proceso de eliminación de los más débiles y los menos satisfactorios hasta que alcances un punto en el que sientas que si sigues eliminando estarías desechando madera viva.

Para este momento te habrás dado cuenta de un hecho muy significativo e importante; esto es, que a medida que tu lista se ha ido reduciendo, la fuerza y el valor de los deseos que han sobrevivido se ha vuelto mayor. Como los antiguos mineros de oro lo expresaron, ahora estás "bajando para encontrar la veta": has bajado a la región en la que se encuentran las pepitas y el abundante oro. Cuando hayas llegado a esta etapa harás bien en dejar de trabajar por un tiempo; esto te brindará un descanso mental necesario y también brindará a tu mente subconsciente la oportunidad de trabajar para ti en estos aspectos particulares.

Cuando retomes tu lista descubrirás un nuevo orden y disposición general de esos elementos en tu mente. Descubrirás que estos deseos que quedan se han agrupado en distintas clases generales. Tus facultades mentales subconscientes habrán llevado a cabo una importante tarea para ti. Luego estarás listo para comparar estas clases generales entre sí hasta que puedas seleccionar ciertas clases que parezcan más fuertes que las demás. Entonces estarás preparado para proceder con la tarea de eliminar las clases generales más débiles haciendo una nueva lista de las más fuertes.

Después de trabajar sobre estas líneas generales por un tiempo, con intervalos de descanso y recuperación, y habiéndolas digerido y eliminado a nivel subconsciente, descubrirás que delante de ti se encuentra una lista compuesta por comparativamente menos clases generales de cosas que "deseas" y que "deseas hacer", cada una de las cuales posee un grado mucho mayor de fuerza y valor de lo que previamente habías imaginado. Tu mente subconsciente ha estado ejerciendo su poder sobre estas clases de deseos, y éstos han evolucionado a una etapa superior de fuerza, definición, claridad y poder. Estás comenzando a descubrir "exactamente qué es lo que quieres", y también habrás entendido el camino para "quererlo con la fuerza suficiente".

Reglas generales de selección. En lo relacionado con tu tarea de selección, eliminación, "reducción", y "tala" de aquello que no te sirve, etc., harás bien en observar las siguientes tres reglas generales de selección:

1. *El requisito imperativo.* Cuando selecciones en tu lista los deseos más fuertes, no es necesario que pongas atención a los miedos que merodean en tu mente con respecto a que alguno de los deseos sea aparentemente inalcanzable, que esté más allá de tu poder de logro, y que sea considerado imposible por obstáculos supuestamente infranqueables. En este tiempo y en este lugar no te interesan ese tipo de preguntas: ignóralas por el momento. A ti lo que te interesa es simplemente si lo que "deseas" o "deseas hacer" es lo "suficientemente fuerte" como para que sacrifiques otras cosas deseables: si sientes que ese deseo en particular tiene suficiente valor para ti como para "pagar el precio" de su realización, aunque ese precio sea muy alto. Recuerda el viejo adagio: "Dijeron los dioses al hombre, 'toma lo que desees, ¡pero paga por ello!'". Si no estás dispuesto a "pagar el precio", y pagarlo en su totalidad, entonces no lo "quieres con la suficiente fuerza" como para considerarlo uno de tus deseos primordiales.

2. *La prueba del deseo total.* Te hemos dicho que *"El deseo tiene como su objetivo algo que te traerá placer o liberará del dolor inmediatamente o en un futuro al individuo o a alguien en quien tiene interés".* Así pues, cuando analices la fuerza comparativa y el valor de tus respectivos deseos, o las clases ge-

nerales de tus deseos, debes tomar en consideración todos los elementos del deseo establecidos en la afirmación definida de arriba: los elementos tanto indirectos como directos de satisfacción personal y alegría.

Debes sopesar y decidir el valor de cualquier deseo específico, o clase de deseos, no sólo a la luz de tu satisfacción *inmediata*, sino también a la luz de tu satisfacción y alegría *futura*; no sólo a la luz de tu satisfacción *directa*, sino también a la luz de tu satisfacción y alegría indirecta derivada de la satisfacción de otros en quienes tienes interés. Tu satisfacción futura a menudo depende del sacrificio de tu deseo presente en favor de otro que dará fruto en el futuro. Puedes estar tan interesado en otras personas que su satisfacción y alegría tiene un valor emocional mayor para ti que la gratificación de algún deseo relacionado con tu propia satisfacción y alegría directa. Debes sopesar estos deseos-valores cuidadosamente. Si dejaras fuera cualquiera de estos elementos del deseo, corres el riesgo de agregar un falso valor a ciertos conjuntos de deseos. Debes sopesar y medir el valor de tus deseos a través del uso del estándar de la satisfacción plena del deseo.

3. *Busca la profundidad del deseo.* Considerarás aconsejable omitir de tu lista todos los sentimientos, emociones y deseos meramente superficiales y transitorios. Ellos no tienen más que un valor pequeño en este caso. En su lugar, sumérgete en las profundidades de tu mente o de tu alma; ahí encontrarás sentimientos, emociones y deseos profundos, esenciales, básicos y permanentes. En estas regiones habitan las cosas que "deseamos" y que "deseamos hacer", mismos que, cuando despiertan, son tan insistentes y tan imperativos como el deseo de aire de una persona que se está ahogando; como el deseo de comida de un hombre hambriento; como el deseo de agua de un hombre sediento; como el deseo de la criatura salvaje por su pareja; como el deseo de la madre por el bienestar de su hijo.

Estos deseos profundos son tus verdaderos elementos emocionales, aquellos que están enraizados de manera más firme y permanente en la tierra de tu ser emocional. Estos son los deseos que permanecerán cuando los deseos transitorios y efímeros hayan pasado y sean olvidados. Estos son los deseos por los que estarás dispuesto a "pagar el precio", aunque ese precio sea muy elevado en la forma de sacrificio y abandono de cualquier otro deseo, sentimiento o emoción. Mide tus deseos a través de su profundidad esencial, así como a través de su peso temporal. Selecciona aquellos que están tan enraizados en el suelo de tu ser emocional que no puedan ser arrancados por las tormentas pasajeras de las condiciones y las circunstancias.

La lucha por la existencia. Te estás acercando a las etapas finales de tu descubrimiento de qué es "exactamente lo que quieres. Ahora tienes una lista de deseos insistentes, aquellos que sobrevivieron en la lucha por la existencia de entre tus muchos deseos y clases de deseos. Si has procedido de manera seria y honesta en tu trabajo de autoanálisis y selección, tendrás un grupo de robustos gigantes del deseo delante de ti para enfrentar un juicio final. Mediante una extraña ley psicológica estos candidatos sobrevivientes se han apropiado de una buena parte de la fuerza y energía de aquellos que han sido vencidos en la pelea; los vencedores habrán absorbido la vitalidad de aquellos a quienes han derrotado, igual que el salvaje espera atraer hacia sí la fuerza de los enemigos doblegados en la batalla. Tu poder del deseo ahora ha quedado concentrado en un grupo comparativamente pequeño de deseos, con la consecuente concentración de poder.

Ahora descubrirás que lo que "deseas" y "deseas hacer" se han acomodado en dos grandes clases, a saber: (1) la gran clase de los deseos que, aunque *difieren* de otros deseos, o clases de deseos, no necesariamente se *contraponen* a ellos ni se *oponen directamente* a ellos; y (2) la gran clase de deseos que no sólo son *diferentes*, sino que, de hecho, *se contraponen* y se *oponen* a otros deseos o clases de deseos.

Las clases meramente "diferentes" pueden cohabitar armó-nicamente con otros o entre sí, tal y como lo hacen la luz y el calor, o el color y el aroma de una flor. Sin embargo, dos clases contrapuestas y opuestas de deseos no pueden coexistir y coordinar sus energías en el mismo individuo; como ambos permanecen en primer plano, habrá fricciones, desarmonía, lucha e interferencia mutua.

Podríamos intentar montar dos caballos que se mueven en distintas direcciones, igual que tratar de mantener con la misma fuerza dos conjuntos de deseos opuestos o contrapuestos. Estos dos grupos, cada uno de los cuales jala en una dirección opuesta, harán que la voluntad se paralice. En ese caso, el individuo oscilará o bien entre los dos polos que se atraen, o quedará en un "punto muerto" entre ambos. Debes hacer algo cuando descubras que un conjunto de deseos de esta clase se encuentran en un primer plano en tu categoría de deseos intensos. Debes poner en operación un proceso de competencia, del cual debe salir victorioso un grupo y el otro debe ser derrotado.

En este proceso de competencia, deberás emplear tus mejores y más sagaces poderes de análisis y juicio. En algunos casos, el asunto se resolverá rápidamente, y tomarás fácilmente una decisión, porque cuando toda tu atención se vuelca hacia los dos competidores, verás que uno sobresale tan claramente por encima del otro, que este último casi automáticamente se retirará. En tal caso el pleno poder de la razón y el sentimiento enfocado traerá por lo regular como resultado una decisión rápida y segura.

Sin embargo, existen casos en los que los dos conjuntos de deseos opuestos parecen poseer una misma fuerza y valor en tu escala emocional e intelectual. Aquí, aparentemente te encuentras en el caso del pobre burro que se mencionó previamente, quien murió de hambre porque no pudo decidir cuál de las dos pacas de paja habría de comer. El asunto debe quedar decidido a través de la introducción de un elemento adicional que añadirá peso a un conjunto o a otro, y así bajará la balanza de ese lado en particular. Este elemento añadido por lo regular lo encontramos

en una u otra de las siguientes dos clases de procesos mentales: (1) la imaginación, y (2) la asociación. Analicemos cada uno
de ellos.

El elemento de la imaginación. La imaginación, empleada en
el caso del conflicto de deseos que está frente a nosotros, por lo
regular es muy efectiva para producir una decisión. Para emplearla, no tienes más que imaginarte, primero, poseyendo el
objeto de uno de los grupos de deseos; y luego, a la inversa, en
posesión del objeto del segundo grupo. En este proceso recurres
a tus propios recuerdos y experiencias, y a tu memoria de las
experiencias de otros. Imagina "qué se sentiría" haber obtenido
el objeto, primero, de lo que "deseamos" o "deseamos hacer",
y los de aquél. Colócate en tu imaginación en la posición que
ocuparías en caso de que tuvieras el objeto tanto de este deseo
como de aquél. Luego juzga cual parece ser mejor; es decir, cuál
te aporta un mayor grado de satisfacción, presente y futura, directa e indirecta.

Este proceso tiene la virtud de que vence la desventaja colocada sobre una satisfacción futura en favor de una satisfacción
presente. La experiencia futura es traída al tiempo presente, y
así, puede ser comparada con una experiencia presente despo-
jada de la desventaja del tiempo. Este es un asunto de enorme
importancia, pues ordinariamente el valor presente de un sentimiento o deseo emocional es mucho mayor que el valor pasado
o futuro de una experiencia similar. La prueba de la imaginación
por lo regular trae como resultado (1) el fortalecimiento del valor actual de un sentimiento o deseo realmente benéfico en el
nivel emocional, y (2) el despertar del valor presente de un sentimiento y deseo aparentemente benéfico, pero realmente des-
favorable. El uso de la memoria y la imaginación es altamente
recomendado en la tarea de decidir el valor real de un estado
emocional o deseo.

El elemento de la asociación. El elemento de la asociación in-
troducido en un conflicto de deseos a menudo traerá como
resultado una determinación y decisión rápida en favor de un
lado en oposición al otro. La asociación añadirá fuerza a un con-

junto de deseos, y debilitara al grupo opuesto, en la mayor parte de los casos. La asociación de ideas es la ley psicológica que relaciona un grupo de ideas o estados mentales con otros, de tal modo que al hacer consciente un grupo tenderemos también a hacer conscientes sus grupos asociados. En este caso traemos a la conciencia las consecuencias asociadas de cada grupo de deseos.

Puedes proceder a aplicar la prueba de la asociación como sigue: busca descubrir y poner al descubierto tantos resultados asociados posibles con el logro del conjunto de deseos en cuestión. Esfuérzate por pensar en "qué más ocurriría" en caso de que lograras ese conjunto de deseos. Esto es parecido a investigar las conexiones familiares y sociales de los pretendientes rivales: sopesar sus respectivas relaciones y asociaciones y las probables consecuencias futuras de casarte con uno u otro.

Cuando tengas dudas con respecto al valor comparativo de grupos de deseos en conflicto, siempre es bueno que consideres cuidadosamente qué otras cosas están asociadas con cada uno de los grupos respectivos de deseos: qué otros resultados probablemente acompañarán el logro del objeto o el fin de cada conjunto de deseos que se encuentran bajo consideración. En otras palabras, debes establecer la clase de relaciones y de amigos que tiene cada uno de los pretendientes rivales. De esta forma, a menudo descubrirás que uno de los grupos de deseos aparentemente iguales tiene relaciones y asociados bastante benéficos y muy convenientes, mientras el otro tiene relaciones y asociados perjudiciales e inconvenientes.

De esta forma, figurativamente hablando, descubres "con qué clase de familia te estás casando"; y de esta forma evalúas la situación de la respectiva "familia política", amigos, asociados y enredos de cada uno de los pretendientes. Esto tiene un gran valor, pues a pesar de la declaración común de que "no me estoy casando con la familia", en realidad uno hace justo eso.

La idea de la aplicación de la prueba de la asociación en tales casos puede expresarse en unas cuantas palabras, como sigue: la verdadera prueba de cualquier deseo específico depende no sólo de los resultados inmediatos que probablemente acompañen su logro, sino también de los resultados asociados y relacionados que traen una secuela de asociaciones y correlaciones; es decir, los resultados que necesariamente "lo acompañan", y que están tan íntimamente atados a él que no puede deshacerse fácilmente de ellos. En algunos casos, la prueba de la asociación revelará el hecho de que el precio por el logro de un cierto grupo de deseos es excesivo, y con frecuencia, de hecho, prohibitivo. En otros casos, por el contrario, descubrirás a través de esta prueba que te estás llevando una verdadera ganga debido a los "extras" que acompañan al deseo mismo. Así pues se descubre que los objetos de algunos deseos son "bienes perjudiciales", mientras que otros tienen un valor asociado no evidente para el observador casual.

Recurrir a los criterios. En casos en los que un cuidadoso análisis, deliberación, pruebas de imaginación y asociación, y cualesquiera otros medios para sopesar y medir, poner a prueba y probar, no revelan la ventaja de un conjunto de deseos sobre el otro, debemos recurrir al criterio del positivismo al que tan a menudo hacemos referencia en esta enseñanza. El criterio a través del cual el positivismo de cualquier estado mental, pensamiento, sentimiento, deseo o acción queda determinado como sigue: "*¿Esto tenderá a hacerme más fuerte, mejor, y más eficiente?*". En el grado en el que un estado mental cumpla con los requisitos de esta prueba, ese es su grado de positivismo y deseabilidad consecuente.

Cuando pones a prueba de esta manera conjuntos de deseos en conflicto, te preguntas: "*¿Cuál de estos dos deseos, si lo logro, tenderá a hacerme más fuerte, mejor y más eficiente?*". Esta es la pregunta de la prueba. La respuesta debe representar tu decisión final en la materia. El criterio es tu Tribunal de Última Instancia al cual habrás de apelar cuando todas las demás pruebas hayan fallado. Lo que informe representa los más valiosos, mejores y más elevados elementos mentales, morales y espirituales dentro de tu naturaleza; todo lo inferior en ti está ausente de aquí en adelante. Representa tu *Summum Bonnum*, tu Bien Mayor.

La supervivencia del más fuerte. Para este momento, tu lista de deseos ya se ha reducido a un programa o inventario de unos cuantos deseos primordiales dominantes e intensos y a un número mayor de deseos inferiores. Los deseos más fuertes deben ser finalmente puestos a prueba para descubrir si son meramente "distintos" de otros, o si son, en esencia, mutuamente antagonistas y contradictorios.

Si caen bajo esta última categoría, entonces deben ser enfrentados entre sí hasta que uno de los dos obtenga la victoria y el otro sea derrotado, pues no se puede permitir que dos grupos de esta clase habiten permanentemente en tu región del deseo: "Una casa dividida contra sí misma no prevalecerá". Debe pelearse una lucha hasta el final. Uno de los dos grupos opuestos debe caer por tierra, mientras el otro habrá de levantar los brazos como el ganador. De aquí en adelante, el deseo derrotado deberá decir: "Después de usted, *monsieur*", como nuestros primos franceses amablemente expresan.

Si los grupos de deseos son meramente "diferentes", y no necesariamente ni en esencia están en conflicto ni son antagónicos, entonces se les debe permitir cohabitar en paz y armonía mutua, al menos por el momento. Sin embargo, este permiso está condicionado por el hecho de que no debe haber demasiados grupos que ocupen el primer plano del deseo al mismo tiempo. La tendencia siempre debe ir en dirección de concentrar y enfocar la energía; debes tener cuidado con el poder y la energía esparcida que surge cuando se tiene una gran diversidad de deseos y objetivos.

Si descubres que existen demasiados deseos "diferentes" intensos que quedan delante de ti después de que has llegado a esta etapa de selección y eliminación, deberías sopesar cuidadosamente los grupos que quedan, sometiéndolos a las pruebas de la memoria, la imaginación, la asociación y el juicio racional, descartando todos aquellos que no se ha visto que sean rentables y suficientemente benéficos. Si descubres que alguno de tus deseos te cuesta más de lo que obtienes de él, deshazte de todos aquellos que no "se ganan a pulso su sueldo".

Continúa hasta que sólo hayas dejado comparativamente pocos grupos de deseos, todos de valor probado y fuerza y profundidad emocional superlativa. Habrás de reconocerlos por qué tanto vale la pena pagar el precio que estás preparado para pagar por su manutención y sustento. Trata de la misma forma cualquier grupo de deseos que surja en ti. Ponlos a prueba tal y como hiciste con sus predecesores; insiste en que prueben que "valen la pena" antes de que decidas mantenerlos. Si te cuestan más de lo que obtienes de ellos, descártalos. Insiste en que deben "ganarse a pulso su sueldo" y que deben, además, otorgarte algún beneficio emocional. Administra tu empresa emocional y de deseos sobre la base de principios de negocios.

En estos momentos, finalmente has llegado a la etapa en la que tienes en tu lista únicamente tus Deseos Dominantes: los sobrevivientes en la lucha por la existencia, la sobrevivencia del más fuerte. A partir de ahora estos deseos dominantes deben gobernar tu ámbito emocional. Cualquier otro que llegue debe probar su valor a través de una prueba de fuerza con estos deseos dominantes: si muestra su fortaleza y puede mantener su lugar, muy bien; puede ser añadido a la lista. Los que sean derrotados deben ser eliminados. Esto requerirá fuerza y determinación de tu parte, pero tú eres un individuo fuerte y determinado, o al menos te estás convirtiendo en uno.

El proceso de autoanálisis y selección que acabas de considerar arrojará dos clases de reportes, a saber: (1) te demostrará tus clases más fuertes de deseos: tus deseos dominantes; y (2) hará que te imagines clara y definidamente y te formes una idea sólida de cada uno de esos deseos dominantes. En ambos reportes hará que "sepas exactamente lo que quieres", que es el primer requisito de la Fórmula Maestra del Logro.

XX

AÑADE PODER A TU DESEO

De acuerdo con la Fórmula Maestra no sólo debes "saber exactamente lo que quieres", sino también "desearlo con la suficiente fuerza", y "estar dispuesto a pagar el precio para lograrlo". Habiendo considerado el primero de los tres requisitos arriba mencionados para obtener aquello que deseas, te pido que ahora analices el segundo requisito; es decir, el de "desearlo con la suficiente fuerza".

Puedes pensar que "deseas con la suficiente fuerza" cuando tienes un deseo o un anhelo muy intenso por algo, pero cuando comparas tu sentimiento con el de las personas que manifiestan un deseo realmente intenso e insistente, descubres que sólo estás manifestando un "anhelo" por aquello hacia lo cual tienes una inclinación o un apego. Comparado con el "deseo" o el "deseo hacer" del deseo completamente despierto, tu "anhelo" no es más que una sombra. Existe la posibilidad de que hayas sido simplemente un aprendiz "un aficionado" en el arte y la ciencia de "desear" y "desear hacer". Muy pocas personas saben en realidad cómo "desear" o "desear hacer" de una manera tal que despierte a plenitud las fuerzas elementales del poder del deseo.

Una antigua fábula oriental ilustra la naturaleza del deseo que es despertado en su totalidad. La fábula relata que un maestro llevó a un alumno a un lago profundo en un bote y que, repentinamente, lo arrojó por la borda. El joven se fue hacia el fondo, pero salió a la superficie en unos cuantos segundos, buscando aire. Sin darle tiempo para llenar sus pulmones de aire, el maestro lo empujó una vez más bajo el agua. El chico salió a la superficie por segunda vez, y nuevamente lo volvió a empujar. Salió por tercera vez, casi completamente agotado; esta vez el maestro lo subió por un costado del bote, y empleó los métodos usuales para que recuperara la respiración.

Cuando el joven se había repuesto por completo de esta dura prueba, el maestro le dijo: "Dime qué era lo único que deseabas por encima de cualquier otra cosa antes de que te sacara del agua: el deseo frente al cual todos los demás deseos parecían como pequeñas velas comparadas con el Sol". El muchacho contestó: "Pues bien, señor, por encima de todo deseaba aire para respirar; ¡para mí, en ese momento, no existía ningún otro deseo!". Luego el maestro dijo: "¡Sea esta, pues, la medida de tu deseo hacia aquellas cosas a cuyo logro dediques tu vida!".

No comprenderás plenamente la medida del deseo que se señala en esta fábula a menos que emplees tu imaginación para sentir que eras tú quien se estaba ahogando: si no lo haces, la fábula serán sólo palabras. Cuando puedas sentir y reconocer en tu pensamiento la fuerza del deseo que ese joven tenía de respirar, entonces y sólo entonces podrás manifestar un grado similar de deseo por los objetos primordiales que "deseas" y "deseas hacer". No te contentes con el reconocimiento intelectual de la condición: induce el sentimiento emocional correspondiente en la mayor medida posible.

He aquí otro ejemplo: Harías bien en inducir en ti (en tu imaginación) la comprensión del deseo supremo e insistente de comida que experimenta un hombre hambriento en el espeso bosque a mediados del invierno. Es probable que jamás hayas estado "hambriento" en el verdadero sentido de la palabra; todo lo que has confundido con el hambre es meramente el llamado apetito, el resultado del hábito. Cuando tienes tanta hambre que una rebanada vieja, rancia y dura de pan resultaría deliciosa para tu boca, entonces estarás comenzando a saber qué es la verdadera hambre. Aquellas personas que se han perdido en el bosque o que han naufragado, han tratado de satisfacer su intensa hambre mordisqueando la corteza de los árboles, o masticando trozos de piel que cortan de sus botas: estos hombres podrían darte información interesante con respecto al hambre. Si puedes imaginar lo que sienten las personas en esta condición, entonces puedes comenzar a entender qué significa realmente el "deseo insistente".

Una vez más, los marinos náufragos que están a la deriva habiéndoseles agotado su provisión de agua, o el hombre perdido en el desierto que vaga por las ardientes arenas con una sed casi inconcebible para la persona ordinaria: esas personas conocen el significado del "deseo insistente". Una persona puede vivir muchos días sin alimento, pero sólo unos cuantos días sin agua, y sólo unos cuantos minutos sin aire. Cuando estos elementos esenciales y fundamentales de la vida nos son retirados temporalmente, la criatura viva descubre que se despiertan sus sentimientos y deseos más elementales: se transmutan en pasiones que exigen insistentemente que se les satisfaga. Cuando estas emociones y deseos elementales se despiertan plenamente, todos los estados emocionales derivados se olvidan. Imagina el estado emocional del hombre hambriento que ve la comida, o del hombre sediento que tiene agua a su alcance, si alguna otra persona o cosa interviene e intenta impedir que el hambriento o sediento logre tener aquello que desea por encima de todo en ese momento.

Podemos encontrar otros ejemplos de deseo insistente en los casos de los animales salvajes que se encuentran en temporada de apareamiento, cuando pueden arriesgar la vida y desafiar a sus poderosos rivales para asegurar la pareja que han elegido. Si alguna vez te topas con un grupo de alces macho en temporada de celo, tendrás una imagen y una idea vívida de esta fase del deseo elemental que se despierta al punto de la "exigencia insistente".

Una vez más, considera la intensa emoción y los deseos acompañantes que experimenta una hembra madre en relación con el bienestar y la protección de sus pequeños cuando el peligro los amenaza: esto te mostrará la naturaleza y el carácter del deseo elemental que se despierta al máximo. Incluso las peque-

ñas avecillas lucharán en contra de todo para resistirse al animal o al hombre que busca robarse su nido. Una hembra madre
de pobre espíritu no arriesgaría su vida ni se enfrentaría con la
muerte para defender a sus pequeños. La criatura silvestre se
vuelve doblemente formidable cuando está acompañada de sus
crías. "En las especies, la hembra" es mucho "más mortífera que
el macho" cuando el bienestar de sus crías se ve amenazado. Los
orientales tienen un proverbio: "Un hombre es o muy valiente
o muy tonto si trata de robar un cachorro de tigre mientras su
madre está viva y libre en los alrededores".

He llamado tu atención a los ejemplos e ilustraciones anteriores de la fuerza de las emociones y los deseos elementales intensamente despertados, no sólo para señalarte cuán poderosos
se vuelven esos deseos y sentimientos bajo las circunstancias y
condiciones apropiadas, sino también para que comprendas que
dentro de todas las cosas vivas existe una fuerza emocional latente y un poder capaz de ser despertado en una actividad exte-
nuante bajo el estímulo apropiado, y capaz de ser dirigida hacia
ciertos fines y propósitos definidos indicados por el estímulo.
Es una cuestión de sentido común que esta fuerza y poder sea
despertada por y fluya hacia las formas particulares de estímulo
que se mencionaron anteriormente; pero que pueda ser despertada con la misma fuerza, poder e intensidad por parte de otras
formas de estímulos (estímulos que han sido deliberadamente
colocados delante de él por el individuo) no es algo conocido
por muchos; muy pocos han aprendido este secreto.

Te pido que a continuación utilices tu imaginación por unos
instantes, una vez más. Imagina a un individuo que ha "puesto
los ojos" en el logro de un cierto fin o propósito a un grado tal
que ha despertado el poder del deseo latente dentro de él y, en
consecuencia, él "desea" llevar a cabo ese fin o propósito en el
grado de fuerza, poder, insistencia y fiereza manifestado por
el hombre que se estaba hundiendo y que "desea" tener aire,
por el hombre perdido en el desierto que "desea" beber agua, por
el hombre hambriento que "desea" comida, por la criatura salvaje que "desea" a su pareja, por la hembra madre que "desea"

el bienestar de sus crías. Este es el individuo en quien el poder del deseo elemental ha sido despertado a ese grado y lo ha dirigido hacia el logro de su deseo dominante. ¿Te gustaría competir con semejante persona para el logro del objeto de su poder del deseo? ¿Te gustaría ser el obstáculo que se interpone directamente en su camino hacia el progreso y la realización? ¿Te gustaría jugar con él la parte análoga a la de aquel que trata de quitarle un hueso a un lobo hambriento, o quitar el cachorro de tigre de las garras de su salvaje madre?

Por supuesto, este es un caso o ilustración extrema. Muy pocas personas llegan, de hecho, a esta etapa, aunque no es imposible, de ninguna manera; pero muchos recorren el camino largo. Las personas fuertes y exitosas que lo han "hecho bien", que han "llegado", que han "hecho las cosas", en cualquier área de la actividad humana han viajado una gran distancia en esa dirección, en el camino del deseo. Han despertado en su interior el fuerte y fundamental poder del deseo que habita de forma latente en las profundidades del ser mental y emocional —el "alma", si así deseas llamarle— de cada criatura humana, y han hecho que esa fuerza elemental se vierta por los canales de los deseos dominantes específicos que han llevado a la superficie de su naturaleza desde las profundidades del subconsciente.

Mira en cualquier dirección que desees, y verás que las personas fuertes, dominantes, exitosas son aquellas en quienes el poder del deseo se ha despertado y se ha dirigido de esta manera. Estas personas "saben lo que quieren", igual que sabe lo que quiere el hombre que se estaba ahogando, el hombre hambriento, el hombre sediento, la criatura en celo, la hembra madre: no tienen dudas con respecto a sus deseos dominantes. Estas personas también quieren "con la fuerza suficiente" aquello que representa sus deseos dominantes, tal y como lo hizo el hombre que se estaba ahogando, el hombre hambriento, y el resto de nuestros ejemplos. Igual que esos ejemplos, estas personas también estuvieron "dispuestas a pagar el precio".

Repasa la lista de hombres y mujeres exitosos cuyas carreras conoces. Pon en esa lista a los grandes descubridores, inventores, exploradores, militares, empresarios, artistas, escritores, y a todas aquellas personas que han "hecho las cosas" con éxito. Luego recorre nombre tras nombre, a medida que descubres la información biográfica del poder del deseo manifestado por estos individuos. Descubrirás que en todos los casos estuvieron presentes los "ideales definidos, el deseo insistente, la expectativa confiada, la determinación persistente y la compensación equilibrada", que constituyen la Fórmula Maestra del Logro de nuestra enseñanza. Y este segundo requisito —el "deseo insistente"— resulta ser el poder del deseo elemental dirigido hacia los canales de manifestación y expresión apropiados. Estos individuos "sabían exactamente lo que querían"; ellos "lo querían con la fuerza suficiente", y estuvieron "dispuestos a pagar el precio".

Es este espíritu de "quererlo con la fuerza suficiente", lo que distingue a los hombres y mujeres de fuerte propósito y determinación del común de las personas que simplemente "quieren" las cosas de una manera suave, débil y convencional: eso distingue a los verdaderos "deseadores" de los "anhelantes" aficionados. Fue el reconocimiento de este espíritu en los hombres lo que hizo que Disraeli comentara que una larga meditación lo había llevado a la convicción de que un ser humano con un propósito establecido y con una voluntad que podría poner en juego la existencia misma para su cumplimiento, ciertamente lograría ese propósito.

"Sin embargo", podrías decir, "si admito la verdad de tu premisa, ¿cómo tengo que actuar para despertar el poder del deseo latente y dormido dentro de mí, y que este fluya en dirección del logro de mis deseos dominantes?". En respuesta a la pregunta, podríamos decir: "Comienza por el principio, y procede a despertar y atraer el poder latente del deseo presentándole el estímulo de ideas e imágenes sugerentes y motivantes". Pues, de principio a fin, prevalece el principio expresado en el axioma de la psicología que dice: "*El deseo es despertado y fluye hacia aquello que es representado por ideas e imágenes mentales; entre más fuerte y más clara sea la idea o imagen mental, más fuerte y más insistente es el deseo que se despierta"*.

Debes proceder a aplicar este principio desde el comienzo mismo, incluso en la etapa del poder del deseo semidespierto. Dentro de ti se encuentra un gran almacén de poder de deseo latente y dormido: una gran reserva de poder de deseo que está casi dormido, pero que contiene los poderes latentes y emergentes de manifestaciones y expresiones maravillosamente diversas. Harías bien en comenzar "moviendo" esta gran reserva de poder del deseo, despertándola a la actividad de una forma general, con el fin de que, posteriormente, dirijas su poder y hagas que fluya hacia y a lo largo de los canales de expresión y manifestación que has provisto para él.

En el gran cráter de un poderoso volcán en Hawái, a plena vista del visitante que se atreve a acercarse a la orilla del abismo, hay un gran lago de lava derretida que hierve y burbujea y está en efervescencia: un lago de fuego líquido, por así decirlo. Este enorme lago ardiente está relativamente calmado en su superficie; sin embargo, la ebullición procede de sus profundidades. El cuerpo de fuego líquido ardiente sube y baja de manera rítmica, y se balancea de lado a lado en el cráter. El observador queda impresionado cuando reconoce un poder latente y emergente de posibilidades de manifestación y expresión casi inconmensurables. Siente que nace de él la convicción de que si en algún momento este gigantesco cuerpo de fuego líquido que hierve, que sube y baja y se balancea, despertara plenamente a la actividad, hirviera y bullera hasta la orilla del carácter y se desbordara, se derramaría hacia los valles inferiores y destruiría todo obstáculo a su paso.

Este enorme lago de lava líquida —este gran cuerpo de fuego líquido— es un símbolo del gran cuerpo del poder del deseo latente y emergente que habita dentro de cada persona, dentro de ti. Habita ahí, relativamente inactivo en la superficie, pero manifestando siempre una ebullición peculiar que procede de sus profundidades. Hierve y burbujea, sube y baja con un ritmo como de marea, se balancea en una secuencia rítmica de lado a lado. Parece estar diciéndote siempre: "Aquí estoy, incansable y agitado, siempre deseando, anhelando, hambriento, sediento, deseando expresarme y manifestarme en una forma y dirección definida. Despiértame; despierta mi fuerza interna; ponme en acción y yo me elevaré y ejerceré mi poder, ¡y lograré para ti aquello hacia lo cual me dirijas!".

Por supuesto, nos damos cuenta que esta agitación o este despertar de tu poder del deseo latente tiene la capacidad de crear un descontento adicional de tu parte —y, ciertamente, lo hará—, pero ¿qué importa? Algunos filósofos elogian el espíritu de la satisfacción, y dicen que la felicidad sólo ha de hallarse ahí. Sea como sea, podría afirmarse con seguridad que todo progreso procede del descontento.

Al tiempo que admitimos el valor de la satisfacción, también creemos en el "Evangelio del Descontento" hasta un cierto grado y alcance. Creemos que el descontento es el primer paso en el sendero hacia el logro. Creemos que es justo este descontento divino lo que hace que hombres y mujeres emprendan la aventura divina de la vida y está detrás y debajo de todo progreso humano. La satisfacción puede ser llevada demasiado lejos. La satisfacción absoluta como resultado de la apatía y el letargo, detiene las ruedas del progreso. Evidentemente, la naturaleza no está satisfecha, de otra forma dejaría de manifestar el proceso de evolución. Evidentemente, la naturaleza siempre ha estado llena del espíritu del descontento, a juzgar por su manifestación invariable de la ley del cambio. Si no hubiera descontento y el deseo de cambiar, no habría cambio en la naturaleza. La ley del cambio muestra claramente la opinión de la naturaleza al respecto y sus sentimientos y deseos prevalecientes en la materia.

Harías bien en comenzar a "dar un tratamiento" al gran cuerpo de poder del deseo elemental para una mayor actividad y para la transmutación de su poder estático en poder dinámico, llevándolo de un estado de semidescanso al estado de agitación aumentada y a la tendencia a fluir hacia la acción. Puedes hacerlo de la misma forma que posteriormente emplearás en el caso de deseos específicos, particulares y definidos; es decir, *¡presentándole ideas e imágenes mentales sugerentes e incitantes!*

Comienza presentando a tu poder del deseo la imagen mental de que se parece al gran lago de lava fundida, fuego líquido, repleto de energía, poder y fuerza latente y emergente; lleno del impulso elemental hacia la expresión y manifestación en forma y acción externa; capaz y dispuesto a llevar a cabo todo lo que desea hacer con suficiente fuerza, siempre y cuando se le proporcione un canal definido por el cual fluya su poder. Muéstrale una imagen de sí mismo en la que se refleje que está listo y dispuesto a transmutar su energía estática en fuerza dinámica, y a verterse en los canales que tú habrás de proveerle y, por encima de todo, que es verdaderamente capaz de hacerlo si tan sólo se despierta a la acción dinámica.

Harías bien en acompañar esta imagen mental con una afirmación o declaración verbal de los detalles de dicha imagen. Trata al poder del deseo elemental como si se tratara de un ser vivo "existe una razón psicológica válida para esto, por cierto" y dile con palabras exactas qué es, cuáles son sus poderes y cuál es su naturaleza esencial que muestra la disposición de expresarse y manifestarse en forma de actividad externa. Lánzale estas afirmaciones sugerentes de la manera más firme, seria y persistente que puedas. Proporciona al poder del deseo el elemento de la idea y la imagen mental. Dale la imagen de lo que es, y el patrón o diagrama de lo que puede hacer si tiene deseos de hacerlo.

El resultado de este tipo de "tratamiento" aplicado a tu poder del deseo elemental pronto se manifestará a través de una sensación intensificada de un movimiento rítmico más vigoroso, como de marea y de lado a lado, como se describió previamente, y de una velocidad y vigor mayor de ebullición. De sus profundidades surgirán poderosos impulsos y necesidades, turbulencias y revueltas. El gran lago fundido del poder del deseo comenzará a hervir con un mayor vigor y mostrará una inclinación a producir el vapor de la voluntad. Experimentarás nuevas y extrañas evidencias del impulso del poder del deseo dentro de ti, que busca expresarse y manifestarse a través de los canales que le has proporcionado.

Sin embargo, antes de llegar a esta etapa, deberás haber creado los canales a través de los cuales deseas que el desbordante poder del deseo fluya cuando llegue a la etapa de "desbordamiento". Estos canales deben construirse sobre la base de los deseos que han probado ser tus deseos dominantes. Construye estos canales profundos, amplios y fuertes. A partir de ellos posteriormente podrás construir canales más pequeños para los deseos secundarios y derivados que surjan de tus deseos dominantes. No obstante, en este momento, tu principal preocupación está relacionada con tus canales principales. Deja que cada canal represente la idea y la imagen mental clara, profunda y fuerte de aquello que "quieres exactamente" a medida que lo ves y lo reconoces claramente. Has descubierto exactamente qué quieres, cuándo lo quieres, y cómo lo quieres; deja que tus canales representen estas ideas con tanta fidelidad como te sea posible. Construye los muros altos, para que nada se desperdicie; que tus muros sean fuertes, para que soporten la presión; construye los canales profundos y amplios, para que lleven toda la fuerza y el volumen de la corriente.

Por "crear los canales" de tus deseos dominantes, nos referimos a establecer los senderos que han de ser recorridos por la corriente abundante del poder del deseo que has despertado de su condición latente y emergente. Estos canales o senderos son creados mentalmente a través del uso de la imaginación y la ideación creativa. Estas fuerzas mentales se manifiestan con el fin de crear y presentar a tu conciencia las ideas e imágenes mentales de tus deseos dominantes, mismos que has descubierto en tu proceso de autoanálisis. El trabajo de crear estos canales no es sino una continuación de tu trabajo mental que llevas a cabo para descubrir tus deseos dominantes.

Cuando estés creando estos canales debes seguir tres reglas generales, a saber:

(1) *Haz que los canales estén despejados y limpios* creando y manteniendo una idea clara, limpia, específica y definida de cada uno de tus deseos dominantes en la cual se condense todo el pensamiento con respecto al deseo dominante y no existan materiales ajenos o no esenciales.

(2) *Haz que los canales sean amplios y profundos* formando imágenes mentales o ideas sugerentes que apelen a las emociones asociadas con los deseos dominantes, despertando así los apetitos de esos deseos mediante la representación de los objetos que anhelan, y mediante la presentación de imágenes de las alegrías que estarán presentes cuando finalmente se lleven a cabo.

(3) *Haz que las orillas sean fuertes* mediante el empleo de la determinación persistente de la voluntad, de modo que la corriente veloz y poderosa pueda quedar confinada dentro de los límites del deseo dominante y no se le permita escapar y desperdiciarse disipando su energía y su fuerza en los alrededores.

Cuando tu corriente fluya libremente descubrirás que es necesario construir canales menores que sirvan para manifestar el logro de objetos y metas útiles para la realización de los objetos y metas de los canales principales. Cuando construyas estos canales menores, sigue las mismas reglas y principios generales que te hemos proporcionado. El mismo principio se aplica desde los grandes canales principales hasta el canal más pequeñito. *Siempre construye de forma clara y limpia a través de ideas y objetivos definidos; siempre construye profundo y amplio, a través de ideas e imágenes mentales sugerentes; siempre crea orillas fuertes a través de la voluntad determinada.*

Para concluir nuestra reflexión sobre el segundo requisito, es decir, el elemento de "desearlo con la suficiente fuerza", deseo imprimir en tu mente el gigantesco poder vigorizante e incitante ejercido por las ideas e imágenes mentales sugerentes sobre el poder del deseo. Las ideas e imágenes mentales sugerentes actúan sobre el poder del deseo con un enorme efecto con el fin de incitar, despertar, agitar, estimular, emocionar, provocar, incentivar, movilizar, alentar, animar y exhortar la expresión y la manifestación. No existen otros incentivos iguales a éstos. Todos los deseos intensos son despertados por incentivos como estos, aplicados consciente o inconscientemente.

Por ejemplo, tal vez no tengas deseos de ir a California. Luego tu interés en esa parte de los Estados Unidos se despierta por lo que lees o escuchas sobre dicho estado, y se despierta un vago deseo de visitarlo. Posteriormente, cierta información que tiene como objetivo brindarte material adicional para que tengas ideas e imágenes mentales sugerentes sirve para despertar tu deseo de "ir a California". Comienzas buscando animosamente más ideas y fotografías, y entre más recolectas más crece la llama de tu deseo. Finalmente, lo "quieres con la suficiente fuerza", y haciendo a un lado todos los obstáculos, "pagas el precio" y haces el viaje hacia ese lugar. Si no te hubieran sido proporcionadas las ideas e imágenes mentales sugerentes adicionales, tu deseo original pronto se habría desvanecido. Has experimentado la verdad de este principio; también sabes cómo podrías utilizarlo si quisieras inducir a un amigo para que visitara California, ¿no es así? ¡Entonces comienza a trabajar utilizándolo en tu poder del deseo cuando desees incitarlo para que "desees con la suficiente fuerza" algo que sabes que es benéfico para ti!

Es usual ilustrar este principio a través de la imagen de verter el aceite de la idea en la llama del deseo, manteniendo vivo y fortaleciendo así el poder de este último. La ilustración sirve bien a su propósito, pero tu memoria y tu imaginación, que representan la experiencia, brindarán una ilustración más cercana. Todo lo que necesitas hacer es imaginar el efecto que produciría en ti si tuvieras hambre y pudieras formar la imagen mental o crear la idea sugerente de una comida particularmente apetitosa. Aun cuando realmente no tengas hambre el sólo hecho de pensar en esa comida hará que se te haga agua la boca.

Una vez más, puedes imaginar fácilmente el efecto que produce en ti la imagen mental vívida o la intensa idea sugerente de una cascada de agua de montaña clara y fresca cuando estás muy sediento y te encuentras en un largo viaje. O, una vez más, cuando te encuentras en una oficina amontonada y con mala ventilación y piensas en el aire fresco de las montañas donde fuiste a acampar y pescar el verano pasado —cuando imaginas claramente la alegría de la experiencia—, ¿acaso puedes negar que tu poder del deseo se despierta intensamente y te dan ganas de dejar todo e "irte a las montañas" de inmediato? Llevemos el principio a su forma extrema y trata de imaginar el efecto de un sueño de comida abundante sobre un hombre verdaderamente hambriento, del sueño de un hombre sediento en el que aparecen grandes cascadas de agua. Trata de imaginar el efecto del bramido lejano de un alce hembra sobre el alce macho que busca con quién aparearse: ¿Te gustaría obstruir su camino en ese momento? Finalmente, imagina la emoción y la intensidad del deseo por parte de un tigre cuando tiene frente a sus ojos comida para sus cachorros hambrientos; o la fuerza de su deseo cuando escucha a lo lejos el llanto de molestia de algunos de sus pequeños.

Con el fin de "desear" y "desear hacer" con tanta fuerza como lo hacen estos seres humanos y estos animales que hemos empleado como ejemplos, debes alimentar el poder del deseo con ideas e imágenes mentales sugerentes con un poder de excitación similar a aquellas que despiertan a la acción sus deseos dominantes. Por supuesto, se trata de casos extremos, pero sirven para ilustrar el principio involucrado.

En resumen, para "querer con la suficiente fuerza", debes crear un hambre desesperada y una sed desesperada por el objeto de tus deseos dominantes; debes intensificarla continuamente presentándole repetidamente ideas e imágenes mentales sugerentes del banquete de los ricos manjares y de la cascada que cae, la cual espera el logro exitoso de los deseos.

O, debes ser como el joven que estuvo a punto de ahogarse y que deseaba por encima de todo "una bocanada de aire", y la deseaba con toda la energía de su alma y de su ser; y siempre debes tener delante de ti la idea de la imagen mental sugerente de "todo el aire que existe" que se encuentra justo arriba de la superficie del agua de la Necesidad en la que ahora estás inmerso. Cuando puedas crear estas condiciones mentales y emocionales dentro de ti, entonces y sólo entonces, sabrás realmente que es "desear con la fuerza suficiente".

Medita bien en esta idea, ¡hasta que comprendas todo su significado!

Cómo vencer las tentaciones que te desvían de tus ambiciones

De acuerdo con la Fórmula Maestra, "para obtener lo que deseas no sólo debes saber exactamente lo que quieres", no sólo "quererlo con la suficiente fuerza", sino también, "estar dispuesto a pagar el precio de su realización". Hemos considerado el primer y segundo elemento del logro exitoso; consideremos ahora el tercero, y aprendamos qué significa "estar dispuesto a pagar el precio del logro".

Este elemento final del éxito —este último obstáculo en la carrera— a menudo es el punto donde muchas personas fracasan. Habiendo saltado valientemente los primeros obstáculos, se tropiezan cuando intentan brincar este último. Y no es tanto por la dificultad real que implica librar este obstáculo, sino porque subestiman la tarea y, en consecuencia, relajan sus energías. Como piensan que la carrera prácticamente se ha terminado, no tienen cuidado y, por lo tanto, se encuentran con el fracaso. Habiendo tenido el premio casi en sus manos, relajan sus esfuerzos y lo pierden.

Vemos que la Ley de la Compensación opera plenamente en el reino del deseo, así como en cualquier otro campo y región de la vida y la acción. Siempre se insiste en el equilibrio que invariablemente exige la naturaleza por parte de aquellos que buscan sus recompensas. Siempre hay algo que tenemos que abandonar para que podamos ganar algo más. No podemos tener el pastel y el dinero al mismo tiempo: debemos gastar el dinero si queremos comprar el pastel; tampoco podemos guardar el dinero y, al mismo tiempo, gastarlo. La naturaleza da claramente su mensaje: "¡Paga el precio!". Una vez más, citemos el viejo adagio: "Y los dioses dijeron al hombre, toma lo que desees, pero paga el precio".

Cuando en la experiencia real llevas a cabo el proceso de selección de los deseos dominantes, con una consecuente lucha por la existencia y supervivencia del más fuerte por parte de los deseos que están en competencia, en ese momento estás comenzando a "pagar el precio" del logro de tus deseos dominantes; esto es porque estás haciendo a un lado y estás renunciando a uno o más grupos de deseos en favor de un grupo elegido. Cada grupo de deseos tiene su grupo opuesto, y también otros grupos que hasta cierto punto podrían interferir con su manifestación plena; debes "pagar el precio" del logro de un grupo de deseos renunciando a otros grupos.

Con el fin de alcanzar el objeto de tu deseo de riqueza, debes "pagar el precio" de abandonar el deseo de ciertas cosas que te impedirían ganar dinero. Con el fin de lograr el objeto de tu deseo de obtener todo el conocimiento posible en algún campo de estudio o investigación específico, debes "pagar el precio" de renunciar a tus deseos de obtener un grado similar de conocimiento en algún otro campo del pensamiento. Con el fin de alcanzar el objeto de tu deseo para tener éxito en los negocios, debes "pagar el precio" del trabajo arduo y de ignorar los objetos de tus deseos de jugar, divertirte y disfrutar que necesariamente harían que descuidaras tu negocio. Y así sucesivamente; para alcanzar el objeto de cualquier grupo de deseos, siempre debes "pagar el precio" de renunciar a los objetos de otros grupos de deseos.

En algunos casos, este proceso de inhibir deseos opuestos es similar a aquel en el que arrancas la maleza de tu jardín o podas los árboles: te deshaces de la hierba dañina e inútil que interfiere con el crecimiento y desarrollo de aquello que sí es útil y benéfico. Sin embargo, en otros casos, los deseos que debes inhibir y hacer a un lado no son, en sí mismos, dañinos o inútiles. Por el contrario, pueden ser muy benéficos y útiles en sí mismos, y de hecho pueden ser dignos de ser adoptados como deseos dominantes por parte de otras personas; sin embargo, al mismo tiempo, su naturaleza es tal que resultan ser un obstáculo al progreso en el camino de tus deseos dominantes elegidos.

Las cosas pueden oponerse y ser antagónicas a otras sin que por ello sean dañinas o "malas". No puedes viajar por dos caminos al mismo tiempo; tampoco puedes viajar al Norte y al Sur a la vez, aunque cualquiera de estas rutas de viaje puedan ser buenas en sí mismas. No puedes ser un clérigo exitoso y un abogado exitoso al mismo tiempo. Si tienes deseos intensos con respecto a ambas carreras, debes escoger aquella que deseas más y hacer a un lado la otra. La chica que tiene dos pretendientes atractivos —el hombre que tiene dos novias hermosas, el niño que tiene una moneda y observa, anhelante, dos pasteles diferentes— cada uno de ellos debe escoger uno y descartar el otro, y así, "pagar el precio".

No sólo se te pide que "pagues el precio" durante el proceso preliminar de descubrir e identificar los deseos dominantes, sino también que lo hagas casi en cualquier caso y etapa subsecuente de tu progreso en la experiencia real. Siempre hay algo que se presenta que te tienta para que te "desvíes" de tu poder del deseo, algunos deseos atractivos que te llaman a salirte del sendero del logro. Descubrirás que es difícil "pagar el precio", y a menudo te cuestionas seriamente, preguntándote si, después de todo, vale la pena pagar el precio que se te pide que pagues por aquello que representan los deseos dominantes. Todo mundo experimenta estas tentaciones y luchas, pues constituyen una de las pruebas mediante las cuales se determina si eres fuerte o débil con respecto al poder del deseo. Esta es la verdadera prueba de si "lo quieres, o no, con la suficiente fuerza" como para estar dispuesto a "pagar el precio".

Las tentaciones que te inducen a abandonar tu deseo por un logro futuro en favor de la gratificación de los deseos presentes son particularmente difíciles de vencer y derrotar; o aquellos que te tientan a renunciar al logro de beneficios futuros permanentes en favor de beneficios temporales y efímeros. El tentador susurra en tu oído que es una tontería que te contentes con la leche del presente con la esperanza de obtener la crema del mañana. La idea siempre presente de "come, bebe y diviértete, pues mañana morirás" debe ser valientemente confrontada si deseas alcanzar el objeto de aquello que, de acuerdo con tu razón, tu juicio y tu autoanálisis, ha mostrado ser lo que deseas por encima de todo los demás. Debes cultivar el hábito de decir: "¡Apártate de mí, Satanás!", y cuando se haya alejado de ti, ten cuidado, ¡no sea que te ataque por detrás!

Aquí es cuando decides si realmente "lo quieres con la fuerza suficiente". El hombre que se está ahogando no tiene dudas con respecto al valor de una bocanada de aire. Está dispuesto a "pagar el precio por ello", sin importar cuán elevado pueda ser ese precio. El hombre hambriento conoce el valor de la comida; el hombre sediento conocer el valor del agua: están dispuestos a "pagar el precio", y no es probable que se desvíen de su deseo dominante. El alce macho que busca con quién aparearse está dispuesto a "pagar el precio" del peligro y de la posible muerte que encontrará en el camino, pero no puedes desviarlo. La tigresa no puede ser desviada de la búsqueda de alimento para sus crías: ella está dispuesta a "pagar el precio", a pagarlo en su totalidad y sin dudarlo; cuando llegues a este punto el tentador susurrará en tus oídos y tú harás oídos sordos.

Con el fin de mantener la corriente del poder del deseo dentro de los límites de tus canales de deseo dominante, debes levantar los muros y mantenerlos con fuerza a través del poder de la voluntad. La "voluntad de desear" debe ser invocada a la manifestación. Aunque el deseo es uno de los elementos fundamentales de la voluntad, no es toda la voluntad. La voluntad es una combinación sutil de un deseo conativo y una determinación con propósito. Surge a partir del deseo, pero evoluciona en algo que es capaz de dominar al deseo por el poder de "la voluntad de desear."

A continuación te presento tres reglas generales que debes observar cuidadosamente y que están relacionadas con el tema de inhibir y hacer a un lado las tentaciones de los deseos en conflicto, de aquellos deseos que continuamente están surgiendo y tentándote para que no "pagues el precio", o para que te "desvíes" del sendero del logro de tus deseos dominantes. Dos de estas reglas se relacionan con lo que hemos hablado acerca de la influencia de las ideas representativas sobre el poder del deseo.

I. Cuando te sientas tentado por deseos que te desvían, utiliza todo tu esfuerzo para alimentar la llama del deseo de tus deseos dominantes a través de una mayor cantidad de ideas e imágenes mentales sugerentes que tiendan a estimular su calor e incitar su energía.

II. Al mismo tiempo, evita enérgicamente alimentar la llama de los deseos tentadores a través de ideas e imágenes mentales sugerentes que probablemente los despierten o los inciten. Por el contrario, rechaza cuidadosa y decididamente admitir esas ideas e imágenes en tu mente tanto como te sea posible; busca apagar los fuegos de semejantes deseos retirándoles el combustible necesario para su prolongación y sustento.

La tercera regla implica otro principio psicológico, y es la siguiente:

III. Tanto como te sea posible, transmuta los deseos tentadores en formas más congruentes con la tendencia general de los deseos dominantes, convirtiéndolos en energía emocional útil en lugar de en energía dañina.

En el caso de la primera regla arriba mencionada, tiendes a inhibir la energía de los deseos tentadores impartiendo energía adicional a los deseos dominantes. Cuando las ideas e imágenes mentales sugerentes de un grupo poderoso de deseos atraen o mantienen fuertemente la atención, no fácilmente se distrae con un grupo más débil. La intensa luz del grupo fuerte tiende a lanzar al grupo débil a una sombra relativa. La atención que se concentra y se sostiene firmemente en un grupo particular de ideas e imágenes mentales se rehúsa a aceptar las exigencias de otro grupo. Mantén tu atención ocupada en el grupo benéfico y "no tendrá tiempo" de considerar el grupo opuesto. Con estas ideas e imágenes mentales sugerentes opuestas fuera del campo de la atención consciente, los deseos asociados con ellas tienden a morir y, finalmente, a desaparecer.

En el caso de la segunda, deliberada y decididamente te rehúsas a alimentar la llama de los deseos tentadores con el combustible de las ideas e imágenes mentales sugerentes. En lugar de ello, deliberada y decididamente procedes a extinguir esa llama. Ninguna llama del deseo puede continuar ardiendo vigorosamente por mucho tiempo si se le retira la provisión de combustible sugerente. Corta la provisión de combustible a cualquier deseo y comenzará a disminuir en vigor y fuerza. Rehúsate a permitir que tu mente se ocupe de las ideas o imágenes mentales que tienden a sugerir los deseos tentadores. Cuando se entrometan esas ideas e imágenes y busquen atraer la atención, deliberadamente debes volcar tu atención hacia algo distinto, de preferencia a las ideas e imágenes sugerentes de tus deseos dominantes.

La Iglesia Católica Romana evidentemente reconoce el valor de esta regla, pues los instructores enseñan a sus alumnos a formarse el hábito de volcar su atención a las oraciones y a ciertas formas de ejercicios devocionales cuando los atacan las tentaciones. Como se dirige la atención y se sostiene firmemente en el ejercicio devocional o ceremonial, se retira de las ideas e imágenes mentales sugerentes del deseo tentador; y, en consecuencia, este último pierde fuerza y, con el tiempo, desaparece. Sin restar méritos al valor del elemento religioso involucrado, podemos decir que es cierto que el efecto meramente psicológico de ese camino es sumamente benéfico. Harías muy bien en aplicar dicho principio.

En el caso de la tercera regla, transmutas la energía del deseo tentador en la energía de deseos más congruentes con la tendencia general de tus deseos dominantes. De esta manera, no sólo evitas el peligro de la interferencia y la distracción de los deseos tentadores, sino que, de hecho, empleas la energía básica del poder del deseo para alimentar la llama de los deseos benéficos. Aquí el principio involucrado no es tan conocido como los que participan en las otras reglas; sin embargo, ese principio es profundo y la persona que posee suficiente fuerza de voluntad y determinación para aplicarlo puede obtener resultados sorprendentes.

Como un ejemplo de este principio de la transmutación de la forma de la fuerza del deseo, te señalaremos un hecho bien conocido por los observadores científicos; esto es, que la energía de las pasiones sexuales puede ser transmutada en la energía de cualquier clase de trabajo creativo mental o físico. Este hecho también lo conocen los sacerdotes y otras personas a quienes recurren para obtener consejo aquellas personas que desean controlar las pasiones de este tipo. La explicación probablemente radica en el hecho de que el deseo sexual es esencialmente *creativo* en su naturaleza fundamental, y por tanto, puede ser redirigido a otras formas de actividad creativa. Sin embargo, sea cual sea la verdadera explicación, es un hecho que una persona que experimenta fuertes deseos sexuales puede dominarlos y controlarlos a través de participar en alguna forma de trabajo creativo en el cual la energía creativa elemental se transmute en otras formas de fuerza creativa.

Por ejemplo, uno puede *crear* a través de la escritura, de la composición musical, del trabajo artístico o de los trabajos manuales; de hecho, a través de cualquier clase de trabajo en el cual se fabriquen cosas, se armen, se construyan o se creen de alguna manera. Se descubrirá que en ese tipo de trabajo, dado que se tenga el suficiente interés él, el fuerte impulso de las pasiones sexuales gradualmente pierde fuerza, y la persona entonces experimenta la sensación de tener una nueva energía en el trabajo creativo que ha emprendido con el fin de transmutar la forma previa de poder del deseo.

Otro ejemplo de este principio lo encontramos en el caso del efecto benéfico de ciertos juegos; de hecho, de casi todos los juegos que se juegan con moderación. Aquí los deseos distractores y tentadores que buscan alejarte de tus tareas designadas y de la manifestación de tus deseos dominantes se transmutan en el interés y el deseo de jugar. El juego es una válvula de seguridad de las emociones. Sirve para transmutar muchos deseos distractores en la energía conativa que se expresa en un juego interesante.

Esto ocurre con los juegos donde está involucrada meramente la habilidad mental, al igual que con aquellos donde participa la habilidad física. El béisbol ha sido de enorme beneficio para el pueblo estadunidense en este sentido. El golf juega una parte importante en cuanto a que aporta un "canal de transmutación" de energía para las personas ocupadas que se cansan cuando se encuentran bajo una tensión monótona en la ardua búsqueda del objeto de sus deseos dominantes. En este tipo de casos, no sólo se transmutan los deseos distractores, sino que los juegos mismos brindan recreación, ejercicio y un cambio de actividad para el individuo.

"Pagar el precio" de tus deseos dominantes no necesariamente implica que debes abandonar todo aquello que no esté directamente relacionado con el desarrollo de los intereses de esos deseos particulares; si ése fuera el caso, probablemente dañarías tus propios intereses al restringir demasiado tu círculo de interés y atención. El verdadero significado del mandato consiste en que debes "pagar el precio" de *abandonar, inhibir o al menos transmutar todos aquellos deseos que, directa y ciertamente, se opongan o interfieran seriamente con el logro de los objetivos de tus deseos dominantes.* En verdad, debes estar preparado para pagar ese precio. En muchos casos tales deseos pueden transmutarse en formas que, en todos los sentidos, "concuerden" con la búsqueda de los objetos de tus deseos dominantes, y entonces se les considere útiles y no dañinos. Muchos elementos emocionales pueden ser transformados para que sean considerados de esta manera mediante el proceso de transmutación. Sería bueno que reflexionaras en este asunto de la transmutación cuando te veas amenazado por deseos distractores y tentadores.

Otra forma de "pagar el precio" consiste en la labor que ha de llevar a cabo el individuo para el logro del objeto de sus deseos dominantes. Esta labor, sin embargo, no sólo se lleva a cabo a través del ejercicio de la determinación persistente de la voluntad, aunque es el elemento activo involucrado; también se necesita que sean inhibidos y les sea retirada la energía a los deseos en conflicto que luchan por alejar a la persona de sus tareas asignadas y la llevan a realizar acciones que requieren menos trabajo y que, por el momento, parece prometer más placer y satisfacción.

El precio que han pagado los hombres y las mujeres que han logrado un éxito notable casi siempre ha incluido la abnegación, y, algunas veces, una privación real durante los primeros días de su proyecto; trabajo excesivo comparado con el que se le exige justamente al trabajador; una aplicación en la perseverancia incansable es también un requisito. También deben "pagar" una decisión indomable y una determinación persistente. Hay una constante renuncia al placer presente en favor del que se espera en el futuro; asimismo, la realización constante de tareas que fácilmente podrían evitarse, y que realmente son evitadas por la persona promedio, pero que se requiere lleve a cabo el individuo que es inspirado por el deseo dominante y está trabajando para el logro de "algo grande".

Napoleón "pagó el precio" en sus primeros días cuando se rehusó a incluirse en las actividades frívolas de sus compañeros estudiantes en Brienne, y, en su lugar, dedicó deliberadamente su tiempo libre al dominio de los elementos constitutivos de la ciencia e historia militar. Abraham Lincoln "pagó el precio" cuando estudió a la luz de la chimenea los pocos libros que pudo encontrar, en lugar de entregarse a los placeres y el libertinaje de otros jóvenes de su vecindario. Lee la historia de cualquier hombre exitoso y descubrirás, invariablemente, que han "pagado el precio" del estudio, la aplicación, el trabajo, la abnegación, la frugalidad, el ahorro, la laboriosidad, etc.

Que jamás te engañe el pensamiento de que puedes escapar de "pagar el precio" del logro de los objetivos de tus deseos intensos. Siempre debes pagar el precio: entre mayor sea el objeto del logro, mayor es el precio que se exige, pero descubrirás que si has aprendido a "quererlo con la suficiente fuerza" entonces el precio será comparativamente fácil de pagar; el objetivo lo valdrá.

Si sientes que el precio que se requiere que pagues por el objeto de tus deseos dominantes es mayor al valor del objetivo, entonces algo está mal en la ecuación. En tal caso deberías "evaluar" tus sentimientos, sopesándolos y comparándolos cuidadosamente, tal y como hemos sugerido en nuestra reflexión sobre el autoanálisis y la selección de los deseos dominantes. Puedes descubrir que aquello que suponías era un deseo dominante en realidad no lo es en absoluto, o puedes darte cuenta de que no has incluido algún elemento o fase necesaria del deseo dominante, o que no has realizado una transmutación posible de deseos distractores; o que no has inhibido o no le has retirado la energía a los deseos distractores. O, probablemente que no has alimentado apropiadamente la llama de tu deseo dominante. De cualquier forma, algo está mal y debes buscar el remedio.

Aunque la Ley de la Naturaleza establece que debes "pagar el precio" de todos tus deseos, también afirma que el logro debe valer la pena. Si te das cuenta que el valor probable presente y futuro de cualquier objeto de tu deseo no vale el precio que tienes que pagar, entonces deberías analizar cuidadosamente la situación de una forma muy crítica, viéndola desde todos los ángulos, y a la luz de todas las posibles relaciones y asociaciones, con una deliberación plena con respecto a las probables consecuencias de tomar un camino opuesto, con un juicio razonado con respecto a todos los caminos alternativos. La insatisfacción puede ser meramente temporal y pasajera, o por otro lado, puede estar adquiriendo mayor fuerza y promesa de permanencia.

Cualquier deseo que, después de una consideración cuidadosa, una deliberación y un razonamiento parezca no "pagarse por sí solo" —que no sea digno de la tarifa de almacenamiento o del espacio físico en tu naturaleza emocional— es un objetivo apropiado para un nuevo juicio relacionado con sus méritos, una reevaluación de sus ventajas, con el fin de decidir si ha de mantenérsele o si han de tomarse medidas para añadírsele fuerza, energía y valor emocional, o rechazársele y desechársele. La prueba siempre debe ser: "*¿En verdad vale esto la pena; vale el precio que se requiere que pague por él? ¿Rechazarlo me costaría más que retenerlo?*". El criterio del mérito debería ser: "*¿Esto me hace* *más fuerte, mejor y más eficiente, y, por lo tanto, verdaderamente y permanentemente más feliz?".*

Resumen

Ya has visto que el deseo es un estado emocional representado por la frase *"¡Yo quiero!"*. Has visto que *"el deseo tiene como objeto algo que traerá placer o liberará del dolor, inmediato o remoto, a la persona o a alguien en quien está interesado"*. Has visto que *"siempre actúas de acuerdo con tu más grande 'gusto' o 'disgusto' del que estás consciente en ese momento"*. Has visto que *"El grado de fuerza, energía, voluntad, determinación, persistencia y aplicación continua que un individuo manifieste en sus aspiraciones, ambiciones, metas, actuaciones, acciones y trabajo queda determinado principalmente por el grado del deseo por el logro de sus objetivos: su grado de 'deseo' y 'deseo hacer' relacionado con dicho objeto"*. Has visto que *"el deseo es la llama que produce el vapor de la voluntad"*, y que, por tanto, el deseo es la fuente a partir de la cual surge toda acción humana.

Has visto que el poder del deseo no sólo provoca directa o indirectamente toda acción humana, sino que también pone en movimiento las fuerzas vitales que desarrollan las facultades y poderes mentales y físicos del individuo a lo largo de líneas diseñadas para desarrollar, manifestar y expresar de manera más eficiente los deseos dominantes de la persona. Has visto cómo el poder del deseo presiona a los poderes de la mente subconsciente para que sirvan en la labor de manifestar y expresar los deseos intensos. Has visto cómo los poderes subconscientes actúan para atraer al individuo las cosas, personas, condiciones y circunstancias que le sirven para permitirle manifestar y expresar de mejor manera sus deseos dominantes; y cómo, de la misma manera, tienden a atraer al individuo hacia esas cosas, personas, condiciones y circunstancias. Has visto cómo la atracción del deseo se lleva a cabo en silencio, incluso cuando estamos dormidos, hacia el objetivo impreso en él a través de la naturaleza de los deseos intensos.

Has descubierto la importancia de "saber exactamente lo que quieres" y has aprendido cómo obtener ese importante conocimiento a través del autoanálisis y la selección. Has descubierto la importancia de "quererlo con la fuerza suficiente" y también cómo alimentar la llama del deseo para que arda con gran intensidad. Has aprendido a poner en movimiento y actividad el gran cuerpo del deseo elemental, y cómo hacer que fluya hacia los canales de manifestación y expresión que cuidadosamente has construido para sus aguas. Has descubierto la necesidad de "pagar el precio del logro" de los objetos de tu deseo, y has aprendido las reglas generales con respecto a dicho pago.

Has obtenido información relacionada con la extraordinaria fuerza del poder del deseo dentro de tu ser y te has familiarizado con las leyes que gobiernan su manifestación y expresión y con las leyes que regulan su control y dirección. Si has entrado en la esencia de esta instrucción y has permitido que su influencia descienda a las profundidades subconscientes de tu mente, ya estás consciente de la energía del poder del deseo que se ha despertado en esas profundidades. Habrás descubierto que te has infundido con una conciencia nueva y emergente de poder personal en tu interior. Habrás experimentado esa sensación intuitiva de que se han puesto en movimiento en ti ciertas fuerzas sutiles pero dinámicas que tenderán a hacerte "más fuerte, mejor y más eficiente".

A medida que continúes despertando estas grandes fuerzas de tu naturaleza para que lleven a cabo una mayor actividad, y dirijas su canal de manifestación y expresión, de cuando en cuando recibirás evidencias reales y pruebas de que estás viajando por el camino correcto y estás empleando los métodos apropiados. Quedarás sorprendido cuando recibas pruebas y resultados reales de las formas más inesperadas y de fuentes y direcciones que jamás habías soñado. A medida que continúes te darás más y más cuenta que has puesto en movimiento una de las fuerzas más poderosas de la naturaleza, de hecho, "la mayor de todas las fuerzas". Finalmente, comenzarás a darte cuenta de que la presencia muy real dentro de ti de un deseo dominante que se ha ganado su lugar en la "lucha por la existencia" y que ha soportado todas las pruebas, es "la profecía de su propio cumplimiento".

Se te ha pedido que tomes en consideración los hechos que se han descubierto con respecto a la naturaleza, el carácter y formas de actividad del poder del deseo, esa gran energía psíquica elemental que penetra toda la existencia y que está universalmente presente. Analiza las acciones de todas las cosas vivas y encontrarás que el poder del deseo las inspira y las motiva Es más, examina los movimientos de los así llamados objetos inanimados de la naturaleza, y descubrirás incluso ahí las fuerzas vigorizantes de "algo parecido a un poder del deseo".

Si consideráramos a la naturaleza humana como una magnífica Máquina Cósmica, entonces el poder del deseo sería la fuerza motriz que hace funcionar esa maquinaria universal. Si la naturaleza fuera considerada como un Macrocosmos Vivo, entonces el poder del deseo es la fuerza motriz viva que inspira y genera sus actividades. Desde cualquier ángulo que podamos ver a la naturaleza, bajo cualquier hipótesis o teoría que se le considere, se percibe que el poder del deseo es algo directamente responsable de hacer que "las ruedas giren". El antiguo axioma hermético "Como arriba, así abajo; como dentro, así afuera; como en lo grande, así en lo pequeño", se ve que se aplica aquí: se ve que tanto el individuo como el Cosmos tienen como su fuerza motriz esencial ese algo original, primitivo, elemental, fundamental que conocemos como poder del deseo.

En vista de este hecho, apenas si necesitas que se te anime a estudiar los métodos de operación de esta extraordinaria fuerza, de modo que la emplees en tu maquinaria de vida y acción. Al igual que la gravedad o la electricidad, su poder está disponible para todos aquellos que tengan el valor, la inteligencia y la perseverancia de dominarla y forzarla a trabajar. Es tan gratuita como el aire o como los rayos del Sol; no te cuesta nada hacer funcionar tu maquinaria de vida con ella; sólo persistencia y determinación. No tienes que darle poder o añadirle energía. Dentro de ella existe mucho más poder, energía y fuerza de la que alguna vez podrás utilizar. Todo lo que necesitas hacer es aprovechar su energía libre y ponerla a trabajar para ti con el fin de hacer funcionar la maquinaria mental y física con la que la has dotado.

Te pedimos que reflexiones en la siguiente afirmación del Dr. Wilfrid Lay. El doctor Lay se refiere al poder del deseo del subconsciente, y dice:

"Llamo tu atención al enorme poder del subconsciente. Es el deseo acumulado en cada uno de nosotros de miles de años de evolución, la forma presente en cada individuo de esa fuerza vital que se ha mantenido inmortal a lo largo de miles de generaciones de hombres que han vivido antes de nosotros y de millones de generaciones de animales detrás de ellos. No necesita ser más que una fuente de poder para nosotros, un poder que podamos utilizar si lo comprendemos correctamente, tal y como podemos encender la calefacción o un aparato eléctrico. No tiene que ser destructivo; de hecho no es destructivo, excepto en las almas más distraídas. Por el contrario, debería estar completamente a nuestras órdenes cuando hayamos aprendido a manejarlo correctamente tal y como está a nuestras órdenes la potencia en un automóvil. Igual que en el caso de un automóvil, existen algunas cosas que tenemos que aprender y el resto está diseñado por el fabricante del auto, y hacemos mal si intervenimos con ello. La experiencia de tener un auto de 200 caballos de fuerza bajo nuestro mando (si nosotros lo vamos a conducir) es una situación en la que muchas personas, tanto hombres como mujeres, se rehúsan a involucrarse. De la misma forma, existen muchas personas que, por diversas causas, no desean desarrollar la potencia de 200,000 generaciones que reside en su interior. A todos los efectos, y en tanto la carne humana puede soportar la tensión, este poder que principalmente se encuentra en las manos del subconsciente en la mayoría de los hombres y mujeres, es ilimitado".

El poder del deseo es una fuerza cósmica diseñada para el uso controlado y directo de los fuertes. Está a disposición de todos, pero pocos tienen el coraje y la determinación suficiente para hacer uso de sus servicios. Las masas simplemente se entretienen con ella, juegan con ella, y la manipulan con cautela: los Maestros de los Hombres valientemente toman los controles y encienden su maquinaria mental y física. Es una Fuerza Maestra apropiada sólo para el servicio de los Maestros. Es el siervo legítimo sólo de aquellos cuyo lema es: "¡Puedo hacerlo y lo haré; me atrevo, y lo hago!".

Tú puedes ser un maestro del poder del deseo y, de ese modo, un maestro de los hombres, un maestro de las circunstancias, un maestro de la vida, si tan sólo estás dispuesto a serlo. Tú eres el maestro de tu destino —el capitán de tu alma— si tan sólo reconoces, comprendes y manifiestas el poder del "YO SOY YO" que es tu Yo Real y del cual el poder del deseo es un servidor dispuesto.

Tu socio silencioso interior

Aunque hasta hace pocos años los planos mentales que están fuera y más allá del campo de la conciencia ordinaria habían permanecido relativamente inexplorados por los psicólogos, y, de hecho, prácticamente han sido completamente ignorados por la psicología occidental hasta la época moderna, la mejor línea del pensamiento actual concuerda, en la práctica, con el hecho de que en esos planos ocultos de la mente se lleva a cabo la porción más importante de nuestro trabajo mental, y que en su campo operan algunos de nuestros procesos mentales más relevantes.

La exploración de estas regiones oscuras de la mente ha sido una de las tareas más fascinantes de la psicología moderna; y las minas han arrojado ricos materiales en abundancia. Muchos fenómenos mentales que anteriormente eran considerados imposibles por los psicólogos ortodoxos, o eran tomados por la persona promedio como una evidencia de fuerzas y medios sobrenaturales, ahora se considera que encajan perfectamente en el orden natural de las cosas y que operan de acuerdo con la ley y el orden natural. Esas investigaciones no sólo han producido un mayor incremento del conocimiento científico relacionado con el funcionamiento interno de la mente; también han servido para poner en las manos de los psicólogos más avanzados el material al cual han dado un uso práctico y eficiente a través de métodos de aplicación científica.

El efecto de estos descubrimientos ha sido la presentación de una verdad sustancial para el individuo pensante: la verdad de que su reino mental es un terreno mucho más grande que como anteriormente lo consideraba. El Ser ya no ha de ser limitado en sus actividades mentales al estrecho campo de la conciencia ordinaria. Tu reino mental se ha expandido súbitamente hasta que ahora constituye un gran imperio, cuyas fronteras van mucho más allá de los límites del pequeño reino que has estado considerando como el campo total de las fuerzas, poderes y actividades del Ser.

Al Ser a menudo se le ha comparado con el rey de un gran reino mental; sin embargo, a la luz del descubrimiento de los nuevos hechos relacionados con el maravilloso campo de las actividades mentales inconscientes, subconscientes y supraconscientes, al Ser ahora se le representa de manera más apropiada como el poderoso emperador de un vasto imperio del que sólo se ha explorado una porción comparativamente pequeña. Se requiere que aprecies más a fondo el antiguo aforismo: "Eres más grande de lo que crees". Tu Ser es como un nuevo Cristóbal Colón que observa el gran nuevo mundo que ha descubierto a su alrededor y del cual es gobernante y propietario.

Cuando empleamos el término "subconsciente" para referirnos a la totalidad del campo de actividades de la mente que se llevan a cabo abajo, arriba o, de algún modo, "fuera de" el campo o el plano de la conciencia ordinaria del individuo, pronto descubrimos que las actividades del subconsciente se extienden a lo largo de un rango muy amplio de manifestación y abarcan una gran variedad de formas de expresión.

En primer lugar, el subconsciente preside sobre las actividades de tu cuerpo físico; es el espíritu que da vida a los procesos físicos. Lleva a cabo las múltiples tareas de la digestión, la asimilación, la nutrición, la eliminación, la secreción, la circulación, la reproducción; en resumen, todos los procesos vitales. Tu mente consciente es aliviada de estas extraordinarias tareas.

Una vez más, el subconsciente supervisa el desarrollo de tus acciones instintivas. Cada acción que realizas automáticamente, instintivamente, "por hábito", "de memoria", y sin el empleo consciente del pensamiento y la voluntad, en realidad lo lleva a cabo tu mente subconsciente. Tu mente consciente, liberada de este trabajo, puede concentrarse en aquellas tareas que puede realizar por sí sola. Cuando aprendes a llevar a cabo una acción "de memoria" o "por hábito" la mente consciente ha entregado este trabajo particular a tu subconsciente.

Igualmente, el subconsciente está relacionado principalmente con las actividades de tu naturaleza emocional. Tus emociones, las cuales se elevan al plano o nivel de la conciencia, no son sino manifestaciones en la superficie de las actividades más elementales realizadas en las profundidades del océano del subconsciente. Tus emociones elementales instintivas tienen su fuente y origen en el subconsciente; se han acumulado ahí por cuestiones de hábito, herencia o memoria racial. Prácticamente todo el material de tus actividades emocionales se almacena en los planos y niveles del subconsciente.

Nuevamente, el subconsciente preside los procesos de la memoria. Los planos o niveles subconscientes de la mente constituyen el gran almacén de las impresiones grabadas de la memoria. Es más, en esos planos o niveles se lleva a cabo el trabajo de clasificar y llevar a cabo referencias cruzadas de los registros de memoria a través de los cuales son posibles la remembranza, el reconocimiento y los recuerdos. Estas regiones de tu mente subconsciente contienen no sólo las impresiones grabadas de tus propias experiencias personales, sino también las memorias raciales o memorias heredadas que se manifiestan como "instinto" y que juegan un papel muy significativo en tu vida.

Una vez más, el subconsciente puede llevar a cabo (y frecuentemente realiza) trabajos importantes en las líneas del "pensamiento" real. A través de la "reflexión mental" digiere y asimila los materiales suministrados por tu mente consciente, y luego procede a clasificarlos, compararlos y a formar juicios y tomar decisiones conforme a ellos y a partir de ellos: todo por debajo de los niveles de tu conciencia ordinaria. Los psicólogos prudentes han decidido que, por mucho, la mayor parte de nuestros procesos de razonamiento se llevan a cabo, en realidad, en niveles y planos mentales fuera del campo de la conciencia ordinaria. Mucho de tu trabajo mental creativo, particularmente el relacionado con la imaginación constructiva, se lleva a cabo de esta forma, y el resultado posteriormente es elevado a los niveles del pensamiento consciente.

Finalmente, existen niveles y planos "por encima" de los niveles y planos de la conciencia ordinaria, así como existen otros que están "por debajo" de esta última. Así como los niveles inferiores están relacionados principalmente con el trabajo con materiales almacenados del pasado, así estos niveles superiores se relacionan con informar aquello que puede considerarse una representación de las actividades futuras conscientes de la raza humana. Puede decirse que estas regiones superiores del subconsciente contienen la semilla o el embrión de facultades y poderes superiores que se desarrollarán plenamente en etapas futuras de la evolución mental de la raza; muchas de estas facultades y poderes superiores incluso en este momento están comenzando a manifestarse en destellos ocasionales en la mente de ciertos individuos, y, como consecuencia, esos individuos frecuentemente son considerados "inspirados" o poseedores de esta cualidad indefinible o poder conocido como "genialidad".

En estos planos superiores del subconsciente habitan ciertos poderes extraordinarios del Ser, cuyas facultades se manifiestan y se expresan en aquello que llamamos ingenio, inspiración, iluminación: los logros mentales excepcionales de ciertos intelectos que quedan impresos por encima del promedio. En estos planos elevados habitan y se manifiestan las actividades mentales maravillosas que intentamos explicar bajo el término de "intuición". Sin embargo, estas actividades no son contrarias a la razón, aunque puede parecer que, en ocasiones, la trascienden; es mejor considerarlas como la manifestación de una Razón Superior. La investigación y la exploración de estos reinos superiores del subconsciente forma una de las tareas más interesantes y fascinantes de la psicología moderna. Incluso ahora, los reportes de los investigadores y exploradores son de incomparable interés; aquellos que con seguridad pueden ser considerados en el futuro como contribuciones maravillosas a las páginas de la historia de la investigación científica moderna.

Te pido que me acompañes en una exploración de las diversas regiones del subconsciente: esos reinos extraordinarios de tu mente, desde el más alto hasta el más bajo. En esta nueva tierra existen valiosos depósitos de material útil para ti y para toda la humanidad. Nuestro propósito consiste en señalártelos e instruirte en los métodos más aprobados de excavación y conversión de dicho material para usos prácticos. Tu interés consiste en ser dirigido directamente a las minas que contienen estos ricos depósitos, y que se te diga cómo conducir las operaciones mineras y los procesos de conversión. Con este ánimo, pues, dirigiremos nuestro viaje de exploración.

* * *

Puedes aprovechar y utilizar para tu servicio las fuerzas secretas del gran subconsciente, como todas las demás grandes fuerzas naturales. Al igual que la electricidad, puedes manejarlas y dirigirlas hacia los canales apropiados para que se pongan a trabajar por ti y para ti. Has estado empleando estas fuerzas, en mayor o menor medida, en muchas de tus actividades mentales; sin embargo, muy probablemente, las has estado utilizando instintivamente y sin el pleno conocimiento de las leyes y principios involucrados. Cuando comprendas qué son exactamente estas fuerzas, cómo trabajan y cuáles son los métodos mejor calculados para producir resultados y efectos útiles, entonces podrás proceder a emplearlos inteligente y deliberadamente y con un propósito, intención, finalidad y objetivo conscientes.

La persona promedio emplea alrededor de un 25% del poder de su subconsciente. Aquel que comprende los principios y métodos a los que nos hemos referido podrá emplear el 100% de su poder subconsciente disponible. Esto significa que podrá cuadruplicar su trabajo y actividad subconsciente, con los correspondientes resultados y efectos multiplicados. En tanto que al menos el 75% de los procesos mentales del hombre se llevan a cabo en el plano o nivel subconsciente, se verá que los beneficios que surgen de cuadruplicar sus actividades mentales subconscientes y su poder disponible, están prácticamente más allá de cualquier cálculo apropiado. Es más, este poder y eficiencia aumentados no se obtienen a costa de un esfuerzo y desgaste mental cada vez mayor; por el contrario, la persona que emplea de manera efectiva su subconsciente se libera de una enorme porción de tensión mental inherente al uso de la mente consciente.

Además de los oficios y poderes del supraconsciente que ya hemos mencionado, existe otra función sumamente importante de la fase de la mente que puede recibir el nombre del "poder protector". Muchas personas (de hecho la mayoría de las personas) en algunos momentos han experimentado este poder benéfico. Han sentido con gran intensidad que están en contacto cercano con una fuerza, un poder o una entidad de algún tipo que en alguna medida es superior a ellos mismos, pero que está preocupada con su bienestar. Esta presencia benéfica se ha interpretado de diversas formas de acuerdo con la tendencia del pensamiento de aquellos que la experimentan. Algunos antiguos la llamaban "el genio amable"; otros la denominaban "el ángel de la guarda"; otros más lo han considerado como "mi amigo espiritual", mientras muchos otros, aunque han estado vívidamente conscientes de su presencia y su poder, no le han otorgado un nombre especial.

Sea cual sea el nombre que se le haya asignado, o incluso aunque no se le haya aplicado ningún nombre, ese algo misterioso ha sido reconocido como una presencia y un poder benéfico: un algo animado por un interés sincero y amable en el individuo y aparentemente dedicado a sus intereses y dispuesto a prestarle sus útiles servicios.

Esta presencia y poder benéfico a menudo ha actuado como un consejero guardián en la vida de muchas personas. En otros casos han percibido que actúa sutilmente para producir resultados y condiciones ventajosas para las personas a las que protegía. Ha dirigido a algunos a circunstancias y condiciones que se calcula son de provecho para ellos; ha alejado a otros de condiciones y circunstancias que se calcula les traerían daños. En pocas palabras, ha jugado el papel de "genio amable" o de "ángel de la guarda" para más de una persona.

Incontables personas han sentido el toque de esta mano invisible: muy probablemente tú, que ahora estás leyendo estas líneas, lo has sentido. Ha animado a las personas cuando las circunstancias han parecido ir en su contra; las ha animado con un nuevo espíritu, las ha animado para que emprendan una actividad renovada, las ha llenado con un nuevo valor cuando más lo necesitaban. Aparentemente, han llevado a las personas a la presencia de otras personas y cosas, condiciones y entornos que han resultado benéficos para ellas. En todas las épocas los hombres —algunos de los hombres más prácticos y "obstinados", entre otros— han sentido el toque de esta mano invisible y han reconocido, agradecidos, su ayuda en tiempos de necesidad, aunque han quedado perplejos con respecto a su verdadera naturaleza.

Para muchos pensadores cautos que han investigado con gran seriedad este fenómeno, parece que esta presencia-poder benéfica —esta mano invisible que los ha ayudado en momentos de necesidad— no es un poder externo, y tampoco una entidad fuera de sí mismos, sino más bien una manifestación de una parte de la naturaleza mental del hombre que hemos denominado "el supraconsciente". Se cree que en lugar de que sea una entidad externa a nosotros forma parte de nosotros mismos; que es una fase, parte o aspecto de nuestro Ser que se manifiesta por encima de los niveles o planos de la conciencia ordinaria. En pocas palabras, este "genio amable" o "ángel de la guarda" es tu propio Yo Supraconciente que se manifiesta en algunos de sus niveles o planos superiores de actividad y poder.

En este Ser Superior tienes a un amigo mucho más leal, constante y sincero que cualquier otro amigo, pues eres Tú mismo, en esencia y substancia. Tus intereses son sus intereses, pues eres uno con él en tu ser y poder esencial. Te será fiel y estará al pendiente de tus verdaderos intereses, y su interés es maravilloso en su devoción y constancia. Él, a su vez, manifestará el cuidado protector de un padre; el cuidado amoroso y dedicado de una madre, y el cuidado fraterno y útil de un hermano. Será todas estas cosas para ti, y más, si tan sólo le das la oportunidad de desarrollar su presencia y manifestar su poder en tu vida.

Este Yo Superior —esta fase de tu supraconsciente— no necesita más que el estímulo de tu reconocimiento y entendimiento para manifestar su poder a tu favor. Aparentemente se desanima, se desalienta y se avergüenza por tu indiferencia, por tu incredulidad y por tu falta de reconocimiento de su presencia y del entendimiento de su poder. No necesita "entrenamiento" o "desarrollarse"; todo lo que te pide es que lo reconozcas y lo entiendas, y que reciba de ti una bienvenida amable y solidaria. Ha hecho mucho por ti en el pasado y hará más por ti en el futuro, si tan sólo lo encuentras a mitad del camino.

Esta parte superior de tu Ser está llena de discernimiento, y de una sabiduría fría y aguda. Puede ver hacia el futuro y discernir y elegir el camino correcto para luego llevarte por ese camino y mantener tus pies firmemente plantados, a pesar de tus esfuerzos por tomar una ruta distinta o vagar por las cunetas que se encuentran a ambos costados del camino. Harías bien en "liberarte de ti mismo" de vez en cuando, y comulgar de vez en cuando con tu Yo Superior y tener con él un encuentro "de corazón a corazón". Descubrirás que este Yo Superior es un maravilloso compañero, más cercano que cualquier ser humano, pues eres Tú mismo y sólo Tú mismo manifestándose en los planos y niveles superiores de tu ser. Saldrás de estos periodos de comunión contigo mismo con una fuerza y vigor renovados, lleno de nueva esperanza y fe, animado por nuevas ambiciones y con una determinación resuelta.

* * * * *

Te he presentado un panorama de tu Nuevo Imperio Mental, un panorama de sus planos y niveles inferiores y superiores, de sus crestas y valles. Es tu propio imperio: ¡Es TUYO! Puedes gobernarlo y dirigirlo, explorarlo y cultivarlo. Es tu hogar. Los muchos fenómenos maravillosos que se manifiestan en su inmenso territorio son tus fenómenos: tú puedes controlarlos, dirigirlos, desarrollarlos, cultivarlos; puedes restringirlos, limitarlos, inhibirlos; según tus deseos, y a través de tu voluntad.

No te permitas ser tentado por los extraordinarios poderes manifestados por algunos instrumentos mentales subordinados; no te permitas caer bajo el conjuro de alguna de las manifestaciones fenomenales de tu fantástico mundo mental. Obsérvalas todas; respétalas, utilízalas, exige y asegúrate de recibir ayuda y trabajo por parte de todas, pero nunca pierdas de vista el hecho de que Tú, tu Yo Real, —el "yo soy yo"— es el Maestro de esta tierra, el gobernante de este imperio, y que ilícitamente tienes poder y dominio sobre él, sobre sus habitantes y sobre todo lo que contiene.

Tu "Yo soy yo", tu Yo Verdadero —TÚ— es un centro de conciencia y voluntad, de poder personal, en ese poder infinito y eterno, ese poder último del cual proceden todas las cosas, y en el que vivimos, nos movemos y tenemos nuestro ser. Tu cuerpo físico y tus energías físicas; tu mecanismo mental y sus energías, manifestándose en todos los planos o niveles de conciencia, subconciencia, o supraconciencia, todos ellos no son más que instrumentos o canales de expresión de tu Yo Verdadero, tu "YO SOY YO".

Tú, el "YO SOY YO", eres el centro de tu mundo personal de experiencia y manifestación. Mantén siempre tu lugar legítimo en el centro de ese mundo; observa cómo todo lo demás gira y se mueve alrededor de ese centro, así como los planetas giran alrededor del Sol. ¡Tú eres el Sol! No pierdas tu equilibrio, no permitas que te induzcan a alejarte de tu posición central para acomodar algunos de tus planetas subordinados, ni siquiera el más grande.

¡Salve, poderoso emperador! ¡Entra y toma posesión, gobierna y dirige tu Nuevo Imperio Mental! ¡Es TUYO!

* * * * *

Permíteme recordarte la verdad del antiguo aforismo: "¡Eres más grande de lo que te imaginas!".

EL SECRETO DEL PODER

INTRODUCCIÓN

¿Cuál es la tendencia política más fuerte en el mundo actual?

Después de la última guerra, era hacia la democracia; sin embargo, de alguna manera la democracia ha fallado al individuo promedio. Cuando vino la depresión y el hombre se dio cuenta que no era capaz de proporcionar alimento y un techo a sus seres queridos, exigió algo más que igualdad de oportunidades. Exigió una SEGURIDAD contra la carencia.

Con el fin de responder a esa exigencia vinieron los así llamados "hombres fuertes": los Mussolinis, los Hitlers, los Antonescos, los Francos y similares, y nació el fascismo. Los hombres alcanzaron un cierto tipo de seguridad, pero dieron a cambio su libertad. Y pronto aprendieron que el poder se alimenta del poder, y que el único objetivo de la dictadura es la guerra, que todo lo destruye.

¿Y cuál es la razón? La misma que ha impulsado al hombre desde el inicio de los tiempos el anhelo de la seguridad: la seguridad de una casa, seguridad contra la carencia, seguridad para la vejez.

Desde el principio, la búsqueda de la seguridad ha sido uno de los impulsos más fuertes en la naturaleza. La ves en los animales, en la forma en la que esconden sus nidos y tratan de hacerlos seguros contra las criaturas depredadoras, ya sea el hombre u otros animales. La ves en los registros del hombre primitivo en las cuevas que hacía en los costados de las montañas, en los árboles, en los acantilados. La puedes rastrear a lo largo de las eras hasta las ciudades amuralladas, los castillos rodeados con torres, las montañas inaccesibles en las que los hombres han hecho su hogar.

A lo largo de la historia esta búsqueda de la seguridad ha sido una de las características dominantes de la raza humana. Y ahora que el hombre común ha comprendido su poder, ves cómo en todo el mundo se agrupa para adueñarse de toda propiedad con el fin de que él y los suyos puedan encontrar esa seguridad que tanto han anhelado.

Lo que al parecer no ha comprendido es que la mera redistribución de la propiedad jamás ha solucionado ni solucionará su problema. Le brindará una provisión temporal, sí; no obstante, la provisión es un problema continuo, y cuando se haya terminado su pequeña porción de la distribución general estará peor que antes, porque la producción se habrá terminado o habrá sido limitada grandemente.

La redistribución no es la respuesta. Se ha intentado en repetidas ocasiones, y siempre ha fracasado. Debes ir más atrás. Debes comenzar con la fuente de todas las cosas. Y eso es lo que trataremos de hacer en las siguientes páginas.

> Sepan esto, incansables habitantes de la Tierra,
> Sepan esto, buscadores de alegría y felicidad,
> hay tres cosas que un eterno valor encierran:
> El AMOR, que a las cosas más humildes da notoriedad,
> El TRABAJO, que con lo que trae y produce da alegría,
> y la FE, que elevándose en sus incansables alas,
> la realización de nuestros sueños nos regala.
> Divinos los Poderes al servicio de la vida,
> suprema su conquista sobre el Tiempo y el Destino.
> El Amor, el Trabajo y la Fe, son dones grandiosos
> que nos obsequia el Universo y aligeran el camino;
> recibámoslos agradecidos y seamos dichosos.

XXI

LA FUERZA CREATIVA

El Espíritu del Señor está sobre mí.
Me ha ungido para proclamar buenas nuevas a los pobres;
me ha enviado a proclamar libertad a los cautivos,
a dar vista a los ciegos,
a poner en libertad a los oprimidos
y a proclamar el año de la buena voluntad del Señor.

"En el principio era la palabra, y la Palabra estaba con Dios, y la palabra era Dios" —San Juan.

¿Qué es una palabra? Un concepto o imagen mental, ¿no es así? En los inicios del lenguaje, las palabras se acuñaron para representar ciertas imágenes u objetos. Por ejemplo, la palabra caballo trae a nuestra mente la imagen que quedó impresa sobre la retina y el cerebro de lo que hemos visto de ese cuadrúpedo.

Pero, ¿qué pasaría si no hubiera caballos? ¿Qué pasaría si nos pidieran que creáramos un caballo sin tener un conocimiento previo de dicho animal? Primero tendrías que construir una imagen mental clara de él, ¿no es así? Tendrías que producir una imagen mental de cada parte de su anatomía, de cada rasgo físico. Necesitarías un concepto mental perfecto de todo aquello que conforma la palabra caballo.

Y eso fue lo que ocurrió cuando Dios creó el mundo: en el principio era la "Palabra", el concepto mental, la imagen en la mente de Dios de lo que él planeó. "Y la Palabra se hizo carne". Adquirió forma y substancia. Creció en un mundo habitable. Desarrolló criaturas como los peces en el mar, las aves en el aire, las bestias en el campo. Y finalmente, el hombre.

En ese entonces, igual que ahora, la vida era un proceso en desarrollo continuo. Esas primeras formas de vida fueron amenazadas por toda clase de peligros —inundaciones, terremotos, sequías, calor desértico, frío glacial, erupciones volcánicas— pero cada nuevo peligro era meramente un incentivo para encontrar un nuevo recurso, para dar nueva forma a su fuerza creativa.

Para satisfacer un grupo de necesidades, la fuerza creativa formó al dinosaurio; para satisfacer otro, creó a la mariposa. Mucho antes de que desarrollara al hombre, se encontraban sus recursos ilimitados en miles de formas. Con el fin de escapar del peligro en el agua, algunas formas de vida buscaron la tierra. Al ser perseguidas en la tierra, se elevaron por los aires. Para poder respirar en el mar, la fuerza creativa desarrolló branquias. Al establecerse en la tierra, perfeccionó pulmones. Con el fin de enfrentar un tipo de peligro, desarrolló una concha. Para enfrentar otro, desarrolló pies veloces, o alas que luego la llevaran por los aires. Para protegerse del frío glacial, desarrolló pelaje. En climas templados, pelo. Al estar sujeto a frío y calor alternado, produjo plumas. Pero siempre, desde el principio, mostró su poder para enfrentar toda condición cambiante, *para responder a las necesidades de cada criatura.*

Si hubiera sido posible aniquilar esta fuerza creativa o detener su constante desarrollo, habría perecido hace mucho tiempo, cuando el fuego y las inundaciones, la sequía y la hambruna se habrían sucedido una a la otra en rápida secuencia. No obstante, los obstáculos, los infortunios, los cataclismos fueron para ella simplemente nuevas oportunidades de ejercer su poder. De hecho, se requerían dificultades u obstáculos para despertarla, para hacer que mostrara su energía y sus recursos.

Los grandes reptiles, las bestias monstruosas de la antigüedad, fallecieron a medida que cambiaron las condiciones que las habían hecho viables, pero la fuerza creativa permaneció, transformándose según cambiaba cada era, siempre desarrollándose, siempre mejorando.

Cuando Dios puso su fuerza creativa en sus criaturas, le dio energía ilimitada, recursos ilimitados. Ningún otro poder puede igualarse. Ninguna fuerza puede derrotarla. Ningún obstáculo puede detenerla. Puedes ver cómo a lo largo de la historia de la vida y de la humanidad su inteligencia directora ha surgido para satisfacer cada una de las necesidades de la vida.

Nadie puede rastrearla a través del tiempo sin darse cuenta que el propósito de la existencia es el CRECIMIENTO, el DESARROLLO. La vida es dinámica, no estática. Siempre está yendo hacia adelante; no se queda quieta. El único pecado imperdonable en toda la naturaleza es quedarse quieto, estancarse. El gigantosaurio, que tenía más de 30 m de largo y era tan grande como una casa; el tiranosaurio, que tenía la fuerza de una locomotora y era extremadamente aterrorizante; el pterodáctilo o dragón volador, y todos los monstruos gigantes de las épocas prehistóricas, se han ido. Dejaron de servir a un propósito útil. Se estancaron mientras la vida que los rodeaba los pasaba de largo.

Egipto, Persia, Grecia, Roma, y todos los grandes imperios de la antigüedad, perecieron cuando dejaron de crecer. China construyó una muralla alrededor de sí misma y se estancó durante mil años. En la naturaleza entera dejar de crecer es morir.

Este libro está escrito para aquellos hombres y mujeres que no están listos para estancarse, que se niegan a dejar de crecer. Su propósito consiste en brindarte una comprensión más clara de tus propias potencialidades, mostrarte cómo trabajar con la energía y el poder infinito de la fuerza creativa que trabaja a través de ti y aprovecharla.

El miedo del hombre que está frente a una encrucijada y no sabe qué camino tomar no debería ser tu miedo, pues tú creas tu propio futuro. La única ley de la energía infinita es la ley de la provisión. El principio creativo es tu principio. Desde el inicio de los tiempos, todos los días ha practicado sobrevivir, vencer, triunfar, remontar todos los obstáculos. No tiene menos recursos ahora que los que tuvo entonces. Sólo tienes que proporcionar la necesidad, trabajar en armonía con ella, para obtener de ella cualquier cosa que necesites. Pues si esta fuerza creativa es tan fuerte en las formas inferiores de vida animal que puede desarrollar un caparazón o un veneno para satisfacer una necesidad y, si puede enseñar al ave a dar vueltas y correr a toda velocidad, a equilibrarse y volar; si puede hacer que le crezca una nueva extremidad a una araña o un cangrejo para reemplazar aquella que perdió, ¡cuánto más puede hacer por TI que eres un ser racional con una mente capaz de trabajar con esta fuerza creativa, con energía y propósito e iniciativa para avivarla!

A tu alrededor tienes evidencia de todo esto. Lleva a cabo alguna forma violenta de ejercicio y al principio tus músculos estarán débiles y se cansarán fácilmente. Pero sigue haciéndolo durante unos cuantos días y ¿qué ocurre? La fuerza creativa en ti rápidamente los fortalece, los endurece, para satisfacer su necesidad.

En tu vida diaria encuentras esta fuerza trabajando firmemente. Abrázala, trabaja con ella, tómala en serio, y no hay nada que no puedas hacer. El simple hecho de que tengas obstáculos que vencer está a tu favor, pues cuando no hay nada que hacer, cuando las cosas se desenvuelven con demasiada suavidad, la fuerza creativa parece estar dormida. Es cuando la necesitas, cuando la invocas con urgencia, que se pone a trabajar.

En esto difiere de la suerte: en que la fortuna es un caballo veleidoso que le sonríe principalmente a aquellos que menos la necesitan. Apuesta tu última moneda a una carta —que no haya distancia entre tú y la bancarrota sino el giro de una rueda o la velocidad de un caballo— y tienes la oportunidad de cien a uno de que la suerte te abandone.

Ocurre justo lo opuesto con la fuerza creativa en tu interior. Siempre que las cosas funcionen suavemente, siempre que la vida fluya como una canción, esta fuerza creativa parece adormecerse, con el conocimiento seguro de que tus asuntos pueden resolverse por sí mismos. Pero deja que las cosas comiencen a ir mal, que estés frente a frente con la ruina o con la muerte, y ese será el momento en el que esta fuerza creativa se reafirmará si tan sólo le da la oportunidad de hacerlo.

Existe una sensación napoleónica de poder que asegura el éxito cuando sabes que es la fuerza creativa invencible la que está detrás de todos sus actos. Cuando sabes que tienes contigo una fuerza que jamás ha fallado en nada que haya emprendido puedes avanzar con el conocimiento confiado de que, en tu caso, tampoco te fallará. El ingenio que venció todos los obstáculos para hacer de ti lo que eres no dejará de estar a la altura cuando la necesites de forma inmediata. Es la fuerza en reserva del atleta, el segundo aire del corredor, el poder que, en momentos de gran tensión o emoción, invocas inconscientemente para que lleve a cabo aquello que posteriormente ves como algo sobrehumano.

Pero de ninguna forma se trata de algo sobrehumano. Simplemente está más allá de la capacidad de tu ser consciente. Haz que tu yo consciente se asocie con el gigante dormido que está tu interior. Despiértalo diariamente para que lleve a cabo la tarea, y esos hechos sobrehumanos se convertirán en tus logros ordinarios y cotidianos.

No importa si eres banquero o abogado, empresario o empleado; si tienes bajo custodia millones de dólares o luchas por el pan de cada día. La fuerza creativa no hace distinción entre los de arriba y los de abajo, entre los ricos y los pobres. Entre mayor sea tu necesidad más fácilmente responderá a tu llamado. Dondequiera que haya una tarea inusual, dondequiera que haya pobreza o dificultades o enfermedad o desesperación, ahí espera este siervo de tu mente, listo y dispuesto a ayudarte, pidiendo únicamente que lo invoques. Y no sólo está listo y dispuesto, sino que siempre es CAPAZ de ayudar. Su ingenio y sus recursos no tienen límites. Es mente. Es pensamiento. Es la telepatía que transporta mensajes sin la palabra hablada o escrita. Es el sexto sentido que te advierte del peligro invisible. No importa cuán grande, formidable o complicado, o cuán simple pueda ser un problema, la solución se encuentra en alguna parte en la mente, en el pensamiento. Y como la solución existe, este gigante mental puede encontrarla para ti. Puede saber, y puede hacer todo aquello que es correcto. Cualquier cosa que necesites saber, cualquier cosa que sea necesario que hagas, puedes saberla y puedes hacerla si tan sólo buscas la ayuda de este genio de tu mente y trabajas con él de la manera correcta.

Dios dio a toda criatura viva una porción suficiente de su fuerza creativa para permitirle desarrollar cualquier cosa que considerara necesaria para sobrevivir. Detrás y trabajando a través de toda cosa viva estuvo esta fuerza creativa, y a cada uno se le dio el poder de recurrir a ella cuando tuviera necesidad. En el caso de las formas inferiores de vida, ese llamado debía restringirse a sí mismos, a sus propios cuerpos. Ellas no podían cambiar su entorno.

Podían desarrollar una casa hecha de caparazón en la cual vivir, como los crustáceos o como un caracol o una tortuga. Podían utilizar la fuerza creativa para desarrollar fuerza o velocidad y garras, cualquier cosa dentro de ellos o perteneciente a ellos. Pero además de construir nidos o cuevas u otros hogares más o menos seguros, no podían alterar las condiciones que los rodeaban. Sólo al hombre se le dio el poder de crear su propio entorno. Sólo a él se le dio dominio sobre las cosas y las circunstancias.

El hecho de que ejerza este poder, incluso en la actualidad, sólo hasta un cierto límite, no altera el hecho de que lo posee. Al hombre se le dio dominio. "Hagamos al hombre a nuestra imagen, conforme a nuestra semejanza; y ejerza dominio sobre los peces del mar, sobre las aves del cielo, sobre los ganados, sobre toda la tierra, y sobre todo reptil que se arrastra sobre la tierra".

Por supuesto, pocos creen en ese dominio. Menos aún lo ejercen para su propio bien o para el bien de todos. Sin embargo, todo mundo utiliza la fuerza creativa que está en su interior hasta cierto punto. Todo mundo construye su propio entorno.

Algunos dirán con indignación: "No me digas que yo construí estas pocilgas a mi alrededor, que soy responsable de las condiciones miserables en las cuales trabajo, que yo tuve algo que ver con la pobreza y la miseria en la que mi familia tiene que vivir". Sin embargo, eso es exactamente lo que estoy diciendo. Si naciste en la pobreza y la miseria, fue porque tus padres las imaginaron como algo que les había sido impuesto, algo sobre lo cual no podían hacer nada, una condición que era necesaria y que había de esperarse. Al pensar de esta manera, utilizaron la fuerza creativa que trabajaba a través de ellos para atar esas condiciones a sí mismos como algo que estaban destinados a sufrir y contra lo cual no tenían nada qué hacer.

Luego, tú, por tu parte, aceptaste esas condiciones como tu destino, y las has atado a ti a través de tu aceptación total y al no reclamar mejores condiciones llevando a cabo esfuerzos mayores o sostenidos para salir de ellas.

La historia entera muestra que el alma determinada que se rehúsa a aceptar la pobreza o la carencia puede transformarlas en riquezas y poder si tiene la determinación y la perseverancia. Casi todos los grandes hombres y mujeres del mundo han surgido de la pobreza y la oscuridad. En su mayoría, las personas prósperas del mundo han comenzado sin nada.

El doctor Frank Crane escribió: "Los verdaderos líderes de los hombres, los verdaderos reyes, siempre han surgido de la gente común. Las flores más finas en la flora humana crecen en los pastos de los bosques y no en invernaderos; ninguna clase privilegiada, ninguna casa real, ningún linaje cuidadosamente seleccionado produjo un Leonardo o un Miguel Ángel en el arte, un Shakespeare o un Burns en la literatura, un Galli Curci o un Paderewski en la música, un Sócrates o un Kant en la filosofía, un Edison o un Pasteur en la ciencia, un Wesley o un Knox en la religión".

Es la NECESIDAD la que produce semejantes genios, la necesidad urgente de desarrollo o expresión, y es gracias a que estos hombres recurrieron poderosamente a la fuerza creativa dentro de ellos que se hicieron grandes. Como lo dijo el poeta:

Hay un poder dentro de mí que es Vida en sí mismo;
puedo volverme a él y descansar en él,

pues cuando me vuelvo a él y descanso en él,
me ayuda y me sana en todo momento.
Hay Sabiduría dentro de mí, que es Vida en sí misma;
puedo volverme a ella y descansar en ella
porque cuando me vuelvo a ella y descanso en ella,
me ayuda y me sana en todo momento.

Hay amor dentro de mí, que es vida en sí mismo;
puedo volverme a él y descansar en él,
ya que cuando me vuelvo a él y descanso en él,
me ayuda y me sana en todo momento.

"Busca en tu interior", dijo Marco Aurelio. "En tu interior se encuentra la fuente de todo bien. Cava más y más profundo en esa fuente, cuyas aguas nacientes no pueden fallar".

Dios dio al hombre, y sólo al hombre, el poder de crear su propio entorno. Él puede determinar por sí mismo lo que necesita para sobrevivir, y si se apega a ese pensamiento con decisión, puede atraer cualquier cosa que le sea necesaria a partir de la fuerza creativa que trabaja a través de él. Primero la palabra, la imagen mental, y luego la creación o manifestación.

El profesor Michael Pupin dice: "La ciencia descubre que todo es un proceso continuo de desarrollo". En otras palabras, la creación continua, a todo tu alrededor. Utiliza tu fuerza creativa para crear las condiciones que deseas y no aquellas que temes. La vida a tu alrededor se encuentra en un estado de flujo constante. Todo lo que tienes que hacer es crear el molde tal en el cual deseas que tome forma la fuerza creativa, y luego apegarte a ese molde con persistencia y determinación hasta que la fuerza creativa que está en él se manifieste.

El doctor Titus Bull, el famoso neurólogo, dice: "La materia es espíritu en una frecuencia inferior de vibración. Cuando un paciente se cura, es el espíritu en la célula la que lleva a cabo la curación de acuerdo con su propio patrón inherente. Ningún doctor ha curado nunca a un paciente. Todo lo que puede hacer es posibilitar que el paciente se sane a sí mismo".

Y si eso ocurre con el cuerpo, lo mismo ocurre con las condiciones que te rodean. La materia —los materiales físicos— es espíritu o fuerza creativa en un rango inferior de vibración. El espíritu o fuerza creativa te rodea. Constantemente le estás dando forma en moldes mentales, pero con gran frecuencia estos moldes son dictados por tus miedos y no por tus deseos. ¿Por qué no formar decididamente sólo moldes buenos? ¿Por qué no insistir en aquello que deseas? Es igualmente sencillo, y funciona con la misma seguridad.

> "No hay grande ni pequeño," escribe Emerson;
> "Para el alma que hace todo;
> y donde ella llega, todas las cosas son,
> y ella va a todas partes.
> Yo soy el dueño de la esfera,
> del año solar y de las siete estrellas,
> de la mano del César y del cerebro de Platón;
> del linaje de Shakespeare y del Señor Cristo el corazón".

"Denme una base de apoyo", dijo Arquímedes, "y con una palanca yo moveré al mundo".

Y la base de apoyo es que todo comienza con la mente. En el principio no había nada más que vapor. Antes que cualquier cosa pudiera manifestarse tenía que haber una idea, un modelo mental a partir del cual construir. *La mente divina* proporcionó esa idea, ese modelo. Por tanto, la causa primordial es la mente. Todo debe comenzar con una idea. Cada evento, cada condición, cada cosa es primero una idea en la mente de alguien.

Antes de comenzar a construir una casa trazas un plano de la casa. Haces un diseño exacto de ese plano, y tu casa adquiere forma de acuerdo con tu diseño. Cada objeto material adquiere forma de la misma manera. La mente traza el plan. El pensamiento forma el diseño, bien o mal trazado según tus pensamientos sean precisos o vagos. Todo se remonta a la primera causa. El principio creativo del universo es la mente, y el pensamiento forma los moldes en los cuales toma forma su energía eterna.

No obstante, así como el efecto que obtienes de la electricidad depende del mecanismo al cual esté conectado la energía, de la misma forma los efectos que obtienes de la mente dependen de la manera como la utilices. Todos somos dinamos. El poder está ahí, poder ilimitado, pero debemos conectarlo con algo —asignarle alguna tarea, darle un trabajo qué hacer— de otra manera no somos mejores que los animales.

Las "Siete Maravillas del Mundo" fueron construidas por hombres con menos oportunidades o elementos de los que tú tienes a tu disposición. Ellos concibieron estos gigantescos proyectos primero en su propia mente, y los imaginaron tan vívidamente que la fuerza creativa que trabajaba a través de ellos vino en su ayuda y los asistió para vencer los obstáculos que la mayoría de nosotros consideraríamos insalvables. Imagina construir la pirámide de Giza, enormes piedras sobre otras enormes piedras, sin otra cosa más que las puras manos. Imagina el trabajo, el sudor, el esfuerzo sobrenatural de poner de pie el Coloso de Rodas, ¡entre cuyas piernas pudiera pasar un barco! Sin embargo, los hombres construyeron estas maravillas —en una época en la que las herramientas eran las más primitivas y no se soñaba en maquinaria— utilizando el poder ilimitado de la fuerza creativa.

Esa fuerza creativa está en ti, y trabaja a través de ti, pero debe tener un modelo a partir del cual trabajar. Debe tener pensamientos que proporcionen los moldes.

En la mente universal existen ideas para millones de maravillas mucho más extraordinarias que las "Siete Maravillas del Mundo". Y esas ideas están tan disponibles para ti como lo estuvieron para aquellos antiguos artesanos, así como para Miguel Ángel cuando construyó la basílica de San Pedro en Roma, como lo estuvieron para el arquitecto que concibió el edificio del Empire State, o para el ingeniero que planeó el puente Hell Gate.

Toda condición, toda experiencia de vida, es resultado de nuestra actitud mental. Sólo *podemos* hacer aquello que pensamos que podemos hacer. Sólo podemos ser aquello que pensamos que podemos ser. Sólo podemos tener aquello que pensamos que podemos tener. Lo que hacemos, lo que somos, lo que tenemos, todo depende de lo que pensamos. Sólo existe un límite para la fuerza creativa, y es el límite que nosotros le impongamos.

Jamás podremos expresar nada en lo que no creamos primero. El secreto de todo el poder, de todo el éxito, de todas las riquezas consiste, primero, en tener pensamientos poderosos, pensamientos de éxito, pensamientos de riqueza, de abundancia. Debemos construirlas en nuestra propia mente primero. Como Edgar A. Guest lo expresó tan bien:

> Yo soy éxito, aunque con hambre, frío, mal vestido,
> vago por un tiempo, sonrío y digo:
> Es sólo un momento, voy a ser feliz
> mañana, que por buena fortuna ya viene hacia mí.
> Dios es mi Padre, Él posee inagotable tesoro;
> su riqueza es mía, salud, felicidad y oro.

William James, el famoso psicólogo, dijo que el mayor descubrimiento en cien años fue el descubrimiento del poder de la mente subconsciente. Es el más grande descubrimiento de todos los tiempos. Es el descubrimiento de que el hombre tiene en su interior el poder de controlar su entorno, de que no está a merced de la casualidad o de la suerte, que es el árbitro de su propia fortuna, que puede esculpir su propio destino. Él es el maestro de la fuerza creativa que trabaja a través de él. Como lo manifestó James Allen:

"Sueña sueños elevados, y según sueñes, en eso te convertirás. Tu visión es la promesa de lo que un día serás; tu ideal es la profecía de lo que, al final, revelarás".

Pues la materia es, al final de cuentas, un producto del pensamiento, el resultado del molde en el cual has vertido la fuerza creativa que trabaja a través de ti. Hasta los científicos más materialistas admiten que la materia no es lo que parece ser. De acuerdo con la física, la materia (trátese del cuerpo humano o de un pedazo de tronco, no hace diferencia) está compuesta por un conglomerado de distintas partículas diminutas llamadas átomos. Si se les considera en lo individual, estos átomos son tan pequeños que sólo pueden ser vistos con la ayuda de un poderoso microscopio, si acaso.

Hasta hace relativamente pocos años, se pensaba que estos átomos eran la última teoría con respecto a la materia. Se pensaba que nosotros mismos —y todo el mundo material que nos rodea— estábamos compuestos por estas partículas infinitesimales de materia, tan pequeñas que no podrían ser vistas o pesadas u olidas o tocadas en lo individual, pero que seguían siendo partículas de materia *y eran indestructibles.*

Ahora, sin embargo, se han analizado con mayor detalle estos átomos y los físicos nos dicen que no son indestructibles en lo absoluto, que simplemente son botones de fuerza o energía positiva y negativa llamados protones y electrones, sin dureza, sin densidad, sin solidez, incluso sin realidad segura. En pocas palabras, son vórtices en el éter —trozos giratorios de energía— dinámicos, nunca estáticos, que tienen vida vibrante, ¡pero esa vida es *espiritual!* Como comentó un eminente científico británico: "La ciencia ahora explica la materia ¡*ofreciendo excusas!*".

Y de eso está hecha la mesa sólida que está frente ti, tu casa, tu cuerpo y el mundo entero: ¡de *trozos giratorios de energía!*

Citando al *New York Herald-Tribune*: "Solíamos creer que el universo estaba compuesto por un número desconocido de distintas clases de materia, una clase por cada elemento químico". El descubrimiento de un nuevo elemento tenía todo el interés de lo inesperado. Podría resultar ser cualquier cosa, poseer cualquier conjunto imaginable de propiedades.

"Esa perspectiva romántica ya no existe. Ahora sabemos que en lugar de muchas clases definitivas de materia sólo existen dos tipos. Ambos son, en realidad, tipos de electricidad. Una es electricidad negativa, que, de hecho, es la pequeña partícula que llamamos electrón, familiar para los seguidores de la radio como uno de los vastos enjambres de partículas con los que operan los tubos de vacío. La otra clase de electricidad es electricidad positiva. Sus partículas definitivas reciben el nombre de protones. A partir de estos protones y electrones se conforman todos los elementos químicos. El hierro, el plomo, el oxígeno, el oro, y todos los demás, difieren entre sí simplemente por el número y el acomodo de los electrones y protones que contienen. Esa es la idea moderna de la naturaleza de la materia. *La materia, en realidad, no es otra cosa más que electricidad.*

¿Puedes imaginar, entonces, que los científicos creen que llegará el momento en que la humanidad pueda controlar *a través* de la mente toda esta energía, que el hombre pueda ser el amo absoluto de los vientos y las olas, y, literalmente, que pueda seguir los preceptos del Maestro: "Si tuvieran fe como un grano de mostaza, dirían a este sicómoro; 'Desarráigate, y plántate en el mar', y el sicómoro los obedecería; y nada sería imposible para ustedes".

La ciencia moderna está llegando más y más a la creencia de que *aquello que llamamos materia es una fuerza sujeta enteramente al control de la mente.*

Así que, al parecer, al menos en un cierto grado, y quizás en conjunto, este mundo que nos rodea ha sido creado por nuestra propia mente. Y podemos poner en él, y obtener de él, mucho de lo que deseamos. "Nada existe", dijo Shakespeare, "mas el pensamiento lo hace existir". Y el psicólogo actual dice lo mismo de una forma distinta cuando nos comenta que sólo aquello que el individuo acepta en su conciencia es real para él. Por ejemplo, para quien no tiene sentido del olfato no existe tal cosa como una fragancia. Para aquel que no tiene un radio, no hay música en las ondas de aire.

Citando de *Psicología aplicada*, de Warren Hilton:

"El mismo estímulo actuando sobre distintos órganos sensoriales producirá sensaciones distintas. Un golpe en el ojo hará que veas 'estrellitas'; un golpe similar en el oído hará que escuches un sonido explosivo. En otras palabras, el efecto vibratorio de un toque sobre un ojo o sobre un oído es el mismo que el de las vibraciones de luz o sonido.

"El concepto que puedas formarte de cualquier objeto en el mundo exterior depende exclusivamente de qué parte del cerebro está conectada con esa terminación nerviosa particular que recibió una impresión de ese objeto.

"Ves el sol sin poder escucharlo porque las únicas terminales nerviosas sintonizadas para vibrar en armonía con las ondas del éter que el sol pone en acción son terminaciones nerviosas conectadas con el centro cerebral dedicado a la vista. Dice el profesor James: 'Si pudiéramos empalmar las extremidades exteriores de nuestro nervio óptico con nuestro oído, y las de nuestros nervios auditivos con nuestros ojos, escucharíamos el relámpago y veríamos el trueno; veríamos la sinfonía y escucharíamos los movimientos del director de orquesta'.

"En otras palabras, la clase de impresiones que recibimos del mundo que nos rodea, el tipo de imágenes mentales que nos formamos relacionadas con él —de hecho, el carácter del mundo exterior, la naturaleza del entorno en el que nuestra vida se desenvuelve— todas estas cosas dependen de cada uno de nosotros simplemente de acuerdo a como las agrupemos en nuestra conformación mental individual.

En resumen, todo se reduce a la antigua fábula de los tres hombres ciegos y el elefante. Para aquel que tomó una de sus piernas, el elefante era como un árbol. Para aquel que sintió su costado, el elefante era como un muro. Para aquel que tomó su cola, el elefante era como una cuerda. Para cada uno de nosotros el mundo es el mundo de nuestras percepciones individuales.

Tú eres como una estación de radio. En todo momento llegan a ti miles de impresiones. Puedes sintonizarte con las que desees: en alegría o en tristeza, en éxito o en fracaso, en optimismo o en miedo. Puedes elegir las impresiones particulares que mejor te sirvan; puedes escuchar sólo lo que desees escuchar, puedes silenciar todos los pensamientos, sonidos y experiencias desagradables, o puedes sintonizarte con el desánimo, el fracaso y la desesperación si éstas son las que eliges.

La decisión es tuya. Posees en su interior una fuerza en contra de la cual el mundo entero es impotente. Si la usas, puedes hacer lo que quieras de la vida y de tu entorno.

"Sin embargo", dirás, "los objetos en sí mismos no cambian. Simplemente la diferencia radica en la forma en la que los miras". Quizás. Pero en cierta medida, al menos, encontramos aquello que buscamos, pues tal y como ocurre cuando giramos el dial de un aparato de radio, nos sintonizamos con cualquier clase de entretenimiento o enseñanza que deseamos escuchar. ¿Quién puede decir que no fueron nuestros pensamientos los que lo detuvieron ahí? ¿Y por qué no podría ser así? Todos estarán de acuerdo en que el mal es simplemente una falta de bien, igual que la oscuridad es la falta de luz. A nuestro alrededor hay bien infinito. Existe energía cósmica fluida a partir de la cual podemos formar infinitamente más. ¿Por qué no habríamos de utilizar nuestros pensamientos para encontrar el bien, o moldearlo a partir de la fuerza creativa que nos rodea? Muchos científicos creen que podemos hacerlo, y que en la medida en que tratemos de poner en nuestro entorno las buenas cosas que deseamos, y no las malas que tenemos, *encontraremos esas buenas cosas*. También es cierto que podemos hacer lo mismo con nuestro propio cuerpo. Tan cierto, que muchas personas están haciéndolo con las cosas buenas de la vida. Se han elevado por encima del concepto de la vida en el cual la materia es quien gobierna.

Así como las fuerzas más poderosas de la naturaleza son invisibles —el calor, la luz, el aire, la electricidad— así las fuerzas más poderosas del hombre son sus fuerzas invisibles, sus fuerzas del pensamiento. Y así como la electricidad puede fundir rocas y hierro, del mismo modo las fuerzas de tu pensamiento controlan tu cuerpo, de modo que puedan ganar honor y fortuna, de modo que creen o arruinen tu destino.

Desde la infancia, por todos lados —científicos, filósofos, y nuestros instructores religiosos— nos aseguran que "la tierra y todo lo que contiene es nuestra". Comenzando con el primer capítulo del Génesis se nos dice que "Dios dijo: Hagamos al hombre a nuestra imagen, conforme a nuestra semejanza; y ejerza dominio sobre los peces del mar, sobre las aves del cielo, sobre los ganados, sobre toda la tierra, y sobre todo reptil que se arrastra sobre la tierra".

A lo largo del Antiguo y Nuevo Testamento, constantemente se nos exhorta a que utilicemos estos poderes otorgados por Dios. "Aquél que cree en mí", dijo Jesús, "las obras que yo hago él también las hará; y obras aún mayores que éstas". "Si permanecen en mí, y mis palabras permanecen en ustedes, pidan todo lo que quieran, y se les concederá". "Porque de cierto os digo, que cualquiera que diga a este monte: quítate de ahí y échate en el mar, su orden se cumplirá, siempre y cuando no dude en su corazón, sino que crea que se cumplirá". "El reino de Dios está dentro de ustedes".

Escuchamos todo esto y quizás incluso pensamos que lo creemos, pero siempre, cuando llega el momento de utilizar estos talentos dados por Dios, hay "dudas en nuestro corazón".

Baudouin lo expresó claramente: "Tener ambición de riquezas y, sin embargo, esperar siempre ser pobre; dudar siempre de tu capacidad de obtener aquello que anhelas, es como tratar de llegar al Este viajando hacia el Oeste. No existe ninguna filosofía que ayude al hombre a tener éxito cuando siempre está dudando de su capacidad de lograrlo, y, así, atrae el fracaso".

"Irás en dirección hacia donde te mires".

Dice un dicho que "Oveja que bala, pierde bocado". Cada vez que te permites quejarte de tu suerte y dices "soy pobre; jamás podré hacer lo que otros hacen; jamás seré rico; no tengo la capacidad que otros tienen; soy un fracaso; la suerte está en mi contra"; estás atrayendo hacia ti muchos problemas.

"No importa qué tanto trabajes para tener éxito, si tu pensamiento está saturado con el miedo al fracaso, terminará con tus esfuerzos, neutralizará tus acciones y hará que el éxito sea imposible".

¿Qué hizo de Napoleón el más grande conquistador de su época? Principalmente su enorme fe en Napoleón mismo. Él tenía una creencia sublime en su destino, una confianza absoluta en que no había ningún obstáculo que Napoleón no pudiera superar. Fue sólo cuando perdió esa confianza, cuando dudó y vaciló durante semanas entre retirarse y avanzar, que el invierno lo atrapó en Moscú y terminó con sus sueños de un imperio mundial. El destino le proporcionó todas las oportunidades. Las nieves de invierno estaban a un mes de distancia. Pero Napoleón dudó, y perdió. No fueron las nieves las que lo derrotaron. No fueron los rusos. Fue el hecho de perder la fe en sí mismo.

El reino de los cielos

"El reino del cielo está dentro de ustedes". El cielo no es un estado lejano, la recompensa por años de tribulación aquí en la tierra. El cielo está justo aquí, ¡aquí y ahora! En el texto griego original la palabra que se utiliza para hacer referencia al "cielo" es "Ouranos". Si se le traduce literalmente, Ouranos significa EXPANSIÓN; en otras palabras, un estado del ser donde puedes expandirte, crecer y multiplicarte. Esta interpretación queda fortalecida por la propia descripción que hace Jesús de cómo es el reino de los cielos. Jesús les contó otra parábola: "El reino de los cielos es semejante a un grano de mostaza, que un hombre sembró en su campo. Sin duda, ésta es la más pequeña de todas las semillas; pero, cuando crece, es la más grande de las plantas; se hace árbol, y hasta las aves del cielo vienen y hacen nidos en sus ramas". "El reino de los cielos es semejante a la levadura que una mujer tomó y mezcló en tres medidas de harina hasta que toda la harina fermentó".

¿Qué propiedad posee una semilla de mostaza? Se *extiende*: una sola semilla crece y se convierte en un árbol; un solo árbol producirá suficientes semillas para plantar un gran campo. ¿Y cuál es la propiedad de la levadura? Se *expande*: en una sola noche puede expandirse cien veces su tamaño. Así pues, cuando Cristo dijo que el cielo estaba dentro de nosotros, hablaba en serio: el poder de multiplicar nuestra felicidad, de incrementar nuestro bien, de expandir todo lo que necesitamos en la vida, está dentro de cada uno de nosotros.

El hecho de que la mayoría de nosotros no comprendamos este cielo —y que muchos estén enfermos y sufriendo, y todavía más estén sumidos en la pobreza y la preocupación— no es Su culpa. Él nos dio el poder de vencer estos males; el reino de la expansión está dentro de nosotros, el poder de incrementar todo lo que tenemos. Si no encontramos la manera de utilizarlo, la culpa es nuestra. Si expandimos el mal en lugar del bien, esa es nuestra desgracia. Disfrutar el cielo que está dentro de nosotros, comenzar aquí y ahora a vivir la vida eterna, requiere sólo la comprensión correcta y el uso de la fuerza creativa que trabaja a través de nosotros.

Incluso en este momento, con el conocimiento limitado que tenemos bajo nuestras órdenes, muchas personas controlan las circunstancias al punto de crear el mundo sin una expresión de su propio mundo interno, donde residen los verdaderos pensamientos, el verdadero poder. A través de este mundo interior, encuentran la solución a todo problema, la causa de todo efecto. Descúbrelo, y todo el poder, todas las posesiones, están dentro de tu control.

Pues el mundo externo no es sino un reflejo de ese mundo interno. Tu pensamiento *crea* la condición que tu mente imagina. Pon delante de tu imaginación la imagen de todo lo que quieres ser y lo verás reflejado en el mundo externo. Piensa abundancia, siente abundancia, CREE en abundancia, y descubrirás que según pienses, sientas y creas, la abundancia se manifestará en tu vida diaria. Pero si dejas que el miedo y la preocupación sean tus compañeros mentales, que los pensamientos de pobreza y limitación habiten en tu mente, así como la preocupación y el miedo, la limitación y la pobreza serán tus compañeros constantes día y noche.

Lo único que importa es tu concepto mental. Su relación con la materia es la misma relación entre la idea y la forma. Debe haber una idea antes de que pueda tomar forma.

La fuerza creativa que trabaja a través de ti te proporciona energía ilimitada que adoptará cualquier forma que tu mente exija. Tus pensamientos son el molde que cristaliza la energía en bien o en mal de acuerdo con la forma que tú le imprimas. Eres libre de escoger. Sin embargo, sea lo que sea que escojas, un resultado es seguro. Los pensamientos de riqueza, de poder, de éxito sólo pueden producir resultados proporcionales a la idea que tienes de ellos. Los pensamientos de pobreza y carencia sólo pueden traer limitación y problemas.

"Una doctrina radical", dirás, y pensarás que soy exageradamente optimista. Como se le ha enseñado al mundo durante tanto tiempo que piense que algunos deben ser ricos y otros, pobres, esas pruebas y tribulaciones son nuestro destino. Este es, en el mejor de los casos, un valle de lágrimas.

La historia de la humanidad muestra que lo que en una época es considerado conocimiento, en la siguiente es considerado ignorancia.

El doctor Edwin E. Sosson, editor de *Science Service* (Al servicio de la ciencia), mencionó con respecto a la tendencia popular de luchar contra las nuevas ideas simplemente porque son nuevas: "A lo largo de la historia de la ciencia vemos que las nuevas ideas tienen que abrirse paso en la mente común bajo un disfraz, como si fueran ladrones en lugar de benefactores de la humanidad".

Y Emerson escribió: "La característica de la mayoría de las peticiones es el conformismo. Tiene aversión por la autosuficiencia. No ama las realidades ni a los creadores, sino los nombres y las costumbres".

En las eras por venir, el hombre mirará en retrospectiva la pobreza y la miseria de tantos millones de personas en la actualidad y pensará que qué tontos fuimos por no haber sacado ventaja de la abundante fuerza creativa que nos rodeaba. Observa la naturaleza; cuán abundante es en todo. ¿Acaso crees que la mente que imaginó esa abundancia alguna vez tuvo la intención de que estuvieras limitado, que tuvieras que escatimar y ahorrar para poder ganarte la vida a duras penas?

Existen cientos de millones de estrellas en los cielos. ¿Acaso supones que la fuerza creativa que pudo producir mundos infinitos con tanta prodigalidad tenía la intención de privarte de las pocas cosas necesarias para tu felicidad o bienestar?

La naturaleza es abundante en todo lo que hace. Muchos insectos se reproducen a una velocidad tan maravillosa que si no fuera por su tasa de mortandad equiparable, el mundo no podría contenerlos. Los conejos se reproducen con tanta rapidez que una sola pareja tendría 13 millones de descendientes ¡en tan sólo tres años! Los peces ponen millones de huevos todos los años. Todo es generoso en la naturaleza. ¿Por qué habría de ser menos generosa la fuerza creativa que trabaja a través de ti cuando se refiere a tu propia provisión?

Tomemos como ejemplo la ciencia de los números. Supongamos que todos los números fueran de metal: que fuera contra la ley que escribiéramos cifras por nosotros mismos. Cada vez que quisieras hacer una suma tendrías que hacerte llegar una cierta cantidad de números, acomodarlos en su orden apropiado, y resolver tus problemas con ellos. Si tus problemas fueran demasiado complejos te quedarías sin números, y tendrías que pedir prestados algunos a tus vecinos o al banco.

"Es ridículo", dirás. "Las cifras no son cosas; son meras ideas, y podemos sumarlas o dividirlas o multiplicarlas con tanta frecuencia como deseemos. Todo mundo puede tener todas las cifras que desee".

Por supuesto que puede. Y cuando aprendas a utilizar la fuerza creativa descubrirás que puedes multiplicar tus ideas materiales de la misma forma. Expandirás las buenas cosas en tu vida tal y como Jesús hizo con los panes y los peces.

El pensamiento se exterioriza a través de la fuerza creativa que trabaja a través de nosotros. Lo que somos depende completamente de las imágenes que tenemos en nuestra mente. Cada vez que pensamos comenzamos una cadena de causas que crearán condiciones similares a los pensamientos que las originaron. Cada pensamiento que mantenemos en nuestra conciencia durante un determinado tiempo queda impreso en nuestra mente subconsciente y crea un patrón que la fuerza creativa teje en nuestra vida o en nuestro entorno.

Todo el poder procede de dentro y, por lo tanto, está bajo nuestro control. Cuando puedas dirigir tus procesos de pensamiento, podrás aplicarlos conscientemente a cualquier condición, pues todo lo que viene a nosotros en el mundo externo es lo que ya hemos imaginado en el mundo interno.

La mente será para ti cualquier cosa que tú creas que es —el Padre amable y amoroso que Jesús describió, siempre viendo por el bienestar de sus hijos— o el temible juez que tantos dogmáticos quieren que nosotros concibamos.

Cuando una persona comprende que su mente forma parte de la mente divina, cuando sabe que sólo tienen que llevar cualquier aspiración correcta a esta mente universal para verla manifestada, pierde todo sentido de miedo y preocupación. Aprende a dominar en vez de avergonzarse. Se eleva para enfrentar toda situación, con el conocimiento seguro de que todo aquello que es necesario para la solución de cualquier problema se encuentra en la mente y que sólo tiene que llevar este problema a la mente universal para recibir una respuesta apropiada.

Pues si tomas una gota de agua del océano sabes que tiene las mismas propiedades que el resto del agua que está en el océano, el mismo porcentaje de cloruro de sodio. La única diferencia entre ella y el océano radica en su volumen. Si tomas una chispa de electricidad sabes que posee las mismas propiedades que el rayo, el mismo poder que mueve trenes o que hace funcionar enormes máquinas en las fábricas. Una vez más, la única diferencia radica en el volumen. Ocurre lo mismo con tu mente y la mente divina: la única diferencia entre ellas es el volumen. Tu mente tiene las mismas propiedades que la mente divina, el mismo genio creativo, el mismo poder sobre toda la tierra, el mismo acceso a todo el conocimiento. Reconócelo, créelo, úsalo y "tuya es la tierra y todo lo que contiene". Exactamente en la misma proporción que tú creas que formas parte de la mente divina y que compartes todo su poder, en esa misma proporción puedes demostrar la maestría sobre tu propio cuerpo y sobre el mundo que te rodea.

Todo incremento, toda provisión procede de la fuerza creativa que trabaja a través de ti. Si quieres tener poder, si quieres
tener riqueza, primero debes formar el molde en este mundo
interno, en tu mente subconsciente, a través de la creencia y la
comprensión.

Si deseas eliminar la discordia, debes eliminar las imágenes
incorrectas: imágenes de mala fe, de preocupación y de problemas desde el interior. El problema con la mayoría de nosotros
es que vivimos enteramente en el mundo externo. No tenemos
conocimiento de ese mundo interno que es responsable de todas
las condiciones que enfrentamos y todas las experiencias que
tenemos. No tenemos un concepto de "el Padre que está dentro
de nosotros".

El mundo interno nos promete vida y salud, prosperidad y
felicidad: dominio sobre toda la tierra. Promete paz y perfección para toda su progenie. Te da el camino correcto y adecua-
do para cumplir cualquier propósito normal. Los negocios, los
trabajos, las profesiones existen primordialmente en el pensamiento. Y el resultado de tus actividades en ellos es regulado
por el pensamiento. Así pues, considera la diferencia en este
resultado si tienes a tus órdenes sólo la capacidad limitada de
tu mente consciente, comparada con la energía ilimitada de la
mente subconsciente y de la fuerza creativa que trabaja a través de ella. "El pensamiento, y no el dinero, es el verdadero
capital de negocios", dice Harvey S. Firestone, "y si sabes con
certeza que lo que estás haciendo es correcto, entonces estás destinado a cumplirlo en el momento apropiado".

El pensamiento es una energía dinámica con el poder de ex-
traer su objeto de la fuerza creativa que nos rodea. La materia
carece de inteligencia. El pensamiento puede moldear y controlar. Cada forma en la cual está la materia hoy no es sino la expresión de algún pensamiento, algún deseo, alguna idea.

Tienes una mente. Puedes producir pensamiento, y los pensamientos son creativos. Así pues, puedes crear para ti los que
deseas. Una vez que lo entiendes, estás dando un enorme paso
hacia el éxito en cualquier empresa que tengas en mente. Tú eres

el alfarero. Continuamente estás formando imágenes, buenas o malas. ¿Por qué no formar conscientemente sólo imágenes buenas?

Más de la mitad de las profecías en las Escrituras se refieren al momento en el que el hombre posea la tierra, cuando no se conozcan las lágrimas de sufrimiento y reine en todas partes la paz y la abundancia. Ese tiempo vendrá. Está más cerca de lo que la mayoría de la gente considera posible. Tú estás contribuyendo a ello. Toda persona que honestamente esté tratando de utilizar el poder de la mente de la manera correcta está haciendo su parte en la gran causa. Pues es sólo a través de la mente que la paz y la abundancia pueden obtenerse. La tierra está repleta de tesoros aún sin descubrirse. Pero cada uno de ellos son conocidos para la mente divina, pues esta mente es la primera que los imaginó ahí. Y como parte de la mente universal, pueden ser conocidos por ti.

"De alta cuna"

Pocos tenemos idea de nuestros poderes mentales. La antigua idea era que el hombre debe tomar este mundo tal y como lo encontró. Que hubiera nacido en una cierta posición en la vida y que tratara de elevarse por encima de sus compañeros no sólo era de mal gusto, sino sacrílego. Una Providencia omnisciente había decretado desde el nacimiento la posición que un niño debía ocupar en el entramado de la sociedad organizada. Si él estaba a disgusto con su destino, si intentaba elevarse a un nivel superior, eso equivalía a tentar a la Providencia. Las puertas del infierno se abrían de par en par para semejantes cabezas de chorlito, quienes tenían suerte y en esta vida provocaban nada menos que el desprecio procaz de sus semejantes.

Ese es el sistema que produjeron la aristocracia y el feudalismo. Ese es el sistema que el feudalismo y la aristocracia lucharon por perpetuar.

¿Qué fue lo que Jesús enseñó que despertó la ira de los sacerdotes y gobernantes? ¿Qué fue lo que hizo que demandaran su sangre? No la doctrina del único Dios. No las enseñanzas del amor en lugar del odio, sino el hecho de que fuera de un lado a otro enseñando que todos los hombres eran igualmente hijos de Dios. Eso no lo podían permitir. Eso arruinarían su sistema, esparciría el descontento, y provocaría levantamientos contra su autoridad. Debía ser detenido a cualquier precio.

Sin embargo la enseñanza de Jesús ha vivido y se ha convertido en la base de todas las democracias: que el hombre no está atado por ningún sistema, que no necesita aceptar el mundo tal y como lo había encontrado. Puede rehacer el mundo de acuerdo con sus propias ideas. Es meramente la materia prima. Puede hacer lo que quiera de él.

Esta idea es la responsable de todos nuestros inventos, de todo nuestro progreso. El hombre no se satisface con nada. Constantemente están rehaciendo su mundo. Y ahora, más que nunca, esto será cierto, pues la psicología nos enseña que cada uno tiene en su interior el poder de utilizar la fuerza creativa para convertirse en aquello que desea.

APRENDE A CONTROLAR TU PENSAMIENTO. Aprende a imaginar en tu mente sólo aquello que deseas ver reflejado ahí.

Jamás verás una mejoría en ti si te fijas en las desventajas de tu prójimo. Jamás lograrás la salud y la fuerza perfecta pensando en la debilidad o en la enfermedad. Nunca nadie ha alcanzado una calificación perfecta observando la meta de su rival. Tienes que pensar en fuerza, pensar en salud, pensar en riquezas. Parafraseando a Pascal: "Nuestros logros de hoy son la suma de nuestros pensamientos de ayer".

Pues el ayer es el molde en el que tomó forma la fuerza creativa que fluye a través de nosotros. Y la energía cósmica concentrada para cualquier propósito definido se convierte en poder. Para aquellos que perciben la naturaleza y trascendencia de esta fuerza, todo el poder físico se vuelve insignificante.

¿Qué es la imaginación si no una forma de pensamiento? Sin embargo, es el instrumento a través del cual todos los inventores y descubridores han abierto el camino hacia nuevos mundos. Aquellos que comprenden esta fuerza, aunque su estado sea muy humilde, y sus talentos naturales, insignificantes, se convierten en nuestros líderes. Son nuestros gobernantes y legisladores supremos, los guías de la multitud a la deriva que los sigue por un decreto irrevocable. Citando a Glenn Clark en *Atlantic Monthly*: "Cualquier cosa que sea la civilización, es trabajo de ellos, y sólo de ellos. Si hubo algún progreso, ellos lo hicieron. Si se comprendieron los hechos espirituales, ellos los discernieron. Si en lugar de la insolencia y el caos se puso la justicia y el orden, ellos produjeron el cambio. El progreso jamás es logrado por las masas. La creación seguirá siendo siempre tarea del individuo".

Nuestros trenes, nuestros teléfonos, nuestros automóviles, nuestras bibliotecas, nuestros periódicos, nuestras miles de ventajas, comodidades y necesidades se deben al genio creativo de un 2% de nuestra población, y ese mismo 2% posee un enorme porcentaje de la riqueza de los países.

Y surge la pregunta: ¿Quiénes son? ¿Qué son? ¿Los hijos de los ricos? ¿Universitarios? No, muy pocos tuvieron ventajas en su juventud. Muchos jamás han visto siquiera el interior de una universidad. Fue la cruda necesidad lo que los impulsó, y, de alguna forma encontraron un método para recurrir a su fuerza creativa y a través de esa fuerza alcanzaron el éxito.

No necesitas tropezarte ni ir a tientas. Puedes invocar la fuerza creativa a voluntad.

Se requieren tres pasos:

Primero, darte cuenta que tienes ese poder.

Segundo, saber lo que quieres.

Tercero, centrar tu pensamiento en ello con un propósito firme.

Para llevar a cabo estos pasos se requiere sólo una comprensión más completa del poder que está dentro de ti.

Así pues, hagamos uso de este dinamo que eres tú. ¿Qué logrará que comience a funcionar? Tu *fe*, la fe que viene del entendimiento. La fe es el impulso de este poder interno. La fe es la confianza, la seguridad, la verdad que impone, el conocimiento de que la idea correcta de la vida te adentrará a la realidad de la existencia y la manifestación del poder absoluto.

Toda causa se encuentra en la mente, y la mente está en todas partes. Todo el conocimiento que existe, todo el poder que existe está a tu alrededor, sin importar dónde puedas estar. Tu mente forma parte de él. Tienes acceso a él. Si no haces uso de él, no puedes culpar a nadie, sino a ti. Pues así como la gota de agua que está en el océano participa de todas las propiedades del resto del agua del océano, de la misma forma tú participas de ese poder completo, de esa sabiduría completa de la mente. Si has estado enfermo, si tu suerte ha sido la pobreza y las dificultades, no culpes al "destino". Cúlpate a ti mismo. "Tuya es la tierra y todo lo que contiene". Pero tienes que tomarla. La fuerza creativa está ahí, pero debes utilizarla. Está a tu alrededor como el aire que respiras. No necesitas esperar que otros respiren por ti. Tampoco puedes esperar que utilicen la fuerza creativa por ti. La inteligencia universal no es sólo la mente del Creador del universo, sino también es la mente del HOMBRE, *tu* inteligencia, *tu* mente. "Que esa mente que estuvo en Cristo Jesús esté también en ustedes".

> Yo soy éxito, aunque con hambre, frío, mal vestido,
> vago por un tiempo, sonrío y digo:
> "Es sólo un momento, voy a ser feliz
> mañana, que por buena fortuna ya viene hacia mí.
> Dios es mi Padre, Él posee inagotable tesoro;
> su riqueza es mía, salud, felicidad y oro".

Así pues, comienza *sabiendo* que puedes hacer cualquier cosa que desees hacer, que puedes tener cualquier cosa que desees tener, y ser todo lo que deseas ser. El resto vendrá sólo.

"Pidan lo que quieran y les será hecho".

Un mundo gracioso

Hay un mundo, un mundo gracioso, que no es un mundo en
    realidad;
un mundo que no tiene ni forma ni tamaño, que no es esfera
ni balón para jugar;
Al principio piensas que sí existe; piensas que es un mundo de
    verdad;
entonces finalmente tú descubres que sólo trataba de engañar.
Quizás alguna vez en este mundo, con todos sus odios y todos
    sus miedos viviste;
Creías en lágrimas y penas, eras un alma melancólica
y triste;
Pensaste que tenías que estar enfermo y pensaste, tal vez, que
    había un infierno;
Cuando de repente aprendiste la verdad. En este mundo había
    un desorden sempiterno.
Y luego este mundo, este mundo de sombras, desapareció;
y en su lugar un mundo de alegría, de salud, de amor y luz
    apareció
justo donde tú estabas; viniste para entender
que tú habitas en el Cielo y que Dios dentro de ti ha de perma-
    necer.

—Frank Blenlarry Whitney

La meta

Si tú piensas en éxito, el éxito ha comenzado;
si tú piensas que puedes ganar, ¡ tú batalla habrás ganado!
Todo lo que necesites lo puedes tener, mas ten presente:
todo depende de la forma en que lo fijes en tu mente.

Si tú sientes que tu parte en el mundo es poca cosa,
nunca podrás completar, con éxito, obra honrosa;
si sientes que tu vida es parte de la Vida de Dios, un don,
entonces trabajarás en el sendero con el corazón.

Si sabes que eres grande, cosas grandes harás;
tus pensamientos, sobre las alas de un águila elevarás.
Alcanzarás en la vida tu meta destinada, sin dilación,
si siembras el camino de tu alma, con la determinación.

—Katherine Wilder Ruggles

XXII

LA NECESIDAD

¿Cuál es la fuerza más poderosa en la vida? ¿Cuál es el poder que lleva, a quienes le prestan atención, de las profundidades de la pobreza a la cima del mundo, de las pocilgas y los *ghettos* a las gubernaturas, presidencias y reinos?

¡La necesidad de tener SEGURIDAD, de tener una subsistencia y una seguridad garantizadas!

Podrías pensar que cuando aparecieron las primeras plantas acuáticas primitivas, las cuales vivían en los suelos saturados a lo largo de las orillas de las aguas, la fuerza creativa se habría quedado satisfecha por un rato. Había creado algo que vivía, crecía y se reproducía por sí mismo. Fue la primera forma de vida en esta Tierra: los talófitos.

Como ocurrió con las plantas acuáticas, luego vinieron las criaturas pluricelulares, cuya vida dependía de atraer nuevos nutrimentos de las aguas que las rodeaban. Después, un sistema central que se correspondía con el tallo y las raíces del helecho, finalmente evolucionó en distintos órganos que se hicieron cargo de cada función de la vida. Y así se sentaron las bases de todas las formas de vida animal que se han desarrollado a partir de este sencillo inicio. El principio se había perfeccionado; sólo quedaba generar toda posible ramificación hasta que se alcanzara la forma más elevada.

Cuando se descubrió que eran necesarios medios de protección para sobrevivir, la fuerza creativa los creó. Para aquellos que estaban sujetos a los efectos abrasivos de la arena y las rocas, desarrolló conchas. A los débiles les dio medios para escapar. A los fuertes, dientes y garras con los cuales pelear. Adaptó cada forma para que estuviera a la altura de las condiciones con las que tenía que enfrentarse. Cuando el tamaño era un elemento importante, hizo a los gigantosaurios, de más de treinta metros de largo y tan grandes como una casa y como otros monstruos colosales de la antigüedad. Cuando el objetivo era la pequeñez, creó los diminutos insectos y criaturas del agua, tan pequeños que se requiere un poderoso microscopio para verlos.

El tamaño, la fuerza, la fiereza, la velocidad, todo ello se desarrolló al máximo. Puso a prueba toda forma de vida, pero cada una tenía sus debilidades, cada una era vulnerable de alguna manera. La fuerza creativa podía crear formas que podían crecer, pero no pudo hacer nada físico que fuera invulnerable, que alguna vez alcanzara la SEGURIDAD.

Al hombre se le ha dado el trabajo de emular a su Creador, de convertirse en un creador, de encontrar formas nuevas, más grandes y mejores a través de las cuales expresar la fuerza creativa que reside en él. Su trabajo consiste en crear belleza, o en traer más comodidad, más alegría y felicidad al mundo.

A toda cosa viva en la tierra se le ha dado una medida de poder creativo. De las formas inferiores de vida se requiere que den fruto según su especie: "A ciento por uno, otras sesenta y otras treinta".

Sin embargo, se espera mucho más de ti. Que des fruto según tu especie física es bueno, pero eso no es más que lo que los animales hacen. Se requiere más de ti. ¡Debes dar fruto también según tu especie *mental*! Tú eres un hijo de Dios, un creador. Por lo tanto se espera que crees. Debes esparcir semillas no sólo de la especie humana, sino también del intelecto. Cuando te vayas, el mundo debe ser un mejor lugar en comparación con como lo encontraste, con más alegría, más belleza, más consuelo, entendimiento, luz.

El verdadero propósito de la vida es la expresión, una necesidad constante de avance y elevación. Puedes ver evidencia de esto incluso en el niño más pequeño. El niño juega con bloques.

¿Por qué? Para expresar la necesidad que hay en él de construir algo. El niño hace juguetes, construye una casa. La niña cose vestidos, cuida de sus muñecas, juega a la casita, cocina. ¿Por qué? Para dar salida a la necesidad interna que hay en cada uno de nosotros y que lucha por expresarse.

Luego llegan al periodo de la adolescencia. Bailan, conducen, buscan toda clase de emociones. ¿Por qué? Una vez más, ¡para satisfacer el anhelo constante de expresión de la fuerza creativa que está en ellos!

Ciertamente, en ese momento, se trata primordialmente de una necesidad física, pero de alguna manera esa necesidad debe traducirse en algo mental ¡y *satisfacerse*! Debe dársele una salida para que se exprese. Debe ser puesta a la luz del día, darle un trabajo útil y edificante que hacer y luego dará frutos abundantes de felicidad y éxito. Porque no importa cuánto se le reprima, cuán profundamente se le entierre en una celda oscura, la fuerza creativa seguirá dando fruto, sólo que en ese caso el fruto será moho de pecado y miseria.

A través de todo hombre fluye esta fuerza creativa, con poder infinito para atraer hacia sí todo lo necesario para su expresión. No importa quién eres o cuál es tu entorno, tu educación o tus ventajas, la fuerza creativa en ti tiene el mismo poder para el bien que para el mal. Es más, esa fuerza jamás produce mal alguno. Su vida es buena. Sin embargo, así como puedes insertar en el tronco del árbol frutal más fino una rama del árbol upas y entonces producir un fruto mortal, de la misma forma puedes injertar en la pura energía de tu fuerza creativa cualquier clase de fruto que desees, pero si el fruto es malo, en ese caso es a ti a quien se debe culpar, no a la fuerza perfecta que fluye a través de ti.

> Para todo hombre ha sido abierto
> un camino alto y uno bajo; de cierto,
> cada hombre puede decidir
> el sendero que su alma habrá de seguir.

¿Qué es lo que hizo que un pobre niño migrante como Edward Bok venciera todas sus discapacidades de lenguaje y educación para convertirse en uno de los más grandes editores que los Estados Unidos haya conocido?

¿Acaso no es que entre más circunstancias conspiren para reprimirla, más fuerte se vuelve la fuerza creativa en ti para expresarse? Entre más carezca de canales a través de los cuales expandirse, más inclinada está a romper su cáscara y brotar en todas direcciones.

Es el viejo caso del río contenido por diques que genera la mayor fuerza. La mayoría de nosotros estamos ubicados de tal forma que nos es fácil encontrar alguna oportunidad para expresarnos. Y esa pequeña oportunidad sirve como una válvula de seguridad para una tetera: nos deja vapor suficiente para hacer algo de valor y al mismo tiempo nos impide acumular suficiente poder como para romper la cáscara que nos rodea y derribar todas las barreras que nos detienen.

Sin embargo es sólo una columna incontenible de vapor lo que produce los más grandes éxitos. Esa es la razón por la que el golpe que nos quita el piso debajo de nuestros pies es a menudo el punto de quiebre en toda nuestra carrera.

Como lo expresó Walt Whitman:

Oh, mientras viva, seré el amo de mi vida,
no el esclavo.
Haré frente a la vida como un poderoso conquistador...
y nada exterior tendrá jamás poder sobre mí.

No puedes quedarte estancado. Debes avanzar o ver el mundo pasar junto a ti. Esto quedó bien ilustrado por las cifras que mostró Rusell Conwell hace algunos años. De las miles de personas que reciben como herencia fortunas por la muerte de sus parientes, *¡sólo una de cada diecisiete muere en la opulencia!*

¿Por qué? Porque las fortunas que les fueron heredadas les quitaron la necesidad de tener iniciativa de su parte. Su dinero les brinda medios fáciles de expresar la necesidad que hay en su interior, sin que medie ningún esfuerzo de su parte. Les da decenas de válvulas de seguridad a través de las cuales escapa continuamente su vapor.

El resultado es que no sólo no logran nada de valor sino que disipan las fortunas que recibieron. Son como teteras, donde la necesidad de la vida mantiene el agua en el punto de ebullición, pero la apertura permite que el vapor escape tan pronto como se forma, hasta que finalmente ya no queda nada de agua.

¿Por qué los hijos de los millonarios pocas veces logran hacer algo importante? Porque no tienen que hacerlo. Reciben todo tipo de oportunidades para dirigir la fuerza creativa en ellos a través de canales de placer y desperdician las energías que podrían llevarlos a alcanzar cualquier altura. ¿El resultado? Jamás tienen una "columna de vapor" suficientemente fuerte para llevar a cabo un trabajo verdadero.

"¿Qué debo hacer para salvarme?", imploró el joven rico a Jesús. "Vende todo lo que tienes; dáselo a los pobres, y sígueme", le dijo el Maestro. Las iglesias han utilizado este pasaje para probar que la pobreza es necesaria para la salvación. Sin embargo, ¿es esa la lección que el escritor bíblico quería transmitir? Si es así, ¿por qué no existen registros de que Jesús hubiera dado un consejo similar a Nicodemo, o a José de Arimatea, o a otros hombres ricos que buscaban su consejo y en cuyas casas frecuentemente se detenía?

¿Acaso no radica la diferencia en que estos últimos habían dejado una huella en el mundo —habían expresado la fuerza creativa en ellos para algún propósito valioso— y, al expresarla, la fuerza creativa se había incrementado y multiplicado y les había traído de regreso buenas cosechas de riquezas?

Por su parte, el joven rico no había hecho nada para ganarse todas las buenas cosas que poseía. Su vida había sido disipada en placeres. El espíritu en él tenía necesidad de expresarse, por eso se dio cuenta que sólo alejándolo de esa vida fácil sería posible que expresara algo valioso. Y el joven no tuvo el suficiente valor para hacerlo. En verdad es más fácil que un camello pase por el ojo de una aguja que un hombre millonario de ese tipo entre en el reino de los cielos: la tierra del logro.

> Tú serás lo que tú quieras ser;
> deja que el fracaso su falso contenido encuentre
> en esa pobre palabra, "medio ambiente",
> que el Espíritu libre detesta, porque libre debe ser.

> Él domina el tiempo y conquista el espacio silente
> e intimida a esa arrogante embustera, que es la Suerte,
> y ordena a la tirana Circunstancia, con voz fuerte:
> "Despójate de la corona, y ocupa el sitio de un sirviente".

> Mas no te impaciente la demora,
> sino espera, como aquel que entiende;
> cuando el Espíritu ordena, porque asciende,
> los dioses están prestos para obedecer, ahora.

> —Ella Wheeler Wilcox

Tú eres un canal para el poder. No existen límites para la cantidad de fuerza creativa que habrá de fluir a través de ti. El único límite para lo que *obtengas* es lo que *utilices*. Igual que el cántaro de la viuda, no importa qué tanto saques de él, hay disponible mucho todavía; pero, a diferencia de la vasija de aceite, tu canal y tu poder crecen con el uso.

¿Qué estás haciendo para satisfacer la necesidad que hay en ti? ¿Qué estás haciendo para que se exprese —y aumente— la fuerza creativa que trabaja a través de ti?

Muchos hombres y mujeres tienen la necesidad de escribir, o pintar, o cantar, o hacer algo que valga la pena. Pero ¿acaso lo hacen? En verdad, no lo hacen. No son suficientemente conocidos, o no tienen el entrenamiento apropiado, o carecen de educación, oportunidades o influencias. O lo han intentado una o dos veces, y han fracasado.

Y eso, ¿qué importa? No es tu responsabilidad si otros fallan en su apreciación. Tu trabajo consiste en expresar la fuerza creativa que surge a través de ti, darle lo mejor que tienes. Cada vez que lo haces, tú eres el mejor para llevarlo a cabo, les importe a otros o no. Y cada vez producirás una expresión más perfecta y de mayor entendimiento para la fuerza creativa que trabaja a través de ti, hasta que, tarde o temprano, todo mundo la aprecie.

¿Acaso crees que los grandes escritores, los artistas exitosos, nacieron con la capacidad de escribir o pintar? ¿Crees que tuvieron lo último en libros o los cursos más avanzados sobre el arte de la expresión? Al contrario, todo lo que muchos de ellos tenían ¡era la NECESIDAD! El resto tuvieron que adquirirlo igual que tú.

La fuerza creativa que fluye a través de ti es tan perfecta como la rosa en botón. Sin embargo, tal y como la vida en el rosal evolucionó a lo largo de millones de formas menos hermosas antes de perfeccionar la rosa, así debes estar satisfecho si tu modelo es muy burdo al principio y tener el conocimiento cierto de que si sigues dando lo mejor de ti finalmente la obra de tus manos o de tu cerebro será tan perfecta como la rosa.

Todo deseo, toda necesidad de tu ser, es la fuerza creativa que tira de los límites de la represión que has puesto sobre ella, esforzándose por expresarse. No puedes permanecer inmóvil. No puedes detenerte y decir, con presunción: "¡Mira lo que hice ayer, o la semana pasada, o el año pasado!". Es lo que estás haciendo hoy lo que cuenta.

La fuerza creativa es dinámica. Siempre está buscando expresarse, y cuando no le proporcionas salidas nuevas y mayores, se va hacia otro lado para trabajar a través de algún alma más ambiciosa que sí quiera hacerlo. El ingenio no es otra cosa que la necesidad irresistible de un canal particular de expresión: una necesidad tan fuerte como una corriente que baja de la montaña, arrasando árboles y puentes y todo lo que encuentra a su paso. Así pues, no te preocupes si quienes te rodean reconocen tus talentos. No te preocupes si el mundo parece indiferente a ellos. El mundo está demasiado ocupado con sus propias pequeñas formas de expresar la vida como para ponerle interés a las tuyas. Para llamar su atención, debes hacer algo para apelar a sus emociones.

Como ves, el mundo de las masas es como un niño. Dale un empujón y lo harás enojar. Dale un sermón o trata de enseñarle o de darle ánimo, y perderás su atención. Lo aburrirás. Pero apela a sus emociones —hazlo reír o llorar— ¡y te amará! Te amará y derramará sobre ti todos los dones que tiene el poder de darte. Por eso pagan millones a un Bill Crosby, y a un gran educador tan sólo unos cientos. Sin embargo, el nombre del educador puede vivir durante largos años, mientras que el cómico puede ser recordado sólo hasta que otro mejor lo desplace.

Así pues, olvídate de las recompensas inmediatas que el mundo te ofrece y entrega tus energías para encontrar formas de expresar de una mejor manera la fuerza creativa que está en ti. La expresas cada día y cada hora. Trata de expresarla mejor, de encontrar canales mayores a través de los cuales trabaje. Si tienes necesidad de escribir una historia, da lo mejor de ti, sin importar si sabes que sólo se necesita una tercera parte del esfuerzo. Trabaja siempre hacia la perfección, sabiendo que sólo así puedes tener la seguridad de obtener la más grande ayuda de la fuerza creativa que trabaja a través de ti. "Puedo hacer todas las cosas en Cristo, mi fortaleza", dijo Pablo. Y puedes hacer todas las cosas a través de la fuerza creativa que trabaja a través de ti.

Esa fuerza creativa está esforzándose por tener un cuerpo perfecto, un entorno perfecto, un trabajo perfecto. No es su culpa si manifiestas algo inferior a ello. Depende de ella, pues no se satisface con nada inferior. Y tú tampoco deberías hacerlo. Si tienes el valor de rechazar cualquier cosa que esté por debajo de tu ideal, si tienes una perseverancia firme para seguir intentándolo, ¡no existe un poder en los cielos o en la tierra que pueda impedirte el éxito!

Así es como todo gran éxito se ha logrado. ¿Acaso crees que si Miguel Ángel o Da Vinci tuvieron un mal día y hubieran pintado una figura imperfecta la habrían dejado así? ¿Crees que habrían explicado a sus amigos que no se sentían bien, y, por tal motivo, aunque lamentaran mucho que se hubiera arruinado la pintura, no tenían por qué ser responsables de ello?

¡Tan sólo imagina que uno de estos grandes pintores permitiera que algo menor a su mejor esfuerzo llevara su nombre! Vaya, ¡él preferiría destruir todo un año de trabajo en lugar de permitir que eso ocurriera! En el momento en el que lo notara borraría la figura insultante, no fuera que otros la vieran y juzgaran su trabajo por ello. O incluso aunque nadie jamás la viera, lo haría, ¡porque no expresaría el genio que estaba en él!

Así es como debes sentirte tú con respecto a tu trabajo antes de que puedas alcanzar la grandeza. La fuerza creativa que trabaja a través de ti es perfecta, poderosa, ilimitada. Así pues, ¡jamás te contentes con menos que lo mejor! Sigue tu impulso. Utiliza cada átomo de fuerza y habilidad y riquezas que tengas para expresarlo, con el conocimiento sereno de que, igual que Pablo, puedes hacer todo a través del Cristo que trabaja en ti.

Andrew Carnegie dijo:

> He aquí la condición primordial para el éxito, el gran secreto: concentra tu energía, tu pensamiento y tu capital exclusivamente en aquello en lo que estás trabajando. Una vez que hayas iniciado una línea, decide competir por ella, estar a la cabeza, adoptar toda mejora posible, tener la mejor maquinaria, y conocer lo máximo sobre ella. Finalmente, no seas impaciente, pues, como Emerson dijo: "Nadie puede hacerte trampa en cuanto a tu éxito final: sólo tú mismo".

¿Alguna vez has escalado una montaña alta? ¿Notaste, a medida que ibas subiendo, cómo tu horizonte se elevaba junto contigo? Ocurre lo mismo con la vida. Entre más utilices la fuerza creativa, más tendrás para usar. Tu habilidad, tu poder y tus recursos crecen con el uso que les des.

Desde la más tierna infancia, la fuerza creativa está tratando de expresar algo a través de ti. Al principio se trata de algo meramente físico como un cuerpo perfecto, y a través de él, la generación de otros cuerpos perfectos. Sin embargo, gradualmente se eleva por encima del plano físico y lucha por expresarse de alguna manera que deje al mundo como un mejor lugar porque tú estuviste en él: un recuerdo de nobles pensamientos, de actos espléndidos, de obstáculos vencidos e ideales ganados.

Haz tu parte y jamás hagas menos que tu mejor esfuerzo, sin importar qué tan pequeño sea aquello a través del cual la expresas. Recuerda, la perfección está hecha de pequeñeces, pero la perfección no es una pequeñez.

No importa qué tan pequeño o aparentemente insignificante pueda ser tu trabajo. Tienes la misma oportunidad de alcanzar la perfección en él como el más grande artista en su trabajo. No importa lo poco que otras personas consideren lo bueno que pueda venir de ti. En las Escrituras se dijo de alguien mucho más grande que tú: "¿Acaso puede salir algo bueno de Nazaret?".

¿Quién sabe qué cosas buenas pueden salir de ti?

No hay nada que temer, eres tan bueno como el mejor,
también eres tan fuerte como el más poderoso;
en cualquier prueba o batalla puedes ser vencedor,
porque no hay nadie igual a ti en este mundo maravilloso.
Sólo hay un "tú "que ahora en el mundo habita,
así que nadie más, como tú verás,
puede hacer tu trabajo en forma tan exquisita;
¡Eres el único "tú" que en el mundo habrá!
Así que enfrenta al mundo, pues tú posees toda la vida,
para vivir, para conquistar y amar;
y hallarás la felicidad perdida
justo en la medida que tú quieras dar.
No hay nada demasiado bueno para que lo puedas poseer
ni alturas que no puedas escalar...
más que creer o adivinar, es más grande tu poder
y es algo que no debes olvidar.
Tú puedes, y lo harás; no hay nada que temer,
porque eres el "tú" invencible.
En la montaña más alta tu pie puedes poner,
porque nada para ti es imposible.

—Anónimo

XXIII

EL EQUIVALENTE MENTAL

El mundo entero es un escenario,
y los hombres y las mujeres son simplemente actores.

¿Qué papel estás haciendo en el teatro de la vida? ¿Qué lugar te has asignado en ese escenario? ¿Eres una de las estrellas? ¿Tienes uno de los papeles importantes? ¿Eres simplemente uno de los "extras" que está en el fondo de la acción, o uno de los "utileros" que mueven la escenografía?

Sea cual sea tu papel, has sido tú quien te lo ha asignado, pues como Emerson dice, y como la Biblia enseña de principio a fin: "El hombre se rodea con la verdadera imagen de sí mismo".

"Todo espíritu construye para sí una casa", escribe Emerson, "y más allá de esa casa, un mundo; y más allá de su mundo, un cielo. Entiende, pues, que el mundo existe para ti. Para ti son los fenómenos perfectos. Sólo podemos ver lo que somos. Y todo lo que Adán tuvo, todo lo que César pudo hacer, tú lo tienes y lo puedes hacer. Adán declaró que su casa era el cielo y la tierra. César declaró que Roma era su casa; tú quizás consideres que tu casa es tu negocio de zapatero, cien acres de tierra arada o la buhardilla de un sabio. No obstante, línea tras línea y punto tras punto, tu dominio es tan grande como el de ellos, aunque sin nombres famosos. Así pues, construye tu propio mundo. Tan pronto como ajustes tu vida a la idea pura en tu mente, se desplegará en grandes proporciones".

Todos los hombres nacen libres e iguales, en cuanto a que a todos se les proporciona la única herramienta con la cual puedes construir realmente tu vida. Esa herramienta es tu pensamiento. Todos tienen el mismo material con el cual construir. Ese material es la fuerza creativa que trabaja a través de ti. Tal y como es tu pensamiento interior, así será tu vida exterior. La fuerza creativa toma forma en el molde que tus pensamientos le den. "Pensamos en secreto y ocurre; tu entorno no es sino un espejo".

Emerson declaró: "En todas mis conferencias he enseñado una sola doctrina: la infinitud del hombre como individuo, la disponibilidad perenne de la divina presencia para todo hombre dentro de su propia mente, a partir de la cual él atrae, según su necesidad, un poder inagotable".

> Piensa en grande y tus actos crecerán;
> piensa en pequeño y te quedarás atrás;
> piensa que puedes y podrás.
> Todo está en tu mente, lo sabrás.

"¿Qué clase de imagen mental tienes de ti mismo?", pregunta Emmet Fox en uno de sus prácticos libros. "Sea cual sea tu verdadera convicción acerca de ti mismo, eso es lo que demostrarás.

"Aquello que entra en tu vida no es sino la expresión material de alguna creencia que albergas en tu propia mente. La clase de cuerpo que tienes, la clase de casa que tienes, la clase de empleo que tienes, la clase de personas con las que te encuentras, todo ello está condicionado por y corresponde al concepto mental que mantienes. La Biblia lo enseña de principio a fin.

"Hace aproximadamente 20 años acuñé la frase 'equivalente mental'. Y diré que cualquier cosa que quieras en la vida, cualquier cosa que te gustaría tener en tu vida —un cuerpo saludable, una vocación satisfactoria, amigos, oportunidades, por encima de todo, el conocimiento de Dios— si quieres que todas estas cosas entren a tu vida, debes fabricar un equivalente mental de ellas. Proporciónate un equivalente mental y eso deberá venir a ti. Sin un equivalente mental, no puede venir a ti".

¿Y qué es este "equivalente mental"? ¿Qué, si no tu imagen mental de lo que esperas ser, de lo que planeas ser? "Piensa y las formas adquieren forma; desea y los mundos se desintegran".

Dios escondió la totalidad del mundo en tu corazón, como nos dice un gran escritor, de modo que cuando un objeto o propósito es claramente mantenido en el pensamiento, su manifestación en forma tangible y visible es simplemente una cuestión de tiempo. La causa y efecto son tan absolutos y directos en el reino oculto del pensamiento como en el mundo de las cosas visibles y materiales. La mente es el tejedor maestro, tanto de la vestimenta interior del carácter como de la vestimenta exterior de las circunstancias. Pensar en un propósito hace que ese propósito se manifieste con la misma certeza como el hecho de que una gallina "se ponga" sobre un huevo, lo madura y hace que nazca un polluelo.

Herbert Spencer escribió: "Entre todos los misterios de los que estamos rodeados, nada es más cierto que el hecho de que siempre estamos en la presencia de una energía infinita y eterna de la cual proceden todas las cosas".

Esa energía infinita y eterna o fuerza creativa es moldeada por nuestro pensamiento. Durante miles de años, los hombres de sabiduría se han percatado de esto y han moldeado su propia vida en consecuencia. Los antiguos profetas hicieron su mejor esfuerzo por recalcar este hecho a sus pueblos. "Mi palabra (mi pensamiento o imagen mental) no regresará a mí vacía, sino que cumplirá aquello para lo cual fue enviada", dice uno de ellos. Y en cientos de lugares encontrarás expresado ese mismo pensamiento. Estás moldeando tus mañanas, te des cuenta de ello o no. Haz de ellos el bien que deseas, y no el mal que temes.

Clarence Edwin Flynn expresa algo sobre el poder del pensamiento en su pequeño poema:

> Siempre que cultives un pensamiento
> recuerda que él trazará,
> con cierto toque, su foto en el momento;

una historia en tu faz.
Siempre que mores en un pensamiento
recuerda que él rodará
hacia tu ser y se convertirá
en una fibra de tu alma.

Siempre que envíes un pensamiento,
recuerda que será
una fuerza a través del universo,
por toda la eternidad.

Recuerda que esto se aplica a todos tus asuntos. En tus propios pensamientos continuamente estas proyectándote a ti mismo, a tu entorno, a tus circunstancias. Si te ves como una persona próspera, lo serás. Si te ves continuamente sin un quinto, exactamente así estarás. Si constantemente estás buscando menosprecios, si buscas problemas en tus pensamientos, no tardará mucho en que los encuentres en tu vida diaria. El papel que te asignes en el drama de la vida en tu propio pensamiento, al final lo actuarás en el escenario de la vida.

Así pues, asígnate un buen papel. Haz de ti el héroe de la obra, en lugar del miembro oprimido de la multitud o el esclavo agobiado. Pon tus pies en lugares agradables. Es tan fácil como ponerlos en los barrios bajos. Como de cualquier forma estás obligado a escenificarte a ti, a tu entorno y a tus circunstancias, prueba lo siguiente:

1. Imagínate con las personas, el entorno y las cosas que más quieres, haciendo aquello que más te gustaría hacer, realizando el trabajo que anhelas, haciendo aquello que te sientes más capacitado para hacer. Algunos lo llaman soñar despierto, pero haz que este soñar despierto tenga un propósito. Haz que la imagen sea tan clara en tu mente como si la vieras en la pantalla de un cine. Y disfrútala tanto como puedas. Cree en ella. Agradécela.
2. Demuestra tu fe en tus sueños llevando a cabo toda preparación lógica para la manifestación material de tus deseos.

Tal y como hicieron los reyes de la antigüedad cuando oraron para que lloviera, cava tus zanjas para recibirla.

3. Modifica los pequeños detalles de tu obra teatral a tu gusto, pero aférrate a la meta principal. Hazla tu objetivo y como hizo Grant en su exitosa campaña, decide apegarte a él "aunque te lleve todo el verano".

4. Así como comienzas las cosas, también termínalas. Recuerda que un solo trabajo terminado vale más que una docena terminados a medias. Los caballos que se quedan a tres cuartas partes de la meta jamás se llevan el premio. Es sólo en la meta que te espera el galardón. Así pues, completa tu drama mentalmente antes de comenzar a actuarlo, y luego apégate a él hasta que se manifieste y todos puedan verlo.

5. Mantén sólo para ti ese drama mental. No se lo cuentes a otros. Recuerda a Sansón. Podía hacer cualquier cosa siempre y cuando mantuviera la boca cerrada. La mente de la mayoría de las personas es como una caldera con la válvula de seguridad totalmente abierta. Jamás acumulan una columna de vapor suficiente para hacer funcionar sus motores. Mantén los planes para ti mismo. De esa forma generarán tal poder que no necesitarás *contárselos* a otros: ellos verán los resultados por sí mismos.

"De todas las cualidades del hombre", dice Glenn Clark en *The Soul's Sincere Desire*. [El deseo sincero del alma], "la imaginación es la más divina y aquella que lo asocia de manera más cercana a Dios. La primera mención que leemos del hombre en la Biblia es donde se habla de él como una 'imagen'. 'Hagamos al hombre a nuestra imagen y a nuestra semejanza'. El único lugar donde puede concebirse una imagen es en la imaginación. Así pues, el hombre, la máxima creación de Dios, fue una creación de la imaginación de Dios.

"La fuente y el centro de todo el poder creativo del hombre, el poder que por encima de todos los demás lo eleva por arriba del nivel de la creación salvaje y que le da dominio, es su poder de crear imágenes, o el poder de la imaginación. Hay algunas personas que siempre han pensado que la imaginación es algo que hace que uno crea aquello que no existe. Eso es fantasía, no imaginación. La fantasía podría convertir aquello que es real en simulación y farsa; la imaginación nos permite ver más allá de las apariencias de algo y ver lo que realmente es.

Existe una ley muy real de causa y efecto que hace que el sueño del soñador se haga realidad. Es la ley de la visualización: la ley que invoca a la manifestación en este mundo material externo todo lo que es real en el mundo interno dirigiendo tu fuerza creativa dentro de él. La imaginación retrata aquello que tú deseas. La visión la idealiza. Va más allá de aquello que existe y llega al concepto de lo que puede ser. La imaginación te da la imagen. La visión te brinda el impulso para hacer tuya la imagen dirigiendo tu fuerza creativa dentro de ella.

Haz que tu imagen mental sea lo suficientemente clara, retrátala vívidamente con todo detalle, y luego haz todo lo que puedas para que se manifieste esa imagen, y la fuerza creativa que trabaja a través de ti rápidamente te proporcionará todo lo necesario para hacer de ella una realidad cotidiana.

La ley se aplica en todos los aspectos de la vida. No hay nada que puedas desear ilícitamente que no pueda manifestarse a través de la visualización y de la fe.

La idea clave de la visualización exitosa es esta: ve las cosas como deseas que sean y no como son. Cierra los ojos y haz imágenes mentales claras. Haz que se vean y se desarrollen tal y como lo harían en la vida real. En pocas palabras, sueña despierto, pero hazlo con un propósito. Concéntrate en esa sola idea, excluyendo todas las demás, y sigue concentrándote en esa sola idea hasta que se manifieste.

¿Quieres un auto? ¿Una casa? ¿Una fábrica? Puedes obtener todo eso de la misma forma. En esencia, todas son ideas de la mente, y si las construyes primero en tu mente y las completas con todo detalle, descubrirás que la fuerza creativa que trabaja a través de ti puede construirlas de forma similar en el mundo material.

"La construcción de un ferrocarril transcontinental a partir de una imagen mental", dice C.W. Chamberlain en *El sentido no común de la psicología aplicada*, "da al individuo promedio la idea de que se trata de un trabajo enorme. El hecho es que, el logro, así como la imagen mental perfecta, está compuesto por millones de pequeños trabajos, encajando cada uno en su lugar y ayudando conformar el todo.

"Un rascacielos se construye a partir de ladrillos individuales, y la colocación de cada ladrillo es una tarea individual que debe completarse antes de poner el siguiente ladrillo. Ocurre lo mismo con cualquier trabajo, con cualquier estudio. Citando al profesor James:

"Así como nos volvemos alcohólicos bebiendo una copa tras otra, así, a través de actos separados, y horas de trabajo, nos volvemos santos, en el aspecto moral, y autoridades y expertos en las esferas prácticas y científicas. Que ningún joven sienta ansiedad por el resultado de su educación, sea cual sea la línea que siga. Si se mantiene fielmente ocupado todas las horas del día, con seguridad puede dejar que el resultado se dé por sí solo. Con toda certeza puede contar con que una mañana despertará y será uno de los estudiantes más competentes de su generación, sea cual sea la disciplina que haya escogido Los jóvenes deben saber esto por adelantado. Ignorarlo probablemente ha engendrado más desánimo y pusilanimidad en los jóvenes que comienzan una carrera ardua que todas las demás causas juntas.

Recuerda que el único límite para tus capacidades es el que tú pones en ellas. No existe la ley de la limitación. La única ley que existe es la de la provisión. A través de la mente puedes recurrir a la fuerza creativa para obtener cualquier cosa que desees. ¡Utilízala! No existen limitaciones para ella. No seas tú quien le pongas una.

¡Apunta alto! Si no le das a la luna, puedes alcanzar una estrella. Todos admiten que este mundo y el vasto firmamento tuvieron que haber sido pensados por una mente divina a partir del vacío informe para que adquirieran forma. Esa **misma** mente divina gobierna hoy en día, y a cada forma de vida le ha dado poder para atraer hacia sí la cantidad de fuerza creativa que necesite para su crecimiento perfecto. El árbol, la planta, el animal, cada uno de ellos encuentra lo que necesita para satisfacer sus necesidades.

Eres una criatura inteligente, que razona. Tu mente forma parte de la gran mente divina. Y tú tienes el poder de *expresar* lo que requieres para tu crecimiento perfecto. No seas mísero contigo mismo. No te vendas por una moneda. Cualquier precio que te pongas, la vida te lo dará. Por eso, apunta alto. ¡Exige mucho! Crea una imagen mental clara y definida de lo que quieres. Mantenla en tu pensamiento. ¡Visualízala, vela, créela! Los caminos y los medios para satisfacer ese deseo vendrán, pues la provisión siempre viene detrás de la exigencia.

Cuando haces esto arrebatas tu destino de las manos de la suerte. De esta forma controlas las experiencias que tienes en la vida; sin embargo, asegúrate de visualizar sólo aquello que deseas. La ley trabaja de ambas formas. Si visualizas tus preocupaciones y tus miedos, los harás realidad. Controla tu pensamiento y controla tus circunstancias. Las condiciones serán aquello que tú hagas de ellas.

Parafraseando a Thackeray:

"El mundo es un espejo y refleja a todo hombre su propio pensamiento".

Filipo de Macedonia, padre de Alejandro, perfeccionó la "falange": una formación triangular que le permitió centrar todo el peso de su ataque en un solo punto en la línea enemiga. Arrasaba con todo lo que se le oponía. En ese tiempo era invencible. Y la idea es igualmente invencible en nuestros días.

Mantén ese solo pensamiento en tu mente; VE cómo se lleva a cabo paso a paso y puedes conjuntar a cualquier grupo de trabajadores en un todo homogéneo, todos ellos centrados en esa sola idea. Puedes lograr cualquier cosa. Puedes expresar cualquier idea definida. Mantén esa imagen mental siempre en tu mente y harás que sea tan invencible como fue la antigua falange de Alejandro.

No es el armamento ni son las armas,
o el dinero que puedan pagar;
es la estrecha colaboración
la que hace que el día puedan ganar.
No es el individuo aislado,
ni el ejército hacinado,
sino el trabajo en equipo de las almas.

—J. Mason Knox

El mayor error de todos los tiempos es la tendencia que ha tenido siempre la humanidad de limitar el poder de la mente o su disposición para ayudar en tiempos de necesidad.

"¿Acaso no sabéis", dijo Pablo, "que sois el templo del Dios vivo?".

No, la mayoría de nosotros no lo sabemos. O, si lo sabemos, al menos somos como la familia india fuera de la reserva cherokee. Habían encontrado petróleo en su territorio y nadaban en dinero. Más dinero del que jamás hubieran pensado existía en el mundo. Alguien los convenció de construir una enorme casa, amueblarla maravillosamente y decorarla con gran estilo. Sin embargo, los indios, aunque estaban orgullosos de su ostentosa casa, *¡seguían viviendo en su vieja casucha!*

Lo mismo ocurre con muchos de nosotros. Podemos saber que somos "templos del Dios vivo". Incluso podemos estar orgullosos de serlo. Pero jamás sacamos ventaja de ello para habitar en ese templo, para proclamar nuestro dominio sobre las cosas y las condiciones. Jamás hacemos uso del poder que nos pertenece.

Los grandes profetas de la antigüedad tenían una visión de futuro. Su era fue un tiempo de esperanza y expectación. Esperaban el momento en el que viniera la revolución que haría de los hombres "hijos de Dios". "Y vendrán a Sión con alegría; y gozo perpetuo será sobre sus cabezas; y tendrán gozo y alegría, y huirán la tristeza y el gemido".

Jesús vino a cumplir esa revelación. "Pedid y recibiréis, para que vuestro gozo sea cumplido".

El mundo se ha volcado en vano a una filosofía materialista para liberarse de sus problemas. En el futuro, el único avance del progreso real se dará en el ámbito mental, y este progreso no se dará a través de la especulación humana y la teorización, sino a través de la demostración real del poder de la mente para moldear la fuerza creativa en cualquier cosa de bien.

El mundo se encuentra en los portales del vasto reino de la inteligencia divina donde se encuentra el poder práctico y trascendental de la mente por sobre todas las cosas.

Lo que el ojo nunca vio, ni el oído jamás oyó,
ni lo que nunca penetró la mente del hombre,
iguala a todo lo que Dios ha preparado para aquellos que lo aman.

XXIV

YO SOY

Hace muchos años, Emile Coué electrizó al mundo con sus curas para todo tipo de enfermedades, ¡simplemente a través del poder de la SUGESTIÓN!

"¡Nadie debería estar enfermo!", proclamó, y procedió a probarlo curando a cientos de personas que acudieron a él después de que los doctores no habían podido aliviarlos, y no sólo eso, sino que mostró que podrían utilizarse esos mismos métodos para curar nuestros problemas: para traer riquezas en lugar de deudas, éxito en lugar de arduos trabajos.

Originalmente, Coué era un hipnotista. En su pequeña droguería encontraba de vez en cuando pacientes a los cuales podía hipnotizar. Los hipnotizaba —ponía su mente consciente a dormir— y se dirigía directamente a su subconsciente.

Declaraba al subconsciente que no había nada malo en el órgano que el paciente había considerado se encontraba enfermo, y el subconsciente aceptaba dicha afirmación y moldeaba en consecuencia la fuerza creativa interior. Cuando el paciente salía de la influencia hipnótica ¡se encontraba bien! Sólo quedaba convencer a su mente consciente de esto, de modo que no volviera a enviar nuevas sugestiones de enfermedad a su subconsciente, ¡y el paciente se curaba!

¿Cómo explicas eso? Por el hecho de que las enfermedades y las imperfecciones no están tanto en tu cuerpo como en tu mente. Están en tu velocidad de movimiento y esto está plenamente controlado por la mente. Cambia la creencia subconsciente y las manifestaciones físicas cambian con ella. Acelera tu velocidad de movimiento, y de esa manera deshazte de los elementos discordantes de la enfermedad. Los doctores reconocen este hecho cuando dan a sus pacientes placebos, sabiendo que éstos disiparán el miedo, y que cuando las imágenes invocadas por el miedo se vayan, la supuesta enfermedad se irá con ellas.

Sin embargo, Coué encontró a muchos pacientes a quienes no podía hipnotizar. ¿Cómo tratarlos? Induciendo una especie de autohipnosis en ellos. Es un hecho bien conocido que la repetición constante produce la convicción, especialmente para la mente subconsciente. Así pues, Coué hacía que sus pacientes repitieran continuamente para sí mismos la afirmación de que su enfermedad ya estaba pasando. Que estaban mejorando cada vez más. "Todos los días y en todas las formas me siento cada vez mejor". Esta afirmación irracional curó miles de enfermedades que los habían estado aquejando durante años.

¿Que está detrás de todo ese éxito? Una ley tan antigua como la tierra misma; una ley que durante años han conocido los psicólogos: la ley de que la mente subconsciente acepta como cierto aquello que se le repite con convicción y con frecuencia. Y una vez que ha aceptado esa declaración como verdadera, procede a moldear la fuerza creativa que trabaja a través de ella ¡de modo tal que LA HAGA REALIDAD!

Como ves, mientras la mente consciente razona de manera inductiva, el subconsciente utiliza sólo un razonamiento deductivo. Mientras la mente racional sopesa cada hecho que se le presenta, cuestiona la verdad o falsedad de cada uno, y luego llega a sus conclusiones, el subconsciente actúa de una manera muy distinta. EL SUBCONSCIENTE ACEPTA COMO UN HECHO CUALQUIER DECLARACIÓN QUE SE LE PRESENTE DE FORMA CONVINCENTE. Luego, habiéndolo aceptado como la base de sus acciones, procede con lógica a hacer todo lo que está a su alcance para manifestarlo.

Por eso las dos palabras más importantes en el idioma inglés son las palabras "YO SOY".* Por eso los antiguos consideraban que estas dos palabras eran el nombre secreto de Dios.

---

* (N de la T: En inglés, "I AM" significa tanto "YO SOY" como "YO ESTOY".)

Le preguntas a un amigo cómo le va, y a la ligera responde: "Soy infeliz, soy pobre, soy desafortunado, estoy enfermo", y nunca se pone a pensar que a través de esas mismas palabras está atando a él mismo la mala suerte, declarando a la mente subconsciente dentro de él que está enfermo o que es pobre o está débil o es esclavo de cierto deseo.

Que los débiles digan "¡YO SOY fuerte!", exhortó el profeta Joel a su pueblo hace miles de años. Y dicho consejo es tan bueno hoy como lo fue entonces.

Has visto a hombres llevar a cabo prodigios de fortaleza bajo una sugestión hipnótica. Los has visto con los cuerpos acostados entre dos sillas, con la cabeza en una silla y los pies en la otra, soportando el peso de varias personas paradas encima de ellos, cuando ni siquiera podrían mantener su cuerpo en esa posición ordinariamente. ¿Cómo pueden hacerlo? Porque el hipnotista ha asegurado a su subconsciente que PUEDE hacerlo, que tiene la fuerza y el poder necesarios.

"Por eso te digo que todo cuanto pidas en la oración, cree que ya lo has recibido y lo tendrás". Esa fue la promesa dada a nosotros por el más grande psicólogo de todos los tiempos, el Gran Sanador, el Hacedor de Milagros. Una y otra vez dijo a quienes sanaba que había sido su FE lo que los había sanado. Y cuando esa fe no estaba presente, y cuando regresó a Nazaret, el lugar donde vivió su infancia, está escrito que "no hizo muchos milagros allí".

¿Cómo puedes desarrollar la fe necesaria para lograr aquello que deseas? Aceptando el consejo de los sabios de antaño, del profeta Joel, de Jesús: reclamándolas como tuyas, y poniendo a trabajar a tu mente subconsciente para que esos reclamos se hagan realidad.

Es una especie de autohipnosis, pero todas las oraciones lo son. Allá por 1915, el presidente del Instituto de Psicología de Varsovia condujo una serie de experimentos a partir de los cuales concluyó que la energía que una persona manifestaba durante la vida es directamente proporcional a su poder de sumergirse en una condición de autohipnosis. En palabras sencillas, eso significa convencerte de la posibilidad de hacer las cosas que quieres hacer.

El subconsciente en cada uno de nosotros POSEE el conocimiento, el poder de hacer cualquier cosa correcta que podamos necesitar de él. Lo único que debemos hacer es implantar en él la confianza, el "CREE QUE YA HAS RECIBIDO", que Jesús enseñó.

En un caso citado por Baudouin, el famoso psicólogo, después de utilizar la autosugestión como un medio de autoayuda, una mujer declaró: "Puedo hacer el doble de trabajo que antes. Durante mis vacaciones pude realizar dos tareas muy extensas, mismas que hace un año ni siquiera habría intentado. Este año sistematicé mi trabajo y dije: 'Puedo hacerlo todo; lo que estoy a punto de emprender es materialmente posible, y por tanto, debe ser moralmente posible; en consecuencia, no debo experimentar y no voy de experimentar desánimo, dudas, molestias o pereza'. Como resultado de estas afirmaciones, el camino que lleva a sus poderes internos se abrió y ella pudo decir con certeza: 'Nada podía detenerme; nada podía impedir que hiciera lo que tenía planeado hacer; casi podrías decir que las cosas se hicieron solas, sin el más mínimo esfuerzo de mi parte'. No sólo trabajó con un alto grado de éxito desconocido para ella hasta ese momento, sino también con una certeza y una calma mental más allá de lo que antes había alcanzado".

Emerson, con su ingenio para resumir grandes verdades en unas cuantas palabras, escribió: "Hazlo y tendrás el poder".

Los sabios de antaño aprendieron hace miles de años que la vida es como un eco. Siempre regresa el mensaje que nosotros le enviamos. Al igual que el eco, la respuesta es siempre la misma que el llamado, y entre más alto es el llamado, mayor es la respuesta.

Dices: "Estoy enfermo, soy pobre", y tus palabras son precursoras de tus circunstancias. "Los hombres deben dar cuenta de cada palabra ociosa en el día del juicio". Y ese día del juicio viene más pronto de lo que la mayoría de las personas piensa.

Ten cuidado y di sólo aquellas palabras que estás dispuesto a aceptar que tomen forma en tu vida, pues recuerda las palabras del sabio Job: "Decretarás una cosa y te será manifestada". Jamás pronuncies palabras de carencia o limitación, pues "por tus palabras serás justificado y por tus palabras serás condenado".

Afirma constantemente: "Tengo fe en el poder de mi palabra. Hablo sólo aquello que deseo ver manifestado". Recuerda, "Detrás de ti está un poder infinito; delante de ti hay posibilidades infinitas; alrededor de ti hay oportunidades sin fin. ¿Por qué habrías de temer?".

C. G. Tanner expresa esta idea de una forma hermosa:

Si tienes fe en lo que anhelas o quieres hacer,
y te consideras un hijo del rey, con derecho,
has pedido que se manifieste en ti de Dios el Poder
y te has comprometido a ver que todo esté hecho.

Acaso no has dicho: ¿"Dios, con fe pongo esto en tus manos"?
¡Las manos de Dios son las tuyas! Tu bien, debe venir de ti;
Dios no tiene otras manos con las que pueda darte
todo lo que, como hijo suyo, te corresponde a ti.

La fe y la persistencia van siempre de la mano;
la una sin la otra estaría incompleta.
Si quieres el éxito alcanzar, trabaja ufano;
si fuere necesario, de nuevo la tarea intenta.

Tú puedes nublar ese faro claro y resplandeciente
que te guía, o conjurar el terrible temor a perder;
descansa seguro con Dios y está consciente
de que nada puede opacar la brillante armadura de tu fe.

Al parecer la mayoría de las personas piensa que trabajamos para vivir, que no existe un propósito más profundo en la vida que ese. Por lo que realmente trabajamos es para atraer los talentos que están dentro de nuestra alma, para dar expresión a la fuerza creativa que trabaja a través de nosotros. Ese es el gran propósito para el cual nacimos: expresar la fuerza creativa en nosotros, dar a Dios la oportunidad de expresarse a través de nosotros. Y PODEMOS hacerlo. Como el famoso poeta inglés Shelley manifestó: "El Todopoderoso ha dado a los hombres brazos suficientemente largos para tocar las estrellas. Sólo tienen que extenderlos".

Y el primer paso consiste en utilizar lo que tienes. La clave para el poder yace en utilizar, no en acaparar. El uso desencadena aún más poder para obras aún más grandes. El acaparamiento construye una dura coraza alrededor de aquello que acaparas e impide que venga más. Puedes tener lo que tú quieras si estás dispuesto a utilizar lo que tienes ahora. Puedes hacer lo que quieras si estás dispuesto a hacer lo que tienes que hacer en este momento. Emerson dice: "La única condición equiparable al regalo de la verdad, *es su uso*".

El profesor William Bateson de la British Society for Scientific Research dijo: "Sin duda, estamos descubriendo que los dones y talentos de la humanidad no se deben a algo extra en la persona ordinaria, si no a factores que en la persona normal INHIBEN el desarrollo de estos dones. Sin duda ahora debe considerárseles como LIBERADORES de poderes normalmente suprimidos".

¿Y por qué son suprimidos? Debido a la duda, al miedo, al fracaso, a la postergación, a dejar las cosas para mañana.

Siempre proclamas que mañana vivirás;
¿En qué país tan lejano el mañana habitará,
que tarda tanto, tanto tiempo en llegar?
¿Más allá de las Indias su residencia tendrá?
Hace tanto que se busca que me he puesto a cavilar,
que cuando llegue el mañana querido, muy viejo debe estar.
Sólo los tontos se empeñan en decir: "Mañana viviré"...
Hoy es demasiado tarde; los sabios vivieron el ayer.

—Abraham Cowley

"Comenzar", dijo Ausonio, "es la mitad del camino". "¡Comienza con grandeza!", escribió otro sabio. "Aunque no tengas tiempo más que para una línea, haz que esa línea sea sublime." Y los orientales tienen un proverbio de que un camino de mil kilómetros comienza con un solo paso.

Así pues, comienza y no permitas que ningún pensamiento de fracaso te detenga. Ten fe —si no en ti mismo— entonces en la fuerza creativa que trabaja a través de ti. La humanidad ha perdido más de una obra magnífica debido a que la fe de su creador no fue lo suficientemente fuerte como para liberar la fuerza creativa que le habría permitido hacer que su sueño se hiciera realidad.

Recuerda que no puedes hablar sobre el fracaso, o pensar en el fracaso, y cosechar éxito. Jamás llegarás a la parte alta de la escalera si la duda, el miedo y la postergación te hacen dudar de poner un pie en el primer escalón.

Existe un poder que trabaja a través de ti y que puede lograr cualquier meta a la que aspires; pero para dotar de energía a ese poder, debes equiparlo con fe. Debes tener la voluntad de creer, el coraje de aspirar, y la convicción profunda de que el éxito es posible para cualquier persona que trabaje por él persistiendo y creyendo.

Hace 340 años zarpó de España la flota más poderosa que el mundo había conocido, galeones españoles y portugueses, carabelas florentinas, enormes barcos de otras naciones —fortalezas flotantes, con hileras e hileras de poderosos cañones—, 140 grandes embarcaciones, tripuladas hasta el tope con marineros, soldados y caballeros que decidieron emprender la aventura.

El tesoro de los incas, los botines de los aztecas, se habían utilizado en la construcción y equipamiento de esta enorme Armada. No era de sorprender que España fuera considerada invencible. No era de sorprender que Inglaterra le temiera, pues ésta fue la Armada que habría de invadir Inglaterra y llevar fuego y espada por todo su territorio. Esta fue la Armada que había de castigar a los insolentes bretones por los ataques "piratas" de Sir Francis Drake, Morgan y todos esos marinos robustos que habían desafiado a la muerte y la esclavitud para demoler los barcos del tesoro en el virreinato de la nueva España. La mano de hierro de Felipe II de España cayó firmemente sobre los Países Bajos. Dominó toda Europa. Ahora esperaba confiadamente el momento en el que Inglaterra, también, cayera bajo su peso.

Pero no tomó en cuenta una cosa: ¡la fe! Puso a cargo de su Armada invencible al Duque de Medina Cedonia, un hombre que no tenía fe en sí mismo, ni en sus capacidades, ni en sus hombres. Y cuando lo hizo, quitó la punta de cada pincho; quitó el filo a toda espada; tomó el arma naval más poderosa que se había forjado, y deliberadamente la desarmó.

¿Consideras que estoy siendo demasiado duro? Simplemente escucha. Esta es la carta que el duque escribió al rey cuando recibió la notificación de que se le había puesto a cargo:

"Mi salud es mala y por la poca experiencia que tengo en el agua, sé que siempre me mareo (...) La expedición es de tal tamaño y el objetivo es tan importante que la persona que esté a la cabeza debería saber de navegación y de batallas marítimas, y yo no sé nada de eso (...) El Adelantado de Castilla lo haría mejor que yo. Que Dios lo ayude. Es un buen cristiano y ha peleado en el mar. Si vuestra merced me envía, tenga por seguro, daré malas cuentas de lo que se me ha confiado".

Él tenía todo para triunfar; todo, excepto fe en sí mismo. Esperaba el fracaso, y el fracaso desastroso lo encontraba a cada paso.

Ciento cuarenta embarcaciones poderosas, las más extraordinarias jamás construidas. E Inglaterra, para enfrentarse a esa fantástica Armada, sólo tenía 30 barcos pequeños de guerra y unos cuantos buques mercantes armados y manejados por caballeros secretos. Sin embargo, Inglaterra, aunque se encontraba alarmada, tenía valor y esperanza. ¿Acaso Inglaterra no tenía a Sir Francis Drake y a Lord Charles Howard, y a una docena de poderosos guerreros que habían enfrentado y superado a los españoles incontables veces en el Mar de las Antillas. ¿Acaso no podían hacer lo mismo nuevamente?

Los ingleses tenían 30 o 40 embarcaciones pequeñas, contra los 140 poderosos buques de guerra. Los ingleses tenían a bordo pólvora para apenas dos días —así de mezquina era su reina— mientras los españoles estaban equipados con todo lo que un buque de guerra podría requerir.

Sin embargo, Howard y Drake no dependían de ninguna reina para pelear sus batallas. No les preocupaba el tamaño del enemigo. Pensaban: "Ahí están los españoles. Aquí estamos nosotros. Hemos peleado contra ellos y los hemos azotado decenas de veces. Podemos hacerlo ahora. ¡Vayamos por ellos!".

Salieron buscando la victoria, y la victoria los encontró a cada paso.

Desde el Lizard en Cornwell hasta Portugal, donde Don Pedro de Valdés y su poderosa embarcación fueron abandonados; desde Portland hasta Calais, donde España perdió a Hugo de Moncado junto con las galeras que capturó; desde Calais, fuera de la vista de Inglaterra, alrededor de Escocia e Irlanda, derrotada y arrastrada, esa poderosa Armada fue perseguida, hasta que finalmente los restos despedazados regresaron a la deriva a España.

Con todo y su vasto escuadrón, no había tomado ni una sola nave o barca o pinaza de Inglaterra. Con todo y sus miles de soldados, no habían desembarcado ningún hombre; sólo los muertos o quienes habían sido tomados prisioneros.

Tres cuartas partes de sus hombres murieron o fueron capturados, y su poderosa flota, destruida. ¿Por qué? Por un hombre al que le faltaba fe. Los soldados españoles habían probado en decenas de campos que jamás habían nacido guerreros más valientes. La "Plaza de España" había soportado infanterías, caballerías, artillerías. Sin embargo, estos mismos soldados, en el mar a bordo de sus enormes fortalezas, fueron totalmente derrotados por menos de una cuarta parte de combatientes.

¿Cuál fue la razón? Eran una lanza sin cabeza —un ejército sin un líder— riquezas y poder sin fe. ¿Alguna vez hubo un ejemplo mejor del poder de la fe?

Los hombres van por la vida como el Duque de Medina Cedonia —buscando siempre el lado oscuro de las cosas, esperando problemas a cada paso— y, por lo regular, los encuentran. Es verdadera falta de valor, del valor de buscar las grandes cosas, el valor de enfrentar la desilusión y el ridículo con tal de lograr un objetivo valioso. ¿Alguna vez te has sentado en un tren y has observado otro tren que pasa hacia el lado contrario? Puedes ver lo que está más allá de sus ventanas, los verdes campos y los maravillosos escenarios. O puedes ver las divisiones de las ventanas y no contemplar más que su lóbrega monotonía.

Lo mismo ocurre con todo en la vida. Puedes mirar el bien, lo que te da alegría y gozo, y no solamente verlo, sino manifestarlo en tu vida diaria. O puedes observar problemas, enfermedades y sufrimiento, y encontrarlos esperando a la vuelta de la esquina.

Los pesimistas llaman a este tiempo "la era Pollyana" y ridiculizan ideas como esta. Sin embargo, ridículas o no, funcionan, tanto en nuestra vida personal como en los negocios, y miles de personas pueden dar testimonio de su eficacia.

Quizás uno de los mejores ejemplos de la diferencia que hace la perspectiva se encuentra en la vida de Emerson y Thoreau. La filosofía de vida de Emerson puede expresarse mejor en sus propias palabras: "Armémonos de valor con afirmaciones incesantes. No te quejes de lo malo; por el contrario, canta las bellezas de lo bueno". Y su vida tranquila y serena reflejó esa misma actitud.

Por otra parte, Thoreau constantemente exponía y denunciaba el mal. Con motivos tan elevados como los de Emerson, creía en atacar el problema desde el ángulo opuesto y el resultado era que constantemente se metía en problemas; sin embargo no logró una décima parte del bien que Emerson hizo. Como el hombre en la obra de d'Annunzio, *La Citta Morta*: "Fascinado por las tumbas, se olvidó de la belleza del cielo".

Hay momentos en los que es necesario limpiar las condiciones negativas para poder comenzar de nuevo. Es necesario ubicar la fuente de la contaminación para poder purificar un río.

Pero sólo debería ser un medio para alcanzar un fin, y el fin jamás debería ser negativo, como la simple destrucción del mal, sino un reemplazo positivo del mal con el bien.

Si alguna vez has cruzado un puente de caballetes sabrás que no te conviene mirar hacia abajo. Esa es la causa del vértigo y la destrucción. Tienes que mirar hacia el frente, escogiendo las vigas que vas a utilizar a 3 o 6 metros de distancia, si es que quieres hacer algún progreso.

La vida es como ese tipo de puentes. Y si miras demasiado hacia abajo probablemente perderás el equilibrio, tropezarás y caerás. Siempre debes ver hacia adelante si quieres mantener la perspectiva.

A continuación te presento un pequeño poema de Edgar Guest que ejemplifica la idea:

Alguien dijo que "eso" no se podría hacer,
pero él, con una leve sonrisa, contestó entusiasmado
que tal vez no se pudiera, mas no se dejaría vencer,
y que no lo afirmaría antes de haberlo intentado.
Así que se empeñó en hacerlo, como un compromiso;
sonreía, si estaba preocupado, lo ocultó
y comenzó a cantar cuando el trabajo empezó,
aquello que no podía haber sido hecho, ÉL LO HIZO.

La mayor parte del progreso del mundo se ha logrado gracias a hombres como esos. Hombres como Watt que no sabía que el vapor no podía utilizarse para ningún propósito útil y, así pues, inventó la máquina de vapor. Hombres como Fulton, que no sabía que era una tontería tratar de impulsar un bote con ruedas, y así inventó el barco de vapor.

Hombres como Bell, Edison, Wright, que no sabían lo tonto que era intentar lo imposible, y que siguieron adelante y lo lograron.

"Por el amor de Dios, ¡denme a un joven que tenga suficiente inteligencia y yo lo pondré en ridículo!", exclamó Stevenson. Y cuando tienen éxito, el mundo entero repite esa afirmación.

No hay límites para ti, excepto el límite que pongas sobre ti mismo. Tú eres como las aves: tus pensamientos pueden atravesar todas las barreras a menos que los amarres o los enjaules o les cortes las alas por las limitaciones que pones sobre ellas.

No hay nada que pueda vencerte, excepto tú mismo. Tú eres uno con el Padre. Y el Padre sabe todo lo que alguna vez necesitarás conocer sobre cualquier tema.

¿Por qué, entonces, tratar de reprimir cualquier deseo correcto, cualquier ambición elevada? ¿Por qué no poner detrás de ella cada gramo de energía, cada partícula de entusiasmo de la que seas capaz?

Mahoma estableció un imperio más grande que el de Roma sólo sobre la base del entusiasmo. Y Mahoma no era más que un pobre camellero. ¿Qué no podrás hacer tú?

Los hombres reprimen su poder para hacer el bien, su capacidad para el éxito aceptando pensamientos de inferioridad, por su timidez, por su egoísmo, por miedo, por su conservadurismo.

Jamás te preocupes por lo que otros piensen de ti. Lo que importa es lo que tú pienses. Nunca dejes que las pobres opiniones de otros acerca de ti influyan en tus decisiones. Por el contrario, decide que vas a mostrarle lo equivocados que están.

La gente pensaba tan mal de Oliver Cromwell que no pudo obtener permiso para emigrar a las Colonias. Cuando formó su regimiento de caballería, que posteriormente se ganó el nombre de "Ironsides" ["costados de hierro", literalmente] debido a su invencibilidad en la práctica, los viejos soldados y los dandis de aquellos tiempos se reían de él. Pocas veces se han reunido tantos hombres de apariencia extraña.

Cualquier soldado los pudo haber entrenado pero lo que los hacía invencibles, aquello que les permitió traspasar todas las legiones del rey Carlos no fue su entrenamiento, sino su creencia ferviente en la justicia de su causa, de su líder y de su Dios.

Sus enemigos los llamaban "hipócritas santurrones", pero no eran hipócritas. Eran hombres impulsados por una fe común de que Dios estaba con ellos, como con los antiguos israelitas, y que si Dios estaba de su lado, nada podía detenerlos.

Esa era la fe de Cromwell. Y él infundió esa fe en todos los hombres de su regimiento.

Y aunque Cromwell vivió para mantener viva esa fe, nada los resistía. ¡Ellos hicieron al hombre que no era suficientemente bueno como para emigrar a América, gobernante de Inglaterra!

Nada que valga la pena se ha logrado sin la fe y nada que valga la pena lo logrará.

¿Por qué tantas grandes organizaciones se desmoronan después de la muerte de su fundador? ¿Por qué no pueden sobrevivir más que unos cuantos años?

Porque aquéllos que absorben sus labores carecen de la visión, de la fe para seguir adelante. Él tenía la idea del servicio; la de los demás era seguir cobrando dividendos. Él pensaba construir cosas cada vez más grandes; la de ellos, mantener lo que habían ganado.

"La mejor defensa es una fuerte ofensiva". No puedes simplemente mantener lo que tienes. No puedes quedarte inmóvil. ¡Tienes que avanzar, o retroceder!

¿Qué ocurre contigo? Si vas a avanzar, entonces evita a los pesimistas como lo harías con una plaga. El entusiasmo, el optimismo puede producir muchos errores, pero aprende de ellos y progresarás. El pesimismo, el conservadurismo, la precaución morirán porque sus raíces están secas, si no es que pronto se pierden en la marcha de los acontecimientos.

Así pues, sé optimista. Cultiva la perspectiva hacia delante.

> La diferencia entre el Optimista
> y el Pesimista, es graciosa
> y a la vez es muy sencilla.
> Hablemos del Optimista primero.
> Él ve completa la rosquilla,
> y el Pesimista ¡Sólo ve el agujero!

El bien siempre está ahí, si lo buscas lo suficiente. Pero debes buscarlo. No puedes contentarte con aceptar simplemente lo que viene a tu línea de visión. Tienes que rehusarte a aceptar todo lo que sea menor al bien. ¡Repúdialo! Di que no es tuyo. Dilo y créelo. Luego continúa buscando y pronto verás que el bien que has estado buscando ha estado justo frente a tus narices todo el tiempo.

¿Cuál es la columna vertebral de todos los negocios? El crédito ¿Qué es el crédito si no fe —fe en tu prójimo, fe en su integridad— fe en su disposición y su capacidad de darte un trato justo?

¿En qué basas tu fe para un crédito? En las referencias, en lo que el cliente potencial ha hecho por otros, en su puntualidad para pagarles, en su disposición para cooperar con ellos. En muchos casos jamás lo has visto en tu vida —no puedes tener la certeza de que semejante persona exista—, pero crees en ella, tienes FE. Y al tener FE tu negocio crece y prospera. Si puedes tener esa fe en alguien a quien jamás has visto, como para confiar grandes porciones de tus bienes terrenales en sus manos, ¿acaso no podrías tener un poco de confianza en el Padre, también?

Cierto, jamás lo has visto, pero has tenido pruebas más que suficientes de su existencia que las que has tenido de un cliente que se encuentra a miles de kilómetros de distancia. Tienes una prueba mucho mayor de su confiabilidad, de su preocupación por ti, de su capacidad y su disposición en todo momento para venir en tu ayuda de cualquier forma en la que se lo pidas. Con él no necesitas tener dinero. No necesitas gozar de buena reputación en tu comunidad. No necesitas crédito.

¿Qué es lo que hace que un vendedor sea exitoso? La fe en su empresa. La fe en los bienes que vende, la fe en el servicio que presta a sus clientes. La fe en sí mismo. ¿Y tú tienes fe en tu "empresa" —en tu Padre—, en los múltiples dones que te ofrece tan generosamente?

Las personas pueden vender por un tiempo basándose únicamente en la fe en su propia capacidad y pueden endosar cualquier cosa que demuestre que representa una ganancia para sí mismos. Pero jamás serán vendedores exitosos. Luego viene la reacción inevitable. Se vuelven descarados, pierden la fe en otros, y, al final, pierden la fe en sí mismos. También el vendedor exitoso debe tener una fe cuádruple: fe en su empresa, fe en su producto, fe en el bien qué hará a los clientes, fe en sí mismo. Si tiene ese tipo de fe, puede vender lo que sea. Si tienes esa fe en el Padre, puedes hacer cualquier cosa.

No fue una valentía superior o una capacidad de pelea superior lo que permitió que el ejército semientrenado de Washington derrotara a los ingleses. Los soldados ingleses alardeaban en todo el mundo que nadie los igualaba en cualidades para la batalla. Y, en su mayor parte, los soldados norteamericanos procedían del mismo linaje robusto. Era su fe en un poder mayor fuera de sí mismos.

¿Cuál es la diferencia entre el banquero y el prestamista? Ambos hacen préstamos. Ambos requieren seguridad. Pero mientras el prestamista debe tener una propiedad tangible, material, que pueda revender antes de prestar un solo centavo, el banquero verdaderamente grande basa sus préstamos en algo más grande que cualquier seguridad que se le ofrezca: su fe en el solicitante.

Los Estados Unidos se construyeron sobre la base de la fe. Esos grandes constructores de ferrocarriles que abarcaban todo el continente sabían, cuando lo hicieron, que no había suficientes negocios inmediatamente disponibles que hicieran que su inversión fuera rentable en el futuro cercano. Sin embargo tuvieron fe, una fe que construyó esa nación.

En todos los ámbitos se hace evidente esa misma fe. Los hombres establecen grandes fábricas con la fe de que el público tendrá necesidad de sus productos y los comprarán. Construyen oficinas, departamentos, casas, con la fe de que sus ciudades crecerán y las necesitarán. Despliegan servicios públicos capaces de servir al doble de personas que viven en sus territorios, con la fe de que la demanda no sólo crecerá con la población, sino que la disponibilidad de la oferta ayudará a crear nuevas demandas.

La fe construye ciudades, negocios y hombres. De hecho, todo lo bueno, todo lo constructivo en este viejo mundo nuestro se basa en la fe. Así es que, si no la tienes, *siémbrala*, como lo más importante que puedes hacer. Y si la tienes, cuídala, riégala, cultívala, pues es lo más importante en la vida.

Cuando nada parece ayudar, voy y observo al picapedrero martillar una piedra, quizá cien veces antes de que se muestre una sola grieta. Sin embargo, en el golpe ciento uno, se parte en dos, y yo sé que no fue ese golpe lo que lo hizo, sino todo lo que hubo detrás.

—J. A. Riis.

XXV

EL TALISMÁN

Al igual que las olas del mar son los caminos del destino,
a medida que viajamos a lo largo y a través de la vida.
Es la postura del alma la que decide su meta,
y no la paz o la contienda que la inquieta.

— Ella Wheeler Wilcox

¿Cuál es la eterna pregunta que surge y te mira a ti y a todo hombre sincero directamente a los ojos cada mañana?

"¿Cómo puedo mejorar mi situación?". Esa es la verdadera pregunta que te confronta y habrá de perseguirte todos los días hasta que la resuelvas.

La respuesta a esa pregunta yace, en primer lugar, en recordar que el gran meollo de la vida es el pensamiento. Controla tus pensamientos y moldearás tus circunstancias.

Así como la primera ley del incremento es el deseo, el primer elemento esencial para el éxito es la FE. Cree que *tienes* —ve aquello que deseas como un hecho ya existente— y cualquier cosa que puedas desear justamente, es tuya. La fe es "la sustancia de aquello que se desea, la evidencia de cosas que no se ven".

Has visto a personas que, en su interior, no son más capaces que tú y logran aparentemente lo imposible. Has visto cómo otros, después de años de lucha infructuosa, de repente alcanzan sus sueños más anhelados. Y a menudo te has preguntado "¿Cuál es el poder que da nueva vida a sus ambiciones moribundas, que brinda un nuevo ímpetu a sus deseos cansados, que les otorga un nuevo comienzo en el camino hacia el éxito?".

Ese poder es la creencia: la fe. Alguien o algo les dio una nueva fe en sí mismos y una nueva fe en su poder de ganar, y dieron un gran salto y arrebataron el éxito a una derrota aparentemente segura.

¿Recuerdas la fotografía en la que aparecía Harold Lloyd hace algunos años mostrando a un niño de campo temeroso de su sombra? Todos los niños de la campiña lo molestaban. Hasta que un buen día, su abuela le dio un talismán y le dijo que su abuelo lo había llevado puesto a lo largo de la Guerra Civil y que, según decía, tenía el poder de hacer que su propietario fuera invencible. Nada podría lastimarlo, le dijo, mientras llevara consigo este talismán. Nada podía resistírsele. Él le creyó. Y la siguiente vez que el bravucón del pueblo comenzó a molestarlo, le dio tremenda paliza. Y ese fue sólo el comienzo. Antes de un año ya tenía la fama del chico más audaz de la comunidad.

Luego, cuando su abuela sintió que ya estaba completamente curado, le dijo la verdad: que el "talismán" era simplemente un pedazo de cachivache que se había encontrado a un lado del camino, que sabía que todo lo que necesitaba era fe, creer que podía hacer todas estas cosas.

Las historias como esta son comunes. Es una verdad tan bien conocida que puedes hacer sólo aquello que piensas que puedes hacer, que es un tema favorito entre los autores. Recuerdo haber leído hace unos años una historia sobre un artista —un artista un tanto mediocre— que estaba de visita en el campo de Waterloo y se encontró con un trozo curioso de metal semienterrado en el lodo; se sintió tan atraído hacia él que lo recogió y lo colocó en su bolsillo. A partir de ahí notó un aumento repentino de confianza, una fe absoluta en sí mismo, no sólo en su trabajo, sino también en su capacidad de manejar cualquier situación que pudiera presentarse. Hizo una gran pintura, simplemente para demostrar que *podía* hacerlo. No contento con ello, visualizó un imperio con México como su base, y de hecho dirigió una revuelta, hasta que un día perdió su talismán. Entonces la burbuja se rompió.

Es tu propia confianza en ti mismo lo que cuenta. Es la conciencia de un poder dominante dentro de ti lo que hace que todas las cosas sean alcanzables. *Tú puedes hacer cualquier cosa que pienses que puedes hacer.* Este conocimiento es, literalmente, el regalo de los dioses, pues a través de él puedes resolver todo problema humano. Debería hacer de ti un optimista incurable. Es la puerta abierta al bienestar. *Mantenla abierta,* esperando obtener todo aquello que es justo.

Tienes derecho a toda cosa buena. Así pues, espera sólo lo bueno. Una derrota *no necesariamente* sigue a la victoria. No tienes que "tocar madera" cada vez que te felicites porque las cosas han estado yendo bien en tu vida. La victoria debe seguir a la victoria.

No limites tus canales de provisión. No pienses que la riqueza o el éxito deben venir a través de algún trabajo particular o de algún pariente millonario. No te corresponde a ti indicar a la fuerza creativa los medios a través de los cuales habrá de enviarte sus regalos. Existen millones de canales a través de los cuales habrá de enviarte sus regalos. Lo que te corresponde hacer es imprimir en tu mente tu necesidad, tu más grande deseo, tu creencia ilimitada en los recursos y la disposición de la fuerza creativa para ayudarte. Planta la semilla del deseo o aliméntala con una visualización clara del fruto maduro. Riégala con la fe sincera, pero deja los medios a la fuerza creativa.

Abre tu mente. Limpia los canales del pensamiento. Mantente en un estado de receptividad. Ten una actitud mental en la que constantemente esperes el bien. Tienes el derecho fundamental a todo lo bueno; "de acuerdo con tu fe, así te será hecho".

El problema con la mayoría de nosotros es que somos mentalmente perezosos. Es mucho más fácil seguir a las multitudes que abrirnos camino por nosotros mismos. Sin embargo, los grandes descubridores, los grandes inventores, los grandes genios en todos los campos han sido hombres y mujeres que se

han atrevido a romper la tradición, que han desafiado los pre-
cedentes, que han creído que no existe un límite para lo que la
mente puede hacer, y que se han apegado a esa creencia hasta
que han alcanzado su meta, a pesar de todas las burlas y el ridículo por parte de los que creen saberlo todo y de aquellos que
piensan que no se puede hacer algo.

Y no sólo eso, sino que jamás se contentaron con alcanzar
únicamente un éxito. Ellos sabían que el primer éxito es como la
primera aceituna que sale del frasco. Todas las demás salen más
fácilmente gracias a ella. Se percataron de que ellos formaban
parte de la fuerza creativa y de la inteligencia del universo, y
que esa parte participa de la totalidad de las propiedades del
todo y ese entendimiento les dio la fe para luchar por cualquier
cosa justa y el conocimiento de que el único límite para sus capacidades era el límite de sus deseos. Sabiéndolo, no pudieron
contentarse con un éxito ordinario. Tenían que seguir adelante,
siempre adelante.

Edison no se quedó con las manos cruzadas cuando nos dio
la máquina parlante o la luz eléctrica. Estos grandes éxitos simplemente abrieron el camino para nuevos campos de logro.

Abre los canales entre tu mente y la fuerza creativa, y no hay
límites para las riquezas que vendrán a ti. Concentra tus pensamientos en aquello en particular en lo que estás más interesado,
y te inundarán ideas en abundancia, abriendo una docena de
caminos para alcanzar la meta por la que estás luchando.

Pero no dejes que un éxito —no importa cuán grande sea—
te satisfaga. Como sabes, la ley de la vida es la ley del crecimiento. No puedes quedarte inmóvil. Debes avanzar, o ser rebasa-
do. La complacencia —la autocomplacencia— es el más grande enemigo del logro. Debes seguir viendo hacia adelante. Al
igual que Alejandro debes buscar constantemente nuevos mundos que conquistar. Depende de él, y el poder vendrá a satisfacer la necesidad. No existen poderes fallidos, si recurrimos a
la fuerza creativa como nuestra fuente de provisión. El único
fracaso de la mente viene de la preocupación y del miedo, y de
una falta de uso.

William James, el famoso psicólogo enseñó que: "Entre más hace la mente, más puede hacer", pues las ideas liberan energía. Puedes hacer un mayor trabajo y mejor que el que has hecho. Puedes saber más de lo que sabes ahora. Sabes, según tu propia experiencia, que bajo condiciones mentales apropiadas de alegría o entusiasmo puedes hacer el triple o cuádruple de trabajo sin cansarte comparado con lo que puedes hacer ordinariamente. El cansancio es más aburrimiento que fatiga física real. Puedes trabajar casi de forma indefinida cuando tu trabajo es un placer.

Has visto a personas enfermas, débiles, que no podían llevar a cabo una hora de trabajo ligero sin agotarse, y de repente se aplican cuando se les asignan grandes responsabilidades y se fortalecen bajo presión. Las crisis no sólo hacen uso de la reserva de poder que tienes sino que ayudan a crear un nuevo poder.

No puede hacerse

Quizás has vivido engañado por el pensamiento de la incompetencia. Quizás te hayan dicho con tanta frecuencia que no puedes hacer ciertas cosas que has llegado a creer que no puedes. Recuerda que el éxito o el fracaso es simplemente un estado mental. Cree que no puedes hacer algo, y no podrás. Reconoce que puedes hacerlo, *y lo harás*. Debes visualizarte *haciéndolo*.

Si piensas que estás vencido, lo estás;
Si piensas que no te atreves, no te atreverás;
Si te gustaría ganar, pero piensas que no puedes,
Es casi seguro que no podrás.
Si piensas que perderás, ya has perdido
Porque en el mundo encontrarás
Que el éxito empieza con la voluntad,
Porque todo el poder en tu mente está.

Muchas veces una carrera se pierde,
Aún antes de que la carrera se corra,
Otras veces fracasa un cobarde
Antes de que su trabajo haya empezado.
Piensa en grande y tus hechos crecerán;
Piensa en pequeño y no avanzarás.
Piensa que puedes y podrás,
Porque todo el poder en tu mente está.

Si piensas que eres superior, lo eres,
Has logrado pensar alto para crecer;
Has logrado estar seguro de ti mismo,
Antes de que puedas algún premio merecer.
La batalla de la vida no siempre se dirige
Hacia el hombre más rápido o hacia el hombre más fuerte,
Pero tarde o temprano el hombre que gana
Es el que piensa que puede, sin dejarlo a la suerte.

Existe una enorme diferencia entre un entendimiento apropiado de nuestra capacidad y una determinación de aprovecharla al máximo, y el egocentrismo ofensivo. Es absolutamente necesario que todo hombre crea en sí mismo antes de que pueda dar lo mejor de sí. Todos tenemos algo que vender. Pueden ser nuestros bienes, nuestras capacidades, nuestros servicios. Tienes que creer en ti para hacer que el comprador invierta en ti a un interés acumulado. Tienes que levantarte todos los días con determinación, si quieres irte a dormir esa noche sintiéndote satisfecho.

Tienen una gran lógica el dicho de que al mundo le gustan las personas que impulsan. Lo único con lo que tienes que alcanzar el éxito es con la MENTE. Para que tu mente funcione a su máxima capacidad tienes que estar cargado con buen ánimo y optimismo. Nadie jamás ha logrado una buena obra de arte con un estado mental negativo. Tu mejor trabajo siempre lo haces cuando te sientes feliz y optimista.

Y una buena disposición es el *resultado*, y no la *causa*, de un pensamiento animado y feliz. La salud y la prosperidad son *resultado*, primordialmente, de pensamientos optimistas. *Tú* creas el patrón. Si la impresión que has dejado en el mundo que te rodea parece débil y borrosa, no culpes al destino, culpa a tu molde. Jamás cultivarás una actitud de valentía y coraje si tienes pensamientos de cobardía. No puedes cosechar higos si siembras cardos. Jamás harás que tus sueños se hagan realidad si los abordas con dudas y miedos. Tienes que poner los cimientos bajo tus castillos en el aire, cimientos de COMPRENSIÓN Y FE. Tus posibilidades de tener éxito en cualquier empresa siempre pueden medirse por la FE que tengas en ti mismo.

¿Tu entorno es desalentador? ¿Sientes que si estuvieras en otro lugar el éxito sería más fácil? Simplemente ten en mente que tu verdadero entorno está dentro de ti. Todos los factores del éxito o el fracaso se encuentran en tu mundo interno. Tú creas ese mundo interno, y a través de él, tu mundo externo. Puedes elegir el material con el cual lo construyes. Si no lo has elegido sabiamente en el pasado, en este momento puedes volver a elegir el material con el que deseas reconstruirlo. La riqueza de la vida está en tu interior. Nadie ha fracasado siempre que vuelva a comenzar.

Ya que el ayer es sólo un sueño en lontananza
y el mañana es sólo una hermosa visión,
el hoy que vivimos hace
de cada ayer un sueño de felicidad ,
y de cada mañana una visión de esperanza.

Comienza ahora mismo y *haz* aquello que sientes que tienes que hacer. No pidas permiso a nadie. Concentra tu pensamiento en cualquier actividad apropiada que permita que lo lleves a cabo. El hecho de que creas que puedes hacerlo da poder a las fuerzas de tu pensamiento. La fortuna te espera. Tómala con valentía, mantenla, y es tuya. Por derecho te pertenece, pero si te avergüenzas de ella, si te acercas a ella con dudas, con timidez, pasará de lado y se burlará de ti, pues la fortuna es una mujer veleidosa que debe ser dominada, que ama la valentía, que admira la confianza. Recuerda, puedes tener lo que quieras si utilizas lo que posees en este momento. Puedes hacer lo que quieras si haces aquello que debes hacer en este momento. Da el primer paso, y tu mente pondrá en movimiento todas sus fuerzas para ayudarte. Pero el primer elemento esencial consiste en comenzar. Una vez que la batalla comience, todo lo que está dentro y fuera de ti vendrá a asistirte, si tu ataque es firme y te enfrentas a cada obstáculo con determinación. Pero tienes que comenzar las cosas. Como lo expresó el poeta:

> Toma la miel de la copa más amarga;
> No hay fracaso por renunciar a la carga,
> Ni real caída, mientras uno siga tratando.
> Los reveses hacen al hombre fuerte, sabio.
> De verdad, la derrota no habita en tu interior,
> Si tu fe está intacta, seguro serás triunfador.

Aquellos que han dejado una marca en este mundo tienen una característica en común: *¡Creían en sí mismos!* "Sin embargo", puedes decir, "¿cómo puedo creer en mí mismo cuando jamás he hecho nada que valga la pena, cuando todo aquello que emprendo parece fracasar?". No puedes, por supuesto. Es decir, no podrías si tuvieras que depender sólo de tu mente consciente. Pero simplemente recuerda lo que uno más grande que tú, dijo: "Yo por mí mismo no puedo hacer nada. Es el Padre en mí el que hace las obras".

Ese mismo "PADRE" está dentro de ti, y detrás de él y de ti está toda la fuerza creativa del universo. Es sabiendo que Él está en ti y que a través de Él puedes hacer cualquier cosa justa que puedes adquirir la tan necesaria creencia en ti mismo. Ciertamente, la mente que imaginó los cielos y la tierra y todo lo que contienen posee toda la sabiduría, todo el poder, toda la abundancia. Puedes recurrir a esta Mente, sabiendo que no hay problemas demasiado difíciles de resolver. *Saber* esto es el primer paso. La fe. Sin embargo, San Santiago nos dice: "La fe sin obras está muerta". Y Emerson lo expresó de una forma moderna cuando dijo: "Aquél que se la pasa aprendiendo y, sin embargo, no pone en práctica lo que sabe es como el hombre que se la pasa arando y, no obstante, nunca cosecha". Así pues vayamos al siguiente paso. Decide qué es lo que quieres más en la vida, sea lo que sea. No hay límites para la mente. Visualiza aquello que deseas. Velo, siéntelo, CREE en él. Crea tu diseño mental ¡y comienza a construir! Y no simplemente un diseño mental, sino una imagen real de ello, si puedes. Recorta imágenes de revistas que simbolicen lo que deseas. Pégalas en un pliego de papel y cuélgalo donde puedas verlo con frecuencia. Te sorprenderá cómo esas imágenes te ayudarán a formar el molde mental, con cuánta rapidez la fuerza creativa adquirirá la forma en ese molde.

Supongamos que algunas personas se burlan de tu idea. Supongamos que la razón dice que no puede hacerse. Las personas se burlaron de Galileo y se rieron de Henry Ford. La razón sostuvo durante mucho tiempo que la tierra era plana. La razón decía —al menos muchos ingenieros automotrices argumentaban— que el motor de Ford no funcionaría. Sin embargo, la tierra es redonda, y varios millones de automóviles Ford andan por las calles y funcionan.

Comencemos en este momento a poner en práctica algunas de estas verdades que has aprendido. ¿Qué es lo que más quieres en la vida en este momento? Toma ese deseo, concéntrate en él, e imprímelo en tu mente subconsciente de todas las formas posibles, particularmente con imágenes. Visualizar lo que quieres es fundamental, y las imágenes hacen que esta visualización sea más fácil.

Los psicólogos han descubierto que el mejor momento para hacer sugestiones a tu mente subconsciente es justo antes de ir a dormir, cuando los sentidos están en calma y la atención está relajada. Así pues, tomemos tu deseo y sugirámoslo a tu mente subconsciente esta noche. Los dos prerrequisitos son un DESEO

intenso y una FE inteligente. Alguien dijo que la educación es
tres cuartas partes estímulo y el estímulo es la sugestión de que
aquello que deseas puede hacerse.

Sabes que puedes tener lo que deseas si lo quieres con la
suficiente fuerza y puedes creer en ello con la suficiente firmeza.
Así pues, esta noche, justo antes de irte a dormir, concentra tu
pensamiento en aquello que más deseas en la vida. Cree que lo
que tienes. Obsérvalo en tu mente y visualízate poseyéndolo.

Repítelo todas las noches hasta que, en verdad, creas que tienes aquello que deseas. Cuando llegues a ese punto, ¡lo tendrás!

¿Aceptas el Poder interior,
o dices— "lo haré mañana, estoy cansado"
o —"después de esto, comenzaré la labor",
y tratas de vez en cuando de pedir prestados
los preciosos momentos que rápido se van
por caminos inútiles y equivocados?

Nuestro Señor ha dispuesto un legado
para todos aquellos que creen;
así que por qué no cambiar el "pudiera ser"
a simplemente: "estoy recibiendo un regalo
de una mano que me guía en cada tarea,
y regresa a mí, con todo lo que mi Ser desea".

¿Deseas fervientemente que el éxito venga, al fin?
Entonces, humildemente, acepta el Poder en ti.

                                            —John Graham

XXVI

EL PATRÓN PERFECTO

En el capítulo 4 citamos a Baudouin para mostrar cómo una persona puede hipnotizarse a sí misma para tener salud, felicidad y éxito.

Esto no es tan tonto como suena, pues la autohipnosis es, ni más ni menos, concentración profunda, y es bien conocido que vamos en la dirección de nuestros pensamientos. Aquello que anhelamos, o que tememos, hacia eso nos dirigimos.

El hombre es inseparable de la fuerza creativa. Dios se ha encarnado en el hombre, y Dios es dinámico, no estático. No puede ser silenciado. Debe expresarse de una forma u otra. Ponemos su poder en todo lo que hacemos, ya sea dirigido al fracaso o al éxito.

¿Cómo puedes, entonces, utilizar este poder creativo para el bien? ¿Cómo podemos utilizarlo en nuestros esfuerzos hacia el éxito?

En primer lugar, convenciéndonos de que somos exitosos, de que estamos en el camino hacia la riqueza, hacia la salud, o hacia el poder. Debemos "creer que recibiremos". Y la forma más rápida, más fácil y segura de hacerlo es a través de la repetición. Ahora se sabe y se acepta en lo general que uno llega a creer cualquier cosa que se repite a sí mismo con la frecuencia suficiente, sea la afirmación verdadera o falsa. Llega a convertirse en el pensamiento dominante en nuestra mente.

Esos pensamientos, cuando se mezclan con un deseo o emoción intensa, se convierten en un imán que atrae pensamientos similares o relacionados a partir de todo cuanto le rodea. Atraen una multitud de pensamientos parecidos, los cuales se añaden a su propio poder magnético hasta que se convierten en el maestro que domina y motiva al individuo.

Después comienza a trabajar la segunda ley. Todos los impulsos del pensamiento tienen tendencia a revestirse de su equivalente físico. En otras palabras, si el pensamiento dominante en tu mente es la riqueza, este pensamiento tenderá a atraer hacia ti oportunidades para que tengas la riqueza que jamás habrías soñado. Así como un imán atrae al hierro, así atraerás dinero y formas de hacer más dinero, o si la salud es tu pensamiento dominante, vendrán a ti formas y medios de adquirir nuevas salud y fuerza. Lo mismo ocurre con el amor, la felicidad, o con cualquier cosa que desees enormemente en la vida.

Por otra parte, si llenas tu mente con miedo, duda y desconfianza en tu capacidad de utilizar las fuerzas de la inteligencia infinita, esto, a su vez se convertirá en tu pensamiento dominante y formará el patrón de tu vida.

Serás elevado o jalado hacia abajo de acuerdo con el patrón de tu pensamiento. No existen límites para la fuerza creativa que trabaja a través de ti. Las limitaciones están todas en ti, y son todas ellas autoimpuestas. Las riquezas y la pobreza son igualmente el producto de tu pensamiento.

Así pues, si deseas algo de bien, lo primero y lo más importante que debes hacer es desarrollar la fe de que puedes tener ese bien. La fe, como cualquier otro estado mental, puede inducirse a través de la sugestión, por medio de la repetición. Repite para ti frecuentemente que tienes fe, y la tendrás, pues cualquier pensamiento que es transmitido al subconsciente con la suficiente frecuencia y con el suficiente convencimiento finalmente es aceptado, y luego se traduce en su equivalente físico a través del método más práctico disponible.

Recordarás la historia del rey que sintió que si educaba a su hijo en la corte sería malcriado debido a tanta atención. Así que lo puso en la familia de un campesino honesto y le dijo que lo criara como su propio hijo. El niño tenía todo el poder, todas las riquezas del reino a su disposición, pero no lo sabía. Él era un gran príncipe; sin embargo, como no lo sabía, trabajó y vivió como un humilde campesino.

La mayoría de nosotros somos como ese joven príncipe, pues ignoramos nuestro origen divino. No sabemos nada del poder que nos pertenece, así que no nos beneficiamos de él. Dios está trabajando a través de nosotros, y no hay nada que Él no pueda hacer; no obstante, como no sabemos nada de él, estamos impotentes.

No existen los don nadie. Todo mundo tiene una chispa divina en su interior; todo mundo puede encenderla para que se convierta en una llamada brillante a través de la fe. Las personas se permiten ser hipnotizadas por miedo y ansiedad, por el miedo a la pobreza, o al fracaso, o a la enfermedad. Continuamente las visualizan y, así, hacen de ellas su pensamiento dominante, utilizándolas como un imán para atraer hacia ellos todas estas cosas.

Sea cual sea la forma que tus pensamientos y tus creencias adquieran, la fuerza creativa que trabaja a través de ti las utiliza como un molde en el cual forma tu vida y tu entorno. Si quieres ser fuerte, piensa en ti como un ser perfecto. Si quieres ser próspero, no pienses en deudas y carencias, sino en riquezas y oportunidades. Vamos en dirección de nuestro pensamiento dominante, pues ese pensamiento toca la nota tónica de la canción de nuestra vida.

"La principal característica de la religión del futuro", escribió el doctor Eliot, "será la inseparabilidad del hombre con la gran fuerza creativa". Estamos en asociación con la fuente de todo el bien.

Emerson dijo que sólo Cristo calculó la grandeza y la divinidad del hombre. Cristo constantemente hacía énfasis en las posibilidades ilimitadas del hombre. Él vio que Dios se encarnó en el hombre.

Emerson continúa diciendo que el hombre es débil cuando busca ayuda fuera de sí mismo. Es sólo cuando se entrega sin dudar a la fuerza creativa que está en su interior que encuentra los manantiales del éxito, el poder que puede lograr todas las cosas. Es sólo cuando comprende que toda la ayuda externa no es nada comparada con las magníficas fuerzas que trabajan a través de él que comienza a hacer milagros.

Casi todas las personas tienen el hábito de ver hacia atrás y decir: "Si pudiera vivir otra vez aquel periodo de mi vida, si pudiera retroceder y aprovechar las oportunidades que entonces tuve, hoy sería rico y exitoso".

Sin embargo, de aquí a un año, o de aquí a cinco o diez años, la mayoría de ustedes que leen esto estarán diciendo lo mismo con respecto al presente.

¿Por qué? Porque tu futuro depende de los cimientos que estás colocando AHORA. El ayer ya se fue. No puedes recuperarlo. Y el mañana no ha llegado. El único momento con el cual puedes trabajar es este, y si te elevas o te caes mañana, si eres rico o un fracaso, depende de tus pensamientos de hoy.

A la humanidad le tomó miles de años aprender a controlar la materia, a tener comodidad y seguridad y un cierto grado de certeza financiera. Se ha requerido menos de una generación para aprender a controlar nuestro futuro. El conocimiento es tan nuevo que la mayoría de las personas todavía no están conscientes de él. Como expresó David Seabury en su libro: "Saben que la ciencia y la mecánica han revolucionado la faz de la tierra. No saben que la psicología y sus ciencias afines están produciendo un cambio parecido en la manera como el hombre maneja su propia naturaleza".

¿Sabes por qué tan pocas personas tienen éxito en la vida? Porque, es tan fácil, que la mayoría de las personas no pueden creer en los métodos que hacen que los hombres sean realmente exitosos. Prefieren considerar el éxito como algo difícil, como algo prácticamente imposible de alcanzar, y como lo ven de esta manera, así es para ellos.

TÚ PUEDES TENER LO QUE TÚ QUIERAS, si sabes cómo plantar las semillas apropiadas en tu pensamiento. Saber hacerlo es lo más importante que una persona puede aprender. No es el destino lo que obstruye tu camino. No es la falta de dinero u oportunidades. Eres tú mismo. Es tu actitud hacia la vida. Cámbiala, y cambiarás todo.

Hazte esta importante pregunta: ¿Soy una víctima de la autocompasión? ¿Estoy enojado con la vida y con aquellos que tienen más éxito que yo? ¿Creo que la fortuna me ha jugado una mala pasada? ¿O estoy trabajando con alegría, con constancia y con confianza para encontrar formas de enfrentar y mejorar las situaciones que la vida me presenta?

La mayoría de las personas evade estas preguntas. Están más preocupadas en defender su ego y culpar de sus fracasos a algo fuera de ellos mismos que lo que están en salir adelante. El fracaso viene primero del interior. No puede ser impuesto sobre un alma decidida e intrépida.

¿Qué hay de ti? ¿Responderás honestamente a esta importante pregunta: "¿Soy una víctima de la autocompasión?"

Piensa en los momentos en los que has anhelado tener un futuro —cuando te has impacientado por los obstáculos que han parecido detenerte— cuando has escuchado sobre el éxito de algún conocido que tú sabías que, en el fondo, no era más capaz que tú. ¿Estás dispuesto a seguir anhelando y envidiando y buscando el éxito en el futuro? ¿O comenzarás ese éxito en el único tiempo que tendrás para trabajar: el eterno AHORA?

Recuerda lo que Emerson nos dijo: "Sólo hay una mente común a todos los hombres. Cada persona es un puerto de entrada para esa mente, para esa misma mente. Aquel que acepta el derecho a la razón es un hombre libre. Lo que Platón ha pensado, él lo puede pensar; lo que un santo ha sentido, él lo puede sentir; lo que en algún momento le ha ocurrido a algún hombre, él lo puede comprender. Quien tiene acceso a esta mente universal participa de todo lo que se hace o puede hacerse; pues sólo existe un sólo agente soberano, y cada individuo es una encarnación más de esta mente universal".

La fuerza creativa del universo está trabajando a través de ti. Tú puedes ser un conducto tan grande para ella como cualquier persona que haya vivido alguna vez. Sólo tienes que proporcionar el molde en el que habrá de tomar forma, y ese molde se forma por medio de tus pensamientos. ¿Cuál es tu deseo dominante? ¿Qué es lo que más quieres? *Cree en ello*, y puedes tenerlo. Haz que sea tu pensamiento dominante, magnetiza tu mente en él, y atraerá hacia ti todo lo que necesites para su manifestación.

Arthur Simmons escribió: "No hay un solo sueño que no pueda hacerse realidad si tenemos la energía que crea o elige nuestro propio destino. En este mundo siempre podemos obtener lo que queremos, si lo deseamos con la suficiente intensidad y persistencia. Muy pocas personas alcanzan el éxito porque muy pocas pueden concebir una gran meta y trabajar para su consecución sin distracción y sin descanso. Pero todos sabemos que el hombre que trabaja por dinero día y noche se enriquece; y el hombre que trabaja día y noche por cualquier clase de poder material, obtiene ese poder. Sólo los sueños de los soñadores holgazanes que tienen sueños vanos son los que no se conviertan en realidad".

Sabiendo todas estas cosas, ¿podrás alguna vez volver a limitarte, cuando tienes semejantes posibilidades ilimitadas? Por supuesto, hay momentos en los que te sientes inferior. A todo mundo le pasa. Simplemente recuerda y comprende que tú eres superior, que eres uno de los pocos que aprovechan el poder infinito que está en su interior para llevarlos a las alturas del éxito.

Como recordarás, Platón sostuvo que en la mente divina se encuentran formas puras o arquetipos a partir de los cuales todos los seres visibles son creados. Y la mayoría de las grandes escuelas de misterios del mundo antiguo sostenían opiniones similares. Enseñaban el crecimiento a través de la intención y no a través del azar; un desarrollo que comenzaba al nacer y continuaba a lo largo de toda la vida para alcanzar la imagen perfecta o arquetipo de cada uno de nosotros que está contenido en la mente divina. Ellos visualizaban que cada uno de nosotros nos dirigíamos hacia un destino que había sido visualizado por el hombre, mucho antes de haber nacido.

El progreso era el movimiento en dirección del arquetipo perfecto. El hombre se hizo más noble a medida que el intervalo entre él y su patrón perfecto se reducía. Para los griegos, la felicidad consistía en la paz entre el hombre y su patrón, mientras que si vivías en inconsistencia con tu arquetipo, padecías desarmonías de diversos tipos. Ellos creían que no es tanto lo que haces lo que te provoca sufrimiento, sino la desarmonía entre lo que haces y lo que deberías hacer para equipararte a tu patrón perfecto.

Existe un patrón perfecto de ti en la mente divina, un arquetipo perfecto que tú puedes igualar. Tiene una forma perfecta, inteligencia perfecta, y todo el poder necesario para hacer que tu entorno sea perfecto. ¿Por qué no igualarte a él?

¡Puedes hacerlo! Simplemente permite que tu arquetipo sea tu modelo. Llena tu mente con pensamientos de su perfección; haz de él tu pensamiento dominante y puedes atraer hacia ti todos los elementos que necesitas para manifestar esa imagen perfecta. Y no sólo tu propia imagen perfecta, sino todo lo necesario para hacer que tu entorno y tus circunstancias sean igualmente perfectos. Recuerda, el único límite sobre el poder que trabaja a través de ti es el límite que tú le impongas.

Ten lo siguiente en mente:

1. Tu mente subconsciente es continuamente susceptible de ser controlada a través del poder de la sugestión.
2. Su poder de razonar deductivamente a partir de premisas dadas y llegar a conclusiones correctas es prácticamente perfecto.
3. Está dotada con una memoria perfecta.
4. Es la sede de tus emociones.
5. Tiene el poder de comunicar y recibir inteligencia a través de otros canales que no sean los canales reconocidos de los sentidos.

"El hombre tiene en su interior todo lo que necesita", escribió Emerson. "Él es una ley en sí mismo. Todo el bien o el mal real que puede sobrevenirle proviene de sí mismo. El propósito de la vida parece ser que el hombre se conozca a sí mismo. La más grande revelación es que Dios está en todos los hombres".

XXVII

A AQUÉL QUE TIENE

Jesús nos entregó la Ley Fundamental del Incremento cuando nos dijo: "Porque a todo el que tiene, más se le dará, y tendrá en abundancia; pero al que no tiene, aun lo que tiene se le quitará".

Suena simple, ¿o no? Sin embargo, es la ley básica de todo éxito, de toda riqueza, de todo poder. Es la manera en la que funciona todo el universo. Vives guiado por ella, te guste o no, o mueres por ella.

A muchos les parece que esta ley es injusta, pero en esto, como en todas las cosas, la naturaleza es lógica, y cuando comprendas exactamente cómo trabaja la ley, estarás de acuerdo que es eminentemente justa y correcta.

Mira, todo está compuesto primordialmente por electricidad, por pequeños protones y electrones que giran unos alrededor de otros. Tu cuerpo está compuesto por ellos, la vida vegetal está compuesta por ellos, y la así llamada vida inanimada, también. Entonces, ¿dónde radica la diferencia entre todas estas formas de vida? Principalmente ¡en su VELOCIDAD DE MOVIMIENTO!

Recuerda lo siguiente: comenzando con la célula individual en el vientre de tu madre, atraes hacia ti sólo aquellos elementos que son idénticos a ti en calidad y en carácter, que se están moviendo a la misma velocidad. Tu capacidad selectiva es tal que puedes escoger el material que habrá de preservar tu calidad y tu identidad.

Esto se aplica a tu cuerpo, a tus circunstancias, a tu entorno. Lo igual atrae a lo igual. Si no te sientes satisfecho contigo mismo tal y como eres, si quieres un cuerpo más saludable, amigos más atractivos, mayor riqueza o éxito, debes comenzar en el núcleo: ¡dentro de ti mismo!

Y el primer elemento esencial para armonizarte con el Bien Infinito que te rodea consiste en relajarte y soltar los frenos. Pues, ¿qué es la preocupación o el miedo o el desaliento sino un freno que pones a tu pensamiento y al funcionamiento apropiado de tus órganos, y una disminución en la velocidad de toda tu actividad?

"¡Libérate de tus tensiones!", dicen los psicólogos modernos. Es decir, piensa más en las cosas agradables, y menos en las desagradables. Sabes cómo la música marcial acelera tu pulso y pone en acción hasta a la persona más agotada. ¿Por qué? Porque tiende a incrementar la velocidad de movimiento en todas las células de tu cuerpo. Te has enterado cómo las buenas noticias a menudo han curado a gente enferma, cómo una emoción repentina ha permitido que los paralíticos salgan de sus camas. ¿Por qué? Porque las buenas noticias te hacen feliz, aceleran tu velocidad de movimiento, igual que una emoción repentina agita todo tu organismo. Sabes cómo el miedo, el odio y el desánimo te hacen más lento. ¿Por qué? Porque esos sentimientos ponen una grapa en tu velocidad de movimiento.

Recuerda esto: el odio, el enojo, el miedo, la preocupación, el desánimo —todas las emociones negativas— no sólo disminuyen tu velocidad de movimiento, y por tanto te traen enfermedades y hacen que envejezcas antes de tiempo, sino que además alejan de ti el bien. Lo igual atrae a lo igual, y las buenas cosas que deseas tienen una velocidad de movimiento distinta a la de estas que son negativas.

Por otra parte, el amor atrae y mantiene contigo aquello que amas. Como nos dice Drummond: "Amar generosamente, vivir generosamente, y amar eternamente es vivir eternamente". Y Emerson expresa la misma idea: "Ama y serás amado. El amor es matemáticamente justo, igual que las dos partes de una ecuación algebraica".

> Todo lo que tú ames, hombre,
> se convertirá en lo que decidas:
> En Dios, si amas a Dios,
> o en polvo, si tú amas el polvo.

Y eso, una vez más, es estrictamente lógico, y va estrictamente de acuerdo con la ley de la naturaleza que establece que lo igual atrae lo igual. Sea cual sea tu velocidad de movimiento, los elementos de la misma calidad que esa velocidad de emoción, serán atraídos hacia ti.

Eso nos lleva a la ley enunciada por Jesús: "Porque a todo el que tiene, más se le dará, y tendrá en abundancia; pero al que no tiene, aun lo que tiene se le quitará".

Lee la parábola de los talentos, de donde surge este pronunciamiento de Jesús, y verás que no es sólo el dinero o las posesiones lo que atrae más dinero, sino el uso que se le da a éstas. No puedes enterrar tus talentos y esperar que se multipliquen. Debes darles un buen uso. Es la velocidad de movimiento lo que atrae la multiplicación, lo que el comerciante moderno llamaría "el volumen de ventas". Entre más venda sus artículos, más dinero hace sobre la base del capital que invirtió. Pero si no vende, y su mercancía permanece dormida en los anaqueles, se llenarán de polvo o de moho y al final no valdrá nada.

En la parábola el siervo que tenía cinco talentos los puso a trabajar y atrajo cinco más; el siervo que tenía dos talentos hizo lo mismo y los duplicó. Pero el siervo que sólo tenía un talento lo enterró y ahí lo dejó. No obtuvo nada, y el talento que tenía le fue arrebatado.

Vemos que ocurre lo mismo todos los días. Las estadísticas muestran que de todos aquellos que heredan dinero, sólo uno de cada diecisiete muere siendo rico; de todos los que poseían fortunas a la edad de 35, sólo el 17% las mantienen cuando llegan a los 65.

El viejo adagio solía ser: "Abuelo comerciante, padre noble e hijo pordiosero", pero los tiempos modernos han acelerado esto hasta que la mayoría de las fortunas difícilmente resisten una sola generación ¿Por qué ocurre? Debido a la antigua ley de la velocidad de movimiento. Aquel que hace dinero ha puesto en movimiento una idea acerca de un servicio que le ha atraído riquezas. Con gran frecuencia es la idea o el servicio lo que importa en su mente. El dinero es secundario, y es atraído hacia él junto con otras cosas buenas porque ha puesto en movimiento una idea que está haciendo bien a otras personas.

Sin embargo, cuando él muere, ¿qué es lo que ocurre? A menudo dirigen el negocio únicamente basándose en cuánto dinero se puede obtener de él. O venden el negocio y meten el dinero al banco para que produzca intereses, con la única idea de vivir del dinero disponible. Naturalmente, su velocidad de movimiento se desacelera. Naturalmente, comienza a desintegrarse y sus partes gradualmente son alejadas por las fuerzas mayores que las rodean, hasta que no queda nada de su fortuna.

Ocurre exactamente lo mismo en la naturaleza. Toma cualquier semilla de una planta; toma, por ejemplo, una bellota. La pones en la tierra, la plantas. ¿Qué es lo que ocurre? Primero utiliza todos los elementos que tiene en su interior para producir un tallito, el cual, a su vez, atraerá del sol y del aire los elementos que ellos producen, y, al mismo tiempo, hace crecer sus raíces para tomar de la tierra la humedad y otros elementos que necesita para crecer. Su parte superior se dirige hacia arriba, hacia el sol y el aire; sus raíces se meten profundamente en la tierra para tener humedad y nutrimentos. Siempre se está expandiendo. Siempre está creando un vacío, utilizando todos los materiales que tiene a la mano, atrayendo hacia sí, a partir de todo lo que la rodea, todos los elementos que necesita para crecer.

El tiempo pasa. El roble deja de crecer, ¿y qué ocurre? En ese momento, su poder de atracción se detiene. ¿Puede entonces vivir de los elementos que ha atraído hacia sí y que ha hecho parte de él a lo largo de todos estos años? ¡Por supuesto que no!

En el momento en el que cesa el crecimiento, comienza la desintegración. Los elementos que lo componen comienzan a sentir la fuerza de atracción de las plantas cercanas que están creciendo. Primero, la humedad sale del árbol; luego, las hojas se caen, la corteza comienza a desprenderse, y finalmente, el enorme tronco se desploma para desintegrarse y formar tierra que nutrirá a las plantas que están creciendo alrededor. Pronto, de ese noble roble, no queda nada más que tierra enriquecida y plantas bien nutridas que han brotado a partir de él.

La ley fundamental del universo consiste en que puedes integrar o desintegrar. Debes crecer, o alimentar a otros que están creciendo. No hay un punto intermedio. O bien estás atrayendo hacia ti todas las fuerzas no utilizadas que te rodean, o estás dando de las tuyas para ayudar a construir el éxito de alguien más. "A todo el que tiene, más se le dará". A aquel que está utilizando sus poderes de atracción se le dará todo lo que necesita para su crecimiento y fruición. "Al que no tiene, aun lo que tiene se le quitará". La penalización por no utilizar sus poderes de atracción es la pérdida de ellos. Eres desmagnetizado. Y como un imán muerto rodeado por imanes vivos, debes contentarte con ver que todo lo que has atraído hacia ti los otros imanes te lo quitan, hasta que, eventualmente, tú mismo eres absorbido por su fuerza irresistible.

Ésa es la primera y fundamental ley del universo. Sin embargo, ¿cómo vas a convertirte en una persona que atraiga? ¿Por dónde vas a comenzar? De la misma forma que se ha hecho desde el inicio de los tiempos.

Regresa a la primera ley de la vida. Regresa al comienzo de todas las cosas. Verás que la naturaleza es lógica en todo lo que hace. Si quieres comprender cómo funciona, estúdiala en sus formas más sencillas y elementales. Los principios ahí establecidos siguen vigentes en todo el universo. Los métodos que se utilizan ahí son utilizados por todas las cosas creadas, desde las más sencillas hasta las más complicadas.

Por ejemplo, ¿cómo obtenían alimento las primeras formas de vida celular, ya fueran plantas o animales? Lo tomaban de las aguas que los rodeaban. ¿Cómo obtiene sus nutrientes cada célula de tu cuerpo, cada célula en las plantas, en los árboles o en los animales? Exactamente de la misma manera: ¡absorbiéndolos de la linfa o del agua que los rodea! Los métodos de la naturaleza no cambian. Ella es lógica en todo. Puede formar organismos más complicados, suele disfrutar los tamaños inmensos o las combinaciones extrañas, pero utiliza los mismos principios a lo largo de toda la vida.

Ahora bien, ¿en qué consiste el principio de multiplicación de la naturaleza? Desde el principio de los tiempos, ha sido:

Divide... y crecerás

Ese principio, o cualquier otra ley fundamental de la naturaleza, se aplica de la misma forma en toda la vida. Ha permanecido inamovible desde que el primer organismo unicelular flotó en la superficie del mar primordial. Es la ley fundamental del incremento.

Tomemos la forma de vida celular más pequeña ¿Cómo es que crece? Se divide —cada parte regresa a su tamaño original— y luego a su vez se divide y vuelve a crecer nuevamente.

Tomemos la forma de vida celular más elevada: el hombre. En él actúa el mismo principio, exactamente de la misma manera; de hecho ¡es el único principio de crecimiento que la naturaleza conoce!

¿Cómo se aplica todo esto a tus circunstancias, a la adquisición de riquezas, a la obtención del éxito?

Consulta cualquier milagro de multiplicación en la Biblia, ¿y qué es lo que encuentras? Primero la división, y luego el incremento.

Cuando Russell Conwell estaba construyendo el famoso Templo Bautista en Filadelfia su congregación era pobre y tenía una gran necesidad de dinero. A través de la oración y de todos los medios que él conocía, Conwell constantemente trataba de ayudar a sus fieles.

Un domingo le vino a la mente la antigua costumbre judía donde, cuando oraban a Dios, primero hacían una ofrenda del cordero más fino del rebaño, o de alguna otra posesión estimada. Luego, después de haber dado libremente a Dios, oraban pidiendo sus dones.

Así pues, en lugar de orar primero y luego recoger la colecta, como era costumbre, Conwell sugirió que primero se recogiera la colecta y que todos aquellos que tuvieran favores especiales que pedir al Creador dieran libremente una "ofrenda de agradecimiento". Unas cuantas semanas después, Conwell pidió que aquellos que habían hecho ofrendas en aquella ocasión contaran sus experiencias. Los resultados parecían increíbles. A la semana siguiente una mujer que tenía una hipoteca vencida vio que era necesario llamar a un plomero para reparar una fuga. Cuando quitó todos los paneles de la pared, puso al descubierto un lugar oculto donde su padre fallecido había escondido todo su dinero: ¡suficiente para liquidar la hipoteca y todavía sobraba!

Un hombre obtuvo un trabajo que necesitaba grandemente. Una empleada, algunos vestidos que necesitaba con urgencia. Un estudiante, la oportunidad de estudiar la carrera que había elegido. Mientras que, literalmente, decenas habían satisfecho sus necesidades financieras.

Ellos habían cumplido la ley. Habían sembrado su semilla —libremente— y recogieron la cosecha.

"Si el grano de trigo no cae en tierra y muere, queda él solo", dijo el maestro. "Pero si muere, produce mucho fruto". No puedes condicionar a tus semillas. No puedes sembrarlas y decirles "Te voy a dar la oportunidad de germinar, pero si fracasas, te sacaré de la tierra y te utilizaré para hacer pan". Debes dar esa semilla libremente, plenamente. Debe estar muerta para ti antes de que puedas tener la esperanza de obtener de ella una cosecha de multiplicación.

Muchas personas te dirán, "no sé por qué Dios no me envía riquezas; he orado y le he prometido que si las obtengo, las utilizaré para hacer el bien". Dios no regatea con el hombre. Él te da ciertos dones seguros para comenzar, y de la forma como los utilices dependerá si obtienes más. Tienes que comenzar con lo que tienes.

Y el lugar donde comenzar lo señala Nina Stiles en un breve poema:

> La tierra de la oportunidad,
> es cualquier parte donde estemos;
> donde haya gente en necesidad
> a la que nuestra ayuda demos.

La base de todo trabajo, de todo negocio, de toda fábrica es el servicio. Toda idea exitosa debe comenzar con él. Todo núcleo que habrá de reunir para sí elementos de bien debe tener como base el servicio a su prójimo. Carlyle definió la riqueza claramente cuando dijo que "la riqueza de un hombre está compuesta por el número de cosas que ama y bendice, y que lo aman y lo bendicen".

Y esa es la única clase de riqueza que perdura. El amor y las bendiciones aceleran la velocidad de movimiento, conservan tu núcleo activo, lo mantienen atrayendo hacia ti todo elemento de bien que necesitas para su expresión completa y perfecta. Son, en efecto, una oración constante, la clase de oración que Coleridge tuvo en mente cuando escribió

> Ora bien el que bien ama
> al hombre, al ave y a la bestia.
> ora mejor quien mejor ama
> a las cosas grandes y pequeñas;
> porque el Dios amado, quien nos ama,
> a todos nos creó, y a todos ama.

Recuerda que la única palabra que se utiliza con frecuencia en el Antiguo Testamento que significa "oración", cuando se le traduce literalmente, quiere decir "cantar una canción de alegría y alabanza". En otras palabras, acelerar tu velocidad de movimiento con alegría y gratitud. Y tienes que leer el Antiguo Testamento para saber cuán a menudo los grandes personajes de la Biblia han recurrido a este método.

¿Qué es lo que quieres de la vida? Acelerar tu velocidad de movimiento y sobrepasarla. ¿Es salud lo que quieres? Entonces comienza relajándote, dejando ir todos tus miedos y preocupaciones. En un artículo reciente, leí: "El doctor Loring Swaim, director de una famosa clínica de Massachusetts, tiene bajo observación 270 casos de artritis que se curaron cuando se liberaron del miedo, de la preocupación y el resentimiento. Después de algunos años ha llegado a la conclusión de que por lo menos el 60% de sus casos son provocados por un conflicto moral".

Hace algunos meses, en el *Reader's Digest*, se publicó que "La preocupación personal es una de las principales causas de padecimientos físicos que envían a las personas a los hospitales. Literalmente, es posible que la preocupación te enferme; de hecho, existe una gran posibilidad de que si estás enfermo, la preocupación esté causando los síntomas".

No se trata, en lo absoluto, de un descubrimiento moderno. En el libro de los Proverbios encuentras el siguiente enunciado: "El corazón alegre es buena medicina, pero el espíritu quebrantado seca los huesos". Y Platón observó hace diecinueve siglos: "Si la cabeza y el cuerpo han de tener salud, debes comenzar curando el alma".

Así pues, parece ser que el primer elemento fundamental para curarte de cualquier padecimiento es dejar ir tus resentimientos, tus preocupaciones y tus miedos. Haz las paces contigo mismo, con tus pensamientos. Ríete un rato, canta un rato, baila un rato, si puedes. El ejercicio acelera tu velocidad de movimiento, pero debe tratarse de un ejercicio alegre. Haz algo que disfrutes, algo que acelere tu mente así como tus músculos. Baila, si te gusta bailar; nada, monta a caballo, juega tenis, haz algo emocionante tanto para el espíritu como para el cuerpo. Las rutinas de ejercicio que pronto se vuelven una obligación te hacen poco bien y a menudo son dañinas. A menos que obtengas júbilo tanto mental como físico de tu ejercicio, no te molestes en hacerlo en lo absoluto.

¿Quieres dinero, riquezas? Entonces utiliza lo que tienes, sin importar cuán poco pueda ser. Acelera tu volumen de ventas, tal y como el comerciante acelera las ventas de sus mercancías. El dinero constituye, ahora, tu mercancía. ¡Utilízalo! Desembólsalo con alegría para cualquier buen propósito, y cuando pagues, ¡bendícelo! Bendícelo más o menos así:

"Yo te bendigo. Sé tú una bendición. Enriquece a todos los que te toquen. Doy gracias a Dios por ti, pero agradezco aún más a Dios porque existe provisión ilimitada en el lugar del que tú procedes. Bendigo esa provisión infinita. Doy gracias a Dios por ella y expando mi conciencia para absorber tanto de ella como sea capaz de usarla. Cuando pongo en movimiento este dinero que está en mis manos, sé que estoy abriendo las compuertas de la provisión infinita para que fluya a través de mis canales y a través de todos los canales que están abiertos para recibirla. El Espíritu que multiplicó los panes y los peces para Jesús está haciendo que este dinero atraiga hacia sí todo lo que necesita para crecer y multiplicarse. Todos los canales de Dios están abiertos y fluyen libremente hacia mí. Entrego lo mejor de mí al mundo, y el mundo me entrega lo mejor a mí".

No existe una forma más rápida de acelerar tu velocidad de movimiento que dando. Da de tu tiempo, de tu dinero, de tus servicios, de cualquier cosa que tengas para dar. Da aquello que quieres ver incrementado, pues tu don es tu semilla, y "¡todo se multiplica según su especie!".

Salomón fue el hombre más rico de su época, y nos dio la clave para sus riquezas y su éxito cuando escribió:

> Hay quien reparte, y le es añadido más, y hay quien retiene lo que es justo, sólo para venir a menos. El alma generosa será próspera, y el que riega también será regado.

Y otro aún más sabio que Salomón nos dijo: "Den, y se les dará una medida buena, incluso apretada, remecida y desbordante. Porque con la misma medida con que ustedes midan, serán medidos".

¿Quieres poder, capacidades, una mayor habilidad en lo que haces? Entonces utiliza lo que tienes, úsalo en la máxima medida de tus capacidades. El *Sunshine Bulletin* publicó una excelente pieza que habla de ello:

"Hay una tarea para hoy que puede hacerse en este momento mejor que en cualquier otro. Es el deber del día. Estamos escribiendo un juicio sobre nuestra vida a través de nuestra lealtad o deslealtad en el presente.

"Este momento tiene su propio valor incalculable, y si se desperdicia, ya no podrá recuperarse, así como no se recuperan las joyas que son arrojadas a las profundidades del océano.

"Cada día tiene su parte en la construcción de nuestro mañana, y el futuro será más noble, o más mezquino según lo que hagamos ahora o dejemos de hacer".

¿Qué es la ambición si no la necesidad interna de acelerar tu velocidad de movimiento y te hace trabajar más y durante más tiempo y con un mayor propósito con el fin de lograr algo que valga la pena? ¿Qué es la perseverancia si no la voluntad de seguir adelante a pesar de todas las dificultades y el desánimo? Si tienes esa ambición y esa perseverancia no hay nada que no puedas lograr; nada con una velocidad de movimiento tan alta que no puedas superar.

> Es en amar y no en ser amado,
> Cuando el corazón es bendecido.
> Es en dar, y no en buscar el regalo,
> Donde tu misión habrás cumplido.
>
> Si tienes hambre, y no tienes pan,
> Puedes dar esperanza y alegría.
> Si estás triste y no te pueden consolar,
> Detén tu llanto, que habrá un nuevo día.
>
> Aunque sea grande tu necesidad
> Siempre habrá algo que tú puedas dar;
> Tu alma estará satisfecha en verdad,
> Y lo más importante, ¡vivirás!
>
> —M. Ella Russell

XXVIII

TODO TIENE UN PRECIO

Querido Dios, ayúdame a ser sabio para ver
que en la forma que doy, así me es dado.
Ayúdame a saber que con cada pensamiento,
el bien o el mal que es mío ¡yo mismo lo he causado!
Ayúdame a poner toda queja o carencia sobre mí,
no la ponga yo en mi prójimo, ni aún en Ti.
Dame el valor, oh Dios, para reconocer
¡Que he cosechado en la vida lo que he sembrado!
— Vera M. Crider

En su ensayo sobre la compensación, Emerson escribe:

"¿Qué deseas tener?", preguntó Dios.
"¡Paga por ello, y llévatelo!".

¿Cómo podemos comprar las cosas que queremos de los exhibidores de Dios? ¿Qué precio podemos ofrecer?

Quizás la respuesta se encuentra en la antigua ley del karma. Como sabes, karma es una palabra en sánscrito, y significa "retorno". Es una de las leyes más antiguas conocidas por el hombre. Es la ley del búmerang. Jesús la citó cuando dijo: "Lo que un hombre siembre, eso mismo cosechará".

Incluso en la ciencia la encontramos como la tercera ley del movimiento de Newton: "A toda acción corresponde siempre una reacción igual y contraria". Ella Wheeler Wilcox expresó la ley de una forma hermosa cuando escribió:

Hay corazones leales, y espíritus valientes,
hay almas que son puras y hay almas verdaderas;
entonces dale al mundo lo mejor que tú tienes,
y lo mejor regresará a ti por distintas veredas.

Da amor y el amor fluirá a tu corazón,
será una fuerza en tu máxima necesidad;
ten fe y muchos corazones mostrarán
su fe en tu palabra y en tus actos, con razón.

Como la vida es el espejo de reyes y esclavos
eso es justamente lo que tú eres y haces;
entonces dale al mundo lo mejor que tú tienes
y lo mejor regresará a ti por distintas veredas.

Uno de los mejores ejemplos de cómo trabaja la ley lo podemos ver en los dos mares de Palestina: el Mar de Galilea y el Mar Muerto. El mar de Galilea contiene agua fresca y está repleto de peces. Árboles frondosos adornan sus orillas y en los alrededores abundan las granjas y los viñedos. El río Jordán desemboca en él, y todos los pequeños riachuelos que bajan de las montañas alimentan sus brillantes aguas.

El Mar Muerto, por su parte, no tiene un solo pez; no hay vegetación a su alrededor, no hay casas, ni granjas ni viñedos. Los viajeros lo evitan a menos que se vean forzados a utilizar sus costas por algún negocio urgente. El aire es pesado y ningún hombre ni ningún animal puede beber de sus aguas.

¿Qué hace la diferencia? El río Jordán vierte las mismas aguas buenas en ambos océanos. Así que no es cuestión del río. Y tampoco de la tierra o del país que lo circunda.

La diferencia radica en el hecho de que el Mar de Galilea da tan pronto como recibe; por cada gota de agua que entra, otra sale, mientras que el Mar Muerto se queda con todo lo que recibe. El agua se va de él sólo a través de la evaporación y las filtraciones. Acapara todo lo que le llega, y el resultado es que el agua se estanca, se convierte en sal, y no es buena para nada.

"Si el grano de trigo que cae en la tierra no muere, queda solo, pero si muere, lleva mucho fruto". En otras palabras, si guardas tu grano de trigo, jamás obtendrás nada más que un grano de trigo y a la larga se enmohecerá y se pudrirá, pero si lo siembras libremente (dejas que muera para ti), dará mucho fruto. Es otra forma de decir "Arroja tu pan sobre las aguas; después de muchos días lo hallarás y te será multiplicado por cientos".

En toda la naturaleza, la única ley del incremento que se conoce es que debes dar para obtener. Si quieres tener una cosecha, primero debes plantar tu semilla. Si quieres incrementar tu fuerza, primero debes romper las células musculares y estimularlas para que se dividan y crezcan.

La división y el crecimiento son el método mediante el cual toda la vida se incrementa. Observa cómo trabaja una sola célula en el cuerpo, en una planta o en cualquier forma de vida. ¿Qué ocurre? Primero se divide, y luego cada mitad crece hasta que alcanza su tamaño normal, y entonces se divide y comienza a crecer nuevamente. Sin división no hay crecimiento, sólo atrofia y desintegración. Debes dividir para crecer, debes dar para obtener.

John Bunyan no sabía nada sobre la ley del crecimiento celular, pero lo expresó igual de bien cuando escribió:

Había un hombre al que llamaban loco;
entre más daba, más obtenía.

Y Moffat expresó ese mismo pensamiento en su dístico:

Uno da, y aun así se enriquece;
otro mantiene lo que debería dar, y se vuelve más pobre.

Los pensamientos que enviamos regresan a nosotros cargados con una cosecha de su propia especie. Aquello que ponemos en nuestro pensamiento regresa a nuestra propia vida, porque por cada pensamiento hay una respuesta, un regreso del péndulo que hemos puesto en movimiento. Es la doctrina de Einstein de la línea extendida, que debe regresar a su fuente.

No tiene caso argumentar que no tienes suficiente dinero o capacidades valiosas con las cuales comenzar. Simplemente recuerda la parábola de los talentos. El siervo a quien se le dieron cinco talentos los puso a producir e hizo más, igual que el que recibió dos talentos. Pero el siervo al que se le dio sólo un talento sintió que era demasiado poco como para hacer algo con él, así que lo enterró. Y ya sabes lo que le ocurrió cuando el Maestro regresó.

Comienza con lo que tienes y planta tu semilla, sin importar lo pequeña o insignificante que pueda parecer. Recordarás que Jesús nos dijo que el reino de los cielos (o de la expansión) es como una semilla de mostaza "Y que de todas las semillas es la más pequeña; pero cuando ha crecido, es la mayor de las hortalizas, y se hace árbol, de modo que las aves del cielo vienen y anidan en sus ramas".

Aquello con lo que tienes que empezar difícilmente será más pequeño que una semilla de mostaza. Si ésta puede crecer hasta convertirse en un árbol, imagínate lo que tu semilla puede producir.

"Lleva a cabo algo y tendrás el poder", dice Emerson, "pero aquellos que no hacen algo no tienen el poder. Todo tiene su precio, y si el precio no se paga, se obtiene algo distinto a lo que se pretendía. Y es imposible obtener algo sin pagar un precio. Por cada beneficio recibido se paga un impuesto. En la naturaleza, nada se da; todo se vende. Poder a quien ejerce el poder".

Tú no eres más alto que tu más bajo pensamiento,
o más bajo que la cúspide de tu deseo,
Y toda la existencia no ha producido maravilla
a la cual la ambición no pudiera aspirar.
¡Hombre! No hay planeta, sol o estrella
que pudiera detenerte, si sólo supieras quién eres.

La clave para el poder radica en utilizar lo que tienes, pues su uso libera aún más poder, así como utilizar tus músculos hace que sean más fuertes, y no utilizarlos los hace débiles e inútiles. "La única condición equiparable al don de la verdad", Emerson nos dice, "¡es usarla! El hombre que reduce su aprendizaje a la práctica, será docto".

Y Goethe lo expresó aún mejor cuando escribió:

Si pierdes este día holgazaneando,
mañana y el resto de tu vida será igual;
la indecisión trae consigo los retrasos,
los días se pierden, se van a grandes pasos
¿Estás entusiasmado? Atrapa este momento;
Lo que tú puedes hacer, o soñar, empiézalo;
El valor tiene genio, poder y magia;
Sólo comprométete y fíjalo en tu mente.
Empieza, y el trabajo te será completado.

XXIX

EL AYER TERMINÓ ANOCHE

Dije al hombre que se hallaba en las puertas del año: "Dame una luz de modo que pueda entrar con paso seguro hacia lo desconocido". Y él contestó: "Sal a la oscuridad y pon tu mano en la mano de Dios. Eso será mejor para ti que una luz y más seguro que un camino conocido".

¿Qué es lo que quieres de la vida? Sea lo que sea, puedes tenerlo, y tienes la promesa, ni más ni menos, de una autoridad como Jesús.

"Busca primero el reino de Dios y su justicia", nos dijo, "y todo esto (todas las riquezas y el poder y otras cosas materiales que has deseado) te serán dadas por añadidura".

¿Acaso eso significa que debes ser un santo para acumular posesiones materiales? La experiencia parecería indicar que rara vez ocurre de esa manera. Los santos con poca frecuencia están cargados de bienes mundanos. No, la santidad no es la respuesta. Entonces ¿que sí lo es?

Examinemos el significado de "justicia" y veamos si no encontramos ahí la respuesta. La palabra que se utilizó en el texto griego antiguo de los evangelios originales para hacer referencia a "justicia" es "dikaiosune", la cual, traducida literalmente, significa la dictadura absoluta del espíritu dentro de ti.

Si se le traduce así el pasaje se lee de la siguiente manera: "Busca primero el reino de Dios y su absoluta dictadura del espíritu dentro de ti, y todas estas cosas te serán dadas por añadidura". En otras palabras, entrega el problema a Dios en ti, la parte de la divinidad que constituye la fuerza creativa en ti, y deja que él lo solucione mientras tú descansas con una confianza serena de que está hecho.

¿Cómo se manifestaría esto en la práctica? Recientemente se publicó un artículo en *Unity* que ejemplificó la idea tan bien, que lo cito a continuación:

Digamos que estás planeando iniciar un negocio, o llevar a cabo un evento social, o una reunión religiosa, o la sanación de un enfermo. Estamos listos para rezar para que se resuelva la situación. Ahora bien, en lugar de plantear en tiempo futuro tus oraciones y pedir que algo ocurra mañana, imaginemos (la imaginación es una ayuda para la liberación del poder de la fe) que todo ha resultado tal y como lo deseábamos. Escribámoslo como si ya fuera historia pasada. Muchas de las predicciones de la Biblia están escritas en tiempo pasado. Probemos hacer una lista de nuestros deseos como si ya nos hubieran sido concedidos.

Por supuesto, deseamos escribir una nota de agradecimiento a Dios por todo lo que nos ha dado. Lo ha tenido reservado para nosotros todo el tiempo o de otra manera no lo habríamos recibido. Es más, Dios lo tiene reservado para nosotros o de otra forma ni siquiera lo desearíamos ni lo imaginaríamos.

¿Qué ocurre? Después de que hemos escrito nuestros deseos en tiempo pasado, después de que los hemos leído cuidadosamente y hemos alabado a Dios por ellos, hagamos a un lado nuestra nota de agradecimiento y pongámonos a trabajar. No pasará mucho tiempo antes de que veamos que ocurren los eventos deseados de manera tan natural que incluso nos olvidamos de que Dios está respondiendo a nuestras oraciones.

La imaginación nos ayuda a tener fe, pues retrata aquello que deseamos y ayuda a hacerlo realidad. Después de que hayamos probado este experimento descubriremos que nuestra imaginación ha incrementado nuestra fe, y que la fe se ha convertido en alabanza, y que la alabanza nos ha abierto los ojos para ver lo que Dios tiene para nosotros.

El hábito de dar gracias a Dios por adelantado por los beneficios que aún habremos de recibir tiene una base firme en la experiencia pasada. Con seguridad podemos recurrir a ella como una fórmula segura para el éxito, porque Cristo la utilizó. David siempre alababa a Dios y le expresaba su agradecimiento cuando se encontraba en problemas. Daniel fue salvado de los leones gracias a la alabanza a Dios. Pablo cantaba canciones de alabanza y escapó de la prisión. ¿Y acaso tú, y todos los demás, no se sienten satisfechos cuando alguien te elogia por un trabajo bien hecho?

William Law escribió:

Si alguien te dijera cuál es el camino más corto y seguro para lograr la felicidad y la perfección, debería aconsejarte que tengas como regla agradecer y alabar a Dios por todo lo que te ocurre. Pues, ciertamente, cuando aparentemente te ocurre una calamidad, si agradeces a Dios por ella y le das tus alabanzas, la conviertes en una bendición. Si pudieras obrar milagros, lo mejor que podrías hacer es tener este espíritu de agradecimiento, pues convierte todo lo que toca en felicidad.

Y Charles Fillmore añade:

La alabanza está íntimamente relacionada con la oración; es uno de los canales a través de los cuales la espiritualidad se expresa. A través de una ley inherente de la mente, incrementamos todo aquello que alabamos. La creación entera responde a la alabanza, y es feliz por ello. Los entrenadores de animales recompensan y consienten a sus animales con pequeños bocadillos cuando realizan actos de obediencia; los niños se ponen felices cuando son elogiados. Incluso las plantas crecen más cuando reciben amor. Podemos alabar nuestras propias capacidades, y las neuronas mismas se expandirán y aumentarán su capacidad y su inteligencia si pronunciamos palabras de aliento y apreciación dirigidas a ellas.

Así pues, no dejes que nada de lo que te ha ocurrido en la vida te desanime. No dejes que la pobreza o la falta de educación o los fracasos anteriores te detengan. Sólo existe un poder —el YO SOY en ti— y puede hacer cualquier cosa. Si en el pasado no has utilizado ese poder, eso está muy mal en cuanto al pasado se refiere, pero no es demasiado tarde. Puedes comenzar AHORA MISMO. "Paz, aquiétate, y sabe que YO SOY Dios". ¿Qué más estás esperando? Dios puede hacer por ti sólo aquello que tú le permitas hacer a través de ti, pero si haces lo que te corresponde, él puede utilizarte como un canal para el poder y el bien ilimitados.

La diferencia entre el fracaso y el éxito se mide sólo a través de tu paciencia y tu fe; algunas veces por centímetros, algunas otras por minutos, y otras más simplemente por un mero chispazo de tiempo.

Tomemos a Lincoln como ejemplo. Cuando entró en la Guerra de Black Hawk era capitán, y terminó siendo soldado raso. Tenía una tienda y fracasó, y los instrumentos de su inspector, de los cuales dependía para ganarse la vida, fueron vendidos como parte de las deudas. Fue vencido en su primera candidatura para ocupar un puesto en la Asamblea Legislativa. Fue derrotado en su primer intento por llegar al Congreso. Fue derrotado cuando hizo una solicitud para ser Comisionado de la Oficina del General Land. Fue derrotado cuando compitió para llegar al Senado. Fue derrotado en su nominación para la vicepresidencia en 1856. Sin embargo, ¿acaso permitió que esa larga cadena de derrotas lo desanimara? Para nada. Mantuvo la fe, y se convirtió quizás en el más grande presidente que los Estados Unidos haya tenido.

Luego tenemos al presidente Grant de los Estados Unidos. No logró ascender en el ejército. Fracasócomo granjero. Fracasó como empresario. A la edad de 39 años cortaba y vendía leña para sobrevivir. Nueve años después fue presidente de los Estados Unidos y había obtenido un reconocimiento militar sólo por debajo del de Washington.

Recorre las páginas de la historia. Las encontrarás salpicadas de nombres de personas a quienes el mundo había hecho a un lado por ser unos fracasados, pero que mantuvieron la fe, que se siguieron preparando, y cuando se presentó la oportunidad, estaban listos y la aprovecharon al máximo.

Napoleón, Cromwell, Patrick Henry, Paul Jones, son tan sólo algunos de miles.

Cuando Julio César fue enviado a conquistar la Galia, sus amigos lo encontraron un día en un arrebato de desesperación. Le preguntaron qué le ocurría y él les dijo que había estado comparando sus logros con los de Alejandro Magno. A su edad, Alejandro había conquistado todo el mundo conocido, ¿y qué había hecho César comparado con eso? Sin embargo, salió de su abatimiento y decidió recuperar, tan pronto como le fuera posible, el tiempo perdido. ¿El resultado? Se convirtió en jefe del Imperio.

Los registros de las empresas están plagados de nombres de don nadies de mediana edad que vivieron para construir grandes fortunas y enormes instituciones. Ningún hombre ha fracasado siempre que tenga fe en el Padre, en el gran esquema de las cosas, y fe en sí mismo.

El ayer terminó anoche

Cuando Robert Bruce se enfrentó a los ingleses en la batalla de Bannockburn, tenía tras de sí años de fracasos, años de esfuerzos infructuosos para sacar a los ingleses de Escocia, años de esfuerzos desgarradores por tratar de unir los elementos en discordia entre los escoceses mismos. Es cierto, en ese momento una gran parte de Escocia estaba en sus manos, pero también lo había estado varias veces antes, sólo para serle arrebatada tan pronto como los ingleses conjuntaron un ejército suficientemente grande.

Y ahora, frente a él, se encontraba el más grande ejército inglés que alguna vez se hubiera reunido bajo su estandarte —veteranos robustos y de las provincias francesas, todos los grandes nobles ingleses con sus seguidores acorazados, irlandeses salvajes, arqueros galeses— tropas de todos los territorios de Eduardo II, más de 100,000 hombres.

¿Acaso Bruce se desanimó? Por supuesto que no. ¡Qué importaba que los ingleses tuvieran los mejores arqueros! ¡Qué importaba que estuvieran mejor armados, mejor entrenados, mejor disciplinados! Él estaba luchando por la libertad, y creía en sí mismo, creía en sus hombres y creía en el Dios de las batallas.

Y, como siempre, el peso, las cantidades, el armamento, resultaron inútiles cuando se vieron confrontados con determinación y fe. Las enormes huestes inglesas fueron completamente derrotadas y dispersadas. Bruce se sentó firmemente en el trono de Escocia, y jamás un ejército inglés invasor cruzó sus fronteras.

No importa cuántas derrotas hayas sufrido en el pasado, y si las posibilidades han estado en tu contra. Bulow lo expresó muy bien cuando dijo: "No es el tamaño del perro de pelea lo que cuenta, como las ganas de pelear de ese perro". Y las ganas de pelear dependen de tu fe, de tu fe en ti mismo, en la fuerza creativa que trabaja a través de ti y en tu causa. Simplemente recuerda que el ayer terminó anoche, y que, con él, también terminaron las derrotas.

Una y otra vez a lo largo de la Biblia se nos dice que la batalla no es nuestra, sino del Señor. Sin embargo, como todo hijo, sabemos mucho mejor que nuestro Padre cómo debemos manejar nuestros asuntos, así que insistimos en manejarlos nosotros mismos.

¿Y te preguntas por qué tus asuntos se enmarañan tanto que nos dejan en las profundidades de la desesperación?

Cuando el Príncipe Negro y su pequeño ejército fueron acorralados por Felipe de Francia, la mayoría de los hombres se habrían sentido desalentados, pues las huestes de Francia parecían tan numerosas como las hojas de los árboles. Por su parte, los ingleses eran pocos, y en su mayoría eran arqueros. Y se creía en aquellos tiempos que los arqueros no tenían oportunidad contra los caballeros armados que cabalgaban detrás de los estandartes de Felipe.

Los franceses avanzaron en masa, pensando en apabullar a la pequeña banda de ingleses. Pero, ¿acaso el Príncipe Negro cedió? Por supuesto que no. Mostró al mundo que había entrado en la batalla una nueva fuerza, una fuerza que pronto haría que el caballero armado desapareciera tanto como el dodo. Esa fuerza era el soldado común, el arquero.

Así como el lancero escocés derrotó a la caballería de Inglaterra en el campo de Bannockburn, así como la infantería ha derrotado tanto a la caballería como a la artillería en muchas batallas posteriores, de la misma forma los "hombres comunes" de Inglaterra "los arqueros" decidieron el destino de los franceses en Crecy. De ser menospreciados y despreciados por los jóvenes pedantes con armaduras a sus espaldas, los "hombres comunes", "los lanceros y arqueros" se convirtieron en la columna vertebral de todo ejército exitoso.

Y en lo que parecía una aniquilación segura, el Príncipe Negro, gracias a la fe en sí mismo y en sus hombres, se convirtió en uno de los más grandes conquistadores de su época.

Le sobrevinieron grandes problemas, pero no los reconoció como tales, sino como oportunidades, y las utilizó para elevarse a sí mismo y a sus soldados a la cúspide del éxito.

Existen tantos galardones en los negocios como en la guerra; el mismo número de oportunidades para convertir los problemas aparentes en bendiciones; sin embargo, esos galardones están reservados a hombres como el Príncipe Negro, quien no reconocía un problema cuando se enfrentaba con él, que le daba la bienvenida, y obtenía de él las más grandes bendiciones.

¿Cuál es la finalidad de aferrarte a la vida a menos que al mismo tiempo mantengas la fe? ¿Cuál es la finalidad de pasar por el trajín diario y los trabajos pesados y agotadores si has renunciado a esperar las recompensas y, cual ciego, las dejas pasar?

¿Crees que las empresas y las industrias lo harían? ¿Qué tan lejos llegarían? Es simplemente aferrándose con esperanza, creyendo, vigilando —como Kipling lo expresó: "¡Continúen!" — que muchos hombres de negocios han desarrollado su salvación.

No basta con trabajar. El caballo y el asno trabajan. Y cuando trabajamos sin pensar, sin tener esperanza, no somos mejores que ellos. No basta simplemente con aferrarse. Las criaturas más pobres a menudo lo hacen mecánicamente, por la falta de valor para soltar.

Si has de obtener la recompensa por tu trabajo, si quieres encontrar alivio de tu ardua labor, debes aferrarte con esperanza, creyendo, con confianza, sabiendo que la respuesta se encuentra en el gran corazón de Dios, sabiendo que la fuerza creativa que trabaja a través de ti te la proporcionará en el momento en el que estés preparado para recibirla.

Jamás son los dones los que están ausentes. Jamás es la fuerza creativa la que da marcha atrás para satisfacer nuestros deseos. Somos nosotros quienes no podemos ver, quienes no reconocemos el bien, porque tenemos pensamientos de desánimo y carencia.

Así pues, jamás permitas que el fracaso de ayer te desaliente. Como T.C. Howard escribió en la revista *Forbes*:

> El ayer se ha ido —fue sólo un sueño;
> del pasado sólo queda el recuerdo.
> Mañana es una visión de la Esperanza,
> un deseo, una mera semblanza.

> ¿Por qué recordar los problemas de ayer,
> y forjarnos sus imágenes con tristeza?
> ¿Por qué inquietarnos por lo que pueda suceder,
> si el mañana aún no empieza?

> El ayer se ha ido —no regresará jamás—
> descansen sus cenizas en calma y en paz;
> el mañana, nadie lo ha podido ver,

quedan la Esperanza, la Confianza y la Fe.
Sólo este momento me pertenece, es mío,
puedo usarlo bien, o malgastarlo, es mi albedrío;
mas sé que de mi futuro el arquitecto soy,
todo depende de la forma en que yo viva el hoy.

Ahora conformo mi pasado y mi futuro;
Puedo hacer de ellos lo que quiera, estoy seguro,
con los actos que realice, sin demora,
y con las palabras y los pensamientos que use ahora.

Así que no temo al futuro ni lamento el pasado
porque hoy hago mi máximo esfuerzo, confiado,
viviendo cada instante como si el último fuera;
¿Quién podría decirlo? ¡Quién sabe! ¡Porque tal vez lo sea!

En alguna ocasión un gran hombre escribió "el deber y el hoy son nuestros". "Los resultados y el futuro le pertenecen a Dios". Y el viejo y sabio Emerson repitió ese mismo pensamiento. "Todo lo que he visto", dijo, "me enseña a confiar en el Creador por todo lo que no he visto". En pocas palabras, una buena oración diaria podría ser la que leí recientemente en una revista: "Señor, voy a seguir remando, ¡pero tú dirige el bote!".

Es muy fácil decirlo —quizás estés pensando— pero nunca te ha pasado algo tan desastroso como lo que me pasó a mí. Estoy quebrado y enfermo, o inválido debido a un accidente, o económicamente arruinado, o algo igualmente trágico. Shakespeare escribió la respuesta al caso cuando nos dijo: "Cuando la Fortuna pretende hacer al hombre el mayor bien, lo mira con ojos amenazadores".

En el pueblo de Enterprise, Alabama, sus pobladores erigieron un monumento por los servicios prestados a ellos. Y jamás te imaginarías a quien está dedicado. ¡Al picudo del algodonero (*Anthonomus grandis*)!

En la antigüedad, los colonos que vivían en los alrededores sólo cultivaban algodón. Cuando el algodón entró en auge, los negocios también lo hicieron. Cuando se acabó el mercado del algodón, o las cosechas resultaron ser pobres, los negocios sufrieron en consecuencia.

Luego vino el picudo del algodonero. Y en lugar de que sólo hubiera una cosecha pobre, no dejó ni rastros de la cosecha. El picudo del algodonero lo arruinó todo. Todo lo que dejó a su paso fueron deudas y desánimo.

Sin embargo, me imagino que los hombres de aquel pueblo eran descendientes lineales de esos luchadores acérrimos que se aferran hasta el final aunque sea amargo, en aquella interminable lucha entre el norte y el sur. Se reunieron y decidieron que lo que su pueblo y su sector necesitaban era dejar de poner todos los huevos en una sola canasta.

En lugar de apostar todo a la cosecha de algodón, ¡diversificaron sus productos! Plantaron una docena de distintas clases de cultivos. Aunque una fallara, aunque el mercado de uno o dos o tres productos desapareciera, el promedio siempre sería bueno. Ciertamente, era correcto en teoría. Pero como uno de ellos señaló, ¿por dónde habrían de comenzar? Estaban hasta el cuello de deudas. Necesitaban dinero para comprar semillas y equipo, sin mencionar el hecho de que tenían que sobrevivir hasta que se dieran las nuevas cosechas.

Así pues, los pobladores juntaron el dinero "sólo Dios sabe con cuántos sacrificios personales" y financiaron a los plantadores.

¿El resultado? Una prosperidad tal, que erigieron un monumento al picudo del algodonero y en él colocaron esta inscripción:

> Con profundo agradecimiento al picudo del algodonero, este monumento es erigido por los ciudadanos de Enterprise, Coffee Co., Alabama.

Muchos hombres pueden ver en retrospectiva y observar dónde algún picudo del algodonero —alguna catástrofe que parecía trágica en aquel momento— fue la base de su éxito en la vida. Ciertamente ese fue el caso de un hombre que conocí.

Cuando tenía cinco años, cayó en una fuente y por poco se ahoga. Un trabajador que pasaba por ahí lo sacó cuando se estaba hundiendo por última vez. El agua que estaba en sus pulmones le produjo asma, lo cual, con el paso de los años, empeoró cada vez más, hasta que los doctores anunciaron que su muerte era sólo cuestión de meses. Mientras tanto, no podía correr, no podía jugar como otros niños, ¡ni siquiera podía subir las escaleras!

Un panorama sumamente trágico, alguien podría decir. Sin embargo, de él surgió la clave para la fortuna y el éxito.

Como no podía jugar con los otros niños, desarrolló de forma temprana el gusto por la lectura. Y parecía tan seguro que jamás podría hacer algo valioso por sí mismo, que sería más lógico que anhelara leer las hazañas de los hombres que habían hecho grandes cosas. Comenzando con los héroes populares para los niños, llegó a tener un gusto particular por las verdaderas historias de hombres como Lincoln, Edison, Carnegie, Hill y Ford: hombres que, cuando niños, eran muy pobres, que carecían de una preparación o ventaja especial, y que se hicieron de grandes nombres simplemente a través de su propia energía, su determinación y su coraje.

Eventualmente se curó por completo del asma que lo aquejaba, pero esa es otra historia. La parte que resulta pertinente en este relato es que a partir del momento en el que pudo leer por primera vez hasta que tuvo 17 años, su diversión dependió casi únicamente de los libros. Y gracias a que leyó las historias de hombres que habían tenido éxito, no sólo adquirió la ambición para hacer de sí mismo también un éxito, sino los principios básicos sobre los cuales construirlo.

Hoy en día, como un monumento a su picudo del algodonero, tiene un negocio exitoso en constante crecimiento, que vale millones, con una enorme lista de clientes que tienen plena confianza en su fundador.

Y él sigue siendo un hombre comparativamente joven, saludable, activo, que trabaja de ocho a diez horas al día, un jinete entusiasta, amante de todos los deportes.

"No existen desventajas, ya sean hereditarias o producidas por el medio ambiente, que no puedan ser compensadas, si no tienes miedo a intentarlo". Así escribió uno de los más grandes psiquiatras de Nueva York. "Ninguna situación hereditaria o que prevalezca en nuestro entorno puede obligarnos a permanecer infelices. Ninguna situación debe desanimarnos o impedirnos encontrar la felicidad y el éxito".

La edad, la pobreza, la mala salud, ninguna de estas cosas pueden detener al alma realmente decidida. Para ella todo esto son meros trampolines hacia el éxito; acicate que la impulsan a cosas aún mayores. No existen límites que se te impongan, excepto aquellos que tú pongas sobre ti mismo.

> Algunos veleros navegan al Este
> y otros al Oeste han de navegar,
> soplándoles la misma brisa
> y yendo sobre el mismo mar;
> Es la forma en que se colocan las velas,
> y no la fuerza de los vientos,
> la que determina hacia dónde van.

Hubo hombres que pensaron que habían silenciado a John Bunyan cuando lo encarcelaron. Sin embargo, escribió "El camino del peregrino" en el papel arrugado que utilizaban como corcho para las jarras de leche.

Muchos hombres pensaron que el ciego Milton estaba acabado. Sin embargo dictó el "Paraíso perdido".

Igual que el revolucionario de quien Tolstoi escribió: "Pueden aprisionar mi cuerpo, pero no pueden acercarse a mis ideas".

No puedes construir murallas alrededor de un pensamiento. No puedes aprisionar una idea. No puedes meter en una jaula la energía, el entusiasmo, el empuje de un espíritu ambicioso.

Eso es lo que nos distingue de los animales. Eso es lo que nos hace en verdad hijos de Dios.

No dejes rodar tus lágrimas
sobre los borrosos recuerdos del ayer;
simplemente da vuelta a la hoja
y sonríe, oh sí, para que puedas ver
las hermosas páginas en blanco
que aún quedan para ti.

—ELLA WHEELER WILCOX

XXX

EL FUEGO ETERNO

Quiero hacer un acto bondadoso cada día;
Ayudar al hermano a encontrar un camino mejor.
A quien la necesite, mi mano quiero brindar,
hallar un ser hambriento a quien alimentar.
Quiero cantarle a alguien una canción de amor
para darle ánimo en su largo caminar;
Si una sonrisa mía aligera el pesar
de un solo ser humano,
sentiré que no he vivido en vano.

—Lena Stearns Bolton

En un antiguo recorte de periódico leí acerca del fuego en la chimenea de un hogar en Missouri que no se ha apagado en lo que va de los últimos 100 años.

Cuando el constructor de esa antigua hacienda dejó Kentucky y se fue con su joven novia hace 100 años, llevó consigo algunos carbones encendidos de la chimenea de su casa, y los colocó en una olla de hierro colgada del eje trasero de su carreta.

En aquellos días no se conocían los cerillos, y producir fuego a partir de frotar piedras o acero resultaba demasiado incierto. Así que a lo largo del extenso camino de Kentucky hasta Missouri, mantuvo ese pequeño fuego vivo, y finalmente lo transfirió a su nuevo hogar, que era una cabaña de madera.

Ahí crecieron y prosperaron sus hijos. Ahí vivió él, y ahí murió, a la luz y el calor de ese fuego vivo. Y así debe ser el amor: un fuego eterno.

Los antiguos griegos tenían la leyenda de que todas las cosas habían sido creadas por medio del amor. En el principio, todos eran felices. El amor reinaba por sobre todas las cosas y la vida florecía en todas partes. Luego, una noche, mientras el amor dormía, vino el odio, y todo se volvió discordante, triste y moribundo.

De ahí en adelante, cuando el sol del amor salía, la vida se renovaba y la felicidad abundaba. Pero cuando la noche del odio venía, también venía la discordia, el sufrimiento y la muerte. Y es que, en verdad, la vida, sin el amor, sería muerte.

> He visto rastros de lástima y ternura,
> un toque de belleza en un rostro familiar,
> y unos ojos ordinarios y sombríos
> por un rayo de sorpresiva alegría, volver a brillar,
> y he visto labios relajarse y suavizarse contentos
> ante una inesperada generosidad.
> Pero oh, qué extraño y delicioso misterio
> hay en la impresionante alquimia del amor,
> que tiene el poder de convertir una gris crisálida
> en una extraordinaria belleza de vida y esplendor.
>
> —OPAL WINSTEAD

Ninguna de las mujeres más fascinantes de la historia —Cleopatra, Helena de Troya, Catalina la Grande, la reina Isabel, Madame de Pompadour— han tenido rasgos hermosos. La nariz de Cleopatra era demasiado grande, pero eso no le impidió tener dominado al gobernante del entonces mundo conocido durante diez largos años, y después de su muerte, subyugar a Marco Antonio.

Por supuesto, tenía algo más —como todas estas famosas mujeres de la historia— algo más poderoso, más sutil, más encantador que la belleza. Tenía carisma, ese carisma femenino que seduce y desconcierta. El mismo carisma con el que nace toda hija de Eva que lo utiliza de forma inteligente.

¿Qué es el carisma? El carisma es algo en la mirada, en la manera de voltear, algo que lanza una corriente eléctrica a cada fibra de aquél hacia quien va dirigido, que acelera su velocidad de movimiento. El carisma consiste en tomar los dones que Dios te ha dado y mantenerlos siempre jóvenes, frescos y llenos de vida. El carisma consiste en ser exquisitamente optimista y lleno de vida, *manteniendo el imán que está en tu interior tan cargado con la alegría de la vida* que hasta los rasgos desafortunados son pasados por alto a la luz del atractivo del todo.

El carisma consiste en mantener tu atractivo a lo largo de toda tu vida. Radica en aferrarte a tu capacidad de acelerar el pulso y la velocidad de movimiento de la persona amada.

Por aquellos que amamos, afrontamos muchas cosas,
su sólo pensamiento da al espíritu unas alas hermosas.
Por aquellos que amamos trabajamos duro y prolongado;
si en ellos soñamos, canta el corazón emocionado.
Por aquellos que amamos, no hay tarea demasiado grande,
desafiando al destino adverso, seguimos adelante.
Por aquellos que amamos, buscamos en la vida la meta más alta,
y sentimos profundo contento muy dentro del alma.

"Aunque recorramos el mundo entero buscando la belleza", escribió Emerson, "debemos llevarla con nosotros, o no la encontraremos". El carisma no puede comprarse en frascos o botellas. Tampoco la belleza. Ambos deben venir del interior. Ambos surgen del imán de la vida que es la fuerza creativa dentro de nosotros.

Existen mujeres que parece que nacieron cansadas: nunca están exactamente enfermas, pero tampoco nunca están exactamente bien. No salen porque no les divierte jugar. Están pálidas, son apáticas, no poseen ni carisma ni personalidad, porque han permitido que el imán de la vida en su interior se haga polvo. A ellas les diría: primero, renueven su salud; renueven su energía y su vigor; renueven su interés en quienes les rodean, aceleren su velocidad de movimiento, y luego comiencen a buscar el amor. "Pues el amor", dice Browning, "es la energía de la vida".

Porque la vida, con todo lo que produce de alegría o aflicción
   y esperanza y temor,
es justamente la oportunidad de valorar el premio de aprender
   a amar,
cómo el amor debiera ser, cómo ha sido y cómo verdaderamente es.

¿Cómo puedes inspirar amor en alguien más? Primero, cultivándolo en ti. El amor engendra amor. Carga tu imán mental con pensamientos de amor desinteresado y entrega, y en tus pensamientos brinda a quien amas, la admiración, la apreciación, el servicio ideal que te gustaría prestar en la realidad, y, según des, el amor regresará a ti.

Amar es dar. El amor no puede ser celoso, pues sólo busca el bien del ser amado.

"Bienaventurado el que ama en verdad y no busca ser amado", dijo San Francisco de Asís. "Bienaventurado el que sirve y no desea ser servido. Bienaventurado el que hace el bien a los demás y no busca que otros le propicien el bien".

Un amor como ese jamás se pierde o se desperdicia. Regresa con tanta certeza como el sol de la mañana; en ocasiones, no procede de la persona a quien se lo enviaste, pero regresa bendecido y amplificado. Como Barrie dice: "Aquellos que llevan alegría a la vida de otros, no pueden evitar que regrese a ellos".

Y Ella Wheeler Wilcox escribió:

El que da amor a todos paga bondad por maldad,
   sonrisas por ceños fruncidos
y le da nuevos bríos a un corazón desfallecido
y refuerza la esperanza y esparce la felicidad.
él, también, es un Redentor, Hijo de Dios.

En una ocasión una mujer fue con Krishna y le preguntó cómo podía encontrar el amor de Dios. Él le preguntó: "¿A quién amas más?". "Al hijo de mi hermano", contestó ella. "Entonces ve", le dijo, "¡y ama a ese niño aún más!". Así lo hizo, y detrás de la figura del niño, vio la forma del niño Jesús.

La verdadera felicidad está reservada
para aquellos que aman más a su vecino.
Bendice más dar que recibir.
Ven, haz tu parte, únete a nuestra causa.

Bendice más, y hace más para acelerar tu velocidad de movimiento. En ocasiones, las jóvenes madres que trabajan arduamente por sus familias parecen contradecir esta afirmación.

¿Por qué muchas mujeres casadas envejecen rápidamente, pierden su figura juvenil y sus mejillas redondeadas, se ponen paliduchas y lánguidas mientras sus maridos siguen en la flor de la vida?

¿Porque tienen hijos? Hay miles de mujeres que tienen tres, cuatro o cinco hijos y siguen viéndose tan jóvenes como cuando se casaron.

¿Por el trabajo? A toda mujer le viene bien una cantidad razonable de trabajo.

Entonces, ¿cuál es la razón?

LA TENSIÓN, la interminable e incesante tensión. No existe un solo empleado en este país que puedas contratar para que trabaje todo el día, todos los días, sin un solo periodo de libertad, sin un solo día de descanso. Sin embargo, muchos hombres no dan mayor importancia a que sus esposas sí trabajen de esa forma.

Cuando Taylor, el extraordinario y eficiente ingeniero, fue convocado para que reorganizara el trabajo de una fundición, descubrió a varios hombres que llevaban carretillas y trabajaban acarreando hierro del altero que se encontraba en el patio de la cúpula. Trabajaban continuamente, sin descanso, excepto para comer, y una verificación cuidadosa arrojó que cada hombre transportaba de doce a quince toneladas de hierro todos los días. Al final del día estaban exhaustos.

Taylor escogió a uno de los hombres (un hombre completamente promedio), y lo supervisó con reloj en mano, y lo hizo que trabajara exactamente conforme a sus indicaciones. Le ordenó que cargara su carretilla con hierro, lo transportara hasta la cúpula, lo descargara, y luego se sentara y descansara, relajándose por completo durante un minuto o más. Cuando se terminaba el minuto, tenía que llevar a cabo la misma tarea, y descansar nuevamente.

Le tomó dos o tres días descubrir los mejores periodos de descanso, pero, al final de la semana, el hombre que Taylor supervisaba acarreó cuarenta y cinco toneladas de hierro todos los días, ¡cuando anteriormente transportaba de doce a quince! Y, al final del día, seguía estando descansado cuando antes estaba agotado.

Si alguna vez has visto a un ejército marchando, sabes que sin importar la prisa, a los soldados se les permite romper filas durante cinco minutos cada hora y relajarse completamente. ¿Por qué? Porque se ha descubierto que esta relajación y descanso les permite marchar una mayor distancia y con mayor rapidez.

No existe un solo órgano en el cuerpo que no requiera y no se tome un periodo de descanso, desde el corazón y los pulmones hasta el estómago y el tracto digestivo. Sin embargo, muchas madres y esposas pasan todo el día y todos los días sin un solo momento de relajación, sin un minuto en el que sus nervios no estén sometidos a tensión. ¿Te sorprende que envejezcan antes de tiempo? ¿Te sorprende que estén nerviosas e irritables, que sean infelices y hagan que quienes les rodean se depriman y estén infelices también?

A todas esas madres, yo les diría: primero que nada, ¡relájense! Siéntense, recuéstense, ¡y simplemente *despreocúpense!* No escuchen al bebé, no se preocupen por la cena. Sencillamente relájense, aunque sea durante un minuto o dos cada vez. Si pueden multiplicar esos minutos una docena de veces al día, les sorprenderá cómo se sentirán mejor cuando llegue la noche.

Da a tu imán interno la oportunidad de renovarse. Recuerda, el primer elemento esencial para acelerar tu velocidad de movimiento consiste en relajarte, deshacerte de tus tensiones, PERMITIR que la fuerza creativa trabaje a través de ti. ¡Sólo entonces puedes atraer hacia ti elementos similares de bien!

Oro con la oración que hacen los Orientales:
Que la paz de Alá habite en ti.
Dondequiera que estés —dondequiera que vayas—
Que las hermosas palmas de Alá crezcan;
A través de días de amor y noches de reposo.
Que el amor del dulce Alá te bendiga.
Toco mi corazón, como hacen los Orientales.
Que el amor de Alá habite en ti.

XXXI

LA ORACIÓN

Pero las estrellas se agruparon en su gloria,
Y cantaron al Dios en el hombre;
Ellas cantaron al poderoso Maestro,
Y emergieron Sus dedos,
Donde una estrella o un alma es parte del todo,
Y se sumaron al plan maravilloso.

—Robert Service

Si deseas conocer la forma más segura de acelerar tu velocidad de movimiento y adelantarte a las cosas que quieres, ¡prueba LA ORACIÓN!

Pero cuando digo "oración" no me refiero al tipo de oración donde ruegas, ni a una serie de repeticiones vanas que pocas veces captan la atención incluso de quien las repite, y mucho menos, del Señor. Consulta la Biblia y aprenderás a orar.

De 600,000 palabras que hay en el Antiguo Testamento, sólo seis de ellas, cuando se les traduce literalmente, significan "pedir" algo por medio de la oración, y cada una de estas seis palabras se utiliza una sola vez.

En contraste, la palabra "palal" se utiliza cientos de veces para hacer referencia a "orar". Y "palal" significa "declarar que eres una maravilla de la creación; reconocer sorprendentes maravillas en lo profundo de tu alma".

¿Acaso eso no parece indicar que la oración tiene como propósito que comprendas los poderes que yacen en lo profundo de ti? ¿Acaso no considerarías que todo lo que necesitas hacer es expandir tu conciencia para absorber todo lo que deseas?

"Todas las cosas por las que oren y pidan, crean que ya las han recibido, y les serán concedidas". No debes pensar en tus carencias y necesidades. ¡Debes visualizar aquello que quieres! No debes preocuparte por tal deuda o tal factura, sino ver mentalmente que la provisión infinita te rodea. "Todo lo que necesitas está cerca de ti. Dios es abundancia absoluta. Confía, ten fe, luego y atrévete a afirmar el 'Yo'".

Recuerda lo siguiente: si rezas a Dios pero mantienes la atención en el problema, seguirás teniendo el problema y tropezarás con él siempre que mantengas tu atención en él. Lo que debes hacer es fijar tu atención en Dios, en su bondad, en su amor, en su poder de remediar todo mal o ajustar cualquier condición adversa. Enfoca tu atención en todo esto, y esas serán las condiciones que experimentarás.

La oración es expansión, es expandirte en el ser divino que te rodea. Como lo describe Kahlil Gibrán en su gran libro *El profeta*: "Pues, ¿qué es la oración sino tu expansión en el éter vivo? Cuando rezas, te elevas para encontrarte en el aire con quienes están rezando en ese mismo momento y con quienes, a no ser por la oración, quizás no te encontrarías. Así pues, deja que tu visita al templo invisible sea únicamente para alcanzar el éxtasis y la dulce comunión. No puedo enseñarte a rezar en palabras. Dios no escucha tus palabras salvo cuando él mismo las pronuncia a través de tus labios".

Orar es comprender tu unidad con Dios y el poder infinito que esto se otorga. Es aceptar el hecho de que no hay nada en la tierra que no puedas tener una vez que has aceptado mentalmente el hecho de que puedes tenerlo. No hay nada que no pueda hacer una vez que tu mente ha comprendido el hecho de que puedes hacerlo.

En pocas palabras, la oración es un agradecimiento por el bien infinito que Dios *ya* te ha dado. La palabra utilizada con más frecuencia para hacer referencia a la "oración" en el Antiguo Testamento significa: "Cantar una canción de alegría y alabanza".

Y con gran frecuencia ves que este método es utilizado por todo gran personaje de la Biblia. Si repasas todas las acciones de Jesucristo, así como sus enseñanzas, descubrirás el elemento vivo de la alabanza y el agradecimiento. Cuando miró que había cinco panes y cinco peces pequeños y se dio cuenta que tenía toda una multitud a la cual alimentar, su primer pensamiento fue un pensamiento de alabanza. "Y mirando al cielo, bendijo". Cuando resucitó a Lázaro de entre los muertos, primero alabó y agradeció a Dios.

Cuando Pablo y Silas estaban en la cárcel, atados con cadenas, ¿acaso se quejaron? ¿Acaso se arrodillaron y rogaron ayuda? Por el contrario, cantaron himnos de alabanza, y las paredes mismas cayeron y fueron liberados. "El justo canta y se regocija". "Los hijos de Dios gritaban de alegría".

Repasa el Antiguo Testamento y ve con cuánta frecuencia se te exhorta de esta manera: "Alaba al Señor y agradece, y luego la tierra producirá abundantemente". Probablemente ninguna vida que se relate en las Escrituras estuvo más acosada por pruebas y peligros que la del rey David. Y ¿cuál fue su remedio? ¿Qué le permitió superar todas las tribulaciones para llegar al poder y la riqueza? Simplemente lee los Salmos de David y lo verás.

> El Señor reina; regocíjese la tierra;
> Alégrense las muchas islas.
> Bendice, alma mía, al Señor,
> Y bendiga todo mi ser su santo nombre…
> Él es el que perdona todas tus iniquidades;
> El que sana todas tus enfermedades.

A lo largo de la Biblia se nos dice: "Antes bien, en todo, mediante oración y súplica CON ACCIÓN DE GRACIAS, sean dadas a conocer sus peticiones delante de Dios". Una y otra vez se pone énfasis en la raíz de la inspiración y el logro: ¡*Regocíjate*, *alégrate, alaba, agradece!* "Pónganme ahora a prueba en esto "dice el Señor de los Ejércitos" si no abriré las ventanas de los cielos y derramaré para ustedes bendiciones hasta que sobreabunden".

La interpretación más completa de la oración que he escuchado procede del hombre que escribió: "Antes solía decir por favor. Ahora digo gracias". "Entren por sus puertas con acción de gracias, y a sus atrios con alabanza. Denle gracias, bendigan su nombre", dijo el salmista. Y los apóstoles de Cristo nos dicen lo mismo: "Por tanto, ofrezcamos continuamente mediante sacrificio de alabanza a Dios".

Alguien dijo que la oración es el espíritu de Dios que afirma que sus obras son buenas. "Este es el día que el Señor ha hecho; regocijémonos y alegrémonos en el punto" es psicología biológica también, como testificó el profesor Wm. James de Harvard. Él escribió: "Si te pierdes la alegría, te pierdes tú".

Una dependencia completa e incondicional de Dios, esa es la oración de la fe, no una súplica a Dios para recibir alguna cosa específica, sino un reconocimiento incuestionable de que el poder de ser y hacer y tener las cosas que deseas está dentro de ti, que sólo tienes que reconocer este poder y poner tu confianza en él para obtener cualquier cosa de bien que desees.

Pero quizás has rezado durante mucho tiempo y con gran fervor por alguna cosa en particular, y no se ha dado. ¿Y entonces? ¿Alguna vez has pensado que la respuesta estaba ahí, pero no la recibiste porque no estabas listo y dispuesto a aceptarla?

Dios siempre responde a la oración. Una y otra vez nos lo dice. La respuesta a tu oración es tan segura como el amanecer de mañana. Tú eres quien no está seguro. No estás seguro y por eso no aceptas la respuesta.

Si la aceptaras actuarías conforme a ella, ¿no es así? ¿Alguna vez actuaste conforme a la respuesta dada a esas largas y fervientes oraciones que hiciste? Sin embargo, eso es lo que debes hacer si rezas para tener una respuesta, y la obtienes. Si rezas para tener salud, debes aceptar la salud. Debes actuar como si ya la tuvieras. Si rezas para tener otras cosas, debes aceptarlas inmediatamente y comenzar a hacer "aunque sea a una muy pequeña escala" aquello que harías cuando la respuesta a tu oración se hiciera evidente.

El doctor Alexis Carrell, el brillante científico que durante muchos años dirigió el Instituto Rockefeller, afirmó que "la oración es la forma más poderosa de energía que una persona puede generar".

El doctor Carrell continúa diciendo: "La influencia de la oración sobre la mente y el cuerpo humanos es tan demostrable como la de las glándulas de secreción. Sus resultados pueden ser medidos en términos de una mayor vitalidad física, un mayor vigor intelectual, más resistencia y una comprensión más profunda de las realidades que subyacen a las relaciones humanas. La oración es tan real como la gravedad terrestre. Como médico, he visto a personas, después de que todas las demás terapias han fracasado, salir de la enfermedad de la melancolía a través del esfuerzo sereno de la oración. Es el único poder en el mundo que parece vencer a las así llamadas 'leyes de la naturaleza', y las ocasiones en las cuales la oración ha hecho esto dramáticamente han sido etiquetadas con el nombre de 'milagros'. Sin embargo, un milagro constante y silencioso ocurre a cada hora en el corazón de los hombres y las mujeres que han descubierto que la oración les proporciona un flujo firme de poder sustentador en su vida diaria".

Un anciano campesino estaba arrodillado a solas en la iglesia del pueblo, mucho después de que los servicios habían terminado. "¿Qué estás esperando?", le preguntó el sacerdote. "Lo estoy viendo", contestó el campesino, "y Él me está viendo a mí". Esa es la oración a la que Emerson se refirió: "Jamás un hombre ha rezado sin haber aprendido algo".

Jamás trato de hacer mi trabajo basándome sólo en mi propio poder. Cuando comienzo hago una oración delante del santo trono de Dios. Pido que su poder Todopoderoso haga su voluntad a través de mí. Y así, todas las tareas las realizo con facilidad; estoy cargado con poder.

—Hannan Orth

En el capítulo 18 de San Mateo, Jesús nos brinda un método de oración que nos asegura nos traerá todo lo que pidamos: "Además les digo, que si dos de ustedes se ponen de acuerdo sobre cualquier cosa que pidan aquí en la tierra les será hecho por mi Padre que está en los cielos. Porque donde están dos o tres reunidos en mi nombre, ahí estoy yo en medio de ellos".

Podría parecer muy sencillo que dos o tres se reúnan y se pongan de acuerdo sobre cualquier cosa que pidan. Es sencillo, también, y cuando se hace de manera apropiada, obra milagros. En *La palabra mágica*, presentamos distintas experiencias verídicas en las que pequeños grupos de personas se reunieron y oraron por las necesidades particulares de alguien de su grupo con resultados aparentemente milagrosos.

Es el método de oración conocido más efectivo, y la única razón por la que no se utiliza con mayor frecuencia es porque las personas pocas veces se ponen de acuerdo con respecto a lo que habrán de pedir. Se reúnen y están de acuerdo en pedir por la salud de alguien de su grupo, pero uno puede estar pensando en la salud y en la fortaleza, y otro puede estar pensando en su sufrimiento, y en las dificultades que ha traído a su familia o en cualquier otra clase de imágenes negativas. Para obtener resultados, todos deben pensar en la salud y en la fortaleza por la que están rezando, no en la miseria que su enfermedad ha provocado.

Dos mil años antes de Cristo se dijo en los Vedas que si dos personas unieran sus fuerzas, conquistarían el mundo, aunque por sí solos estuvieran desvalidos. Y en todas partes los psicólogos y los metafísicos están de acuerdo en que el poder de dos mentes unidas en una sola causa no da como resultado únicamente sus poderes individuales sumados, sino multiplicados muchas veces.

Quizás esto puede explicarse mejor en términos de potencia eléctrica. Toma un imán ordinario capaz de levantar, digamos, cinco kilos de metal. Envuelve este imán en cables y cárgalo con la corriente procedente de una pequeña batería, y levantará no solamente cinco kilos, ¡sino cincuenta kilos o más!

Eso es lo que ocurre cuando una persona reza y cree, y otra añade su oración y su fe. ¿Por qué Jesús envió a sus discípulos de dos en dos? ¿Por qué ocurrió que en una ocasión caminó solo entre una multitud de gente burlona y no pudo hacer ni una obra extraordinaria, cuando visitó su pueblo natal de Nazaret? Encuentras la respuesta escrita en la Biblia: "¡Debido a la falta de fe de todos ellos!".

Antes de que pudiera producirse un milagro tenía que haber fe, no sólo por parte de Jesús, sino también por parte de quienes lo rodeaban. Con gran frecuencia dijo a quienes curó: "Tu fe te ha sanado".

Si quedaras atrapado en un camino enlodado con un carruaje fuertemente cargado tirado por dos caballos y yo estuviera atorado con otro justo detrás de ti, ¿cuál sería la forma más rápida de salir de esto? Pues desamarrando mis caballos y amarrándolos a tu carreta de modo que los cuatro caballos te sacaran del atolladero, ¿no es así? Luego tú los amarrarías a mi carreta y la pondrías en tierra firme. Lo que ninguno de los dos podría lograr solo, lo podríamos lograr fácilmente si nos juntamos.

¿Alguna vez has observado a una locomotora que jala una fila enorme de vagones? Para comenzar, esa fila absorbe el 90% de la potencia de la locomotora. Mantenerla avanzando sobre un tramo regular requiere menos del 1%. Así pues, una locomotora con carga debe tener una potencia 100 veces mayor a la que necesita para avanzar sobre un tramo regular.

Tú eres como una locomotora en ese sentido. Comenzar en el camino hacia el éxito requiere cada ergio de energía que puedas reunir. Para mantenerte ahí, una vez que has alcanzado la cima, sólo necesitas una fracción de tus capacidades. La locomotora debe llevar su 99% extra de potencia como reserva, para volver a arrancar cuando se detenga a recibir órdenes, agua, a recoger o descargar una carga o aumentarla. No puede hacer nada en ningún otro momento con toda la energía extra, excepto desfogarla.

Sin embargo, ¿qué hay de ti? Necesitas la totalidad del 100% para comenzar. Probablemente hay muchas veces en las que recurres a ese 100% para superar una dificultad grave, hacer a un lado un obstáculo que se interpone en tu camino; pero, principalmente, debes tener esa energía extra como una reserva. ¿Qué puedes hacer con ella? ¡Encontrarle salidas!

A tu alrededor se encuentran hombres y mujeres trabajadores y dirigentes que han puesto todo su corazón en su trabajo, pero que no tienen el 100% de la energía que los haría comenzar en el camino hacia el éxito. Son como trenes de carga que son máquinas perfectas pero que no están a la altura de la tarea de transportar un tren tan pesado como el que se les ha asignado. Dales un empujón, ayúdalos a comenzar a superar un obstáculo o dificultad y llegarán lejos; pero el inicio es demasiado para que ellos lo manejen por sí solos.

¿Por qué habrías de hacerlo? Porque sólo así puedes beneficiarte de ese exceso de energía que tienes que llevar contigo para las emergencias, pero que rara vez utilizas. ¿Cómo es que te beneficia? A través de la reserva adicional de poder que te proporciona. Un tren parado no tiene utilidad alguna. Y todavía peor, es un estorbo que interfiere con todo aquello que utiliza esa vía. Puede estar generando tan sólo un 10% del poder requerido para moverlo, pero sin ese 10%, el 90% es inútil. Así pues, el 10% que tú proporcionas para arrancar tiene el mismo valor que el 90% que el tren proporciona, y tiene derecho a recibir una gran recompensa. Cuando ayudas a otra persona de esa manera, en efecto has hecho una inversión con derecho a obtener un porcentaje y participas del poder espiritual que su éxito le trae. Como expresó Edwin Markham en su pequeño poema:

> Hay un destino que nos hace hermanos;
> ningún hombre va solo por el sendero.
> Todo lo que a las vidas de otros enviamos
> a nuestra propia vida regresa de nuevo.

Así pues, cuandoquiera que tengas un propósito firme o quieras ayudar a un amigo o a un ser querido a lograr algo que ha ambicionado grandemente, sigue el consejo que Jesús nos dio y únete en oración durante unos cuantos minutos todos los días hasta que hayas obtenido la respuesta a dicho deseo y cuando reces solo, recuerda:

Primero, centra tus pensamientos *en el beneficio que quieres, no en tu necesidad.*

Segundo, lee el Salmo 91 y el Salmo 23 como recordatorio del poder de Dios y de su disposición para ayudarte en todas sus necesidades.

Tercero, *expresa agradecimiento,* no simplemente por los favores pasados, *sino por otorgarte el favor que estás pidiendo ahora.* Poder agradecer a Dios por ello con toda sinceridad antes de que se manifieste en lo material es la más clara evidencia de la fe.

Cuarto, ¡CREE! Imagina aquello que deseas con tanta claridad y velo en tu imaginación de una manera tan vívida, ¡que en verdad puedas creer que ya lo tienes!

Es esta convicción sincera registrada en tu mente subconsciente lo que trae la respuesta a tus plegarias. Una vez que convenzas a tu mente subconsciente de que tienes aquello que deseas, puedes olvidarte de eso y continuar con tu siguiente problema. La mente se encargará del resto. Así pues "regocíjate y canta" porque ya tienes la respuesta a tu oración. Literalmente, grita de alegría, como hicieron los hijos de Dios en la antigüedad.

Quinto, recuerda el consejo de Emerson: "Actúa y tendrás el poder". Comienza haciendo —aunque sea en una pequeña escala— aquello que harás cuando la respuesta a tu oración ya se haya hecho evidente en lo material. En otras palabras, ¡ACEPTA aquello que has pedido! Acéptalo y comienza a utilizarlo.

> Si tienes fe en Dios o en el hombre, dilo;
> si no, vuelve a guardar en el cofre del silencio
> todos tus pensamientos, hasta que la Fe regrese,
> y nadie llorará si tus labios enmudecen.
> —Ella Wheeler Wilcox

LA LEY DEL POTENCIAL SUPERIOR

XXXII

ALABANZA

En inglés la palabra "alabar", se dice "praise", y si a "praise" le quitamos la "p", nos queda "raise" que significa elevar. El hecho de que de la palabra "praise" (alabar) se derive la palabra "raise" (elevar) no es una coincidencia, pues durante miles de años los sabios han sabido que alabar es elevar el espíritu e incrementar el poder de aquél que es alabado. De la misma forma, alabar a Dios y agradecer sus dones eleva a las alturas del logro extraordinario el espíritu de aquél que canta dichas alabanzas.

Así como la alabanza y la gratitud liberaron a Pablo y a Silas de las cadenas del calabozo, también pueden liberarte a ti de la preocupación, del miedo y de las mazmorras de la oscura desesperación. "Cantaré al Señor, porque me ha llenado de bienes". Y si queremos que Él nos llene de bienes, es necesario que alabemos y agradezcamos el bien que tenemos en este momento, sin importar cuán pequeño pueda parecer.

"El hombre malo es atrapado en la transgresión, pero el justo canta y se regocija", nos dicen las Escrituras. Y la palabra hebrea que se utiliza para "cantar" significa "cantar fuerte, incluso brincar de alegría". Cantar con alegría es una de las verdades más olvidadas del PODER. "Los hijos de Dios gritaban de alegría".

El reino de los cielos es el reino de la expansión, y la manera de expandir lo que tenemos es a través de la alabanza, la alegría y la gratitud. Pocas veces en la Biblia encuentras que Dios proporciona la abundancia a partir de la nada. Casi siempre requiere que los receptores de su generosidad comiencen con lo que tienen. La viuda, con el aceite y la carne; la otra viuda, con el poco aceite que tenía; Jesús, con los panes y los peces con los que contaba para alimentar a las multitudes, y muchos otros casos más comenzaron con lo que tenían a la mano. Dios expandió lo que ellos tenían, y Dios expandirá lo que tienes si utilizas correctamente el poder de la alabanza y la gratitud.

Sin embargo, la mera expansión no es suficiente. Podrías expandir toda el agua del mundo y convertirla en vapor, y no obtendrías ningún bien de ella si no tuvieras una máquina en la cual utilizar el vapor. Debes tener un propósito en mente si quieres sacar el máximo bien de su expansión. Debes establecer una meta. Debes planear la manera en la que esa energía expandida va a manifestarse. Puede ser en tu cuerpo, en tus circunstancias, en tu entorno, en cualquier cosa de bien que desees.

Hace algunos años la *Revista de Educación* contó una historia que expresaba claramente esta idea. "Había una vez un príncipe que tenía una joroba. No podía estar erguido, ni siquiera como el más inferior de sus súbditos. Y como era un príncipe muy orgulloso, su espalda encorvada le provocaba un gran sufrimiento mental.

"Un día, mandó llamar al escultor más talentoso de su reino y le dijo: 'Hacedme una hermosa estatua, fiel a mi apariencia en todo detalle, con una sola excepción: que esta estatua tenga la espalda erguida. Quiero verme como pude haber sido'.

"Durante largos meses el escultor trabajó, cincelando el mármol cuidadosamente según la imagen del príncipe; finalmente la obra quedó terminada y el escultor fue delante del príncipe y le dijo: 'La estatua está terminada; ¿dónde deseáis que la coloque?'. Uno de los cortesanos gritó: 'Colocadla delante de las puertas del castillo donde todos puedan verla', pero el príncipe sonrió con tristeza y dijo con la cabeza que no. 'Mejor', dijo, 'colocadla en un rincón secreto del jardín del palacio donde sólo yo pueda verla'.

"La estatua fue colocada según las órdenes del príncipe, y pronto fue olvidada por el mundo, pero todas las mañanas, todas las tardes y todas las noches, el príncipe iba adonde se encontraba la estatua y la miraba por largo tiempo, contemplando la espalda erguida, la cabeza levantada y su hermosa frente, y cada vez que la observaba, algo parecía salir de la estatua y meterse en él, haciendo que su sangre se estremeciera y su corazón palpitara".

Los días se convirtieron en meses, y los meses se convirtieron en años; luego comenzaron a esparcirse rumores por todo el reino. Alguien dijo: 'El príncipe ya no tiene la espalda encorvada, a menos que mis ojos me engañen'. Otro más dijo: 'Nuestro príncipe tiene la apariencia de un hombre poderoso'. Y estos rumores llegaron al príncipe, y él escuchaba con una sonrisa extraña.

Un día salió al jardín donde se encontraba la estatua y, he aquí, era tal y como la gente decía, pues su espalda se había enderezado como la de la estatua, su cabeza tenía la misma apariencia de nobleza, y él era, de hecho, el hombre noble que su estatua proclamaba que era.

Hace 2500 años, en la era dorada de Atenas, cuando su cultura guiaba al mundo, las madres de Grecia se hacían rodear de hermosas estatuas para que pudieran dar a luz hijos perfectos y para que, a su vez, los niños se desarrollaran en hombres y mujeres perfectos.

Dentro de once meses tendrás un cuerpo completamente nuevo, por dentro y por fuera. Ni una sola célula, ni un solo milímetro de tejido que tienes ahora lo tendrás dentro de 11 meses. ¿Qué cambios quieres hacer en ese nuevo cuerpo? ¿Qué deseas mejorar?

Así pues, comienza en este instante a tener ese nuevo modelo claramente en tu mente. Compra un cuaderno. Consigue algunas revistas y recorta la imagen de la figura más hermosa de un hombre o una mujer que puedas encontrar, y pégala en la página uno. Recorta otras imágenes que muestren claramente diferentes partes del cuerpo que necesiten desarrollarse o perfeccionarse, y pégalas en las otras páginas. Luego recorta imágenes de personas que hacen la clase de cosas que a ti te gustaría mucho hacer —bailar, nadar, montar a caballo, remar, pescar, jugar golf, tenis, cualquier cosa que tú quieras— y pégalas en diferentes páginas de tu cuaderno.

En la parte superior e inferior de cada página, o junto a las imágenes, escribe afirmaciones y recordatorios como estos:

> Padre mío, te agradezco por mi gran fortaleza, por mi gran salud, por mi energía inagotable.
>
> Encarna tu imagen perfecta en mí.
>
> Yo soy fuerte en el Señor y en su poderío.
>
> Dios me hizo a su propia imagen. Él es mi fortaleza y mi poder. Él hizo mis caminos perfectos. La alegría de Señor es mi fortaleza.
>
> ¿Acaso no sabes que eres el templo de Dios y que el espíritu de Dios habita en ti?
>
> El amor divino me protege y me sostiene. Yo soy el canal abierto a través del cual las corrientes curativas de la vida están fluyendo en este momento. Dios es mi vida. Dios es mi salud. En Dios está mi confianza.

Bajo una imagen que muestre a alguien que tenga un tórax espléndido, y esté haciendo ejercicios de respiración, escribe:

> El Espíritu del Señor me creó, y el aliento del Todopoderoso me dio la vida.

Bajo una imagen de alguien que se esté bañando:

> Lávame y seré más blanco que nadie.

Bajo una imagen de unos ojos:

> Abre mis ojos de modo que en tu luz pueda ver la luz.

O si tienes problemas en los ojos, o si tus ojos están débiles, escribe:

Yahvé abrió los ojos de los ciegos. Bienaventurados los puros de corazón, pues ellos verán a Dios. Yo veo a Dios en mis ojos, y mis ojos tienen vida perfecta, fuerza y salud. Si no puedes creer, todas las cosas son posibles para aquel que cree. Hágase en ti, según tu fe.

Debajo de una imagen con una mesa con comida abundante:

Comerás tu pan con gozo.

Debajo de una imagen donde alguien duerma:

Los que descansan en el Señor renovarán sus fuerzas. Volarán con alas como las águilas, correrán y no se cansarán, caminarán y no se fatigarán. Tu Espíritu fortalece tanto mi alma como mi cuerpo, y yo descanso en paz en la salud y la integridad.

Bajo imágenes de adultos mayores felices y saludables:

Tan largos como mis días será mi fortaleza. He aquí, todas las cosas se hacen nuevas. Me lleno de gozo en Tu presencia. El paso de los años no tiene efectos sobre mi cuerpo espiritual. Yo estoy vivo en Jesucristo por siempre. Yo soy una torre de fortaleza y estabilidad y entiendo que Dios es mi salud. La vida de Dios es constante, ininterrumpida, eterna. Soy avivado en su conciencia de la vida. Su poder y su fuerza me sostienen y me sanan. Yo soy una idea perfecta de Dios y la totalidad de la vida está conmigo ahora y siempre.

Hace mucho tiempo, Epicteto dijo: "Dios TE ha entregado A TU cuidado, y esto es lo que Él te dice: 'No tengo a nadie más apropiado en quién confiar que en ti. Cuida este cuerpo para mí tal y como es de acuerdo con la naturaleza; modesto, hermoso, leal, noble, tranquilo'".

Encontrarás muchas afirmaciones que pegar en tu libreta. Utiliza todas las que te parezcan útiles. Pero esta frase de Epicteto es una muy buena frase que puedes pegar en la última página y que puedes tener siempre presente en tu mente. "Dios te ha entregado a tu cuidado". Y Dios te dio dominio. Así es que piensa que eres fuerte y que estás bien. Piensa en tu cuerpo como substancia espiritual que no está sujeta a las enfermedades de la carne. Piensa en él como algo que está en cambio continuo, que continuamente está acercándose a la imagen perfecta que estás sosteniendo delante de él.

El reino de los cielos es el reino de la expansión. Si sólo tienes una célula perfecta en todo tu cuerpo puedes expandir esa célula para que se convierta en un cuerpo perfecto, siempre y cuando sostengas delante de ella la imagen de salud y fortaleza, y no de enfermedad; ¡siempre y cuando creas! "Dios hizo al hombre un poco menor que los ángeles".

Danos hoy nuestro pan de cada día

La mejor forma de comenzar tu cuaderno de prosperidad y provisión abundante es con esta línea del Padre nuestro: "Danos hoy nuestro pan de cada día".

Consigue la imagen de un cuerno de la abundancia —una cornucopia— con toda clase de cosas buenas saliendo de él, y pégalo en la primera página de tu cuaderno. Cubre la página con imágenes de gorriones y lirios del campo, para recordarte la promesa de Jesús, y luego escribe en la parte de abajo de la página algo parecido a esto:

> Señor, comenzando este día, siempre permitiré que tu Espíritu Infinito sea el único que gobierne mi alma y jamás volveré a tener pensamientos de ansiedad con respecto a nada, mas creceré como los lirios crecen, en paz y con poder, de modo que tendré todo lo que necesito, por siempre y para siempre.

En la siguiente página yo pondría como encabezado: "Puedo obtener lo que yo quiera, *si lo planto*". Debajo, pegaría imágenes de granjeros o jardineros plantando semillas, y tomaría una pluma o marcador y cambiaría esas semillas por dinero. Debajo de estas imágenes, escribe: "Las riquezas del Espíritu llenan mi mente y mis asuntos. Pienso en prosperidad, hablo de prosperidad, sé que la prosperidad y el éxito son míos".

En otras páginas pon imágenes de granos que están creciendo o de otras plantas, con el signo de \$\$\$ en lugar de los granos o los frutos usuales. Utiliza afirmaciones como: "Dios es mi fuente inagotable y omnipotente de provisión abundante". "Acepto la voluntad de Dios, que es la prosperidad abundante para mí". "Si continúo deseándote, te tendré, porque confío en Dios para todas las cosas que deseo".

Luego, en las siguientes páginas, coloca imágenes de grandes montones de dinero, bolsas llenas de dinero, fajos de papel moneda y monedas en todas las páginas, y fotografías de ti pegadas en el centro, rodeado de riquezas. Si puedes encontrar imágenes de hombres que están desenterrando tesoros, pégalas también. Pega toda clase de imágenes que impliquen riquezas y prosperidad. Pon en imágenes la clase de entorno que tendrás cuando hayas manifestado las riquezas que deseas. Pon imágenes de un hogar hermoso, del hogar de tus sueños. Si es posible, retrata cómo decorarías cada habitación. Muestra el exterior, con una enorme entrada para autos, rodeada por un hermoso jardín, arbustos alrededor de la casa, árboles en el patio trasero, y la clase de auto que te gustaría tener en la cochera. Retrata incluso la ropa que te gustaría tener; caballos o bicicletas o todo lo que quieras para tus hijos, y flores en el jardín.

"Cuando me llegaron las lecciones de EL DIOS EN TI", escribió la señora Caroline Kroll de Indianápolis, en diciembre de 1939, "sólo ganaba US \$12 al mes. Ahora tengo un hermoso hogar y todo está pagado. Estoy muy feliz". La señora Kroll nos había escrito en el otoño del año 37 expresando el gran deseo que albergaba de tener una casa, y le sugerimos este método del Mapa del Tesoro. Dice en su última carta: "Jamás titubeé en cuanto al diseño de mi hogar, y esta noche estoy sentada en una hermosa casa de la que soy propietaria y jamás fui tan feliz".

Recuerda, el primer paso para suplir una necesidad consiste en saber que ya ha sido provista en la mente de Dios. Dios ya te ha dado todos los bienes. Son tuyos y puedes tomarlos, y la oración más perfecta es el entendimiento profundo de que tu necesidad ya ha sido satisfecha. No tienes que gastar energía preguntándote de dónde vendrá la provisión. Todo lo que tienes que hacer es enfocar la energía en *ser* uno con ella.

Tus deseos son como bellotas: visiones de los enormes robles que pueden llegar a ser. Lo que tú deseas es y siempre ha sido tuyo. Lo que el hombre puede concebir, lo puede alcanzar. Son los ojos los que crean el horizonte. Jamás un hombre ha mejorado su posición limitándose en su propia mente a aquella que ha tenido. Jamás un hombre ha tenido éxito en sus negocios pensando en el fracaso. Cada éxito se logra primero en tus propios pensamientos. Debes trabajar primero en ti mismo, porque todos los problemas, las limitaciones, etc., son estados de conciencia. Cambia tus pensamientos y cambiarás todo. Se manifiestan en tu vida las condiciones que tienes en tu conciencia. Como Emerson dijo: "Ni un solo hombre ha sido agobiado o convencido, excepto por él mismo".

Busca dentro de ti la fuente de todo el poder. YO SOY el gran poder de Dios que se expresa como YO. YO SOY la gran abundancia de todas mis necesidades, y tengo de sobra. Aquello a lo que prestas tu atención, se manifiesta. Así pues, ¡pon tu atención en aquello que deseas! Llena tu cuaderno con imágenes de lo que deseas. Coloca arriba, abajo y alrededor de ellas afirmaciones como estas:

Dios puede hacer muchísimo más de lo que nosotros podamos pedir o pensar, de acuerdo con el poder que trabaja en nosotros. Me regocijo en la abundancia de Dios que constantemente se manifiesta para satisfacer todas mis necesidades.

Si permanecen en mí, y mis palabras permanecen en ustedes, pidan lo que quieran y les será hecho. En esto es glorificado mi Padre, en que den mucho fruto.

Su padre sabe lo que ustedes necesitan antes de que lo pidan. No temas, rebaño pequeño, porque el Padre ha decidido darte el reino. Todo lo que el Padre tiene es tuyo, y en todos tus caminos eres prosperado.

Te daré los tesoros ocultos, y las riquezas de los lugares secretos, para que sepas que yo soy el Señor, Dios de Israel. Si te vuelves al Omnipotente, serás edificado y alejarás de tu morada la aflicción. Tendrás más oro que tierra, como piedras de arroyo, oro de Ofir.

Cantaré al Señor, porque me ha llenado de bienes."

Recuerda que "de acuerdo con tu fe, te será hecho". ¡Así que cree que RECIBES! Si tu creencia es para el futuro, la obtendrás en el futuro distante, pero nunca AHORA. Jamás la alcanzarás. "El ahora es el tiempo propicio. Hoy es el día de la salvación". Date cuenta que todos estos bienes están manifestándose AHORA en tu vida. Bendice y agradece a Dios por ellos AHORA.

En lugar de suplicarte, "Dios, bendíceme",
y ofrecerte mis cansadas quejas,
cuánto mejor estaríamos
si sonriendo dijéramos con alegría,
"Te agradezco, Señor, por bendecirnos este día".

En lugar de rogar, "Dios dame,
y hurgar en las cosas que nuestros corazones anhelan",
cuánto más felices seríamos
si pudiéramos decir, riendo con la vida,
"Te damos gracias, Oh Dios, por lo que tenemos este día".
—Marion B. Shoen

"Pero ¿qué hemos de hacer con las presiones de nuestras deudas?", preguntaron muchos. Primero, haz una lista de cada una de ellas. Luego, agradece a Dios por haber enviado a esas personas confiables en tu ayuda; agradéceles la confianza que han mostrado en ti. Después, ve con cada uno de tus acreedores, y págales en su totalidad. Observa cómo están agradecidos, con sonrisa en su rostro. Exprésales tu agradecimiento por su amabilidad y paciencia, y escucha cómo te dicen que les dio mucho gusto haber sido de ayuda para ti, y que les dará mucho gusto extenderte el mismo crédito en el futuro. Consigue imágenes de personas que están pagando mercancías, pega tu rostro en el rostro de los deudores, y debajo de ellas escribe afirmaciones como éstas:

> El amor divino nos hace prosperar a todos AHORA. Dios es nuestra provisión, a través de cada uno de nosotros hacia los demás, y a través de los demás hacia nosotros. Yo pronuncio por todos nosotros la palabra que multiplica el dinero para todos. Y mi palabra cumple aquello para lo que fue enviada. En Dios está mi confianza.
>
> Cuando me preocupo no estoy confiando en Dios. Cuando confío en Dios, no tengo nada de qué preocuparme.
>
> Pongo el pago de estas deudas amorosamente en las manos del Padre, con la confianza de un niño. Aquello que es para mi máximo beneficio vendrá a mí.

Luego haz lo que corresponda utilizando el dinero que recibas para pagar estas deudas justas, y cuando las pagues, bendice el dinero más o menos de esta forma: "Yo te bendigo ¡sé una bendición! Cuando pago este dinero, lo bendigo. Que enriquezca a todos cuantos lo toquen. El valor de esta sustancia que tengo en mis manos se magnifica hoy, pues comprendo que verdaderamente es un símbolo de las riquezas inagotables de mi Padre celestial. Ve, increméntate, multiplícate, ¡da fruto en abundancia!".

Esta es una oración sugerida por R.A.D. en un número reciente de *Nautilus* que puedes utilizar en relación con tu lista de deudas:

> Padre, te agradezco que ya hayas abierto el camino para que yo pueda pagar cada una de las deudas que se encuentran en esta

lista, enviando el dinero para todas ellas antes de su vencimiento. Pongo esta lista de gastos absoluta e incondicionalmente en tus manos, y desde las profundidades de una conciencia de riqueza, te doy las gracias y te alabo porque el dinero para cada una de mis deudas ya me ha sido proporcionado, esperando sólo que yo lo reclame para que se manifieste. La gloria de tu esplendor que brilla delante de mí, Padre Infinito, ha abierto el camino para mi prosperidad infalible y para un éxito mayor que el que jamás he experimentado. Alejo de mí todo pensamiento de limitación o carencia y camino con la libertad de tener abundancia de todos tus bienes.

Para muchas personas encontrar el trabajo apropiado es el problema más apremiante. Y puedes ayudarte a ti y a otros a encontrar el trabajo correcto a través de los mapas del tesoro de la misma forma que puedes atraer riquezas o salud o cualquier otra cosa buena.

Por supuesto, lo más importante es saber lo que quieres. ¿Qué clase de trabajo te gustaría más llevar a cabo? ¿Para qué estás más capacitado? ¿Cuál es tu mayor ambición? Cómprate un cuaderno y luego pega en él, primero, una fotografía tuya. Después de decidir a qué tipo de trabajo quieres dedicarte, haz un inventario de ti mismo y piensa qué posición estás capacitado para ocupar, para comenzar. Luego busca en revistas una imagen de alguien que esté trabajando en ese puesto; pégala en tu cuaderno, y si tienes una fotografía tuya con la que puedas substituir el rostro que está en la imagen, hazlo.

Después decide cuál es el siguiente puesto para el que estarás capacitado en el tipo de trabajo que has adoptado, y pega una imagen de alguien que se encuentre en ese puesto en la siguiente página de tu cuaderno. Llena las páginas subsecuentes con pasos lógicos de tu progreso, hasta el nivel más alto. Cuando sientas que tu trabajo te dará derecho a una oficina privada, pega una imagen de alguien que te represente sentado frente a un escritorio en una oficina elegantemente amueblada, con su título escrito en la puerta, con un letrero sobre el escritorio y luego escribe tu nombre sobre el título.

Y, recuerda, nadie jamás ha obtenido un buen trabajo limitándose mentalmente a un trabajo pobre. Reconoce que eres bueno en lo que haces; luego deja que otros lo descubran a través del servicio que prestas. Ésa es la llave que abrirá cualquier puerta que quieras abrir.

Pega arriba, abajo y alrededor de tus imágenes afirmaciones como éstas: "Dios está conmigo en todo lo que hago". "Si Dios está conmigo, ¿quién puede estar en contra?". "¿No sabéis que sois dioses, hijos del Altísimo?". ¿Cómo sería tu situación? ¿Cómo es en la mente divina, en el plan eterno? "Tu Padre sabe las cosas que necesitas antes, siquiera, de que las digas. No temas, pues al Padre le ha placido darte el reino. Todo lo que el Padre tiene es tuyo, y en todos tus caminos eres prosperado". "Si moras en mí y mis palabras habitan en ti, pedirás y te será concedido, pues así el Padre es glorificado, en que des muchos frutos". "Con buena voluntad, sirviendo como si fuera a Dios y no al hombre". "Así que, si ustedes comen o beben, o hacen alguna otra cosa, háganlo todo para la gloria de Dios".

Los mismos principios que te ayudan a obtener una mejor posición te ayudan a hacer que tu negocio crezca y prospere, cuando tienes un negocio propio. Muchos hombres han comenzado prácticamente con nada, y han construido una fortuna, simplemente asociándose con Dios.

Comienza tu cuaderno con una imagen de ti mismo y de tu negocio tal y como se encuentra en este momento. Luego, en cada página subsecuente, muestra cómo va creciendo más y más, imaginando el servicio que quieres dar a tus clientes. Imagina a miles de ellos beneficiándose por ese servicio. Imagínate a ti y a tus ayudantes sirviendo cada vez a más personas; imagina tu producto en las manos de más y más usuarios; imagina que se producen en grandes volúmenes, que son enviados, vendidos, todo lo que puedas relacionado con ellos. Y deja que cada imagen muestre crecimiento, progreso, expansión. Obsérvate sirviendo al mundo.

Debajo de esas imágenes coloca afirmaciones inspiradoras. "Yo soy un socio y un compañero de trabajo de Dios". El propósito de la mente universal es ver prosperar a los hombres para que ellos puedan expresar más vida, amor, felicidad y entendimiento, y así, reflejen más de Dios. Nuestro producto es el eslabón que conecta esta demanda con la oferta de Dios. La necesidad se expande continuamente y nosotros tenemos la voluntad y la inteligencia de verla y satisfacerla. Por lo tanto, existe una demanda cada vez mayor de nuestro producto que se incrementa a medida que yo comprendo el significado espiritual de mi trabajo y fabrico mejores productos para mis clientes. Está en mi poder hacer que mis clientes estén mejor calificados para la prosperidad y el éxito, a través del equipo que yo proporciono. Me deleito en ese poder. Incremento ese poder utilizándolo para el honor, la gloria y el placer de mis clientes y de mí mismo.

"Padre, este negocio tiene que ser bueno, así que manéjalo tú por mí. Pongo mi negocio y todos mis asuntos amorosamente en tus manos, con la fe de un niño. Aquello que es para mi máximo beneficio vendrá a mí. Uno con Dios es la mayoría, y yo estoy contigo, así que todas las cosas están trabajando para mi bien y yo estoy trabajando con ellas en la sabiduría y el poder del Espíritu.

"Dios tiene el control. Dios es Espíritu, el bien omnipotente. Fuera de Él no existe ningún poder que pueda vencer. Dios es vida, amor y paz. La voluntad de Dios cumplida ahora en mí es trabajo abundante para nuestro negocio.

"El Espíritu que multiplicó los panes y los peces para Jesús incrementa mi sustancia, y yo manifiesto prosperidad".

Pero recuerda dar "buena medida" a todos, clientes y compañeros de trabajo por igual, pues *Todos los que obtienen alegría deben compartirla. La felicidad nació con un gemelo*".

Muchas personas que no tienen negocios por los cuales preocuparse tienen casas o propiedades, muchas otras cosas que les gustaría aprender, y en algunas ocasiones esto constituye un problema. Sin embargo, es un problema que se resuelve con los mismos métodos explicados anteriormente, como podrás juzgar a partir de la siguiente carta fechada el 15 mayo de 1940 por parte de uno de los suscriptores a EL DIOS EN TI:

"Cuando recibí el curso EL DIOS EN TI de Robert Collier estábamos endeudados y algunas veces nos preguntábamos qué comeríamos, aunque teníamos una cabaña y tres terrenos. Parecía que no podíamos encontrar a un comprador y tampoco podíamos pedir prestado sobre la base de la propiedad, aunque estaba libre de gravámenes pues se encontraba en un vecindario venido a menos.

"Desde que leímos el curso, hemos vendido todas las propiedades del condado de Harris y compramos esta granja de 96 acres, pagando de contado y deshaciéndonos de todas nuestras deudas, ya que vendimos la mayoría de las propiedades en efectivo, algo que no habríamos podido hacer sin la ayuda de EL DIOS EN TI. Creo que estamos a punto de ver otra manifestación de la voluntad de Dios pues tenemos yacimientos debajo de nuestras tierras que ciertamente pueden mostrar la bondad de Dios a través de las riquezas para nosotros".

Lo primero y más esencial consiste en bendecir la propiedad que deseas vender. Reconoce que se trata de una imagen perfecta en la mente divina hecha con el propósito expreso de manifestar el bien para alguien, y declara que está ahora vendida a la persona correcta por el precio correcto.

Pega una imagen de tu casa en tu cuaderno. Piensa en todas sus posibilidades de desarrollo, y pega esas imágenes en tu cuaderno, también. Coloca imágenes de personas que están buscando propiedades similares, o de una venta que se está realizando, o de los acontecimientos que ocurrirán en ella.

L.B.C. relató en un número reciente de *Unity* cómo puso su casa "amorosamente en las manos del Padre", y luego utilizó la siguiente afirmación: "Tú, Jesús, encontrarás para nosotros los compradores perfectos que amarán nuestra casa como nosotros la hemos amado y la reconocerán como la indicada para ellos y tendrán dinero suficiente para pagarla y comprarla en este momento. Sólo a través de ti estamos plenamente conscientes de nuestro bien omnipresente". En un lapso corto, afirma el artículo, ¡la casa se vendió al contado y al precio que ellos habían establecido!

Hace un tiempo, en la revista *Nautilus* se publicó una historia similar, y la afirmación que se utilizó en ese caso fue la siguiente: "La presencia amorosa de Dios en todos nosotros trae al comprador correcto ahora, el cual pagará el precio correcto por la propiedad y obtendrá una ganancia por el trato, al mismo tiempo que yo voy a tener ganancias, ganancias divinas, de la venta. El amor divino multiplica en este momento el dinero de Dios y su bien tanto para el comprador como para el vendedor, de modo que todos queden satisfechos. Todas las cosas trabajan en conjunto positivamente para mí y para el nuevo comprador de esta propiedad. Somos los canales abiertos a través de los cuales el amor divino está fluyendo ahora a esta propiedad y, a través de ella, a todo el mundo. Todas las barreras se disuelven por medio del amor divino y mi cliente viene rápida y gloriosamente. Dios es nuestra prosperidad aquí y ahora. En Dios confío y sé que todas las cosas trabajan en conjunto para manifestar el bien que deseamos".

Sea cual sea el problema, sea cual sea la dificultad, puedes obtener guía si la buscas. Preséntale la situación a Dios, pídele la solución, luego deja el problema en sus manos y olvídate de él con la confianza de que puede encontrar la respuesta y, de hecho, lo hará. Jamás fuerces el problema. Ten fe en el Dios que vive en ti y espera que él te diga qué hacer. "Y tus oídos escucharán una voz detrás de ti que te dirá: este es el camino, anda en él".

Nuestros sentidos físicos sólo pueden discernir los objetos que se encuentran en el mismo plano material en el que nos encontramos nosotros o en uno inferior. Nuestros oídos, por ejemplo, sólo están sintonizados con unas cuantas octavas de sonido. Las longitudes de onda tanto superiores como inferiores son inaudibles para nosotros; sin embargo, la radio nos ha enseñado que a todo nuestro alrededor hay sonidos de música, de risas, de drama y de enseñanza.

Lo mismo ocurre con nuestros ojos. Sólo vemos aquello que se encuentra en las ondas luminosas centrales. El aire puede estar lleno de imágenes de televisión, sin embargo, con los ojos desnudos, no podemos verlas. ¿Es, entonces, tan difícil de creer que cuando el siervo del profeta Eliseo tuvo miedo debido a todos los enemigos que los rodeaban, Eliseo rezara y dijera: "Te ruego, Yahvé, abre sus ojos para que te vea". El Señor abrió entonces los ojos del criado y, he aquí, éste vio que el monte estaba lleno de gente a caballo y de carros de fuego alrededor de Eliseo".

¿Acaso el aire que te rodea no puede estar igualmente lleno de los ángeles de Dios? El consejo de Eliseo es igualmente apropiado para el presente: "No tengas miedo, porque más son los que están con nosotros que los que están con ellos".

El antiguo salmista testificó, como recordarás: "Joven fui y he envejecido, y no he visto justo desamparado ni a su descendencia que mendigue pan".

Pega en tu cuaderno algunas de esas antiguas imágenes bíblicas de ángeles guiando a los hijos de Dios, de ángeles de la guarda, y arriba y debajo de ellas escribe afirmaciones como éstas: "Dios va delante de mí y despeja el camino". "La sabiduría infinita me dice exactamente qué hacer". "Señor, te doy las gracias por estar con nosotros, porque pase lo que pase, estamos bien". "No temerás al terror nocturno y a la saeta que vuela de día. Con sus plumas te cubrirá y debajo de sus alas estarás seguro".

Grace Cowell escribió un hermoso poema que habla sobre esto y lo publicó en *Unity Weekly*:

A menudo, a través de las páginas de la Biblia, brillan
algunas sencillas palabras, alguna frase simple y fuerte
que destella como los diamantes obtenidos de minas profundas,
pulidas para alumbrar nuestros terrenales días;
"Y Dios estaba con el chico". Qué breves palabras,
y aun así, suena vital su significado,
como aquellas que hablan de aquel chico en desgracia
que una vez fue abandonado para morir bajo el calor del desierto.

"Y Dios estaba con el chico". No necesita uno buscar
mayor información; todo está dicho.

Ninguna mano en la Tierra podría escribir un libro
de tan extraña biografía, que describiera
con palabras más claras, ni pudiera explicar mejor
la compañía de Dios en la vida de Ismael.

Esas afirmaciones no pueden más que traerte paz y serenidad. Hace algún tiempo, en la revista *Esquire* había un artículo que contaba sobre el aroma del miedo que el cuerpo emite, el cual es excesivamente irritante para cualquier animal que lo percibe. "Es este aroma del miedo", decía el artículo, "lo que hace que los perros ataquen a las personas que ni siquiera los han molestado. Un perro responderá rápidamente tanto en la amistad como en el entrenamiento cuando se le aborda sin miedo, pero nadie puede engañarlo ni un instante con una apariencia de valentía que oculta un corazón tembloroso, pues el aroma del miedo está ahí.

"Por lo regular, es el miedo a que una canoa se voltee lo que provoca que su ocupante se mueva repentinamente en la dirección equivocada y, por tanto, la tambalee. El miedo a ahogarnos, cuando repentinamente nos arrojan al agua, hace que luchemos frenéticamente y de paso nos hundamos más. Es un hecho interesante que un bebé, hasta las 24 horas de nacido, puede nadar. Después de eso comienza a percibir el miedo y se hunde. El miedo es, en realidad, el peligro mental de cruzar un puente antes siquiera de haber llegado a él.

¿No será que el fuerte aroma de nuestro miedo se registra en todos aquellos con los que entramos en contacto, aunque sea subconscientemente, en el caso de los seres humanos? Es cierto que cuando nos acercamos a las personas con miedo parecemos repelerlas pues raras veces dejamos una impresión favorable, y todavía en menos ocasiones obtenemos de ellos lo que queremos.

¿Cuál es el remedio? Bendecir la divinidad en todos aquellos con los que entramos en contacto. Como recordarás, con frecuencia Jesús utilizó el saludo "¡Paz!". "Mi paz les dejo, mi paz les doy". Y al viento y a las olas, les ordenó: "¡Paz, aquiétense!", e inmediatamente la tormenta cedió. "Vuelve ahora en amistad con Dios y tendrás paz".

Cuando los problemas amenacen tu casa o negocio, bendice a todos los involucrados y afirma mentalmente: "¡Paz! El amor de Dios está actuando aquí. Todas mis fuerzas son pacíficas y armoniosas. En mí no existe ninguna resistencia en contra del Espíritu de la vida pacífica de Dios. Todo pensamiento de ansiedad se aquieta. Tu confianza y tu paz poderosa me envuelven. El espíritu de Dios llena mi mente, y la abundancia se manifiesta en todas partes". Luego hazle frente a aquello que temes, con confianza, con serenidad. O si se trata de algo que debes hacer, ¡hazlo! Una vez que le hayas perdido el miedo, verás que es fácil.

¿El mal? No existe tal cosa. Se trata únicamente de una carencia. Invoca el bien, y el mal desaparece. Lo mismo ocurre con los enemigos. Invoca amor para ellos, saluda a la divinidad en ellos y bendícelos; verás cómo el odio se transforma en amor. Di mentalmente a la divinidad en aquellos que parecen ser tus enemigos. "Te reconozco. No puedes disfrazarte. Tú eres un hijo radiante de Dios. Las creaciones de Dios son magníficas. Te bendigo en el nombre de Jesucristo. Al ser un hijo de Dios, hablas la verdad y siempre eres honesto, justo y armonioso. Mi mundo está lleno de personas espléndidas, y a todas las amo".

Sé noble y la nobleza que habita en los hombres, dormida, pero nunca muerta, surgirá majestuosamente para unirse con la tuya. Confía en las personas; te serán leales. Trátalas con grandeza y se mostrarán grandes.

El amor triunfa, pues todo movimiento es cíclico. Circula a los límites de sus posibilidades y luego regresa a su punto de partida. Así pues, cualquier gasto desinteresado de energía regresa repleto de dones. En cualquier acto desinteresado que realizas para beneficio de otro das una parte de ti mismo. Se trata de un flujo hacia fuera de poder que completa su ciclo y regresa cargado de energía.

Los pensamientos que enviamos siempre regresan con una cosecha de su misma especie. Aquello que ponemos en el pensamiento regresa a nuestra vida. Para cada uno de nuestros pensamientos hay una respuesta, un regreso del péndulo que hemos comenzado a balancear. Es la ley de la compensación de Emerson.

Así pues, puedes ver la sabiduría contenida en la máxima: "En cualquier casa donde entres, primeramente di: ¡La paz sea en esta casa!".

Pero haz algo más que bendecir a aquellos con los que te encuentras. Actúa en consecuencia. También piensa cosas amables de ellos.

> No creas lo que dice cada lengua acusadora,
> como la mayoría de la gente débil cree;
> pero sí cree que aquella historia errónea
> no debería convertirse en realidad.

Como sabes, es tan fácil sumar, como restar. El amor suma. El miedo y el odio restan. Puedes reforzar tus esfuerzos con todo el universo a través del amor, con la misma facilidad con la que puedes separarte de todos a través del odio y del miedo.

Recuerda, el mal por lo regular se encuentra en el ojo del hombre que lo contempla. Hay un antiguo poema que muestra esto gráficamente:

> La señora Polly Wittenhouse
> vivía en Whetstone Alley,
> y ella era como un ángel
> para Sally, la pequeña huérfana;
> y era como una ramera
> para la chica de enfrente;
> una buena persona para la sirvienta,
> quien hacía su cama cada día,
> y era como una sirena
> con el demonio en su ojo
> para cualquier marinero errante
> que pasaba por ahí.

Así que la Sra. Polly Wittenhouse
era buena o mala,
de acuerdo a la necesidades o codicia
 que cada uno de sus jueces tenía;
de acuerdo a su forma de vivir
la ensombrecían por su cuenta.
Los marineros le lanzaban besos
Y la chica le arrojaba piedras.
Y Sally y la sirvienta
oraban por ella cada noche,
y todos aquellos que la juzgaron,
creían que la habían juzgado, justamente.

—— Un cuaderno dedicado al amor es probablemente lo más valioso que puedes crear. En él coloca imágenes de todos tus amigos, y de todos aquellos que te gustaría tener por amigos. Pega en él imágenes de la casa de tus sueños, de cada habitación por separado, de los muebles, y de todo lo relacionado con ella.

Escribe toda frase relacionada con la paz, el amor y la felicidad que puedas encontrar. Pon imágenes de niños, juguetes, escenas hogareñas, cenas, fiestas y todos aquellos momentos íntimos que se te puedan ocurrir. Ama esa casa y todo lo relacionado con ella. Vive en ella mentalmente. Cree en ella y pronto descubrirás que ya ESTÁS en ella en la realidad.

Dios ilumina el camino, ya no iremos a tientas
ni tropezaremos con esperanzas fallidas.
Ya no sembramos semillas de preocupación o lucha,
sino aquellas que darán amor, alegría y vida.
No nos esforzaremos más para planear nuestra riqueza,
porque el Padre llena nuestra copa con vastedad.

Siembra las semillas de amor, alegría y felicidad en tu cuaderno y en tu vida, y luego deja que el Padre te proporcione los medios para hacer que estas semillas crezcan y den fruto. "Yo planté, Apollos regó, pero el crecimiento lo ha dado Dios".

Recuerda, el YO SOY en ti es tu parte de la divinidad. Un sabio expresó: "Aquello que el Creador es, YO SOY". ¿Con cuánta frecuencia has dicho "soy pobre, soy ignorante, soy débil" y has atado estos males a ti? Reconociste una carencia de algo. ¿Qué puedes construir con cantidades mínimas? Sólo el vacío.

Reviértelo. Cuandoquiera que digas "YO SOY", cuando invoques a Dios en ti, que sea para algo que quieres. "Soy rico y poderoso. Soy fuerte y sano. Soy feliz. Soy perfecto en todos los sentidos".

Haz un cuaderno del YO SOY, con tu fotografía en la primera página, y después las imágenes de superhombres o genios o de cualquiera que sea tu idea de poder y colócalas en las distintas páginas del libro. Coloca en él imágenes de todas las cosas que te gustaría ser y hacer y llénalo con afirmaciones como éstas:

"El Espíritu de la prosperidad llena mi mente y se derrama en todos mis asuntos. Dios es mi voluntad perfecta; a través de mí se manifiesta". "Sólo existe una Presencia y un Poder en mi vida: Dios, el bien omnipotente. Dios es mi fuente inagotable de provisión abundante. Las riquezas del Espíritu llenan mi mente y mis asuntos. Pienso en prosperidad. Hablo de prosperidad, y sé que la prosperidad y el éxito me pertenecen".

> Si tan sólo tocamos el borde del manto,
> Brota de él una fuente de poder.
> Pruébalo, haz tu parte, estira la mano,
> Y luego, tranquilamente, espera lo que a ti venga.

Dios dio al hombre poder y dominio sobre todo aquello que está por debajo de él. "Ustedes son dioses. Todos ustedes son hijos del Altísimo". Pero a todos los que lo recibieron, a los que creen en su nombre, les dio la potestad de ser hechos hijos de Dios.

¿Lo recibirás? ¿Creerás en el poder que te ofrece y lo aceptarás? "Dios tiene el poder para hacer que todas las cosas excedan a lo que pedimos o entendemos, según el poder que actúa en nosotros". ¿Aceptarás tu filiación divina? ¿Serás el hombre divino que estás destinado a ser? Entonces elimina todo el miedo a las deudas, a las carencias, a las enfermedades, y al mal. Vive en el mundo de amor que estaba destinado para ti. Utiliza el poder que te ha sido otorgado por Dios, primero, para visualizar aquello que deseas: "En el principio era la Palabra", la imagen mental, recordarás, y luego reproduce esas imágenes mentales en la realidad a través de tu fe y de tus obras.

Los mapas del tesoro ayudan a reeducar tu mente, te ayudan a visualizar y a mantener en tu pensamiento las imágenes que deseas crear. Sin embargo, visualizar y pedir la guía de Dios es sólo la mitad de la batalla. La otra mitad consiste en comenzar, empezar a excavar y hacer aquello que necesitas primero para hacer que tus sueños se hagan realidad.

El reino de los cielos es el reino de la expansión, pero debe haber algo que expandir. Puedes comenzar una casa con un solo ladrillo. Puedes comenzar una fortuna con un solo peso. Pero siempre debe haber el ladrillo, o el peso, o el primer paso en el que puedas poner tu levadura antes de que puedas hacer que se expanda, crezca y se convierta en la estructura perfecta de tus sueños.

Así pues, comienza con aquello que sea necesario para comenzar. Crea tu imagen, traza tu mapa del tesoro y luego da el primer paso necesario para hacerlo realidad. Comenzar es el 50%. Te sorprenderá con cuánta rapidez llegarás a tu meta.

A todo hombre Dios le da un regalo esta noche:
A los reyes y campesinos, a ti y a mí por igual
Un año espléndido, limpio, blanco, claro como el cristal,
Como las piscinas tropicales, o las estrellas sobre el mar.

Oh, deja que te prometamos que los días venideros,
¡Los conservaremos puros, para que el blanco subsista!
Como hijos del Cielo, uno viene a nosotros cada día,
Dios, ayúdanos a usarlos sabiamente a Tu vista.

Cualquier tarea, cualquier alegría sea nuestra
A través del año que ahora apenas empieza,
Permítenos que fervorosamente reclamemos,
La prometida presencia del Uno y su Grandeza.

—Bertha M. Russell

XXXIII

EL REINO DE LA EXPANSIÓN

Voy a darte un secreto de riquezas y éxito que ha estado enterra-do desde hace 1,990 años.

Desde el inicio de los tiempos, la humanidad ha estado bus-cando este secreto. Lo ha encontrado y lo ha vuelto a perder mu-chísimas veces. Los ancestros de todas las razas han tenido una cierta noción de él, según lo prueban los cuentos tradicionales y leyendas que han llegado hasta nosotros, como la historia de Aladino y su lámpara maravillosa, o la de Alí Baba y su "ábrete sésamo" para tener acceso a la cueva del tesoro.

Cada nación tiene ese tipo de leyendas. Cada nación ha te-nido a sus hombres sabios, a sus genios y visionarios que han vislumbrado un atisbo de la verdad enterrada en estos viejos cuentos y que comprendieron, al menos en un cierto grado, cómo funciona.

Sin embargo, correspondió a Jesús redescubrir este secre-to en su totalidad y luego mostrarnos claramente, paso a paso, cómo podríamos utilizarlo para atraer hacia nosotros cualquier cosa de bien que pudiéramos desear.

No te confundas: Los milagros de Jesús no fueron algo sobre-natural que sólo él podía llevar a cabo; de haber sido así ¿cómo es que escogió a 70 discípulos —hombres ordinarios, sin educa-ción, sin instrucción, pescadores, campesinos, recaudadores de impuestos y similares— y los envió de dos en dos para realizar milagros y maravillas apenas por debajo de los que él manifestó de modo que regresaran a él con alegría, diciendo: "Señor, hasta los demonios se someten a nosotros por tu nombre". ¿Cómo podría habernos asegurado que "las cosas que yo hago vosotros también las haréis, y cosas aún mayores"? Los milagros de Jesús fueron divinamente naturales. Lejos de apartarse de la ley natural, fueron demostraciones de lo que la ley hará por ti, ¡si entiendes cómo utilizarla!

Dios no hace excepciones. Todas las fuerzas de la naturaleza trabajan a lo largo de líneas lógicas y definidas, de acuerdo con ciertos principios. Estas fuerzas trabajarán para todo aquel que posea la clave para su uso, tal y como el genio de Aladino respondía al llamado de todo aquel que frotara la lámpara mágica. Pueden ser abandonadas y dejadas a la deriva; pueden ser utilizadas para bien o para mal, pero las leyes no cambian. Lo único que cambia son los métodos de utilizarlas.

Para la gente que vivió en la época de Jesús, un avión o un automóvil habría parecido un gran milagro, tal y como lo fue la cura de un leproso. Enviar a través del éter ondas de sonido que son captadas por una pequeña caja llamada radio, habría sido tan maravilloso para nuestros bisabuelos como lo es para nosotros hoy enviar nuestra voz sobre un haz de luz. Sin embargo, nada de esto es sobrenatural. Las fuerzas de la naturaleza siempre han estado ahí, listas para que las utilicemos. Lo que ha cambiado es la comprensión que tenemos de ellas, nuestro conocimiento de cómo UTILIZARLAS.

En los tiempos antiguos, el hombre consideraba que el relámpago era la ira de Dios, así como muchas personas profundamente religiosas en la actualidad tienen la misma idea acerca de la pobreza, la enfermedad y las calamidades, y las consideran castigo de Dios. Sin embargo, el hombre ha aprendido a aprovechar el relámpago y ponerlo a su servicio.

Las leyes que gobiernan la electricidad han estado ahí todo el tiempo, esperando tan sólo que alguien suficientemente sabio las comprendiera y nos mostrara cómo hacer buen uso de ellas. Del mismo modo, el poder de ser y tener lo que tú quieras está ahí, y sólo se necesita que aprendas cómo funciona.

Hace 2,000 años llegó a la tierra el Hijo del Hombre que proclamó que su misión consistía en "que todos tengan vida, y la tengan en abundancia".

Fíjate muy bien que su misión no consistió en que aprendieras a morir, para que así alcanzaras el cielo y una evidente comodidad, sino que tuvieras vida, aquí y ahora. Una y otra vez nos dijo: "Todo aquello que desees... lo tendrás", y a menos que pienses que esto hace referencia a un estado futuro, él nos aseguró: "Si dos de ustedes se ponen de acuerdo en la tierra acerca de cualquier cosa que pidieren, les será hecho por mí".

Es más, dio instrucciones exactas sobre cómo obtener aquello que deseamos. Existe una fórmula definida que puedes utilizar cuando quieres obtener más de las cosas buenas de la vida, cuando la felicidad o el éxito o las riquezas parecen eludirte. "Busca primero el reino de los cielos", Jesús ordenó, "y todas estas cosas te serán dadas por añadidura".

"¡Ajá!", dirás. "Ahí está. Tienes que morir e ir al cielo para poder conseguir el bien que deseas". Sin embargo, seguramente Jesús previo que pensarías de esa forma, pues manifestó específicamente que el reino de los cielos no es algo lejano que está en las nubes o en otro mundo. "El reino de los cielos no viene con señales visibles", dijo. "Ni dirán 'Miren, ¡aquí está! o ¡allí está!' Pues, he aquí, el reino de Dios está dentro de ustedes".

¿Qué es el cielo?

La palabra "cielo" es quizá la palabra menos comprendida de la Biblia. En el texto griego original la palabra utilizada para "cielo" es OURANOS, la cual, traducida literalmente, significa expansión. ¿Y qué significa expandir? Aumentar, extender, multiplicar, ¿no es así? "Busca primero el reino de la expansión y todas estas cosas te serán dadas por añadidura". Busca un lugar o una condición física donde puedas expandirte, crecer, incrementarte, multiplicarte, dar fruto.

Sin embargo, no necesitamos buscar semejante lugar, pues Jesús nos aseguró que el reino de los cielos está dentro de nosotros. Por lo tanto, debemos buscar en nuestro interior esta facultad de la expansión.

Ahora bien, ¿qué, dentro de nosotros, posee un poder ilimitado para expandirse? Nuestros músculos son elásticos, nuestros pulmones y muchos de nuestros órganos pueden expandirse hasta un cierto grado, pero ninguno de ellos puede expandirse mucho sin tener un daño para sí y para el cuerpo.

Lo único que hay en nuestro cuerpo que puede expandirse ilimitadamente es nuestra mente, nuestras facultades de imaginación. Así pues, el consejo de Jesús podría parafrasearse de la siguiente manera: "Busca primero el reino de la mente, de la imaginación, y todas estas cosas te serán dadas por añadidura".

Eso parecería encajar con la descripción que hace Jesús de cómo es el reino de los cielos. "El reino de los cielos es semejante a un grano de mostaza, que un hombre tomó y sembró en su campo, que de todas las semillas es la más pequeña; pero cuando ha crecido es la mayor de las hortalizas, y se hace árbol, de modo que las aves del cielo vienen y anidan en sus ramas". "El reino de los cielos es semejante a la levadura que una mujer tomó y escondió en tres medidas de harina hasta que todo quedó fermentado".

¿Qué característica tiene una semilla de mostaza? Se expande: una sola semilla se convertirá en un árbol; un solo árbol producirá suficientes semillas como para plantar un enorme campo. ¿Y cuál es la característica de la levadura? Se expande: en una sola noche puede expandirse cien veces su tamaño.

Repasa cualquiera de los milagros de multiplicación de la Biblia y observa si no son todos milagros de expansión. ¿Cómo hizo Elías para que el aceite y la carne duraran, de modo que una sola medida de aceite y un poco de carne lo alimentaran a él, a la viuda y a su hijo durante un periodo indefinido? ¿Cómo fue que Eliseo multiplicó el contenido de la vasija de aceite para esa otra viuda que acudió a él pidiéndole que salvara a sus hijos de la esclavitud, de modo que ella tuviera suficiente para llenar todas las vasijas que pudiera pedir prestadas a sus vecinos? Expandiéndolo, ¿no es así? Y así es como puedes incrementar tu sustancia, tu felicidad, todas las buenas cosas que tengas. Cuando los discípulos preguntaron a Jesús cómo debían orar, ¿qué fue lo que él les enseñó? "Padre nuestro que estás en los cielos, santificado sea tu nombre, venga a nosotros tu reino, hágase tu voluntad en la tierra como en el cielo". En otras palabras, que el bien que has imaginado para mí en el cielo de tu conciencia se manifieste aquí en la tierra.

Dios es MENTE, y él habita en el reino de la mente o cielo. Ahí, en la mente y en los pensamientos de Dios, todo es bueno. Él te imagina perfecto; tu entorno lo imagina agradable y cómodo; y tus pies pasan por caminos placenteros. Él no piensa en enfermedad y problemas para ti. Él te imagina como su hijo perfecto, feliz y libre de preocupaciones, poseedor de todo lo bueno que hace que la vida sea deseable. Él es tu Padre, y ¿qué padre, incluso entre nosotros en la tierra, planearía algo distinto al bien de sus hijos? Como Jesús nos recordó: "¿Qué hombre hay entre ustedes que si su hijo le pide pan, le dará una piedra, o si le pide un pescado, le dará una serpiente? Pues si ustedes, siendo malos, saben dar buenas dádivas a sus hijos, ¿cuánto más su Padre que está en los cielos dará cosas buenas a los que le piden?".

En pocas palabras, cuando oras "Hágase tu voluntad" estás pidiendo que todo lo bueno que el Padre ha imaginado para ti en su mente se manifieste para ti aquí en la tierra. Pues su voluntad, como la de todo padre, es que sus hijos estén contentos y felices, y que tengan todo aquello que sea para su bien.

¿Cómo podemos ayudar a que esto se manifieste? Poniendo nuestra vida y especialmente nuestros pensamientos en el plano del reino de los cielos; en otras palabras, comenzando aquí y ahora a vivir en ese reino de los cielos.

Cuando te enfrentas con el mal en su propio nivel, lo enfrentas desde un punto de desventaja. Puedes vencerlo, pero sólo después de una lucha terrible. La única manera segura de vencer al mal es estar por encima de él: utilizar la ley del potencial superior no solamente para derrotar al mal que te confronta, sino también para reemplazarlo con la condición perfecta que deseas.

Eso es lo que Jesús nos invitó a hacer cuando nos dijo: "Busca primero el reino de los cielos (de la expansión, de la mente, de las facultades de la imaginación)".

Busca en tu propia mente la condición ideal que deseas tener, expande tus pensamientos para imaginarla con todo detalle, vela formando parte del reino de los cielos, de modo que puedas estar agradecido por ella y alabar a Dios por ella. Contémplala, cree en ella, hasta que felizmente estés por encima de ella y ya no tengas miedo ni te preocupes por las condiciones aparentes que te rodean.

En el principio todo era el vacío —espacio—, la nada. ¿Cómo construyó Dios los planetas, los firmamentos, la tierra, y todas las cosas que están encima y dentro de ella a partir del vacío sin forma? Creando, primero, una imagen mental sobre la cual construir.

Eso es lo que tú también debes hacer. Tú controlas tu destino, tu fortuna, tu felicidad en la medida exacta en la que puedas pensar en ella, visualizarla, verla, y no permitir que ningún pensamiento errante de miedo o preocupación arruine su realización y su belleza. La calidad de tu pensamiento es la medida de tu poder. El pensamiento claro y con fuerza tiene el poder de atraer hacia sí mismo todo aquello que pueda necesitar para que esos pensamientos den fruto. Como W.D. Wattles expresa en *La ciencia de hacerse rico*.

"Existe una materia pensante a partir de la cual todas las cosas se crean, misma que, en su estado original, permea, penetra y llena los interesespacios del universo. Un pensamiento lanzado sobre esta sustancia produce aquello que es imaginado por el pensamiento. El hombre puede formar cosas en su pensamiento, y al imprimir su pensamiento en la sustancia informe, puede hacer que aquello que piensa sea creado".

El eslabón que conecta tu mente consciente con el reino de los cielos es el pensamiento, y cada pensamiento que está en armonía con el progreso y con el bien, cada pensamiento que está cargado con la idea correcta, puede penetrar en la mente de los cielos. Y, al penetrarla, regresa con el poder de Dios para su cumplimiento. No necesitas producir los medios y los caminos. Dios sabe cómo manifestar todos los resultados necesarios. Sólo existe una forma correcta de resolver un problema determinado. Cuando tu juicio humano no puede decidir cuál es el camino correcto, recurre al Señor para que te guíe. Jamás debes temer el resultado, pues si sigues su consejo, no puedes equivocarte.

Siempre recuerda que tu mente no es más que un conductor, bueno o malo según tú lo dispongas, para el poder de la mente universal o de Dios. Y el pensamiento es la energía conectora. Utiliza ese conductor, y mejorarás su conductividad. Exígele mucho, y recibirás más. El Señor no es tacaño con ninguno de sus dones. "Pide y recibirás, busca y encontrarás, abre y se te abrirá".

Esa es la ley de la vida. Y el destino del hombre no se encuentra en la pobreza y en las dificultades, sino en vivir de acuerdo con su estado elevado en unidad con la mente celestial, con el poder que gobierna el universo.

Los timoratos consideran que Dios envía la pobreza y la enfermedad y que, por tanto, éstas son inevitables. Dios jamás nos ha enviado otra cosa que no sea el bien. Es más, nunca ha fallado en darnos, a quienes deseamos usarlos, los medios para vencer toda condición que no ha sido creación de Dios. La enfermedad y la pobreza no son creación de Dios. No son una muestra de virtud, sino de debilidad. Dios nos dio todo en abundancia, y espera que nosotros manifestemos esa abundancia. Si tuvieras un hijo al que amaras muchísimo, y lo rodearas con todas las cosas buenas y apenas tuviera que estirarse para alcanzarlas, no te gustaría que se mostrara al mundo hambriento, enfermo, y vestido con harapos, simplemente porque no estuvo dispuesto a estirarse lo suficiente como para alcanzar esas buenas cosas que tú le has proporcionado. Y, en mi humilde opinión, tampoco le gustaría a Dios.

La responsabilidad principal del hombre en la vida, desde mi punto de vista, consiste en establecer un contacto con la mente celestial. Consiste en adquirir una comprensión del poder que está en él. "Por encima de todas tus posesiones, adquiere sabiduría", dijo Salomón.

Bienaventurado el hombre que halla sabiduría
y el hombre que adquiere entendimiento;
porque su ganancia es mejor que la ganancia de la plata,
y sus utilidades *mejor* que el oro fino.
Es más preciosa que las joyas,
y nada de lo que deseas se compara con ella.
Larga vida hay en su mano derecha,
en su mano izquierda, riquezas y honra.
Sus caminos son caminos agradables
y todas sus sendas, paz.
Es árbol de vida para los que de ella echan mano,
y felices son los que la abrazan.

—*Proverbios*

Cuando te haces consciente, aún en un grado limitado, de tu unidad con esta mente divina, tu capacidad de recurrir a ella a voluntad para cualquier cosa que necesites te hace una persona diferente. Se van los miedos, se van las preocupaciones. Sabes que tu éxito, tu salud, tu felicidad se medirán sólo de acuerdo con el grado según el cual puedas imprimir el fruto de tus deseos en la mente.

Las preocupaciones y el trabajo arduo, el trajín fastidioso y el trabajo agotador corresponderán en el futuro, como ocurrió en el pasado, a quienes no utilicen su mente. Entre menos la utilicen, más habrán de sudar. Y entre más trabajen sólo del cuello hacia abajo, recibirán menos paga y más desafortunado será su porvenir. Es la mente lo que gobierna al mundo.

Como verás, desde un punto de vista terrenal ordinario, cualquier salvaje o incluso muchos animales son, para todo fin práctico, tan buenos como tú o como yo. Son más fuertes, tienen una mayor vitalidad, viven comparativamente más tiempo y algunos tienen más asegurado su sustento. La única facultad que nos hace superiores es nuestra mente.

Y la única facultad que nos hace superiores a quienes nos rodean, que puede impedir que seamos víctimas de las circunstancias, y que nos eleva por encima de todo el peligro de la carencia o de la enfermedad, es esa misma mente.

¿Por qué la oración ferviente a menudo produce lo que consideramos como un milagro? ¿Por qué hacer un mapa del tesoro produce resultados tan maravillosos? Porque ambas cosas nos llevan al plano celestial, el plano donde el Padre trabaja con nosotros para producir el objeto que deseamos.

Cuando oras fervientemente, ves en tu imaginación la condición o el resultado que deseas. Cuando haces un mapa del tesoro, representas en el papel aquella condición que deseas ver realizada. Y así es exactamente como Dios trabajó cuando creó el mundo. "En el principio era la palabra (la imagen mental)". En el principio, él formó una imagen en su propia mente de lo que quería crear. "Y la palabra (la imagen mental) se hizo carne". Se manifestó, se volvió una realidad para que todos la vieran.

Tu palabra —tu imagen mental— puede hacerse carne de la misma forma. Todo lo que necesita es colocarse en el mismo plano en el que Dios se encuentra cuando crea: el plano del reino de los cielos, de la imaginación y de la fe. Recuerda las palabras del salmista: "En tu libro se escribieron todos los días que me fueron dados, *cuando no existía ni uno solo de ellos*". Y en otras partes de las Escrituras, encuentras: "El Señor hizo la tierra y los cielos, y toda planta del campo *antes de que estuviera en la tierra, y toda hierba del campo antes de que creciera*".

Ésa es la manera en la que debes crear las condiciones que deseas. Créalas primero en tu propia mente.

"La imaginación", dice Glenn Clark en *The Soul's Sincerest Desire* ("El deseo más sincero del alma"), "es, de todas las cualidades del hombre, la más divina, aquella que lo relaciona de una manera más cercana con Dios. La primera mención que leemos del hombre en la Biblia es donde se habla de él como una 'imagen'. "Hagamos al hombre a nuestra imagen, conforme a nuestra semejanza". El único lugar en el que puede concebirse una imagen es en la imaginación. Así pues, el hombre, la máxima creación de Dios, fue una creación de la imaginación de Dios.

"La fuente y el centro de todo el poder creativo del hombre, el poder que por encima de los demás lo coloca por arriba del nivel de la creación bruta, y que le da dominio, es su poder de crear imágenes, o el poder de la imaginación. Hay algunas personas que siempre han pensado que la imaginación es algo que hace creer algo que no es. A esto se le llama fantasía, no imaginación. La fantasía convertiría aquello que es real en simulación y falsedad; la imaginación permite que veamos algo más allá de la apariencia, por lo que realmente es.

Existe una ley muy real de causa y efecto que hace que el sueño de quien sueña se haga realidad. Es la ley de la visualización, la ley que trae a la manifestación en este mundo material exterior todo lo que es real en el mundo interior. La imaginación retrata aquello que tú deseas. La visión la idealiza. Va más allá del objeto y llega a la concepción de lo que puede ser. La imaginación te da la imagen. La visión te da el impulso de hacer que hagas tuya esa imagen.

XXXIV

CÓMO UN HOMBRE PIENSA

No podemos cambiar las experiencias del pasado, pero sí podemos decidir cómo serán las nuevas. Podemos hacer que el día venidero sea exactamente como queremos que sea. Podemos ser mañana lo que pensamos hoy, pues los pensamientos son las causas y las condiciones son los efectos.

El pensamiento es la única fuerza. Tal y como la polaridad controla al electrón, la gravitación a los planetas, y el tropismo a las plantas y a los animales inferiores, de la misma forma el pensamiento controla la acción y el entorno del hombre. Y el pensamiento está completamente sujeto al control de la mente. Dirigirlo es nuestra responsabilidad.

Walt Whitman dijo: "Nada externo a mí tiene ningún poder sobre mí". Cada uno de nosotros crea su propio mundo, y lo hace a través de la mente.

Los pensamientos son las causas. Las condiciones son meros efectos. Podemos moldearnos a nosotros mismos y a nuestro entorno a través de la decisión absoluta de dirigir nuestros pensamientos hacia la meta que tenemos en mente.

La vida animal ordinaria está controlada de una manera muy definida por la temperatura, el clima, las condiciones estacionales. Sólo el hombre puede ajustarse a cualquier temperatura o condición razonable. Sólo el hombre ha podido liberarse en gran medida del control de las fuerzas naturales a través de su comprensión de la relación entre la causa y el efecto. Y ahora está comenzando a tener destellos de la libertad de todas las causas materiales que finalmente experimentará cuando adquiera el pleno entendimiento de que la mente es la única causa y que lo que él ve son los efectos.

"En nuestros tiempos modernos no estamos acostumbrados", dice un talentoso escritor, "a la maestría sobre nuestros propios pensamientos y sentimientos. Comúnmente asumimos que resulta inevitable que un hombre sea presa de un pensamiento que logra establecerse en su mente. Sería lamentable que una persona se mantuviera despierta toda la noche por la ansiedad que siente con respecto al juicio que habrá de enfrentar al día siguiente, pero que tenga el poder de decidir si se quedará despierto o no parece una exigencia extravagante. La imagen de una calamidad inminente sin duda resulta odiosa, pero el simple hecho de que sea odiosa (decimos) hace que obsesione a la mente con mayor persistencia, y resulta inútil tratar de expulsarla. Sin embargo, es una posición absurda que el hombre, el heredero de todas las eras, sea atormentado por las endebles criaturas de su propio cerebro. Si nos lastima una piedra en el zapato, la sacamos. Nos quitamos el zapato y lo sacudimos. Y una vez que entendemos cómo funciona todo esto resulta igualmente fácil sacudirnos de la mente un pensamiento intruso y repulsivo. A este respecto no debería haber ninguna confusión, ni dos opciones posibles. Es obvio, claro e inequívoco. Debería ser tan fácil expulsar un pensamiento odioso de la mente como quitarnos una piedra del zapato; y mientras el hombre no pueda hacerlo, no tiene ningún sentido hablar de su supremacía sobre la naturaleza. Es un mero esclavo, presa de los fantasmas alados que vuelan por los corredores de su propio cerebro. Sin embargo, los rostros agobiados que encontramos por miles, aún entre las clases acaudaladas de la civilización, son testigos claros de cómo rara vez se obtiene esta maestría. ¡Cuán raro, en verdad, resulta encontrar a un hombre! Y, por otra parte, cuán común es descubrir a una criatura perseguida por pensamientos tiranos (o preocupaciones, o deseos), que se encoge de miedo y se dobla de dolor por los latigazos.

"Una de las doctrinas más sobresalientes de algunas escuelas orientales de psicología práctica consiste en que debe alcanzarse el poder de expulsar los pensamientos, o si fuera necesario, de eliminarlos de una vez por todas. Naturalmente, este arte requiere práctica, pero como todas las demás artes, cuando se adquiere ya no existe ningún misterio o dificultad para llevarlo a cabo. Vale la pena practicarlo. Podría decirse con justicia que la vida sólo comienza cuando se ha adquirido este arte. Pues, obviamente, cuando en lugar de ser gobernados por los pensamientos individuales los dirigimos en su inmensa multitud, variedad y capacidad, eliminamos aquellos que no necesitamos, y empleamos los que sí, la vida se vuelve extraordinaria y grandiosa, comparada con lo que era antes, y su condición anterior podría casi parecer prenatal. Si puedes matar un pensamiento, puedes hacer con él lo que te plazca. Por eso este poder es tan valioso. No sólo libera al hombre del tormento mental (que resulta ser el noventa por ciento del tormento de su vida), sino que le proporciona un poder concentrado para gobernar el trabajo mental que antes era absolutamente desconocido para él. Ambos guardan correlación entre sí.

La materia no tiene inteligencia, trátese de energía electrónica aglomerada en la forma de piedra, metal, madera, o carne. Todo está compuesto por energía, la sustancia universal a partir de la cual la mente forma todas las cosas materiales. La mente es la única inteligencia. Sólo ella es eterna. Sólo ella es suprema en el universo.

Cuando alcancemos esta comprensión ya no habrá razón para tener miedo, porque entenderemos que la mente universal es la única creadora de vida; que la muerte no es real —es únicamente ausencia de vida— y que la vida siempre estará presente. ¿Recuerdas aquel antiguo cuento donde se relata que el sol estaba escuchando a innumerables criaturas terrestres que hablaban acerca de un lugar oscuro que habían encontrado? Un lugar de negrura estigia. Cada una de ellas contaba cuán terrorífica le había parecido la oscuridad. El sol fue y la buscó. Fue exactamente al punto que habían descrito. Buscó por todas partes, pero en ningún lado pudo encontrar ni un solo lugar oscuro. Regresó y dijo a las criaturas terrestres que no creía que existiera ningún lugar oscuro.

Cuando el sol del entendimiento brille en todos los lugares oscuros de nuestra vida, comprenderemos que no existe ninguna causa, ningún creador, ningún poder, excepto el bien; el mal no es una entidad: es simplemente ausencia de bien. Y no puede haber efectos dañinos sin una causa maligna. Como no existe ninguna causa maligna, sólo el bien puede tener realidad o poder. El bien no tiene ni principio ni fin. De él sólo pueden salir bendiciones para toda la raza humana. En él no existen los problemas. Si Dios (o el bien, que son sinónimos) es la única causa, entonces el único efecto debe ser igual a la causa. "Todas las cosas fueron hechas por medio de Él, y sin Él nada de lo que ha sido hecho, fue hecho".

XXXV

EL MAESTRO DE TU DESTINO

Orison Swett Marden escribió: "Una pieza de metal altamente magnetizada atraerá y levantará una pieza de acero sin magnetizar que pese diez veces su propio peso. Desmagnetiza esa misma pieza de acero y no tendrá poder alguno para atraer o levantar siquiera el peso de la pluma de un ave.

"Ahora bien, amigos míos, existe la misma diferencia entre el hombre que es altamente magnetizado por una fe sublime en sí mismo y aquel que es desmagnetizado por su falta de fe, sus dudas y sus miedos, que la que existe entre la pieza de acero magnetizada y la desmagnetizada. Si dos personas con la misma capacidad, una magnetizada por una confianza divina en sí misma, y la otra, desmagnetizada por el miedo y la duda, reciben tareas similares, una tendrá éxito y la otra fracasará. La confianza de la primera en sí misma multiplica sus poderes cien veces; la falta de ella en la otra resta cien veces su poder".

Cuando Frank A. Vanderlip, ex presidente del National City Bank, era un joven en aprietos, preguntó a un amigo exitoso qué le exhortaría a hacer a un joven que estuviera ansioso por abrirse paso en el mundo. "Mira como si ya hubieras tenido éxito", le dijo su amigo. Shakespeare expresa este mismo pensamiento de otra forma: "Asume una virtud si no la tienes". Mira como si la tuvieras. Vístete como si la tuvieras. Actúa como si la tuvieras. Sé exitoso primero en tu propio pensamiento. No pasará mucho tiempo antes de que seas exitoso también a los ojos del mundo.

David V. Bush, en su libro *Applied Psychology and Scientific Living* ("Psicología aplicada y vida científica"), dice: "El hombre es como un operador inalámbrico. Está sujeto a corrientes diversas de pensamiento equivocado si su mente no está sintonizada con el Infinito, *o si él no está sintonizado con las vibraciones superiores* en lugar de con las vibraciones de la negación".

"El hombre que tiene pensamientos de valentía envía estas ondas de pensamiento de valentía a través del éter universal hasta que se arraigan en la conciencia de alguien que está sintonizado con esa misma nota de valentía. Ten un pensamiento de fuerza, un pensamiento de valentía, un pensamiento de prosperidad y esos pensamientos serán recibidos por alguien que sea fuerte, valiente y próspero.

"Es tan fácil pensar en términos de abundancia, opulencia y prosperidad como en términos de carencia, limitación y pobreza.

"Si una persona *elevara su tasa de vibración* a través de las corrientes de la fe o la esperanza, estas vibraciones atravesarían la mente universal y se arraigarían en la conciencia de las personas que están sintonizadas con la misma nota. Cualquier cosa que pienses es recibida, en algún momento, en algún lugar, por una persona que está sintonizada con tu nota de pensamiento.

"Si un hombre no encuentra trabajo y tiene pensamientos de éxito, prosperidad, armonía, posición y crecimiento, tan cierto como que sus pensamientos son cosas —como expresa Shakespeare— alguien recibirá sus vibraciones de éxito, prosperidad, armonía, posición y crecimiento.

"Si vamos a tener pensamientos tímidos, egoístas, mezquinos e insignificantes, estas ondas de pensamiento que hemos iniciado en el éter universal saldrán hasta que lleguen a una estación receptora mental del mismo calibre. 'Dios los hace y ellos se juntan' y las mentes que piensan igual se atraen entre sí.

"Si necesitas dinero, todo lo que tienes que hacer es enviar tus vibraciones a una estación receptora fuerte y valerosa, y alguien que puedan satisfacer tus necesidades se sentirá atraído hacia ti, o tú hacia él".

Cuando aprendas que tienes derecho a ganar —en un proyecto lícito en el que puedas estar participando— ganarás. Cuando aprendas que tienes el derecho a tener un dominio legítimo sobre tus asuntos, tendrás dominio sobre ellos. La promesa consiste en que podemos hacer todo a través de la mente que estuvo en Cristo Jesús.

La mente celestial no tiene favoritos. Ningún ser humano tiene más poder que otro. Simplemente, algunos utilizan el poder que está en sus manos. Los grandes hombres del mundo no son, en modo alguno, seres superiores. Son criaturas ordinarias como tú y como yo que han encontrado la manera de hacer uso de su mente subconsciente y, a través de ella, de la mente divina. Con respecto al éxito fenomenal de Henry Ford, su amigo Thomas A. Edison dijo: "Él recurre a su mente subconsciente".

El secreto para ser lo que estás destinado a ser es sencillamente este: Decide en este momento lo que quieres de la vida; exactamente cómo deseas que sea tu futuro. Planéalo con todo detalle. Visualízalo de principio a fin. Visualízate en ese momento haciendo todo aquello que siempre has deseado hacer. Hazlo real en tu imaginación: siéntelo, vívelo, créelo, especialmente cuando te vayas a dormir, que es cuando resulta más fácil contactar a tu mente subconsciente, y pronto lo verás en la vida real.

No importa si eres joven o viejo, rico o pobre. El momento para comenzar es AHORA. Nunca es demasiado tarde. Recuerda las líneas de Appleton:*

El secreto del poder yace en comprender los recursos infinitos de tu propia mente. Cuando comiences a entender que el poder de hacer cualquier cosa, de ser cualquier cosa, de tener cualquier cosa está dentro de ti, entonces y sólo entonces ocuparás el lugar que te corresponde en el mundo.

Como lo expresó Bruce Barton: "Nunca nadie ha logrado nada extraordinario, excepto quienes se atrevieron a creer que algo dentro de ellos era superior a las circunstancias".

---

* Tomado de *The Quiet Courage*. D. Appleton & Co., Nueva York.

Reconocí su cara, en el momento que él pasó
triunfante entre la desconsiderada y cruel multitud.
Suavemente toqué su brazo — él me sonrió —
¡Él era el hombre que una vez pretendí ser!

Donde yo había fallado, él había obtenido en la vida, Éxito;
donde yo había dudado, él mantenía firmes sus pies;
de igual manera —a veces distinta— enfrentábamos el mundo,
y a través de la insistencia hallamos que la vida era buena.
¿Y yo? El ajenjo amargo en el vaso,
¡El camino sombrío a través del cual los fracasados pasan!
Todavía, cuando lo veo, me lleno de alegría.
¡Él era el hombre que una vez pretendí ser!

Nosotros no hablamos. Pero en sus ojos sabios
vi el espíritu que lo había impulsado;
el valor que lo había sostenido en la lucha,
una vez había sido mío. Pensé, "Puede haberse ido?"
Él adivinó la pregunta —la sintió—
De sus pálidos labios brotó una sola palabra como respuesta,
"No!"
        "¿Demasiado tarde para ganar? ¡No! No demasiado tarde para
mí—
        ¡Él es el hombre que todavía pretendo ser!".

XXXVI

LA MENTE MAESTRA

El eslabón que conecta lo humano y lo divino, el universo formado y la energía informe, se encuentra en tu facultad de la imaginación. De todas las cosas humanas, es la más divina. Es nuestra parte de la divinidad. A través de ella participamos del poder creativo de la mente celestial. A través de ella podemos transformar la existencia más monótona en algo vivo y bello. Es el medio a través del cual hacemos uso de todo el bien que Dios constantemente nos ofrece con tanta generosidad. Es el medio a través del cual podemos alcanzar cualquier meta, obtener cualquier recompensa.

¿Deseas felicidad? ¿Quieres éxito? ¿Deseas tener posición, poder, riquezas? *¡Imagínalas!* ¿Cómo fue que Dios hizo al hombre? "A su imagen lo creó". Él "imaginó" al hombre en su mente.

Y esa es la manera en la que todo ha sido creado desde el principio de los tiempos. Primero se imaginó en la mente. Esa es la manera en la que todo lo que deseas debe comenzar: con una imagen mental.

Así pues, ¡usa tu imaginación! Retrata en ella los deseos de tu corazón. Imagínalos, sueña despierto con ellos de una manera tan vívida, tan clara que CREAS que YA LOS TIENES en realidad. En el momento en el que lleves esta convicción a tu mente subconsciente, en ese momento tu sueño se hará realidad. Puede pasar un tiempo antes de que te percates de ello, pero lo importante ya se ha hecho. Has creado el modelo. Puedes sentirte seguro y dejar que tu mente subconsciente haga el resto.

Todo mundo quiere salirse de la rutina, crecer, convertirse en alguien mejor. Aquí tienes el camino abierto; abierto, tengas o no educación, formación, posición o riquezas. Recuerda esto: tu mente subconsciente tenía más conocimiento cuando eras un bebé comparado con todo lo que se encuentra en todos los libros de todas las universidades y bibliotecas del mundo.

Así pues, no dejes que la falta de formación, la falta de educación, te detengan. Tu mente puede satisfacer todas tus necesidades, y lo hará si le das la oportunidad de hacerlo. Casi todos los apóstoles eran personas pobres, sin educación, y, sin embargo, llevaron a cabo un trabajo que no tiene comparación en los anales de la historia. Juana de Arco era una pobre niña campesina que no sabía leer ni escribir; no obstante, ¡salvó a Francia! Las páginas de la historia están salpicadas de hombres y mujeres pobres, sin educación, que tenían grandes pensamientos, que utilizaron su imaginación para tener maestría sobre las circunstancias y convertirse en gobernantes de los hombres. La mayoría de las grandes dinastías comenzaron con algún hombre pobre, desconocido. Napoleón procedía de una familia pobre y humilde. Logró entrar en la Academia Militar sólo a través del trabajo arduo y de mover muchos hilos políticos. Incluso como Capitán de Artillería era tan pobre que no pudo comprar su propio equipo cuando se le ofreció un nombramiento en la India. Hoy en día, los negocios están llenos de personas exitosas que apenas si cuentan con las bases de la educación ordinaria. Fue sólo después de que había hecho sus millones que Andrew Carnegie contrató a un tutor para que le brindara los fundamentos de una educación.

Así pues, no es la formación ni la educación lo que te hace exitoso. Todo esto ayuda, pero lo que realmente cuenta es el regalo de los dioses: ¡la imaginación creativa!

Tú posees ese regalo. ¡Utilízalo! Haz que cada pensamiento, cada acción que venga a tu mente te dé un beneficio. Haz que trabaje y produzca para ti. Piensa en las cosas no como son sino como PODRÍAN ser. Haz que se vuelvan reales, vivas e interesantes. No solamente sueñes, ¡crea! Luego utiliza tu imaginación para hacer que esa creación beneficie a la humanidad y, de paso, a ti.

Elévate por encima de tus circunstancias, de tu entorno. *Elévate* por encima de tus problemas, sin importar cuáles puedan ser. Recuerda, la ley consiste en que el poder fluye sólo desde un potencial superior hacia uno inferior. Utiliza tu facultad de imaginar para colocarte y mantenerte en un plano superior, por encima de los problemas y las adversidades. "¿Las circunstancias?", exclamó Napoleón cuando se encontraba en la cúspide de su poder, "¡yo creo las circunstancias!". Y eso es lo que tú también debes hacer.

"Porque como descienden de los cielos la lluvia y la nieve, y no vuelven allá sino que riegan la tierra, haciéndola producir y germinar, dando semilla al sembrador y pan al que come, así será mi palabra que sale de mi boca, no volverá a mi vacía sin haber realizado lo que deseo, y logrado el propósito para el cual la envié". —Isaías.

¿Te preocupa el dinero?

Repite para ti mismo y créelo: "No existen carencias en el reino de los cielos". Luego, haz un mapa del tesoro tal y como te sugerí en "La palabra mágica" que muestre todas las riquezas y la provisión que anhelas. Todo esto debe comenzar, ya lo sabes, con una idea, con una imagen mental.

"Todo lo que el Padre tiene es mío", dijo Jesús. Y todo lo que el Padre tiene es tuyo también, pues todo lo que Él tiene para empezar son ideas, imágenes mentales, y tú puedes crearlas tan fácilmente como él lo hace. Represéntalas en el papel lo mejor que puedas para que se vean lo más reales y vividas para ti, y luego, ¡ten fe!

La fe inicia haciendo aquellas cosas que tienes que hacer para hacer que tus ideas se hagan realidad. La fe te conduce a las oportunidades, a las personas y a las cosas que necesitas para hacer que tus imágenes se hagan realidad.

Todo lo que el Padre tiene es tuyo, todas las ideas, todas las imágenes mentales, todo el poder para qué éstas se manifiesten. ¿Quieres riquezas? Puedes crearlas. Los antiguos alquimistas que pasaron toda su vida tratando de convertir los metales base en oro trabajaban de abajo hacia arriba. El poder no fluye de esa manera. Debes comenzar ARRIBA aquello que deseas, trabajando desde el potencial superior hacia el inferior.

Las riquezas, la salud, la felicidad, el poder, son tuyos si trabajas por ellos de la manera correcta, si los haces tuyos primero en el cielo y luego utilizas tu fe y tus capacidades para que se manifiesten aquí en la tierra.

"Hágase tu voluntad en la tierra como en el cielo", la voluntad de Dios para ti es que tengas riquezas, felicidad, salud. Si en este momento no las tienes, niega la carencia de ellas. Niega las condiciones equivocadas. Repite para ti mismo: "No existen carencias en el cielo. Ahí no existe enfermedad, ni debilidad, ni problemas o conflictos, ni preocupaciones de ningún tipo. Sólo existe amor y abundancia".

Luego retira tus creencias de las imágenes que te rodean, que son simplemente el resultado de una creencia previa materializada, y pon toda tu fe, toda tu esperanza, toda tu fuerza y tus capacidades para hacer que tus nuevas imágenes celestiales se hagan realidad.

Puedes hacerlo, pero debes creerlo con tanta firmeza que realmente puedas actuar conforme a ello. Como el profeta Noé nos dijo: "Que los débiles digan: ¡soy fuerte!". Y que los pobres digan, soy rico. Y que los enfermos digan, estoy sano. Y que aquellos que están tristes digan, estoy feliz. Dilo, repítelo hasta que lo creas, y luego ¡actúa en consecuencia!

En una de sus historias marcianas, Edgar Rice Burroughs contó acerca de una gran ciudad amurallada que había dejado de ser útil y ahora se encontraba habitada por unos cuantos ancianos. Sin embargo, cada vez que un ejército invasor aparecía delante de esa ciudad, era alejado por hordas de arqueros que no dejaban un solo espacio vacío en las murallas e incluso salían en tropel por las puertas para enfrentarse al enemigo a campo abierto. Cuando el enemigo huía, ¡los arqueros desaparecían!

¿De dónde salían los arqueros? De acuerdo con la historia, procedían en su totalidad de la mente de los ancianos que aún vivían en esa ciudad casi desierta. Esos ancianos recordaban los enormes ejércitos que habían acuartelado la ciudad cuando se encontraba en pleno apogeo. Recordaban invasiones anteriores cuando sus soldados habían repelido todos los ataques y luego habían salido disparados por las puertas y arrastraron a los invasores hacia el mar. Y al reunir y visualizar a esos poderosos ejércitos como si todavía existieran, los manifestaron, de modo que sus enemigos también pudieron verlos y huyeron de ellos.

¿Te parece inverosímil? Entonces recuerda que sólo tienes que regresar a la Biblia para encontrar un paralelismo. Simplemente consulta 2 Reyes, capítulo 6 y verás cómo el rey de Siria envió a sus caballos y sus carruajes y un gran ejército para capturar al profeta Eliseo, y cómo en la noche lo rodearon.

> El criado que servía al varón de Dios se levantó de mañana y salió. Al ver que el ejército tenía sitiada la ciudad, con gente de a caballo y carros, dijo a Eliseo: "Ah, Señor mío, ¿qué haremos?". Eliseo respondió: "No tengas miedo, porque más son los que están con nosotros que los que están con ellos".
>
> Y oró Eliseo, diciendo: "te ruego, Yahvé, que abras sus ojos para que vea". Yahvé abrió entonces los ojos del criado, y éste vio que el monte estaba lleno de gente de a caballo y de carros de fuego alrededor de Eliseo.

Una vez más, cuando el sumo sacerdote envió a sus soldados a capturar a Jesús, y Pedro golpeó a uno de los soldados con su espada, Jesús lo reprendió, diciéndole: "¿Acaso piensas que no puedo orar a mi Padre, y que él no me daría más de doce legiones de ángeles?".

Las montañas pueden estar llenas de carros de fuego también para ti. El Padre puede enviar en tu ayuda tantas legiones de ángeles como puedas necesitar. Todo lo que se requiere es el poder de visualizar lo que quieres, la fe de creer que recibes, la serenidad de sentarte y dejar que Dios trabaje a través de ti.

No importa cuán escasa sea mi riqueza terrenal,
Deseo dar algo que ayude a mi prójimo,
Una palabra de aliento, un pensamiento de salud,
Y dejarlo caer para que lo encuentre
Un corazón agobiado.
Hoy por la noche miraré el espacio
Entre el amanecer y la noche, y a mi conciencia diré:
Gracias a un acto hacia el hombre o la humanidad,
El mundo es mejor que como lo fue hoy.

—Ella Wheeler Wilcox

TÍTULOS DE ESTA COLECCIÓN

Impreso en los talleres de
MUJICA IMPRESOR, S.A. DE C.V.
Calle Camelia No. 4, Col. El Manto,
Deleg. Iztapalapa, México, D.F.
Tel: 5686-3101.